JN214476

聖と説話の史的研究

平林盛得著

吉川弘文館

目次

序　視点と方法

聖とよばれて尊ばれる民間布教者の存在は、平安中期ころからしだいに顕著となる。それは既成教団から離脱した僧侶で、山間に隠れ、また市中に現われて庶民社会に布教した、反権力者の概念で捉えられている。聖の多くは浄土思想を宣布した点で特色があり、浄土教の展開史の中でも注目されている。

平安時代の浄土教の研究は、井上光貞氏の一連の業績によってはじめて大きな枠組を得た。すなわち「藤原時代の浄土教」(『歴史学研究』一三一号、昭和二十三年一月)および「往生要集の成立」(『思想』同年八月)を発表、従来の漠然とした貴族社会の信仰の把握から突き抜け、中下層貴族の役割を時代の動向と共に明確にし、源信の『往生要集』の成立を、この層の信仰成熟を背景としたものであるとされた。また、貴族社会の浄土思想が観想的往生業であることに対し、これと異質な庶民社会に根ざした狂躁的・呪術的な浄土思想の存在を指摘し、これを鎌倉新仏教の源流とされたのである。貴族層の浄土思想が鎌倉新仏教の母胎とならなかったとする論は、家永三郎氏によって反論されるが(「井上氏の〝藤原時代の浄土教〟に答ふ」『歴史学研究』一三三号、昭和二十三年五月)、井上氏はさらに『日本浄土教成立史の研究』(昭和三十一年、山川出版社)を発表された。その多岐にわたる諸論のなかで、筆者の関心を惹いたのは中下層貴族の一人、慶滋保胤の行動と、民間布教者としての空也の活動であった。慶滋保胤は『池亭記』の著者として著名であり、かつ、わが国初の往生伝『日本往生極楽記』の著者でもある。『極楽記』の中には空也も収められており、中下層の貴族の一端に連なる彼が、民間布教者をどのように捉えたかは一考を要することである。しかし、この時点で、慶滋保胤についても、空也についても、その全体像が明確にされているとはいい難い状況にあった。井上氏によって、おのおのの行動の史的意義が解明されつつあったが、それは井上氏の卓抜な史眼によって構成されたものであって、現実には個々の実証的作業が、遙かに立ち遅れているのであった。

井上氏の業績に刺激され、慶滋保胤や空也の研究が進められる一方、聖の研究は、平安時代に特色として残された往生伝類の分析へと進み、重松明久氏『日本浄土教成立過程の研究』（昭和三十九年、平楽寺書店）を生み、民俗学的視野から見た堀一郎氏『我が国民間信仰史の研究』（昭和二十八〜三十年、創元社）とともに、宗教性や社会機能がしだいに明瞭となっていった。こうした研究の進展のなかで、依然残されたのは個々の聖の実在性の究明の問題であった。それは聖に関する実史料の少なさからくる制約があるからである。聖の史料として使用されるのは、多く往生伝類と『今昔物語集』以下の説話類、まれに残る単独の伝記等である。しかし、ここに語られる聖の行業すべてが史実であるとすることはできない。聖の行業のうち事実と虚構の弁別が必要となるわけである。

聖の行業の事実性の確認ということになるが、言うは易いが簡単ではない。方法も多様である。聖の行業が実際の年月日の中にあてはめられ、関連する事象とのかかわりのうちに明らかになるのが一番よいことである。聖が直接布教の対象とした庶民層の側からの実史料が存在すれば問題はないが、この時点のものは皆無である。したがってその当時の貴族層の日記・記録類をはじめ物語・歌書などの文学作品の中に見える聖の断片的資料を拾い出す必要がある。

その際注意すべきなのは、資料の記述者がどのような観点で聖を捉えているかという判断をした上で、これらの資料を活用することである。こうした資料と往生伝等に語られる行業が都合よく整合すればよいのであるが、現実にはうまく合致する例は少ない。したがって比較的多く残されている往生伝類から説話集におよぶ聖の行業の検討ということになる。同一人に関する行業を多く集めて対比検討するのも一つの方法であろう。その際の注意は、同一人に関する資料だからといって、長い年月を距てた資料を同一視点で弁別の対象にしない、ということである。対比検討に使われる資料の典拠が、どのような位置か、ということが認識されていなければならない。事実の時点から後代に距たれば距たるほど、他の要素が混入してくる可能性は大きいからである。事実が伝承されて行く過程のなかで、次第に変貌して行くであろうことは予想されることで、類似話の対比検討によって、それらの前後関係が整理されるとすれば、その変貌を逆に遡って事実に近づくことがある程度可能となる。ただ類似話の前後関係の判断はそう単純なものではなく、類似話を持たず、他に傍証の手懸りのない聖たちの存在が多いこともあって、その行業の事実の確認が進まないのも実情であろう。

本論において四部立の構成をとったが、第一部〈叡山中興と聖〉は叡山中興の祖良源の行動と、山の聖といわれる増賀・性空、藤原師輔息高光等のかかわりを考察した各篇、第二部〈市中の聖〉は空也・皮聖行円等の市中での行業とその史的意義に関する各篇、第三部〈説話の変貌〉は沙弥教信・餌取法師・増賀・浄蔵・関寺牛仏について、各説話類、類似話を対比し、変貌の軌跡と事実性について検討した各篇、第四部〈往生伝・説話集の周辺〉は『本朝神仙伝』『続本朝往生伝』『今昔物語集』に関する各篇を収めた。部立にかかわらず各篇は独立したものであると同時に、関連し合うものも少なくない。意図するところは、平安中期における聖の実態の究明である。

第一部　叡山中興と聖

第一部各篇の要旨

「良源と叡山の中興」　叡山の繁栄が荘園という新経済基盤の獲得にもとづき、それが俗界における藤原師輔と、僧界における良源の利害一致によるもので、権門の祈禱と自派優遇との引換えに入山させた師輔息尋禅の存在が、智証派との紛争を激化させて行く様相を概観した。

「新出「慈恵大師伝資料」蛇足」　櫛田良洪氏紹介の良源伝の新資料について、資料の書誌的事項、拾遺伝の記者梵照などを中心に私考を加えた。

「『多武峯少将物語』にみる高光出家の周辺」　藤原師輔息高光の受戒の師が、従来いわれている増賀ではなく、良源であることを論証し、良源・尋禅の師弟関係と、尋禅兄高光の位置関係を、藤原氏の宗教路線のなかで考察した。

「増賀の多武峯隠棲前後」　応和の宗論における良源の意図と増賀の役割を推測、増賀の多武峯隠棲が良源への反撥であること、市中に経供養会を行なった空也や、増賀・性空の叡山への対し方を通じて、聖たちの位置を考察した。

「花山法皇と性空上人」　性空の歿年説の検討により実年代を正し、貴族層の帰依が性空叡山修学に起因し、花山法皇の書写山への初度の行幸がその延長にあり、法皇再度の行幸は、性空の山林持経者的性格への帰依であるとし、性空の示す宗教形態を考察した。

良源と叡山の中興

はしがき

良源（九一二～八五）は第十八代天台座主、追号を慈慧、また正月三日に歿したので元三大師の名でも呼ばれる。円融天皇の治病に法験があり、輦車での参内をゆるされ、行基以来誰も補任されなかった大僧正に任ぜられている。この良源が叡山中興の人といわれる所以は、横川を復興して東西二塔に比肩する位置におし上げ、山上焼失の諸堂舎を再建、一方綱紀を粛正、広学竪義をはじめて研学論義の風を盛んにし、門徒三千、中にのちの天台教学を二分する源信・覚運ら名僧を育てているところにある。

ところがこうした盛儀とはうらはらに、良源の制止にもかかわらず山上の騒動は収まらず、慈覚門徒の智証門徒圧迫は日を追って激しくなり、また増賀や性空のように多武峯や書写山に走って、暗に良源を批判したらしい門下僧の存在も見られる。

このような明暗が、良源をめぐってどのように展開していったか、いいかえれば、古代国家の変貌が良源の叡山中興にどのようなかかわりをもっているのか、いま一度視点をあてておく必要がありはしないだろうか。

一

良源が叡山の座主に就任したのは康保三年（九六六）八月であるが、丁度その一年後、常行堂に覆面妨法僧禁制の高札をかかげている。これは常行堂やその他講法の場所に、夕闇や夜陰にまぎれて顔を包んだ僧が数多く出没、これを制止しようとする者には仗をふるい、行道や聞法の人々を追うという暴状にたいしてとられたものである。この禁制はある程度の効果をあげたものの、依然修正・二月会、不断念仏、内論義などの大きな行事が妨害される有様で、再び天禄元年（九七〇）七月、厳重にこれを禁じている。この時のものは二十六項にわたっており[1]、全体としては僧侶の奢侈や怠惰を戒めたものであるが、その中で第十八条裹頭妨法者の禁と、第十九条兵仗を持ち僧房に出入し、山上を往来する者の捕縛について言及したことは、とくに注意されている。

それは叡山の僧兵が良源の手によって創始されたとする古来からの定説を、辻善之助氏がこの二条によって論破したことにある[2]。たとえば『山家要記浅略』に、「慈慧大師御治山之時、（中略）爰以抜二愚鈍無才之僧侶一、成二武門一行之衆徒一、（中略）然者於二此高峰一、特無二仏法燈油之供料一者、何有二久住不退之止住一、仍如レ奉三四天衆擁二護天帝釈一、武門之衆徒、以二自力一鎮二施入田薗之違乱一」（衆徒武門事）とある。仏法燈油の供料を守り、施入の田薗の違乱を鎮めるために愚鈍無才の僧侶を武装させたとするのであるが、さきの良源自署のある二十六条よりなる制式の二条の前にはその虚構なること明らかであるというものである。

こうした良源の粛正によってその実があがったのであろうか。ところが天元二年（九七九）四月、地主三聖のための金剛般若経を転読したさい、七百名の不参加僧があり、良源はこれらの僧の籍を削っている。また同四年十二月、権少僧都余慶の法性寺座主補任を不満として慈覚門徒百八十余名が入洛、関白藤原頼忠に愁訴している。一方山上では智証門徒派の住房を焼き余慶以下その派の者を殺害するという風説が立ち、余慶一派は下山、朝廷は智証大師の経蔵を百二十余名の山僧をもって守護させ、その張本と目される良源を召喚、真偽を糺している。良源は翌年の正月、放火殺害の企ての事実無根と、この風説を奏聞した者との対決を言上している。ただ良源の陳弁にもかかわらず、慈覚門徒が余慶の改補をせまり、余慶派が身の危険を感じて山下に脱れたことは事実で、これが山門寺門分立抗争の発火点となったことは広く世に知られている。

一般にこの事件と後節でふれる(3)祇園社の天台帰属問題が良源をして叡山の僧兵を創始したという誤伝を生ぜしめた原因であって、むしろ良源は叡山粛正問題に腐心した。ただ彼の懸命な努力にもかかわらず、良源の座主時代を契機として僧兵などが具体化していったのであり、それはひとり叡山内部だけのものではなく時代的な趨勢であったとされている。(4)

ところで時の関白家に大挙愁訴し、はては自ら無実を弁じなければならなかったこの事件の関係者を、良源が処断した形跡が伝えられていないのは、さきの法会不参僧の処分を断固行なった態度に比べるとき、きわめて不可解な事象といわなければならない。叡山での時代的な趨勢は、具体的にどのように展開していったのであろうか。

二

慈覚派が余慶の就任に反対する理由はただ一つ、彼が智証派であり、法性寺座主は代々自派の者が推挙されるべきであるということでしかない。良源はさきの弁明の中で「況至二法性寺事一、門徒愁申之旨、不レ為二各身利益名聞一、只為レ令レ不レ墜二一門旧跡一也」（『扶桑略記』天元五・正・十）といってこの行動を庇ってさえいる。寛和元年（九八五）、尋禅が良源の遺言によって第十九代の天台座主についたが治山五年、永祚元年（九八九）にその職を辞した。そのあと第二十代座主に余慶が選ばれたことに憤激した慈覚派は講堂を閉ざし、座主宣下の宣命使の登山をふせぎ、はては検非違使に守られて来たこの勅使から宣命を奪い取る有様で、余慶は僅か四ヵ月、何の寺務も行い得ずその職を辞さねばならなかった。この時もまた騒動の関係者は罰せられることなく、訓戒の使が出されたに過ぎなかった。しかもその宣旨の文中に次のような言葉があるのは注目に価する。

（上略）朕(一条帝)加弱齢仁天、天下乃大位乎保守波、是只外祖父摂政藤原朝臣(兼家)乃多年乃宿(マヽ)東志天、祈請比相穴奈比奉利天有難利計利、又旧事乎尋聞食仁、故九条乃前右大臣藤原朝臣(師輔)、天台山横川楞厳院仁、故慈慧大僧正乎師止志天、攀躋天、手敲二石火乎一、即其火乎三時乃香仁付天、竜華乃朝万天仁不レ断志天、誓云、我一門仁帝王皇后出給比、承二相踵一波、件火一度仁敲付良礼与、然裳験具件火一度仁敲出天、楞厳院乃三昧乃火東志天薫修之間仁、安和太上天皇(冷泉)出給閉利、相次太上天皇(円融)花山天皇裳、皆大臣能孫胤登志天位仁嗣給計利、此旨乎摂政藤原朝臣毛甘知天、朕慈覚大師乃門徒乎帰依志天、此山興隆勢無東誓計利、在レ藩之間仁裳彼山仁登天、一院乎建立志天、故大僧正(良源)乎師東志天、誓願志天令二祈申一計留者、此王胤乎我一門仁伝嗣給多良波、生々世々慈覚大師乃門徒平師東志天、白衣能弟子東成天、王法平保護天、遺跡遠伝弘東誓計利、此願力仁天、朕裳位継支、太后裳皇太子裳一門爾立給閉留波、只摂政藤原朝臣乃遠慮深図能功労難利計利東聞食須、(5)（下略）

いささか長い引用となったが、藤原師輔が横川楞厳院において、自らの一門より帝王皇后の出生を願い、その代りに慈覚門徒に帰依してこの山を興隆しようと良源に約したことにふれている。そして冷泉（師輔娘安子産）、円融（同）、花山（師輔孫懐子産）各帝の登極となり、兼家もこれを受けて父同様の祈願をし、この宣旨の主体たる一条帝（兼家娘詮子産）もその恩恵に浴していると詳しくふれている。良源はこの四年前、すでに世を去っているのであるが、右文中に明らかなように慈覚門徒が山上で法継者たることを主張する根拠は、良源と師輔との約束に起因するのである。これを先にふれた法性寺座主問題と併せ考えると、慈覚門徒の智証門徒圧迫に、良源が大きなかかわりがあることは疑いもない。

試みに円珍（第五代）以後の天台座主の両派の消長を見ると、第六代惟肖から第八代康済までが智証門、第九代長意が慈覚門、第十代増命から第十四代義海(6)までが再び智証門、そして第十五代延昌より良源の前代第十七代喜慶まで慈覚門(補1)となっている。すなわち同門が数代続く傾向はあっても一方に固定することなく、他門への相承も混乱を惹き起した形跡はない。藤原忠平の創建にかかる法性寺にしても、初代弁日以来たしかに九代の間慈覚門下で占められてきた。しかしこれはたまたま智証門下に人がいなかったからに過ぎず、慈覚門独占の名跡ではない。慈覚・智証両門のいずれにもかかわらず、智行の誉高い僧侶、これが余慶補任の理由とされている。天台座主にしてもこれと同じ理由によるのである。ここにおいて良源が慈覚門徒の行動を弁護したり、師輔や兼家に慈覚派の帰依を約束させたりしていることが重要な意味をもってくるのである。

三

師輔が自門の繁栄を祈願し、良源に慈覚門徒への帰依を表明したのは天暦八年（九五四）、良源座主就任前十二年で、四十三歳の時のことである。当時の座主は第十五代延昌、治山九年目である。ところがそれ以前五代約四十年にわたって智証門徒が座主位を占めていた。別の機会にふれたが、(7)良源の受戒は、師慈覚派理仙の死により障害が起り、日燈・船木良見・三条定方らを介してようやく智証派尊意(補2)により執行された。延長六年（九二八）、良源十七歳の時のことである。良源の目に智証派全盛の有様が映じ、慈覚派の位置と権門の庇護の二点が、才智兼備の彼の心に深く刻みこまれたとしてもそう無理ではあるまい。幸い承平七年（九三七）、興福寺維摩会で頭角をあらわし藤原忠平に認められ、以来師輔、兼家とその知遇をうけることとなる。また宗門では慈覚派覚慧の引立てをうける。

慈覚の開発にかかる横川は、以後整備された形跡はない。ただ天慶の兵乱にさいして浄蔵が、平将門調伏の祈禱をこの地で行なっているところを見ると、あるいは慈覚派の有識者の間で注目されていた修行地であったかもしれない。ところで『九条殿御記』天暦四年（九五〇）七月二日条に「横川良源所」とある。これが良源の宿房定心房であろう。現在、四季講堂とか元三大師堂とかの名で呼ばれるこの堂で、四季講が始められたのが康保四年（九六七）と伝えられる（『叡岳要記』）ところから考えて、四季講堂として堂舎を整えたのはこの康保四年近く、それ以前は良源の仮の宿舎で、正式法会などは慈覚の遺した楞厳院で行われていたのであろう。良源の横川止住がさきの天暦四年をどれほど遡り得るか明徴はないが、別の機会に一応天暦初年ころとしたことがあるので、これにしたがっておく。(8)当時は慈覚派の延昌が座主であったので、良源の横川止住とその復興がある程度容易であったのかもしれない。しかし権門の後援なしにはそのことは果せない。

一方藤原師輔等にしても、彼等の手足となって奉仕する有験の僧を必要としていた。朱雀帝の母后穏子は藤原忠平の妹で、帝は皇子をもたないため同母弟成明親王（村上帝）を皇太弟と定められ、天慶九年（九四六）譲位されている。村上帝の妃安子は師輔の娘、これまた皇子の出生がなく、忠平・師輔は皇太子の誕生によって彼等の地位を確固とするため日夜狂奔していた。忠平の庇護をうけていた良源が、さらに強固に結びつくのはこうした両者の利害の一致なのである。

天暦二年（九四八）四月、師輔の娘安子は待望の御子をもうけるが、内親王、これと前後して源庶明の娘からも内親王の所生があり、翌年にも藤原在衡・重明親王の縁辺から各々内親王の誕生をみる。こうした一喜一憂のなかで天暦四年五月、安子に憲平親王が生れ、師輔は宿願を果すが、同じころ中納言民部卿藤原元方の娘祐姫からも、広平親王が生れているのである。良源が懸命に祈禱し、師輔が東宮護持僧に良源を推挙するのも、こうした情勢下なのである。この間横川が師輔によって次第に整えられ、天暦八年（九五四）、法華三昧堂、常行堂が寄進され、さきの盟約となる。『九条殿遺誡』には「家中所得物、各必先割二十分之一一、以宛二功徳用一」とあって、修善、祈禱の仏事をいかに重視したかが判るのである。そして息尋禅を山に送り込んでいる。尋禅は高光・為光と同じ雅子内親王を母とし、天徳二年（九五八）、座主延昌に受戒、良源の室に入っている。この尋禅入山によって、横川は京五条田園ほか、十国十一ヵ所にわたる莫大な荘園を獲得することとなる。これは応和元年（九六一）、その前年急逝した師輔の遺言によってなされたものであるが、(9) 入山三年目、修業中の尋禅にかわって、師良源がその経営と管理にあたったことは想像にかたくない。また良源自身にも田地百六十余町の岡屋荘が寄せられている。良源は、別に鞆結荘以下諸家から施入された六荘を加えて、天禄三年（九七二）、その遺告によって尋禅の処遇をこまごまと定めるとともに諸荘の伝領を明文化している。(10) このように見てくると、慈覚派の優遇という事実は、師輔側からいえば良源への信頼と同時に、良源から一族尋禅への法燈伝授を意味し、良源はこれを含んだ上で施入された諸荘等の自派への伝領を確固とするためのものであったという意味をもつことが明らかとなってくるのである。

四

だいたい叡山の経済は、延長八年（九三〇）、僧二十四口の供料として近江国分寺供料を割かれることによって整備して以来、主として出挙稲或は国衙の正税米を主要財源としてまかなわれていた。『延喜式』の規定によれば、(11) 近江国の正税四万五千束をもって定心院・西塔院料、美濃国の出挙稲八万束をもって惣持院・四王堂料に宛てているほか、燈油・僧供・修理料などに近江国の白米・黒米・胡麻油など数十石が宛てられている。

もちろんこれまでにも、人康親王の近江国愛智郡四十九町以下個々の施入はあったが、良源の場合のように莫大かつ集中的なものではなかった。だから権門との強力な提携と、財源としての荘園の獲得、これが良源が山に持ち込んだ新しいものであった。こうした背景をもって良源は山上を制するのであった。慈覚派優先、といっても、具体的には師輔より托された尋禅の優遇であり、尋禅の実兄高光ですらもその路線外であったため、応和元年（九六一）、山に登ってきたが、やがて多武峯に去るのである。庇護者師輔の死による危機も、法相宗碩徳法蔵を論破する応和の宗論の開催とその効果によって乗り越え、やがて座主位につくのである。(12) そして天禄四年（九七三）、一身阿闍梨、天元四年（九八一）、大僧都を経ずに権僧正、寛和元年（九八五）、座主という尋禅優遇の未来図が描かれることになる。

こうした良源の強引さは、応和の宗論における批判者増賀のようにその門下からの反対もあったが、良源によって智証派の意識を認識せざるを得なかった余慶一門の反撥は当然の成り行きとなろう。

叡山では、かつて第一代天台座主義真のあとを円修が襲おうとした時、これを不満とした大衆が円修を追い円澄を第二代としている事件を起している。加えて近くは天暦三年（九四九）、東大寺の法師らが同寺別当寛救の非免を要求するような事態もある。座主就任をめぐって反良源派の不穏な行動、天延・天禄の再度にわたる良源の粛正も、こうした動きへの対抗策だったとみるべきである。第一節で天元二年（九七九）四月、金剛般若経転読不参加七百名の僧を良源が処分したことにふれた。その翌年九月、叡山の心臓部たる根本中堂落慶供養を良源は執り行うが、この法会から余慶派を締め出そうとして、余慶派の非難をうけている事実がある。良源に対する余慶派の不穏分子が、さきの金剛般若経転読への不参という態度をとり、良源がこれを断固処分、さらにその報復を込め、慈覚派の優位を示そうとした。これが中堂法会での良源の立場であり、同四年の法性寺座主問題へと争点は移されていったのであろう。だから法性寺座主問題が起って、はじめて慈覚・智証両門徒の角逐が発生したのでは全くなく、良源の座主就任、否、良源の栄進とともにこの問題が惹起されたのである。こう考えてみれば、良源が法性寺座主改補問題の責任者を罰さず、かえって些細な法会不参者の処断という矛盾した処置が理解されるのである。良源の制止にもかかわらず、山上の騒動が一向に収まる気配もなく、遂に智証門徒の離山をみる。山上の騒動は、むしろ良源を中心に渦巻いていたのである。

五

良源在山中の天延二年（九七四）、祇園社が天台の別院となっている。このことは『今昔物語集』祇園成二比叡山末寺一語（巻三十一第二十四話）に詳しく語られていることと照応する。次に梗概を略記しよう。

祇園はもと興福寺の末寺で、その東にこれは叡山の末寺蓮花寺という寺があった。ここに大変美しい紅葉があり、祇園別当良算がこの一枝を所望したところ蓮花寺側はこれを拒絶、両者に紛争が起り、はてはこの木を伐り倒す始末となった。叡山座主良源は良算を召喚しようとしたが、良算は興福寺末寺の司として天台側の指図を拒否してしまう。そこで良源は祇園の神人・代人等にせまって祇園を叡山に寄せる寄進文を作成させ、良算の追出しを策した。良算は公正・致頼という武士をやとい、良源はまた叡荷・入禅という武芸にすぐれた僧を遣し、遂に良算を追放することに成功する。以下この収拾にさらに良源の霊験譚が添えられている。

この説話は、従来良源僧兵駆使がみられるところから、良源僧兵創始説を生む一つの根拠となったとされている。その点について異見をさしはさむ余地はなさそうであるが、右説話の評価について、いま少し積極的意義をみたいのである。

蓮花寺は祇園の東、例の祇園女御の塚のあった辺といわれ、女御の御所を蓮花院と呼んでいる（『山城名勝志』）し、『小右記』（万寿五・九・二十七）に「内供来云、今日従二清水寺一有二方忌一、明日又当レ艮、仍宿二妙法蓮花寺一、明旦可レ登山一」とある妙法蓮華寺がこれであろう。近接地における「叡山」末寺と「興福寺」末寺との紛争、どうやら紅葉一枝の争いは両者の境界争いから、勢力争いを象徴しているのではあるまいか。ところでこの祇園は天徳三年（九五九）三月、清水寺と乱闘を起して検非違使の制止を受けている（『日本紀略』）。清水寺は祇園の南東に位する東大寺の末寺である。清水寺と祇園の争い、祇園と蓮花寺との紛争、祇園天台末寺となる。こう三つの事実を並べてくると、祇園は叡山と東大寺の両方から挟撃される形となっており、興福寺の強力なテコ入れで両者を排除するか、近接両寺のいずれか一方の勢力下に入るかの処置をせまられ、社の実権を握る神人・代人等が天台帰属を表明、興福寺系の所司を追い払った事実をこの説話は示していると解されてくる。ここにみられるのは純粋な布教活動による教線拡大ではなく、明らかに武力を背景とする弱小寺院の蚕食なのである。このことは、前節でふれた良源の時代となって叡山の経済機構が正税出挙の依存から荘園経営に移行しだした事実と対応させると、さらに重要な意義をもつこととなる。すなわちそうした荘園などの獲得が、有力諸家からの寄進という受動的なものばかりでなく、積極的に自ら獲得しようとする方向を示していることを、祇園社天台帰属が象徴しているのではあるまいか。ここに良源の前代とはうって変った目ざましい堂舎再建のエネルギーがあるのである。

中堂は第十三代座主尊意の承平六年（九三六）春、大火により焼失、まもなく再建はされたが狭庇の、廻廊ももたない小規模のもので、法会にも支障をきたす有様で、尊意の逝去もあり、落慶供養も行われず、その後義海・延昌・鎮朝・喜慶と四代の座主も他の経営に追われてその荘厳をなすことなしに放置されていた。焼失より四十余年を経て「造二歩廊一而連レ堂、構二広廂一而増レ砌、鴿色之輩翔動無レ障、鳩集之客立留有レ所」（『天元三年中堂供養願文』）とあるような新装中堂の落慶供養を良源は果すのである。こればかりではない。良源座主就任のわずか二ヵ月後、山上に火を発し、惣持院・講堂・鐘楼・文殊楼・四王院・延命院・常行堂・僧房三十宇等ことごとく灰燼にきした。さきの中堂の状態もあり、山上はほとんど荒廃したかの感があったが、ただちに再建に着手、翌年法華堂と常行堂を復興、安和二年（九六九）、文殊楼、天禄元年（九七〇）以前、惣持院（この年の四月再び焼失）、同三年、講堂等五堂、天元二年（九七九）、釈迦堂・鐘楼など続々新築、さらに永観二年（九八四）、西塔宝幢院を改造、また座主就任以前からの横川の開発を加えれば、昔日に復したというより、山はまさに面目を一新、偉容を誇るというべきであろう。

いかに師輔・兼家ら摂関家の庇護と、円融帝の信奉が厚かったとしても、前代とはうって変った山の整備とその経営には、新しい財源を考えなければ解けないのではなかろうか。

むすび

俗に三塔三千坊、寺領六万石といわれる偉容と富を誇ったとされる叡山、その繁栄の功績は、やはり良源の力に帰すべきであろう。正税と出挙という国庫依存から、独自の荘園経営への移行、その転換こそ実は古代社会の各分野で進行していった時代的な趨勢であったのである。良源の登場と栄進は、沈滞した叡山に新しい息吹きをもたらしたが、同時に混乱をも持ち込んだのである。武装僧の不穏な動き、智証・慈覚両門の対立、権門座主の出現、これらはすべて良源を軸とする一連の事象で、叡山の中興と表裏一体をなすものである。山上での反対勢力の一掃に腐心し、僧の武装を厳しく取り締らせた良源も、祇園社天台帰属に象徴されるように、荘園の獲得とその維持経営に武力を投入し、あるいは投入せざるを得ない状況にあったのである。叡山が繁栄し、古代末期の動乱の中で、重要な役割を果すのも、莫大な荘園とそれにもとづく武力によるのである。

良源の歿後発見された手記の中に「外似二衒名人一、内秘二弘法之思一」（『慈恵大僧正伝』）とあったという。いささか弁解めいてもいるが、外見「衒名人」とは自らの役割と立場をよく認識しての言葉であろう。こうした自覚こそ、山上の騒動の中で、なおしばらく横川が研学と修行の場たり得、源信や覚運ら名僧の育成につながるのであるが、良源とその門弟たちの交渉については稿をあらためたい。

註

（1）「天台座主良源起請」（『平安遺文』巻二、二九八号）。
（2）「僧兵の起源」（『日本仏教史之研究』続）。
（3）第五節参照。
（4）たとえば勝野隆信氏『僧兵』一六頁。
（5）『座主宣命』（『大日本史料』二篇之三補遺四二～四三頁所引）。
（6）ふつう第十四代義海は慈覚門徒に数えているようであるが（辻善之助氏『日本仏教史』上世篇）、玄鑒法橋弟子（『僧綱補任』）、尊意受法、玄昭入室弟子（『師資相承』）、玄昭律師受法灌頂、尊意座主弟子（『天台座主記』）とあって、いずれもその師は智証門である。〔補　註(補1)により訂正すべし。〕
（7）（8）「増賀の多武峯隠棲前後」。〔補　第一部に収載。〕
（9）「妙香院庄園目録」（『華頂要略』）。
（10）『慈恵大僧正御遺告』。
（11）主税上、諸国本稲、および諸寺料物項。
（12）この間については拙稿「多武峯少将物語にみる高光出家の周辺」〔補　第一部に収載〕および註(7)拙論を参照されたい。
（補1）堀大慈氏の御示教により、第十二代玄鑒、第十三代尊意を慈覚派と訂正（『座主宣命』）、したがって第十四代義海も慈覚派となり、「第十代増命・第十一代良勇が再び智証門、そして第十二代玄鑒より良源の前代第十七代喜慶まで慈覚門」と門流を正すべきか。

〔補2〕　註(補1)により「慈覚派尊意」と訂正すべし。

〔補記〕　本稿のあとに堀大慈氏「良源と横川復興――とくに円仁門徒との関連をめぐって」上・下（『人文論叢』一〇・一二号、昭和三十九年十一月、同四十一年二月）および同氏「横川仏教の研究」（『史窓』三四号、昭和五十一年三月）が発表され、本稿の課題をより詳細に論じられているので参照されたい。筆者も『良源』（人物叢書、昭和五十一年十二月）を書いた。

新出「慈恵大師伝資料」蛇足

はしがき

第十八代天台座主良源は永観三年（九八五）七十四歳で入滅した。諡号を慈慧（慈恵）といい、歿日が正月三日であったため元三大師と尊称され、叡山中興の祖と仰ぐ宗門はもとより、その信仰はひとり山内にとどまらず、現在にいたるまでその遺風を各地に残している。

こうした高僧でありながら、その伝記に関しては全く少く、主たるものはわずか三篇にしか過ぎない。その一は、良源歿後四十七年の長元四年（一〇三一）、遺弟たちの見聞をもとに藤原斉信が編した『慈慧大僧正伝』である。良源の歿年に近く、公式のものであり、その信憑性も他のものに比して抜群に高い。その二は、時代が下り、室町期に入った応永三年（一三九六）五山僧蘭坡景茝によって編された『慈慧大師伝』である。その三は、さらに時代が下り、徳川家康の師であり、良源を追慕した天海の伝記と一対をなし『両大師伝記』として、絵入り、和文で板行された。あとの二篇は、先行『大僧正伝』を骨子とし、後代加わった伝説類を多く採用したもので、資料的価値は高いものではない。こうして良源伝は、最初の『大僧正伝』をもって唯一のまとまったものとなっている。

ところが、近時櫛田良洪氏によって『大僧正伝』と表裏をなす史料を含む良源に関する新出資料の発見と紹介がなされ、良源研究は、大きく前進することとなった。氏はまず「慈恵大師伝の新資料について」（『印度学仏教学研究紀要』一四の二）によって、その全貌と価値について発表され、次いで「慈恵大僧正拾遺伝付慈恵大師絵詞末」（『仏教史研究』八号）により、主要部分を翻刻、学界のために貴重な資料を提供されることとなった。なお、先の指摘で保留されたり、予見されたりしている点について、次回の発表が待たれるのであるが、これら新資料を一日も早く利用させていただく立場として、氏の業績に導かれながらわずかばかりの愚見を添えたい。

一

まず、櫛田氏の論考をもとに本資料の書誌的部分を中心に要約すると次のようになろう。

所蔵は京都の東寺宝菩提院。同院三密蔵の二百余箱のうち、第三号とされる巻子一巻。表裏に文字をもち、首部を破損しており、全体に虫損度が甚だしい。料紙は楮斐交漉き。一紙、たて二十八・六糎、よこ五十四・五糎（第二紙）前後、十七紙、無表紙。鎌倉期の古写本とされるが、若干年代は下ろうか。

表は首部を欠くので正しい書名は不明であるが、台密系の修法に用いられた次第類で、「冥道供次第」と氏によって仮称されている。全紙に界罫が施され、文字は界罫内に整然と書写されている。本次第についての評価については、筆者はその任でないのでここでは差しひかえたい。巻末に本文から二行の余白をおいて次のような奥書がある。

建仁三年五月二日於二浄土寺之御所一勝林末葉行雲抄レ之、師伝雖レ留レ耳、」愚迷定有レ誤歟、敢不レ可二指南一、後見」
早破、、云々、

同年六月五日於二同所一賜レ之、書レ之、」金剛仏子宗道」明日校点了、」

朱点ハ以二他本一移レ之了、　円暹

このあと十一行分の余白がある。この奥書によれば、本巻は建仁三年（一二〇三）五月に浄土寺の御所で勝林末葉行雲が抄出し、さらに同年六月五、六日に金剛仏子宗道が転写、これに朱点を円暹が加えたことになる。宗道・円暹おのおのの自署とすればたしかに建仁三年時点のものとなる。いちおう、朱筆は別筆のように思われ、これに応ずる朱点も本文中に見える。ただ、全体として建仁時点の奥書としてはやや弱い感じがしないでもない。この点は紙背に書かれた文書の書写年次とも関連するのでしばらく保留しておく。

さて、この『冥道供次第』の紙背を利用して三種の慈恵大師関係資料が書かれている。

㈠　慈恵大師絵詞（末）約五紙分。

㈡　慈恵大僧正拾遺伝。約一一紙分。

㈢　金剛界念誦賦（尾欠）約一紙分。

紙背であるので、表の「冥道供次第」側からこれを見ると、㈠は最奥の巻末部を首として、㈡、㈢と続いて巻初となる。図解すれば次頁のような位置関係となる。

㈠・㈡は一見して良源関係のものと知られるが、㈢も良源自作の賦であり、紙背はすべて良源関係資料である。表のような罫はなく、三篇共に一筆であるが、全体を統一する書名は付されていない。ただ冒頭に（㈠の前）余白がある

表	(紙数番号)		裏
冥道供次第(首部破損) ←	(1)	(三)	金剛界念誦賦(尾部破損)
	(12)	(二)	慈恵大僧正拾遺伝
(建仁三年奥書類)	(17)	(一)	慈恵大師絵詞末

ほか、三篇間はほとんど余白がないので、一連のものと認められる。最末(三の末)が破損しているので、そこにどのような識語、ないし奥書があったかは不明である。

まず冒頭に七行分の余白をおいて「慈恵大師絵詞末」とする。この部分は約五紙分で、一つ書き、九項目をのせる。要約すれば、

一、永観二年(九八四)兼家・詮子・円融院第一皇子が、良源の宿房妙業房で祈禱したさいの奇談。
一、同年西塔宝幢院の建築中、不足した沙金三千両が、奇事によって満たされた話。
一、永観三年良源入滅にまつわる奇瑞。
一、良源の門弟たち、および良源の本地などについて。
一、寛和二年(九八六)恵心院供養と藤原氏の繁栄について。
一、寛和三年慈恵諡号のこと。
一、正暦五年(九九四)恵心僧都と良源墓所の霊験。
一、四季講盛況のこと。

一、元三会のこと、大師信仰の利益のこと。

となる。最末に

大師ノ滅後ノ霊威ヲシルサンコトハ、ソノキワマリアルヘカラス、カルカユヘニ、在世ノ簡要ハカリヲ（ヌ）キテ（書）侍（ヌ）ル、一タヒミン人ハ、早ク二世ノ悉地ヲ成、一タヒ聞カン輩、同ク一仏ノ浄刹ニムマレントナリ、

とあり、文中にも「タヽ伝記等ニマカセ侍ナリ」「本伝ニ譲畢」などと見える。伝記・本伝などを参照して、良源在世の簡要を絵巻にしたことが知られる。ただ本篇は冒頭が永観二年（九八四）で、これは良源七十三歳、すなわち良源が歿する前年からはじまる。しかもこの項を含めて入滅までわずか三項、歿後の項六となっている。たしかに表題も「慈恵大師絵詞末」とあって、絵詞（絵巻）の末の部分の抜書きと思われる。したがって、いちおうこの九項に対応する絵があり、さらにこれ以前に絵と詞があったものであろう。それがなぜ末部だけ抄出されたのかは不明である。一つの推測として、本巻の裏全体にかかわることであるが、本巻の筆者は良源に関する新出の資料を拾い集めて一書としようとした。そのさい絵は技術的なこともあり、また前半生は多く伝記によって知られていることなので省略、最尾の比較的新知見に属するものを抜書きしたとは考えられないであろうか。全体の絵巻がどのくらいの量であり、いつ成立したかはもちろんわからない。ただ最末項に「此法事ヲ元三ト名ケテ、今ノ世マテモヲモキ法会トス」「武将サカヘ久シテ」などと見え、良源歿後、ある長期の年代を経た、しかも、それが武家の世であるような意味にとれる言葉がある。あるいは鎌倉期まで成立は下るのではあるまいか。

絵詞末に続いて、ほぼ一行分余白をおいて「慈恵大僧正拾遺伝」がある。本篇が、全体を通じて良源伝に関する新資料を提供する点で抜群である。先の紹介で櫛田氏が本篇の新出性について、多くのスペースをつかわれたゆえんで

ある。紙数ほぼ十一紙分、一行二十〜二十三字詰、総行数二百三十行、別に奥書八行からなる。冒頭の書名に続けて、本文より二字下げで、編者の識語がある。

先師大僧正平日之事、載レ于二伝文一、披閲之処、頗有二漏落一、非二彼不一レ知、依レ省レ繁也、予悲レ墜レ地、拾遺而已、長元五年壬申正月、資　梵照私記

これによって長元五年（一〇三二）正月、良源の弟子梵照が書いたものであることが明瞭となる。「先師大僧正」の平日の事の「伝」を見たところ非常に漏脱があるとしているが、ここに見える伝とはその前年藤原斉信の編した『慈恵大僧正伝』以外には考えられない。本篇はしたがって現在でも根本伝記の位置を保っている『大僧正伝』の、補遺の位置にあるものとなる。その価値については櫛田氏の前稿に詳しいので一々あげないが、良源の幼少の時の遊び場が、近江国浅井東郡有河字田河付近であることからはじめ、出家二年目にすでに山内論義で名声を馳せるなど以下、周忌法会まで、本伝とふれあいながらもほとんどが新事実といっても過言ではなく、これを編年的に追っている。ただ、記者梵照の記憶違いや、原本でないため転写等によって起った錯乱と思われるものも散見する。周忌法会のあとに仁和寺僧正（寛朝）、三昧座主和尚（慶円）、観教大僧都の良源にまつわる昔話をのせ、

資所二見聞一、略而如レ此、乃至二菩提一、深仰二引摂一矣、

と一度筆をとめ、そして次に

維長元三年庚午九月□戌朔八日戊午、僧正法印大和尚位慶命、謹以二香茶薬之奠一（中略）

嗚呼哀哉、伏惟尚敬言

まで、いわゆる慶命が良源に捧げた嘆徳文を全文引用している。そしてこのあと改行せずに

厥謂師跡者是経蔵也、其司之中昇ニ綱維一者

として、尋禅以下の主要な弟子から孫弟子までを列挙して終る。(1) さらに文末は「大僧正本伝漏落日記」とあって、本篇冒頭の書名とは若干異なっている。

梵照の私記は、以上述べてきたように厳密には三部分、慶命の嘆徳文の前までと、慶命のそれと、弟子列記の部分とにわかれる。冒頭と末尾の書名の違いをこの三区分によるかと考えたが、必ずしも妥当なものとはいえない。すなわち冒頭の書名「慈恵大僧正拾遺伝」は最初の部分を受けるもので、ここでいちおう記述が終り、次に若干時間的経過があって慶命の嘆徳文と門弟の記述を加え、この付加があったため末尾は「大僧正本伝漏落日記」としたのではないかと。この場合付加者は梵照か、他の人かの問題が残る。

しかし、梵照が参照した斉信編の伝記には、その末尾に斉信の讃が付載されている形式を初めからとっているので、梵照が斉信の讃文に対応して慶命の嘆徳文を初めから付加しなかったとはいえないわけである。さらに最末の良源弟子・孫弟子の僧官等は長元五年時点で矛盾はない。こうして考えてくると、内容的に三区分はあっても、これらはすべて長元五年に書かれたものとして少しの不都合もないことになる。冒頭・最末の書名が若干異なる例は皆無ではない。ここでは櫛田氏の説によって、巻末の書名は内容表示、巻首の書名を正しいものとされるのにしたがいたい。本篇には最後に次のような奥書がある。

写本云、

文暦元年十二月廿八日書写了、仏眼院蔵本也、執筆源仲」

元亨□(三)年癸亥八月十三日、於ニ洛陽安養院一中御門京極」書ニ写之一、此伝記、多年於ニ山洛一雖レ尋ニ求之一、空送ニ年月一、或

仁伝借ㇾ之、感悦々々、仍不ㇾ及ニ料□（紙）善悪一、且書」写之許也、以後［　　　］改ㇾ之也、　　沙門明位」
写本不詳文字□雖ㇾ多ㇾ之、任ㇾ本写ㇾ之、以ニ他本一可ㇾ令ㇾ校ニ合之一、　同十四日

本文を通してこの奥書も一筆、「写本云」はこの奥書すべてにかかるとすべきで、したがってすべて本奥書となる。文意は①文暦元年（一二三四）十二月二十八日に叡山仏眼院蔵本を源仲が書写した、②これを元亨三年（一三二三）八月十三、四日、洛陽中御門京極にある安養院で沙門明位が書写した、というものであり、この明位はこの本を多年の間捜し求めていたもので、ようやくこれを発見、書写したが誤脱の多い本であることなどを記している。

『拾遺伝』奥書につづいて『金剛界念誦賦』をのせるが、この間に余白はない。最末（したがって表からいえば巻初）の破損部なので書名まで数えて十二行まで読めるが、あとは断片となる。この全文は『天台霞標』（二の三）によって知られるので、それと対応する現存部は約三分の一である。永観元年（九八三）七月十六日の作で、良源七十二歳、晩年の心情を窺うことのできる貴重資料である。先の「慈恵大僧正拾遺伝付慈恵大師絵詞末」での翻刻に本篇は掲載されていないので、ここに現存部〔補　送り仮名は省略〕、及びその欠部は刊本によって全文を掲げることとする。

金剛界念誦賦以ニ四智名八字一為ㇾ韻、円鏡平等観察成事、依ㇾ次用ㇾ之、三百六十字畢、篇幷小序　　天台僧正良（源）—

昔壮齢時、白月胎蔵界、黒月金剛界、手自供ニ花香一、老病以来、不ㇾ堪ニ自修一、令ニ同伴供一、永観元年七月十六日、無ニ人作ㇾ法、事不ㇾ獲ㇾ止、愁以進修、非ニ是身病之痓一、為ㇾ令ニ常勤不ㇾ闕、爰向ㇾ□（壇）感［　　］（相催、転ㇾ珠）涙数下ル、仏唯照矣、人誰知乎、今賦ニ中心一、呈ㇾ之ニ同志一、

黒月初夜、桂輪更円暦注此日、為ㇾ望、背ㇾ東想ニ兎影一、向ㇾ西入ニ電禅一、三十七之白毫、混ニ暁光一兮映、一百八之珠顆、帯ニ寒露一兮施、原夫亀甲耀ㇾ金、象背瑩ㇾ鏡、法身魏々而尊、聖衆敬々（孖孖）而敬、沈檀匂妙、遙越ニ人間色香一、糸竹調ㇾ奇、

誰慕二天上歌詠一〔三十七尊中、有二花、香歌舞（等菩薩）一〕（複〔同復〕其宮殿山照、楼閣峯明、紅蓮於レ）中酪〔以下欠、（　）ハスベテ『天台霞標』ニヨル〕

（馥、青葉于レ外敷栄、十六賢仙、法雲含レ水願海深広、四五天子、梵風巻レ塵心地清平、遂使二助レ溺以浮抜レ倫〔当レ作レ論〕以極一、見者悉帰依、聞者誰不レ肯、無情有識済度之船一同、定性闡提回向之車斉等、是以幽岑占レ処、寂室搆レ壇、幸会二五智之炳〔一作レ烟〕誠一、欲レ専二一心之正観一、幾歳勤修、応レ問二来鴻帰雁一、何秋供奉、当レ験二紅葉紫蘭一、吁嗟老樹将レ枯、病根叵レ抜、習レ定先入二不覚之眠一、昇レ堂還恐二不慮之殺一、身迷二朝露一折レ花之跡レ尋、眠暗二暮雲一汲レ水之途何察、然而扶二衰質一、励二窮精一、掬レ流兮洗レ手、漱レ石兮翹レ誠、所レ仰六六一尊之円光、真智空照、所レ誓五五三有之長夜、妄夢弗レ成、方今年向二八旬一、意嬾二万事一、余命幾忍二寒温一、残喘永忘二名利一、唯願金剛手、念念加持、亦願蓮葉心、新新教示、令三我当来世常遇二普賢一、令三我順次生必得二妙記一、幸哉快哉）

この破損部の量から考えて、本巻は少くとももう一紙は存在していたとすべきであろう。ただ、この欠損部が右の補足した『念誦賦』の末まであったとし、さらにそのあとにこの篇のか、あるいは全体にかかる奥書・識語の類があったかどうかはわからない。

さて、紙背の慈恵大師関係の三篇はすべて一筆、書写も連続してなされていることから、全体の書写年次が問題となる。この点を考える材料は、第二の『拾遺伝』の本奥書の最後の年次である。ここには「元亨三年（一三二三）八月十四日」とある。すなわちこの年次のある『拾遺伝』を本巻の筆者は写したので、必然的にこの時点より下った時期となる。少なくとも南北朝期であろうか。このことは紙背だけにとどまらず、表の書写年次決定についての判断にも影響してくることになる。紙背は元亨三年以後、ところが表の奥書は建仁三年（一二〇三）とあるから、表裏の年次的距たりは百二十年以上ということになる。理論的には一世紀以上前の文書の紙背を利用して、新しい書写を試みることは不都合ではない。また現実にもその事例がないわけではない。しかし一般には、例えば表裏関連する意味があるとか、元の文書の紙背を使う特別な理由があってはじめて、世代を異にした文書を利用する場合が普通のようである。ただ本書の場合、仏典にかかわるもので、一般書とは事情が異なり、仏典関係ではかなり年次の距たるものの紙背を利用する場合があると聞く。表の『冥道供次第』の書写年次をどちらにするにしても、本巻の価値をいちじるしく下げるものではないことはもちろんである。

二

次に良源関係の三篇について外縁的なことにふれておこう。まず『絵詞』に関連して、櫛田氏も「慈恵大師絵詞伝などが鎌倉時代に存して多くの興味ある資料を残している」と指摘されておられる。氏の発表が待たれるが、管見に入った『吾妻鏡』の記述をあげておく。

建暦二年（一二一二）十一月八日、将軍源実朝は京都の風にならって将軍の御所で絵合を行なった。そのさい出品された「図小野小町一期盛衰事」および「吾朝四大師伝絵」を実朝はことのほか珍重した。建保二年（一二一四）三月三十日、寿福寺参詣のさい「四大師伝絵」を持参した実朝は、これを行勇律師に見せ、入宋関係（円仁のことか）を尋ねている。これに関連して黒川春村は

四大師伝絵　春村曰、四大師伝漢文乃古刊本あり、頗古書なり、無絵、吾朝四大師ハ伝教、慈覚、智証、慈恵な

り、（『増補考古画譜』巻六志）

と註している。春村の見ているのは漢文で絵がないとしているので実朝の見たものとはもちろん違うが、四大師が叡山の四人となっていることは注目すべきであろう。いずれにしても鎌倉初期に良源の絵伝があったことは裏付けられようか。

なお、本絵詞と他資料との関係についてふれておこう。第七項の墓所霊験譚が他に類話を見ないほかは、第一項の永観二年兼家一行祈願のことは梵照の『拾遺伝』に見え、そのほかは主として斉信編『慈慧大僧正伝』にほぼ見えている。歿後の行事などについてもそう新知見は見られない。

次に、第二の『慈恵大僧正拾遺伝』についてである。この書の価値については櫛田氏の論考に詳述され、本稿でもその点についてふれてきた。ところで、この書の存在は従来まったく知られていなかったかというとそうではない。氏も指摘されている建長四年（一二五二）小河承証の編した『阿娑縛抄』巻四（第九十二）に、絵詞にも見える永観二年兼家一行の祈願の項が「慈恵和尚拾遺伝」云として全文引用されており、これに注目した識者もいる。[2] ただそこにはほんの一項しか記されておらず、今回の発見によってその全文が紹介されたのである。

なお、かつて谷崎潤一郎氏は良源の母を主題にした『乳野物語』を発表しているが、その終りに近く、次のように書いている。

或る日偶然座右にあつた天台座主記の第十八大僧正良源の項を繙くと、「康保三年八月（中略、筆者）同廿九日到来」とあつて、

十月廿八日夜講堂四王院（中略、筆者）等焼亡、始二自即日一企二造立計一

とある下に、細字を以て

九月廿六日悲母長逝シ、十月五堂一楼焼失ス、喪ニ遭フ間弥心労ヲ増ス

と割註を加へてあるのが眼に留まった。此れで見ると母が亡くなったのは康保三年九月廿六日、大師五十五歳、母八十歳の時であつて、九十余歳まで生きたと云ふ伝説は怪しくなる。私が此の事を光円師に質すと、師はちよつと驚きながら、割註は後人の書き入れであつて、天台座主記の本文ではないから信ずるに当らないと云はれたが、しかし九月廿六日とはつきり日まで記してあるし、他に此の記事を覆すに足る文献がないとすると、私としては証拠のない伝説よりは寧ろ此の方を信じたい気がするのである。（角川文庫本）

この文章は、もし両氏が『慈恵大僧正拾遺伝』の次の記載を目にしておられたら違ったものになっていたであろう。

同（康保）三年丙寅九月廿六日、悲母長逝、同十月廿八日夜、定心院十禅師増快住房失火之次、五堂一楼皆成二灰燼一、遭レ喪之間弥増二心労一（圏点筆者）

『天台座主記』の補註者?は明らかに良源歿後半世紀の時点での梵照の記述を参照しており、現在においてこれ以上信憑性のある証言は得られないのである。いまさらながら谷崎氏の史眼のするどさに敬服するところである。さらに付言すれば、この『天台座主記』には右のほか、天禄元年、天延三年、貞元二年、天元二〜四年などの各項の箇所で、とくに叡山山上の堂塔建築関係の記文は、梵照の『拾遺伝』を参照しているとしか思えない類似を示しているのである。

ところで『拾遺伝』の編者梵照とはどのような経歴の僧なのであろうか。櫛田氏もいわれるように、「先師大僧正……資梵照」とあり、良源に近侍していた僧であるらしく、しかも長元五年になお生存していたことから考えれば、

良源晩年の弟子となろう。ここで管見に入った二、三の資料を次にあげるが、これにも矛盾があってすべて解決というわけではない。

『昭和現存天台書籍綜合目録』下巻（一〇三六頁）の『御製講式元三大師利生記』の項の末に参考として

台祖密目　慈恵拾遺秘密伝　同上、又要略記引之、梵昭アサリ記、大師常随弟子

とある。この書は『拾遺伝』を指すものと思われるが、その註に梵照が阿闍梨で、大師常随の弟子であるという（この項宇高良哲氏御示教）。

『大日本史料』第一編之十八、天元三年（九八〇）九月三日条は天台座主良源が延暦寺根本中堂等供養の資料を載せるが、その「参考」として『東寺金剛蔵聖教目録』十四を引用している。その末に

次ニ天禄三年四月三日供養僧名ヲ列ス、証誠座主少僧都良源、左方呪願陽生、引頭尋禅、唄師遍救、散花寛敒、讃興朗、梵音明豪、錫杖明救、堂達梵照、右方導師実因、引頭運源、唄師初命、散花覚空、讃乗恵、梵音源信内（朱書）「恵信僧郡」供、錫杖覚運、堂達明普、上卿大納言正二位藤原朝臣兼家、弁少弁藤原朝臣者〔有〕国、御誦経勅使菅原文時トアリテ、一々ノ名ノ側ニ、朱ニテソノ履歴ヲ書セリ、僧伝ノ史料タル可シ、（圏点筆者）

と見えている。この『聖教目録』に採用された原本を見ることができないのは残念であるが、ここに天禄三年の供養の左方の堂達に梵照の名がある。この僧名の一々に履歴が書かれてあったということで、梵照にどのような註記があったかが知りたいところである。しかし現在のところこの書の存在を確認し得ない。ところで、この天禄三年の供養とは、良源が天台座主に就任した直後に起った二つの不幸のうちの一、（一つは母の死）山上の主要五堂の焼失にかかわるもので、これを六年後に昔日以上の復興をなしとげ、その晴れの完成供養なのである。ふつう、この天禄三年四

月三日に行われた延暦寺講堂落慶供養の参列者を伝える資料は『叡岳要記』上であり、(3)『聖教目録』の記載とほぼ一致する。(4)ただ両者の大きな違いは、『要記』の方にはたとえば「陽生律師山」「尋禅阿闍梨」「遍救僧都山」などのように僧官職などが記されていることである。梵照には

　堂達梵昭阿闍梨山

となっている。照と昭の違いは写本間の相違にまま見られるところで、同一人として不都合ではない。そうすると、梵照は天禄三年時点で山の阿闍梨であり、叡山の僧ということになるのであろうか。ただ、これには難点がある。梵照を除いて参列僧に冠されている僧官僧職で矛盾しないというのは、陽生・明豪・明救・乗恵(源信もか)だけで、その他は天禄三年よりすべてのちに就任していた僧官僧職が冠されていることが判明している。しかも、ここに冠されたものがすべて該当人の極位であるか、または、ある特定の一年度のものというのであればなお考究の余地はあるが、全く無法則的な僧官僧職が記されているとしか思えない記載である。ただ、右方の引頭運源に律師山とあるが、運源は貞元二年(九七七)に維摩会講師になっている以外律師に昇進した形跡はないのを除いて、他はすべて極位か、経過した地位である。したがって、梵照もその年次は不明であるが、阿闍梨となったことは推測されるところである。

天禄三年、阿闍梨の職位は別としても大講堂落慶供養の堂達であったという。たしかに、梵照は五堂落慶供養の模様、とくに、歌舞のことに関しては詳細な記述をその『拾遺伝』に残している。これに対して、梵照の記述と表裏をなす『大僧正伝』は、なぜか諸堂の火災とその復興についてはきわめて簡略である。

　久為二台嶺之棟梁一、送二廿箇年一也、此際所レ造堂塔、一山之上已及二太半一、如レ雲之構不レ日而成、剗レ山塞レ谷、如レ令二鬼為一、

これでは梵照に「披閲之処、頗有二漏落一、非三彼不二知、依レ省レ繁也」といわれるのも、もっともなことであろう。堂塔復興法会のうち大講堂の内部の諸式を受け持つ堂達であれば、これらの行事を漏らすことは残念なこととなる。梵照の落胆も納得できよう。しかし、問題はまだ残っているのである。長元五年（一〇三二）正月に梵照は『拾遺伝』を編している。天禄三年（九七二）より六十年のちのことである。いったい、梵照は天禄三年に何歳で堂達を勤めたのであろうか。

宮内庁書陵部に蔵される旧九条家本『楞厳院廿五三昧結衆過去帳』（一冊、函号九―三六）という書があり(5)、そのなかに梵照の名が次のように見える。

梵照阿闍梨 長元五年五月十八日命終 生年七十

ここではじめて梵照の生歿年が明らかとなる。叡山横川で良源の弟子源信らが主唱して作った念仏結社二十五三昧会の一員で、長元五年五月十八日に七十歳で歿したことになる。職位は阿闍梨であり、さきの『叡岳要記』の記述と合致する。良源の直弟子であれば、横川の僧で、源信らと志を同じくすることは当然であろう。しかし、長元五年、七十歳だとすると、五堂落慶供養の天禄三年は十歳ということになる。色衆ならともかく、十歳の堂達はいかにも無理である。どちらかの資料に誤りがあることになろう。

ここで『楞厳院廿五三昧会過去帳』についてふれておこう。ふつう知られているのは『恵心僧都全集』第一巻に収められており「首楞厳院廿五三昧結縁過去帳長和二年七月十八日始記」とする。内容は①源信（寛仁元年＝一〇一七歿）、②貞久（永延元年＝九八七歿）、③相助（正暦四年＝九九三歿）、④花山法皇（寛弘五年＝一〇〇八歿）、⑤良範（長保三年＝一〇〇一歿）の五人の往生業を載せる。したがって、ここには梵照の記述はない。ところが、先にふれた書陵部蔵旧九条家本は、右の流布本がこの書からの抄出本であることを示すとともに、本過去帳の全貌を明らかにするものである。冒頭に序文をもち、次いで、祥連（寛和三年＝九八七歿）を最初として最末覚超（長元七年＝一〇三四歿）まで、五十一人の会衆を歿年順に、歿年（月日）、生年を記し、このうち十七人について往生業を付記している。これも原本ではないが、多くの往生伝を書写したことで知られる慶政が、寛喜二年（一二三〇）に書写したものであることが、その奥書で明らかである。

梵照が二十五三昧会の一員であったことは、人名のみを列挙している『二十五三昧根本結縁衆過去帳』（『恵心僧都全集』第一巻所収）中にも都率前権少僧都覚超の次に「梵照阿闍梨」と見えるし、さきに引用した旧九条家本『結衆過去帳』の良陳の行業の中にも次のように見える。

又良陳阿闍梨長逝、経二数月一以後、有人夢云、梵昭阿闍梨住二定心房一、故良陳阿闍梨着二美麗法服一来会、語二梵昭闍梨一云、往生人事人々不審云々、仍為レ申二案内一故来也、已生二極楽一了、但初生在二下品一、今依二廿五三昧結衆念仏之力一、増進又了云々、有レ人問二陳闍梨一云、修二何等善一可レ得二往生一、闍梨不レ答、只動二念珠一、重問云、可レ然歟、即又無レ言、合レ眼唯諾、

良陳は長和二年（一〇一三）三月二十八日、七十二歳で歿したが、その数ヵ月後或人の夢の中に出現して往生業の問答をかわしたという。夢の中で相手をしているのが定心房に住している梵照であった。夢の中ではあるが、全体の文意としては梵照は実在して定心房に住していることが前提になろう。定心房はいうまでもなく良源の横川における住所であった。梵照はここの住僧と知られるのである。まさに良源の直弟子の一人である。

梵照の名は九条家旧蔵本『結衆過去帳』の最末、覚超の一人前、第五十番目にある。長元五年五月十八日に歿した

とあるので、『拾遺伝』を書いた四ヵ月後に世を去ったことになる。覚超とともに良源の直弟子の最後の生き残りであったのであろう。覚超は梵照におくれること二年、長元七年正月二十四日歿、生年七十三とこの書は記している。したがって、覚超は梵照より一歳年上である。この覚超は、梵照が名を連ねた天禄三年（九七二）の五堂供養には名が見えず、天元三年（九八〇）九月三日、良源が円珍派を締出して慈覚派の勢力を誇示した、根本中堂落慶供養会に初めて現われる。右方錫杖衆の頭、源信内供につづいて「覚超内供山都率先徳」とある。そしてここには、おなじく右方の讃衆のなかに「梵照阿闍梨山」と梵照もいるのである。梵照十八歳、覚超十九歳、この時点なら役僧ではなく法会に参加することは考えられよう。しかしこれからさらに遡ること八年、十歳の堂達はいかにも無理であろう。九条家旧蔵本『結衆過去帳』の記載はほぼ正しいと思われる。ただこれも若干の疑念の余地がある。覚超の歿年をこの書によって七十三歳とした。ところが、七十五歳（歿日同じ）とする興福寺蔵『僧綱補任』と、八十三歳（正月二十七日歿）とする彰考館蔵二冊本『僧綱補任』の二説がある。現在いずれとも断定できないが、九条家旧蔵本『結衆過去帳』の覚超歿年が訂正されることにでもなれば、梵照の年齢もそれと関連しないとはいえなくなるのである。いずれにしても、梵照の経歴の調査はさらに続けなければならない。大方の御教示を得たく、ながながと資料を羅列したしだいである。

最後の『金剛界念誦賦』は前節で全文を掲げたのでとくにふれることはないが、外縁的なことをやや付加しておこう。『天台霞標』には良源の賦を載せたあと、これに答えた元杲の『同讃金剛界賦一首』と、この両賦に感じた勝賢の『金剛界念誦賦』の合計三篇を載せている。このうち勝賢は、良源・元杲と世代を異にし、建久七年（一一九六）五十九歳で歿した真言宗の高僧で、醍醐寺座主、東寺長者などを歴任、権僧正まで昇進した。良源が賦を贈った元杲は、この勝賢の大先輩となる。元杲は近江石山寺の学僧で、醍醐寺元方、東寺寛朝、石山寺淳祐などに師事している。良源より十歳長生きして長徳元年(九九五)八十五歳(一説に八十二歳)で歿しており、生存中はほぼ同年輩、良源より一歳長である。良源が異例の抜擢で康保二年(九六五)五十四歳で権律師となり僧綱入りしたのに対し、元杲は十二年おくれた天元四年(九八一)権律師となり権大僧都まで進むので、僧位的には常に良源が上位となる。天禄三年(九七二)以後、数度にわたり神泉苑で請雨経法を修して霊験があったことや、花山法皇の崇信をうけたことなどは著名である。賦を交換した永観元年(九八三)七月十六日には良源は天台座主、大僧正、七十二歳、元杲は東寺長者、権律師(権少僧都とも)、七十三歳である。両者の交際がいつごろから始まったかは推測によるほかはないが、天元四年以後は、公けの法会などで親しく言葉を交したことであろう。それよりも、良源は他宗でありながら元杲の師の一人淳祐に師事したことがあるので、おそらくこの関係で両者は親しくなったのではなかろうか。淳祐は石山寺の学僧で、東密の大家、師は般若寺観賢、天暦七年(九五三)六十四歳で歿しているので、良源・元杲の結びつきは天歴年間に遡るものと考える。良源の賦が東寺の元杲のもとにとどけられたのは、元杲が丁度日中の修法を終えて房にもどってきた時であった。元杲は即座にこれにこたえて一首を賦し、日のあるうちに答礼したという。

むすびにかえて

はじめにも述べたように、櫛田氏は良源伝の新出資料『慈恵大僧正拾遺伝』の新出性とその全文紹介という点に力点をおかれた。これは発見者として当然の、そして周到な措置である。ただ、もちろんそのことにも言及されてはいるが、『拾遺伝』が一巻の書物の紙背に他資料と同居しているという、特殊な伝存状態にある点については、必ずしも強調されていないように思われる。その新出性のゆえにこそ、書誌的面を含めて他資料との混在状態の検討もなされなければならないと考え、本稿を草した。また、編者梵照については管見の資料を提示したが、本論にふれたようにわずかな資料で矛盾を含んでおり、今後さらに検討を要する問題である。

櫛田氏の業績に導かれて蛇足を加えたが、浅学のため氏の論考を曲解したところがありはしないかと恐れ、伏して御寛恕を願うしだいである。

付記 拙稿を草するにあたり、大正大学斎木一馬・宇高良哲両氏から多大の御高配を得た。記して謝意を表したい。

註

（1） 櫛田氏は厥讃師跡者以下の部分を慶命の歎徳文の連続と見て、この箇所が『明匠略伝』日本上に引用されていることを指摘されている。文章から考えてここは不連続、転写のさい誤って改行しなかったと考える。

（2） 『群書解題』第四上、慈慧大僧正伝項（多賀宗隼氏執筆）。なお『門葉記』第一三四（寺社四）妙香院管領寺院のうち元慶寺・慈徳寺の項にも「慈恵大師拾遺伝云」として数ヵ所引用されている。

（3） 大講堂供養円融院御宇 天延元年癸酉四月二日

上卿大納言正二位藤原朝臣道長

弁右大弁藤原在国

御誦経使菅原文時

証誠座主良—源

左方

呪願陽生律師山　引頭尋禅阿闍梨

唄遍救僧都山　散華寛敒権律師山

梵音明豪山　　錫杖明救山
堂達梵昭阿闍梨山

右方

導師実因少僧都　　引頭運源律師山
唄観命律師　　散花覚空法橋
讃乗恵阿闍梨　　梵音源信内供
錫杖覚運内供　　堂達明普阿闍梨

（4）『要記』は供養の年月を天延元年四月二日とするが、『目録』は天禄三年四月三日。『要記』は上卿を道長（当時八歳）、『目録』は兼家歟とする。ただし、大納言正二位では該当者はない。右方の唄を『目録』は初命とするが、これは『要記』の観命が正しい（註3参照）。

（5）宮内庁書陵部では昭和四十五年『平安朝往生伝集』の書名でコロタイプ覆製している。

『多武峯少将物語』にみる高光出家の周辺

一

『多武峯略記』如覚伝に「一旦悟㆓世虚偽㆒、応和元年十二月五日詣㆓叡山横川㆒、礼㆓増賀上人㆒、出家受戒」とある。これが藤原師輔の息高光が発心して、横川に増賀ひじりをたずね、出家して如覚と名乗ったとする典拠である。

このほか『新勅撰和歌集』（第十八雑歌三）に「少将高光横河にのほりて出家し侍ける時」と安子の歌の詞書にみえ、『大鏡』（巻中、右大臣師輔）にも「たうのみねの少将出家し給へりしほとは（中略）はしめはよかはにおはして」とあり、また『大鏡異本陰書』にも「応和元年十二月六日伝聞、右近少将高光昨日到㆓横川山寺㆒、出家之由御記」とある。これらはいずれも増賀の名はみえないが、高光が横川にのぼって出家したことを一致して述べている。

増賀は、すでに延長四年（九二六）十歳で叡山にのぼり、良源に師事、横川で勉学しているので、[1]この応和元年（九六一）の時点で高光を迎え、戒を授けたとしてもなんら不都合なことはない。なお高光の出家の模様を詳細に記したものに、『多武峯少将物語』がある。この物語は、玉井幸助氏の精緻な論考によって、高光側近者の手になるきわめて史実に忠実な態度で書かれたものである、との評価があたえられている。(2) いま玉井氏の業績をふまえて、『多武峯少将物語』(一、少将出家)の高光出家の記述と、先にふれた諸書との対応を試みてみよう。

比叡にのぼり給ひて、御弟のおはしける室におはして、とう禅師君を召して「かしら剃れ」とのたまひければ、いとあさましくて、禅師の君、「などかくはのたまふ、御心がはりやし給へる」とて、のたまふまゝに泣き給ふ、「剃れ」とのたまふ、阿闍梨も泣きてうけたまはらざりければ、御もとゞりを手づから剃刀して切り給ひければ、いかがはせむとて、なほ剃り給ひける、禅師の君、泣きまどひ給ひけり、阿闍梨も「いとあさましきわざかな、御はらからの君たちも、おのれをこそ、のたまはめ」と「御消息をだにもきこえあへずなりぬる」と泣く、禅師の君「かうかうなむ、いとにはかにあさましく」と、京の殿ばらにきこえ給ひければ

とあって、まったく詳細な描写である。ここでの登場人物は三人、高光、禅師の君、そして阿闍梨である。禅師の君は文中に「御弟のおはしける室」とあり、天徳二年(九五八)すでに山に入っていた高光の実弟尋禅である。尋禅は父師輔から遺領を分与されているが、その送状にも禅師君とみえている。(3) 高光が出家の決意をし横川を択んだことの背景に、横川が出家の地としてふさわしい場所であると考えられたことはもちろんであろうが、それには彼の肉親が、そこで修業していたことが大きな理由となろう。

もう一人の、阿闍梨について、玉井氏は「突然に提出されているが、当時は世に知れ渡っていたことであろう。多武峯略記によれば高光は山に上り増賀上人によって、受戒出家したとあるから、この阿闍梨は増賀である」(前掲書五四頁)とされている。しかし『多武峯略記』の記述をただちにここに演繹するまえに、右の物語自身のうちに、それを比定できる材料はないだろうか。いいかえれば、この人物が増賀としてふさわしく描かれているであろうか。

高光出家に立ち合ったこの阿闍梨が、物語に登場するのは、さきに引用した部分以外にはなく、しかも全く突然提出されている。玉井氏のいわれるようにこの僧が当時周知の人物であることを意味する。これが手懸りの第一。尋禅を禅師君とし、増賀に擬せられているこの僧が「阿闍梨」として示されていることに、第二の手懸りをみる。

増賀はその奇行によって華々しく宣伝されている。この限りでは第一の手懸りと一致する。ところがこの僧は、高光が自ら髪を切り落したことに「いとあさましきわざかな」といっている。ここには奇行僧増賀ではなく、俗人の出家を思い止まらせようとする、きわめて常識的な僧の姿が描かれている。

第二の手懸りはどうか。ふつう阿闍梨とは已講、内供とともに有職といわれ、宣旨をもって補され、師僧たちの推挙によることを例としている。増賀が叡山在山中にこの位についていた形跡は全くない。もしこの阿闍梨が、僧職でなくただ漠然と著名僧の意につかわれることを認めたとしても、それをこの場合適用するのはいかがであろう。増賀を「阿闍梨」と呼ぶ例があればまだしも、現存増賀史料からでは、全く見あたらないからである。(4) 阿闍梨と呼ばれるにふさわしい僧、ただ単に阿闍梨として、その人物が比定され得る僧、『多武峯少将物語』の語る高光受戒の師は、増賀とは別の人物を指示しているとみざるを得ない。

二

増賀でなければこの人物は誰か。世に周知の僧で、阿闍梨であり、しかも尋禅に関係があり、横川に居住する。この条件をみたす増賀よりふさわしい僧が一人いる。尋禅の師で横川の当主良源である。

良源は天暦五年（九五一）師覚慧より阿闍梨位を譲られ、康保元年（九六四）内供、同二年権律師にすすんでいる。(5) したがって、応和元年（九六一）高光登山時は、阿闍梨と呼ばれてよい。試みにこの前後に良源がどのように呼ばれていたかを、概観してみよう。

天暦四年（九五〇）　天台良源法師　（『御産部類記』所引、九条殿御記五月二十六日）
天暦八年（九五四）　良源闍梨、良闍梨　（『門葉記』所引、九条右丞相記十月十八・十九日）
　天台宗良源大法師　（『扶桑略記』十二月五日）
　良源法師　（『元亨釈書』十二月初五）
天暦十一年（九五七）　横川阿闍梨　（『曼殊院文書』天暦十一年坊城殿七仏薬師法図）
康保元年（九六四）　阿闍梨良源　（『延喜天暦御記抄』六月十三日）
　内供奉十禅師良源　（『延喜天暦御記抄』十月十六日）

法師、大法師を付して呼ばれているうち『扶桑略記』『元亨釈書』は、ともに後世の編纂書であり、これをもって良源がその当時こう呼ばれたとは、即断できない。それより逸文ではあるが、『九条殿御記』や『延喜天暦御記抄』、それに『曼殊院文書』の方が実際の雰囲気を伝えているといえよう。これらの史料は、天暦五年以前は「法師」、康保元年六月内供補以後は「内供奉十禅師」、そして高光登山時の応和元年を含むその中間は「阿闍梨」「横川阿闍梨」と呼ばれていたことを意味している。

要するに『多武峯少将物語』は、高光が弟の尋禅をたより横川にのぼり、増賀ではなく横川の当主良源のもとで剃髪したことを前提にして語っているのである。

『長谷寺観音験記』のなかに高光の出家にふれた条があるが、これには「比叡山横川ノ辺ニ年来知タル貴聖ノアリケル所ニタヅネ行テ同月（応和元年十二月）ノ五日出家シテ法名ヲバ如覚トゾ申シケル」とある。(6) 良源と高光との交渉の明徴はないが、高光の家と良源との関係は密接なものである。高光の実弟尋禅、高光の父師輔、祖父忠平、異母兄兼家と枚挙にいとまがない。

良源(7)はそのたぐい稀な弁才と行動力によって叡山の中興と仰がれる位置につくのであるが、その背後に右の高光同族の絶大な援助と庇護があったればこそである。良源が頭角をあらわすのは承平七年（九三七）興福寺維摩会で、南都義昭と論義したことに始まる。このことが時の太政大臣忠平の目にとまり、藤原氏との縁が結ばれる。忠平の良源支持は、その死にあたって師輔に引き続き後援するよう遺言したことで充分窺えよう。天暦四年（九五〇）師輔の女で村上帝後宮の安子の御産につき、良源が種々奉仕している。(8) 新皇子憲平誕生、翌年立坊、師輔の手引きによって良源は東宮護持僧に任ぜられる。さらに師輔は天暦八年横川にのぼり法華三昧堂を建て良源に寄進、楞厳院を整備している。天徳四年（九六〇）五月この師輔は五十三歳で歿し、その一周忌法要を横川でとり行なっているのはこうした関係にあったからである。高光横川訪問に良源が顔をみせるのはきわめて当然のことといえよう。

三

ここで高光の出家にいたる道程をたどっておきたい。(9) 高光は、しばしば述べてきたが、藤原師輔の子である。母は雅子内親王、同母弟に為光・尋禅らがおり、異母兄として伊尹・兼通・兼家らがいることは著名である。天慶二年

（九三九）の生れで、天暦二年（九四八）八月十歳で童殿上、天皇の御前で文選三都賦序を暗誦、面目をほどこしている。翌年三月「さくら花のとけき春のあめにこそ　深き匂ひもあらはれにけれ」（『高光集』）との詠を奉り、歌人としての素質を早くも示している。天暦七年正月五日父師輔大饗の日、式部卿重明親王の御前に召され詩賦を誦し手跡を試みられ、少年にしてかくのごとき聡明の輩古来稀有と賞讃された。師輔の強大な権勢もあっての言葉であろうが、たんなる追従とばかりはいえまい。年十五のことである。

父師輔の後見に守られ、人々の賞讃につつまれたこの文藻豊かな、それゆえに感受性の強そうなこの少年にも、人の世の悲哀はおとずれてきた。母雅子内親王の死である。天暦八年、高光十六歳の秋のことである。世の無常を感じさせたが、出家するまでにはいたっていない。このころの感慨をうたったものが『高光集』にみえる。翌九年十一月従五位下に叙せられ、次の年の春中務侍従に任じられる。天徳二年（九五八）二十歳、正月に昇殿、閏七月左衛門佐にすすんでいる。弟の為光もこの正月侍従になっており、末の弟尋禅も八月に叡山にのぼり座主延昌のもとで受戒、良源の横川で修行することとなる。この天徳二年という年は、ただ一人の姫愛宮をのぞいて雅子内親王の遺児たちにとって、その将来を定められたきわめて重大な時点ということになる。二人は官界へ、一人は宗教界へ、道こそ違え藤氏一族の繁栄のために、師輔の後見によって歩を踏み出した。長子高光十九、次子為光十六、三子尋禅十五の時のことである。

この二年のち、天徳四年（九六〇）五月四日師輔は五十三歳で九条第に病歿する。これよりさきその死を予感したものか、正月七日彼の五人の子供を同時に加階させ「往古未〻聞〻兄弟三人以上加階之例〻、若是栄華極哉」（『九暦』）と自讃している。武蔵守経邦女との間にもうけた伊尹・兼通・兼家・忠君と、左大臣頼忠女との子遠量の五人である。一方雅子内親王の三人の遺児にも師輔の慈愛は及んでおり、為光が正月十三日昇殿、高光も同二十五日右近衛少将に任ぜられている。叡山に入っている尋禅には、遺言によって京五条田園、山城国猪隈庄をはじめ、摂津・河内・伊勢など十国十一ヵ所の庄園が譲られ、(10)師輔の期待がいかに大きかったかが知られる。

高光は翌年応和元年(九六一)正月従五位上に叙せられ備後権介を兼ねたが、十二月五日突然家を捨て比叡山横川にのぼって剃髪した。年二十三歳、家に師氏の女と、その間にもうけた一女を残してである。

実力者師輔の死は、その後の政界をどのように変えるであろうか。左大臣実頼、兄でありながら弟師輔に圧倒され続けてきたが、これで名実ともに藤氏の棟梁となるか。高光の義父師氏は権中納言、(11)師輔のすぐの弟であるが、それよりも、その下の弟、中納言師尹が野心満々で権勢の座をねらっている。師輔のあとをおそって右大臣となるのは時平の息顕忠である。これら同族のほかに醍醐皇子源高明が大納言、藤氏一族が結束してあたらなければならない一大脅威である。一方師輔の子たちは最年長の伊尹が三十八歳で、従四位上、参議になったばかりで、もちろん他の弟たちに比して最高位である。師尹が画策して高明を失脚させる、いわゆる安和の変が起るのは九年後の安和二年(九六九)、実頼から伊尹が政権のバトンを受け、兼通・兼家が枢要を占めるのはなおしばらくあとになる。

師輔の俄かな薨去は、その残された子たちに一種の危機感をもたらしたといえまいか。のちに顕著にみえる兼通・兼家の不和はこの時どうなっていたか明らかではないが、同族他氏入り乱れての政権争奪はかなり深刻化しているとみるべきであろう。ただこの危機感も、村上帝の寵を一身にあつめた安子を同母妹にもつ、伊尹・兼通・兼家らと、先に母を失い、いままたほとんど唯一の後見である父師輔を失った、しかも感受性の強い高光とでは、(12)全く異なった作用を及ぼしたのではあるまいか。名利を求めて権謀術策渦まく巷間を厭い、父の面影を求め、周忌法要も営まれて年来出入りする良源の修行地で、しかも肉親の弟のいる横川が、高光の場所として択ばれたとすることができよう。

四

高光は横川にのぼってきたが、彼の安心立命を得るに、山はふさわしい場所であっただろうか。さきに引用した『多武峯少将物語』における高光・尋禅・良源の三人の出合いは、山の現実と、高光のおかれる位置を実に的確にとらえている。

高光が出家の意をつたえたのに対し「などかくはのたまふ、御心がはりやし給へる」これが尋禅の最初の言葉である。雅子内親王の遺児たちは天徳二年（九五八）、すなわち尋禅が山にのぼった時に、各々その役割が定められたはずであった。雅子内親王の長子高光は官界へ、尋禅は法門にと、このことの理解の上にはじめて右の尋禅の言葉が生きてくる。

一方良源はなんといっていたのであろう。「いとあさましきわざかな、御はらからの君たちもおのれをこそ、のたまはめ」、さらにつづけて「御消息をだにきこえあへずなりぬる」といっている。玉井氏はこの釈を「大変なことだ。御兄弟の君たちも私を恨みなさるであろう。お知らせ申すこともできない(13)」とされている。すでにふれたように、良源と高光一族とは密接な関係にあった。忠平・師輔・尋禅とくに、尋禅とは師輔から托された後世いわゆる妙香院領と称される所領を紐帯にかたく結びついている。尋禅が天禄四年（九七三）一身阿闍梨に補せられるのも、天元四年（九八一）大僧都を経ることなしにという破格な扱いで権僧正位につくことも、さらに寛和元年（九八五）の座主就任も、すべて良源の絶大な援助による。一方良源が叡山中興の事業を完成するのもこの期間である。したがって師輔によって良源・尋禅の将来の路線が敷かれていたといえよう。高光も与えられた路線があった。しかし彼はこれを放擲、自らの判断で山にのぼってきた。良源・尋禅の側からみれば、高光が彼らの紐帯に入り込んでくることによってマイナスの面こそあれ、利益となることはなさそうである。また権勢藤原氏一族を背景に、宮廷貴族たちへの接近により、自らの栄達を計ろうとする良源にとっても、師輔急逝後のこの時期は、その遺児たちとの接触という新しい段階を迎えて、きわめて慎重にならざるを得ない。高光の兄たちがどのような思惑をもっているか。戒師となる彼をどのようにみるか。高光が出家したとしても……。「いとあさましきわざかな、御はらからの君たちもおのれをこそ、のたまはめ」ともらした言葉は、そのような逡巡する良源の心境をみごとに描写しているといわざるを得ない。

いいかえれば、ここには俗世間と同じ様相があり、高光が捨て去ろうとした絆がここにも存在していたことになる。横川における尋禅と高光の住み心地を窺う断片を『多武峯少将物語』(八、断章)にみることもできる。

(前欠)よにはしりて山路にまどう心も

弟の禅師の君

出でてこし人の家路も思ほえず

わがみやまこそ住みよかりけれ

前歌は高光と推定され尋禅との唱和と玉井氏はされている。高光のは上句を逸しているがそれにしても尋禅のものとは全く質の異なった歌いぶりである。

わびぬればくものよそよそ墨染の　衣のすそゞ露けかりける(一四、苔の衣)

はるけきやまに、住まへども、つかまわすれず、おもひやる、くもゐながらも、あしがきの、まぢかかりしに、おとらずぞ、あはれはあれと（二一、長歌問答）

いとどしく袖ぞひぢぬる横川には、君が影みば水もにごらじ（二四、父大殿の夢）

ともらす端々にも、高光の横川住まいが、満足すべきものではなかったことを示すのではあるまいか。

尋禅と高光の山での関係を窺うものとして「二三、富小路の君たち」の項が興味深い。これは高光の異母兄である富小路の君たちが横川を訪れた折、六郎ぎみ遠度が「世の中、心うければ、おのれこそ、かしらそらむ、山へ入らむと思うたまへしかど、……思はぬ山々にありくこと、今に思ひ侍れど、君の思はずにておはすれば、御弟子にもやなりなましと思う給ふる」といったのに対し、高光は「弟子まさりにこそあれ」と答えている。遠度は「弟子まさりとおぼさばこれより深からむ山にこそ入り侍らめ」と述べている。ここは遠度と高光との間で交わされた言葉とされているが、高光・尋禅との関係もまさにこれではなかろうか。高光の辞退にあって、遠度はそれでは「これより深からむ山」に入ろうと応酬している。良源・尋禅らは高光に「弟子まさり」の重荷を感じていたのではなかろうか。遠度との問答が、高光に不均衡な山での関係を清算すべく決定的にした。すなわち、横川の脱出である。遠度たちの訪問は応和二年五月——伊尹たちの訪問——よりあとと思われ、高光はその直後、八月に「こゝより深き山」多武峯に隠棲するのである。

ついでにいえば、高光の出家について他の兄弟たちは、意外といおうか、予定通りといおうか、冷淡なものであったらしいふしが窺われる。兼通が高光妻を訪ねて「昔きくやどのありしに、いかにぞや、山人はしのびてをり給ふや、あいなく　あしびきの山よりいでん山彦は　そま山水におとさざらなん」と失言し「いと嬉しく立寄りて問はせ給へるを、はじめは嬉しかりつれども、のちの言葉にさしあやまちて、いとどしくさまも見えで」と高光妻に返歌をかえさせない態度にしている。兼通が高光を問題にしていないふしが示され、また本条の末に「ことこのきむたちは、しばしこそあはれがり給ひしが、愛宮ぞおぼしやむことなかりける」（二〇、宮のこのかみ）と作者をしていわしめている。

五

高光と多武峯の関係について考えておきたい。『多武峯略記』によれば、大織冠藤原鎌足の墓を、息定恵がこの地に改葬したことによってはじまる。(14) 草創定恵、寺名を妙楽寺とするが、開創の年次には諸説ありさだかではない。ここでは漠然と七世紀後半のこととしておく。定恵のこの地での行業もあまり明らかでなく、そののち大和秋篠寺で法相を学んだ善珠が来住、光仁皇子早良親王の治病祈禱に験を現わしたのが延暦四年（七八五）のことという。しかしそののち寺は荒廃し、寺域は伐木飼畜屍体の棄て場と化し放置されてしまったらしい。この地が整備されだすのは嘉祥（八四八）ころからで藤原良相の後援を得て僧賢基が、寺域四至の確認をはじめ、墓守の数を規定し、撿挍職の設置を得ている。この撿挍職は、寛平六年（八九四）師資相伝たるべきことが定められる。延喜十四年（九一四）真昇が寺主となり、藤原忠平の援助でこの地の中心聖霊院を改修している。また講堂・十三重塔なども整備されている。同十八年（九一八）村上帝の篤い信奉を受ける実性が撿挍職につく。このころから大和の国守たちの後援も顕著となる。延長三年（九二五）国目、城上利春が講堂の高欄を造り、大蔵行直も翌年飛簷や蔀を寄進している。天慶八年（九四五）国守忠幹は、着任早々聖廟を拝し、墓守傜丁十人、山陵巡撿守護料として供田三段、ほかに講堂不断香料などを寄進、真昇を久米寺別当に補すなどしている。このことは、藤原氏五墓の一つとして数えられ[15]、天慶の兵乱にさいして報告の使が派遣されているように[16]、多武峯が藤原氏の祖廟の地として強く意識されだしたからにほかならない。実性はこのような気運に乗じて多武峯の堂塔をさらに整備し、組織を拡充、それまで一宗一派にかたよらなかったこの峯を、彼の属する天台にはっきり色づけすることとなった。

鹿苑（堀）大慈氏によれば[17]、多武峯は従来陵墓的性格のもので、これを円仁派実性が藤原氏の背景をもって寺院化したとされる。実性は、村上帝の東宮時代からの護持僧で、天皇の外戚たる忠平や師輔らと親交を結んでいた。天暦四年（九五〇）師輔が金堂を改造、本尊弥勒像を修復し、同五年八月法華三昧の行者の勅定があるのは、憲平親王の出生にあたり不動調伏法を修した功績によるものといわれる。同七年閏七月村上帝即位の「御祈僧」として七人の度者を賜わるのも、外舅忠平、皇后の父師輔の斡旋であった。とすれば、良源が横川を結構した経過と全く同じであるといえよう。史的にみれば貞観十年、円珍が天台座主位に就任して以来、同派に山上を抑えられ元慶寺や雲林院、法性寺に勢力を占めていた円仁派が、横川や多武峯を新しい拠点として開拓したのである。横川は円仁開創の地であり、多武峯は新修行地である。天暦八年、実性は多武峯に円仁の遺跡に模した如法堂を造立している。

高光が多武峯を眺めた時は、実性のあとを撿挍千満、上座平祚が受け継いだころである。天台の新開発地で、しかも高光の祖廟を祀る地、横川よりも「奥深い山」として多武峯を択んだ高光の心境をよく察することができよう。かくて応和二年（九六二）八月、横川を棄て多武峯に籠るのである。

翌三年七月高光は増賀をこの多武峯に勧誘している。ここで増賀と高光との交渉についてふれなければならない。高光横川登山時に、増賀も同じ横川に修行していた。増賀ではなく、良源と尋禅に迎えられて高光は横川での第一歩を踏み出した。しかし良源と尋禅は高光の存在を重荷に感じており、高光もまた良源たちの行動に俗世間的な動きを感じた場合、良源批判に一家をなしていたらしい増賀(18)と高光の提携は必然的であった。

『多武峯略記』はいわば増賀・高光側にたった史料である。良源が高光の兄弟たちの思惑をはばかって戒師の位置に立つことに逡巡を示したことは逆に高光にも作用したはずで、その結果高光が増賀に結縁しなおしたとしたら、良源を無視して高光は増賀に受戒したのだと主張する理由も解けるようである。

高光の増賀再受戒の時期はいつか。推測によるほかはないが、その一つの手懸りは高光の法名「如覚」について『多武峯少将物語』は全くふれていない。したがってこの物語にふれられていない高光の多武峯出発に近い時点に、増賀からこの名を受けたとしたらどうであろう。ただこの場合、作者が高光を如覚として叙述すべきを、その調子からわざと「入道君」などの言葉を使ったとしたらこの推測は成り立たなくなる。

むすびにかえて

増賀が高光とただちに行動をともにしなかったことや、高光離山のほぼ一年後、その跡を追ったことなどの点については、増賀自身のうちに求めなければならないが、これについては別の機会に論じたい。ここではふつう高光が増賀の名声をしたって横川に受戒したといわれる説が『多武峯少将物語』によって誤りであることの指摘だけにとどめたい。この検討の過程で、高光の周辺の人間関係を見事に浮き彫りにし、高光の横川脱出を窺わせる事情をも含む、きわめて史料的価値の高い『多武峯少将物語』の位置が、いっそう明確になったとすべきではあるまいか。

註

（1）『本朝法華験記』下第八十二、『多武峯略記』上巻第十一住侶など。歿年より逆算。

（2）玉井幸助氏『多武峯少将物語』（昭和三十五年、塙書房）。なお、以下物語の本文および玉井氏の考察の引用はすべてこの書による。

（3）「妙香院庄園目録」中に「右依二御処分一、副二公験等一、奉レ送二禅師君御坊一、如レ件、応和元年六月五日」とみえる（『華頂要略』五十五上、寺領目録）。

（4）「聖」「聖人」「上人」などが一般的で、「沙門」（『続本朝往生伝』）、「多武峯賀公」（『弘決外典抄』）、「多武峯先徳」（『行業記』）などがまれな例である。なお「内供」とするのが『多武峯略記』の引用する『後記』の一部にみえる。

（5）特記しない限り良源の経歴は『慈恵大僧正伝』による。

（6）永井義憲氏は、本条を『扇流物語』の祖型をつたえるものと指摘されている（「多武峯少将物語成立考」『日本仏教文学研究』昭和三十三年、古典文庫）。

（7）註（5）に同じ。

（8）『九条殿御記』天暦四年五月二十六日条「此日天台良源法師奉レ送二数日護摩巻数一、是彼師私君所二奉仕一也、付二廻信一贈二信乃布廿段一」（『御産部類記』所引）。なお七月二日条にも二十一日間火天供を新皇子のために奉仕している（同前）。

（9）高光の伝については前掲玉井氏の論考による。

（10）註（3）参照。

（11）この師氏は『多武峯少将物語』（一八、京の殿より）に娘である高光妻を慰問して「ここにぞうき世をばそむきはてなむと、いさや世の中に、ないしのかみのぬしといふなれば、かしらおろしては、かうぶりとられなんと人のものすればなむ、いささかうしろのこして侍る」といっているように、いささか気力にとぼしい。

（12）玉井氏はこの点を次のように強調されている。「かくて人の世に繋り行かんとした彼の生命は、しかしながら彼の本性——余りにも強く精神の世界を求める本性によって断ち切られてしまった。彼は蜻蛉日記に描かれている彼の兄兼家とは、余りにも対蹠的な性格であった。高光に出家の念が萌したのは、父師輔の家門繁栄に対する強烈な祈願がおのずから同族相互の権力争奪となったあさましさを痛感したからであろうが、帰するところは彼の本性によるのである」（前掲書一四五頁）。

(13) 註(2)掲載書五四頁。

(14) 現在の段階では『延喜式』などの記載から、贈太政大臣淡海公藤原不比等（鎌足の子）の墓所とされている。なお多武峯略史は、特に註記しないかぎり『多武峯略記』による。

(15) 元慶（八七七）ころから藤原関係五墓に荷前使が立てられている（『三代実録』元慶元年十二月十三日条など）。

(16) 冬嗣の後宇治墓とともに使が遣わされている（『貞信公記』天慶三年正月二十四日条）。

(17) 「実性と多武峯」（『竜谷史壇』五〇号）。

(18) たとえば『続往生伝』に語られる良源慶賀の日の増賀奇行などに象徴される。もっともこれは事実ではなく、応和三年六月のいわゆる応和の宗論における増賀の辞退がこのことを示している。〔補　第一部に収載の「増賀の多武峯隠棲前後」および第三部に収載の「増賀奇行説話の検討」参照。〕

〔補記〕本稿ははじめ、次篇および第三部第三篇を加えて一論文とする構想であったが、主として枚数の関係で三分したもの。増賀については他の二篇を併読されたい。なお、堀大慈氏は私見をうけ「高光と増賀――とくに多武峯仏教との関連をめぐって――」（『仏教文学』一〇集、昭和四十六年七月）を発表、多武峯における両者の関係にまで論及されている。

本稿整備中に批判論文が発表された。芦田耕一氏「藤原高光における横川と多武峰の位置」（『国語と国文学』昭和五十五年六月）である。高光の突然の出家を横川に迎えての尋禅・良源の発言に重要な意味をもたせるのは深読みであり、横川は高光にとって、尋禅らとの関係において不本意であったとすることは誤りで、むしろ心穏やかな地であったとする。したがって多武峯行きは、脱出ではなく、彼の意志で進んで移住したというのである。

氏によれば、高光はただひとりの出家人にすぎないという。高光にとってはそうであっても、後世妙香院領とよばれる莫大な荘園を亡父師輔から譲られており、しかも修行中の身の尋禅、管理者の師良源にとって、尋禅の実兄の突然の登場が、ただひとりの無縁な出家人であるといえるのであろうか。また筆者のあげた高光の詠歌が、氏の指摘されるように贈歌に対する単なる技術的なものであったとしても、『物語』のなかから高光が横川で心穏やかであったことを読みとることはできないと考える。多武峯行をどう考えるかは、高光の横川での心的状況をどのように解するかによって導き出されるだけである。芦田氏への反論として、「多武峯少将物語をどう読むか」と題し、『国語と国文学』（昭和五十六年三月）に投稿したので参照されたい。

増賀の多武峯隠棲前後

はしがき

空也が一般民衆のために市中に布教活動を展開したのとほぼ同じころ、増賀が多武峯に、性空が書写山に隠棲、いわゆる山の聖として世間の信奉をうけはじめる。増賀がどのような経過で多武峯に居住し、性空の書写山開発がいかなる意味をもつか。そして彼らと叡山とはどう関連するのであろうか。聖の登場と役割について考えなければならない多くの問題がなお残されている。ここに叡山に修行し、多武峯に隠棲する増賀の周辺を窺見して、これら史的意義を考察してみたい。

一

増賀は長保五年（一〇〇三）六月九日、大和国十市郡倉橋山多武峯南无房に八十七歳をもって歿しているので、逆算して延喜十七年(九一七)がその生年となる。他の名僧たちとおなじく、この増賀にも出生時にまつわる奇瑞が語られている。生れてから旬月を経ない嬰児増賀は、父橘恒平にしたがって坂東に下向、途中乳母の不注意から馬より落され数十町往き過ぎてから発見されるという事件をおこした。当然牛馬人夫らに踏みつぶされたと思われた嬰児は、なんのカスリ疵もなく泥の中の凹石の上で咲みを含んで遊んでいたという。その夜の夢はこの児が天童の守護を受けたことを伝えている。(1) ことの当否は別として、この説話は増賀が仏神の加護による特別な子であり、したがって幼くして出家すべき運命にあったことを妥当づけようとするものであろう。四歳の時発心し、延長四年(九二六)十歳で比叡山横川にのぼり、良源の門に入ったといわれ、以後応和三年(九六三)七月、多武峯に籠るまでの三十七年間、この地で修行することとなる。

ところで増賀を山に迎える良源はこのころどのような地位にあったのであろう。良源は延喜十二年(九一二)に生れ、延長元年(九二三)十二歳で叡山西塔、宝幢院日燈上人の房に入り、理仙大徳に師事、同六年座主尊意について登壇受戒している。したがって増賀は、良源より五歳年下。増賀が十歳で叡山にのぼった延長四年に良源は理仙の門下で十五歳ということになる。このことは増賀が延長四年に叡山にのぼった場合、ただちに「横川の良源」に師事することの不可能であることを意味する。

ただそうはいっても、増賀の師としては良源以外語られるものがなく、応和の宗論での両者の関係や、良源主催天元三年(九八〇)中堂供養への参加などを考えれば、増賀が良源に師事しなかったとすることは早計である。ここでは増賀の良源師事は延長四年ではなく、それよりもあとであるとすべきことだけである。

それでは良源と増賀との師弟関係の成立はいつとすればよいか。このことは良源が門弟をとり得る地位にのぼるのがいつか。それに横川にいつ定着するかなどが問題になろう。ここで当時の横川の状況をみておこう。横川は、円仁渡唐の途次、航海中の発願により、帰朝後の嘉祥元年(八四八)九月、首楞厳院を建立し、聖観音と毘沙門天像を安置したことに始まる。『横川撿挍次第』によれば良源以前に安恵和尚・慈叡和尚・鎮朝僧都の三人の名が挙げられている。安恵・慈叡の二人は円仁の弟子、そして三人とも東塔の出身で、いずれも「本院」と註記されている。良源以下の補任にはこの註記が全くみられない。試みに円仁から良源までの天台座主の補任をみると十五人である。横川が開発されてから良源入山時にかぎってみてもその間七十四年、さきの三人では法燈絶ゆることなく継承されたとはいいがたい。横川の撿挍安恵は円仁に次いで第四代、鎮朝は良源より二代前の座主となっている。また横川を形成する主要堂舎は楞厳三昧院・真言堂・恵心院・四季講堂などいずれも良源在住以後の結構にかかり(2)、それ以前は首楞厳院だけであったようである。こうみてくると良源定着以前の横川は、本院(東塔)の業務を主にし、その兼職として首楞厳院が管理されていたのではなかろうか。あるいは東塔前唐院の支配下か。円仁草創の由緒ある地とはいえ、東塔は円珍の法系が主勢力となっていたので、それほど重要視されていなかったのではなかろうか。

こうした横川に良源がいつ定着したか明らかではない。ただ『九条殿御記』天暦四年(九五〇)七月二日条に「横川良源所」とあって、この時すでに横川の主となっていることが知られる。また『慈恵大僧正伝』によれば天暦三年七月忠平の薨去のあと、息実頼の懇請をふりきって隠棲しているのもこの横川である。すでに天慶年中に師覚慧から三部大法および諸尊瑜伽護摩秘法をうけ、天暦三年四月伝法灌頂をうけたともいわれるので、このころ横川に定着したとしてもそう無理ではないようである。そして良源が弟子をもち得るとしたらこのころではなかろうか。したがって明徴はないが、増賀が良源と師弟の関係を結ぶ位置につくのはこのころからとしたい。もちろんこれ以前に両者の交渉がなかったとは考えられない。ただしこの点は全く不明である。

二

良源が横川を住処とする以前、天慶三年(九四〇)正月二十二日に定額僧浄蔵が首楞厳院で大威徳法を修して平将門の調伏祈禱を行なっている(『扶桑略記』)。この月の二十一日諸社および諸大寺で仁王経を転読し、同二十四日叡山でも座主尊意が内御修法を行ない、阿闍梨明達が美濃中山南神宮寺に出向、四天王法を修するなど、この前後は将門調伏の祈禱が盛んに企てられている。(3) 浄蔵は三善清行の子で、宇多法皇に認められ天台玄昭阿闍梨から密教を伝授され、五大院安然から悉曇を学んでいる。熊野・大峰・葛城など諸山に修行し、横川にも籠居したことがある(『大法師浄蔵伝』)。占相の術に長け、特殊な霊力をもつという世評をうけて彼も調伏の師に選ばれたのであろう。そしてこの浄蔵が調伏の地として横川首楞厳院を択んだのは、そうした行法にふさわしい地と考えたからであろう。なお、浄蔵は円仁の法系である。

良源も円仁の法流であり、(4) 良源が横川に定着するのは、この地の由緒や修行地としての価値に着目したからにほかならない。また浄蔵の行法にも触発されたであろう。さらに叡山の中心東塔は、円珍派全盛である。ちなみに『諸嗣宗脈記』(下、声明伝)は、声明を通じて良源が浄蔵に師事したことを語っている。浄蔵は天暦六年(九五二)再度横川で修行しており、この時点では両者は顔を合せていることになる。

良源が(5)叡山中興の祖といわれる位置につき得たのは、たぐいまれな学識と弁説、そして藤原氏一門の強い後援にあったといわれる。承平七年（九三七）興福寺維摩会で南都の義昭と論争して著名になり、応和三年（九六三）宮中の法会で法相法蔵を論破して、その名声は決定的となる。しかしこの間藤原忠平の知遇と藤原師輔の厚い庇護がなければ、とうてい彼の壮図は果せなかったであろう。

良源がはじめ師檀の交わりを結んだ理仙は、良源受戒以前に他界し、日燈の口ぞえで船木良見のもとに遣わされている。良見は良源を三条右丞相定方にひき合せ、そして定方の尽力で良源は薬師寺恩訓律師の度者となることを得、初めて座主尊意に受戒することができた。延長六年（九二八）十七歳の時である。野心に燃えた若き俊秀は、受戒も果さぬうちに師理仙に先立たれて、どんなに前途を悲観したことか。それだけに良見のはからいに深く感謝し、その一字「良」をもらって自らの名としたという。と同時に権力者の後見の意義を深く感じたに違いない。

さいわいにして維摩会の論義によって忠平に認められるところとなり、良源は忠平から師輔へととり入るのである。良源の栄進への足跡を追ってみよう。天暦四年（九五〇）師輔の女で村上帝後宮安子の御産祈禱にたずさわり（『九条殿御記』）、翌年師輔の後援によって、その新皇子の立坊にさいし東宮護持の任を与えられる。同五年元慶寺覚慧の譲りをうけて阿闍梨となる。同八年師輔は自ら横川にのぼり、法華三昧堂を良源に寄進している。そして天徳二年（九五八）息尋禅を良源のもとに送っている。同四年師輔はこの尋禅に、後世いわゆる妙香院領と呼ばれる莫大な所領を遺言している（『華頂要略』五十五上）。ついで応和三年（九六三）八月宮中の法会で法相の名僧法蔵を論伏し、世の賞讃を博する。なおこの一ヵ月前増賀の下山があるが、これについては後述する。康保元年（九六四）内供奉十禅師、同二年権律師にすすむ。同三年座主、時に五十五歳である。以下叡山一山の結構をなし遂げ、天元四年（九八一）行基以来初めての大僧正位につき、中興の祖と仰がれる事業を完成してゆく。この間尋禅を優遇、一身阿闍梨位をもうけ、大僧都を経ることなしに権僧正位につかせ、また座主位を譲るなど顕著な例を示す。

良源の栄進が、藤原氏、とくに師輔の絶大な庇護のもとにあったことは以上で明らかである。千々和実氏[6]は、冷泉帝（師輔の女安子産）誕生の時期と、良源の楞厳院隠棲三百日護摩の修法の時期とが一致すること、しかもこの時点で政敵武智麿流の元方の女祐姫から村上帝第一皇子広平親王の誕生のあることなどから、師輔側の良源優遇の因を指摘されている。しかも師輔横川登山、楞厳三昧院寄進の前年に元方の悶死があることにも注意されている。良源の師輔一門への果す役割と、師輔の良源への期待と優遇、そして尋禅派遣の意味はこれによって明らかである。師輔一族が摂関家として繁栄するための精神面、宗教界よりの支援、それが果すべき使命であったのである。

その間良源の権門師輔家への追従は、必要以上のものがあったであろう。こうした良源のいき方に批判の目を向ける者の登場は、当然の成りゆきといえよう。増賀がこれである。『続本朝往生伝』の伝えるところによれば、師良源の慶賀の日、干鮭を剣となし、牝牛に乗って行列に加わろうとし、拒否されたという。華麗な行列（名誉慾）への嘲笑と皮肉である。これは事実とは思えないが、冷泉先帝の護持僧位を拒絶し、国母女院の招きに奇行をもって応じ、はては法会の説法が名利名聞にわたると考えれば、願主と口論も辞さないというふうに語られる増賀[7]と、師輔らとの接触を通じて栄達を計る良源とは相容れぬところがあったといえよう。

尋禅の兄高光は、応和元年（九六一）十二月横川に弟を訪ね良源のもとで出家している。そして翌年八月、横川をおりて多武峯に隠棲する。高光の周辺については、別に論じたので詳述は避けたい[8]。要するに尋禅の登山は師輔の意嚮であり、良源もその意を受けて山での処遇を用意していた。一方高光の出家は、予定された官界への進出を自らの手で絶ってのものであった。安子の御産と新皇子の護持、師輔はこれによって皇帝の外戚たる位置を獲得することになり、良源の奉仕はますます重要となった。一門の繁栄をさらに確固とすべく、息尋禅が山に送られ、良源がこれを迎えた。横川が整えられ、庄園が附托されるのである。高光の出家はこうした意図的なものではなく、骨肉相剋の現世相、前途の悲観、亡父母の追善などに、ナイーブな彼の神経が触発されたもので、尋禅の出家とは異質のものであった。高光は良源・尋禅に反撥、増賀にあらためて結縁、山を下るのである。

増賀は高光が横川を見限ったときに、ともに行動せず、ほぼ一ヵ年ののち高光の跡を追っている。増賀が師良源の行動に批判的であったとしても、その長年月にわたる師事から得た学恩の深さと、短日時の面授で、しかも尋禅との関係の不均衡さをもつ高光とでは事情はやはり別であろう。高光に誘われながらも山を下りなかった増賀をこのように解する。

それならなぜ、一年後に増賀は高光のあとを追ったのであろう。高光下山後わずか一年の間に増賀を下山に追いやった特別な事件か、理由が突発したのであろうか。

三

応和三年（九六三）七月、増賀は横川から高光のいる多武峯に移り一乗房を居処とする。『今昔物語集』などの説話は、叡山の俗化を厭い新しい修行地に移ろうと師良源に再三願ったが聞き入れられず、敢えて奇行を演じたというように伝えられている。「少昇二叡山一、学業日進、忽慕二菩提一、現レ狂遁去、其後数十年余、偏期二往生一、不レ交二他事一」とは『扶桑略記』（長保五年六月九日条）の記述である。これらの限りでは増賀の周囲には、高光下山後の一ヵ年間に特別な事件が起ったとは思えない。

ところが増賀の下山後一ヵ月にして、いわゆる応和の宗論が催され、増賀はこれに招かれながら、辞退しているという事件がある。この法会は、村上帝宸筆の法華経の完成を期し、法相・三論・華厳・天台各宗の名僧二十人をすぐり、応和三年(九六三)八月二十一日より五日間、十座の法華講が清涼殿で催され、そのさい、定性二乗不成仏義等をめぐって論義がたたかわされた。天台では良源が、法相では仲算が碩学ぶりを発揮するが、その後仲算は修業と称して消息を絶つのにたいし(『本朝高僧伝』巻九)、良源は翌々年権律師に補せられ栄達の道をすすむ。

うっかりするとこの論義はたまたまおこり、その結果偶然良源の名声をさらに高めることになったかに思わせるが、事実は逆である。その次第は『応和宗論日記』に詳しく記されている。これによれば、宗論の発端は二年前にさかのぼる。すなわち応和元年四月、良源が六宗の長者として法相宗が君臨していることの不満を奏上したことにはじまる。しかも良源は、同五月華厳宗玄慶、三論宗壱定(壱和の誤りか)にも働きかけ、同旨のことを奏聞するよう要請している。二宗ともこれに同調したので、翌二年三月これらの奏状がとりあげられ、宸筆写経の完成をまって論義が行われることになった。はじめ応和三年六月十九日が定められたが、同七月十三日に延引、同八月十一日と三転、最後に同二十一日から五日間催されることとなった。

三論から東大寺の律師観理、華厳は同じく東大寺の権律師玄慶、法相から興福寺已講安秀、東大寺已講法蔵、そして湛昭・平州、興福寺の真喜・仲算、他に仁賀と千理が選ばれたが辞退したので薬師寺の蔵祚と興福寺の千到が補われて計十人、法相宗が主流である。天台から禅愉・良源・知興・寿肇・聖救・余慶(慶祚とも)・能恵・賀秀・千観・増賀の十人で、千観・増賀が辞退したので千観のかわりに崇寿、増賀にかえて覚慶が人選されている。南都十人、北嶺十人、五日間十座、したがって論者と問者とが必ず両者の対峙となっている。

南都側は三論と華厳が律師・権律師、法相は已講二人で、碩学の聞え高い法蔵が配されていちおう当を得た人選といえよう。ところがこれにたいして天台側は禅愉以下、権律師はおろか一人の已講もいないのである。この年の三月権律師に任ぜられた春暹か、興福寺維摩会の講師を勤めた禅芸らが入っていてもよさそうである。天台十人の僧のうち、良源が康保二年（九六五）に権律師になるほかは、その翌々年禅愉が維摩会の講師に、あとは安和二年（九六九）にやっと余慶が権律師という有様である。安和二年を限って南都側の出席者の僧位をみると、[9]権大僧都観理、権少僧都安秀・法蔵、維摩会の講師に蔵祚・湛昭、これより先権少僧都位で歿した玄慶、消息をたたなければ当然何らかの位についたであろう仲算をかぞえれば、僧位からみた場合、南都と北嶺の不均衡はきわめて歴然とする。応和三年（九六三）から安和二年（九六九）までの間に南都側の僧だけが特別に優遇されたとは全く考えられないから、応和三年時点にさかのぼったとしても、この差はそのままのはずである。それではなぜ、南都側にくらべてきわめて劣位な僧侶が天台側からは出されたのであろうか。

ここでこの法会の推進者が良源であったことを想起されたい。このことから一つの推定がなされる。すなわち、天台側は良源が中心となって人選がすすめられたのではないかということである。いいかえれば、企画者良源が、ある意図のもとに活躍しやすいように人選がなされていた。だいたい応和の宗論の著名な理由は、法相法蔵と天台良源との激烈な論難であるが、この口火を切ったのはほかでもない良源の弟子覚慶である。『本朝高僧伝』（巻十）に「年僅過二弱冠一」と表現されるような覚慶が、法相の名僧法蔵に、天台開創以来長年月にわたって争点となってきた定性二乗不成仏義の問題を、敢えてとり上げた背後に、良源のこの会開催を強く望んだ意図がはっきりと読みとり得るといえまいか。

天台の発揚、それはとりもなおさず良源の栄進につながっている。このため法相碩学法蔵を論破する。師良源と横川で行動をともにしていた増賀には、清涼殿の法華講がこのように映ったのではないだろうか。陰に陽に師良源の策動と意図を、目のあたりにしたことになる。すでにふれたように増賀には、それが仏事法会であっても、名利名聞に通じると知れば放擲するという強い態度が語られてさえいるのである。

しかも増賀と良源とを次のような位置におくのは牽強付会のそしりを受けるであろうか。法会に参加する二十人の僧侶は、最初予定された六月十九日の時点以前に人選が完了していた。したがって辞退はしているが、増賀はこの第一段階では人選に入っているはずである。増賀多武峯入峯は七月、いうまでもなくこの時点では横川にいたことになる。増賀は師良源の推挙でこの人選に入った。そうして師からこの法会におけるある役割をはたすよう要請された。その役割とは何か。覚慶が法蔵にたいしてとった法論の火つけ役である。増賀が天台十人の僧のなかに選ばれ、これを辞退、増賀にかわって補せられた覚慶が特記すべき応和の宗論の口火を切って良源にバトンを渡したことの意味を増賀のうえに考えることである。

法会自体の開催意図について批判的であるうえ、その法会での極言すれば道化役を演ずることは、増賀にとって堪え得ることではなかった。覚慶はのちに栄達、長徳四年(九九八)座主、長保二年(一〇〇〇)僧正位を経て、同三年大僧正となっている。増賀が、覚慶のなした役を演ずれば、あるいは彼の前途に覚慶が歩んだような道がひらけたかもしれず、臆測すれば、良源がそのことを約束したかもしれない。いずれにもせよ、宗教的活動を最大限に利用しようとする良源的行動と増賀のそれは異なっていたのである。増賀の応和の宗論辞退と、七月多武峯入峯という事実を右のように解することによって、横川下山の動機が成立するのではあるまいか。

四

応和の宗論が宮中清涼殿でたたかわされているまさにその時、市中賀茂河岸で空也の大般若経書写供養が催されている。(10) 空也のそれは発願以来数十年を費やし、市民の一銭一粒の零細な喜捨をも受けて完成されたもので、きわめて実践的な法会ということができる。宮中における天皇の発願にかかる法華経書写とでは、その法会に期待する階層について、広さと深さにおいて全く異なっていた。宮中では「一切衆生悉有ニ仏性ニ」義が良源によって明快に主説され、天台の立場が強調され良源の評価がさらに高まるが、この論義がその実たる民衆の救済にどれだけ寄与し得たろうか。空也の法会にはこうしたきらびやかな主張はないが、乞食者の群集が窺われるように、空也の行動こそ、良源が主張した真の意味の実践にそったものといえまいか。良源批判をめぐっての増賀の行動と、宮中の法会の日に、空也が自らの法会を取り行なったこととは、相通じるものがあることになる。

ところで増賀は多武峯隠棲後、良源にどのような態度をとったのであろう。種々の奇行を演じたなかで良源慶賀の日の異装はきわだっており、増賀の師批判としてきわめて注目すべきである。これは僧正慶賀の日とあって、いつのことか不明であるが、座主着任か、僧正位就任の時のことであろう。前者なら康保三年（九六六）、後者は天元二年（九七九）で、いずれも増賀多武峯入峯後のことである。応和三年（九六三）良源の意図にさからって横川を下ったのであるから、慶賀の日の奇行はこれに通じるといえよう。しかしわざわざ多武峯から来てこの奇行を演じたのであろうか。

ただ師を明らさまに批判したのは右の事件が唯一の例でしかない。逆に多武峯に籠ってからも増賀は良源の弟子としての色彩が濃厚にみられる。たとえば天元三年（九八〇）九月、良源は叡山山頂で根本中堂の落慶供養を催しているが、増賀はこれに参加している。承平七年焼失した中堂を四十三年ぶりに復興したものである。山上では良源の勢力がようやく強大となったが、それにしたがって円仁・円珍両派の対立は次第に激化し、主催者円仁派の良源は、円珍派である千光院余慶一門をこの法会から締め出そうとして反撃をうけている。この法会に参加した僧侶たちは、僧位僧官をもち、いずれも威儀を整えているが、多武峯の増賀と書写山の性空の二人だけは、無資格で梵音衆を勤めている。増賀・性空[11]ともに良源を見限って横川を下り、各々の修行地を択び、ともに山の聖として世間的名声を得つつあったはずである。余慶らとの対抗上、良源の勢力を誇示するため、彼にとっては不肖な弟子たちではあるが、破格の扱いで山上に招いたのであろう。

これより先、増賀は多武峯入峯の翌年、講堂で摩訶止観を講じ、新造法華堂に法華三昧を移修している。さらにその翌年康保二年（九六五）法華文句を説き、天延二年（九七四）広学竪義をはじめている。[12]正暦二年（九九一）具平親王はその著『弘決外典鈔』の脱稿にさいして、これを増賀のもとに送り批評を乞うている。この書は天台三大部の一、摩訶止観の代表的注釈書『止観弘決輔行記』の俗典抄である。『輔行記』に外典の書が頻繁に引用されているが、近ころの僧侶は内外両典を兼習せず、ために十分な理解ができない状況にあった。そこで親王が求められ、この欠陥を補うため外典を抄出、註を付したものといわれる（『弘決外典鈔』序）。こうした性質の書が増賀に送られてくることは、かれが天台摩訶止観の学僧として名声を馳せていたことを意味する。増賀自身にも『玄義抄』や『義科私記』などの著作がある。

止観業の学僧、どちらかといえば遮那業を中心とする円珍派に対してそれは円仁派を意味する。すなわち横川で、良源の弟子として研学修行したことにほかならない。多武峯自体円仁派の実性の開発にかかわるとされ(13)、彼自身弟子の相助を修行のため横川に送っている(14)。良源のもとを去ったとはいえ、いぜん横川での修学が増賀の思想を形成していたのである。師良源慶賀の日にわざわざ奇行を演じに出向くより、招きに応じて法会に参加する増賀のほうが史実に近いように思われる。

五

増賀とおなじく天元の法会に列席した性空について考えておきたい(15)。性空は橘善根の子として延喜十七年(九一七)に生れているので、増賀と同年ということになる。天暦六年(九五二)三十六歳で出家しているので、この点増賀に比してかなり遅く仏門に入った。まず九州の諸山で法華経を専誦、のち上洛して叡山に良源を訪ねこれに師事、やがて良源のもとを去り、播磨国書写山に隠棲、円教寺を草創する。増賀と性空はともに師として良源をいただく。ここで興味ある問題は、この二人がはたして横川で一緒に起居したかということである。この点について、増賀の離山が応和三年七月であるから、性空の入下山時が明らかであれば、一目瞭然である。しかし残念なことに性空側のこの状況は全く不明なので、推測による以外確かめる方法がない。

性空は天暦九年(九五五)、三十九歳の時法華経を暗誦するが、この時はまだ九州背振山で修行中であり、この後のいつか叡山にのぼって良源に師事、そして書写山を開発するのである。これらが天元三年（九八〇）――良源の中堂供養時――以前のことであることはもちろんである。書写山入山時を一説に康保三年（九六六）、性空五十七歳の時とする（『性空上人伝記遺続集』）。しかしこの年齢は別の機会にふれたが、性空九十八歿年説によるもので、[16]実際は九十一歳歿年説であるべきで、これにしたがえば康保三年なら五十歳、また五十七歳は天禄四年（九七三）となる。『性空上人伝』が、性空の行動を実年代で示さず、年齢を基準に、たとえば、十歳師につき法華八巻を読誦、三十六歳出家、三十九歳法華暗誦、などのように語られているのを考えれば、「康保三年」「五十七歳」を分解してみて後者のほうにどちらかといえば信が置けそうである。仮にこの五十七歳、天禄四年を書写山入山時としておきたい。

したがって性空の良源師事の時期は、天暦九年以後のある時から、天禄四年までの間ということになる。性空と増賀が叡山で顔を合せたとすれば、再三述べるように増賀の下山は応和三年七月であるから、天暦九年からこの年までのいつかということになる。また両者が叡山で会っていないとすれば、性空の入山は応和三年七月以降となる。

ところで性空の周辺には、同じ良源を師とする源信・覚運・厳久らがいるのに、これら僧侶と増賀の交遊が知られていないことは注意すべきであろう。源信らはどちらかといえば良源の弟子尋禅と同時期またはそれ以後の叡山に活躍する僧らで、[17]増賀の在山時期より、一時点あとの入山とすべきように思われ、増賀と交流のないこれらの僧と性空が交渉をもったことは、増賀と性空が叡山山上で同席しなかったことを意味しているのではあるまいか。両者の交遊を伝える説話があるが、[18]これは多武峯にいる増賀のもとへ、書写山にいる性空から写経の料紙が送られたというもので、叡山での両者会合のものは全く知られていない。やはり性空は増賀下山ののち叡山に入ったのであり、両者が顔を合せたのは、あるいは天元三年の中堂供養が初めてであったかもしれない。

性空の良源師事の時期はかくして、最大応和三年(九六三)から天禄四年(九七三)までの十年間となる。増賀の下山と性空の入山は、直接にはなんの関係もないから、増賀下山の時期をもってただちに性空入山はいえない。したがって右の期間はもっと短縮されるであろうことは当然である。

さてこの性空は良源をどのように見たのであろうか。良源に招かれて天元の法会に出席したことや、良源以下の叡山僧との交遊は、性空の良源師事を意味しながら、性空自身は叡山修行を口にしないのである。その顕著な例は、長保四年(一〇〇二)、花山法皇が書写山に性空を訪れた際、種々面談されたことをもとに編まれた『性空上人伝』に、良源師事、横川修行が一言半句もふれられていないことである。

性空が良源に師事したことを積極的に主張しないことと、叡山下山、書写山開発を結びつける考え方はいかがであろう。性空在山時の良源は、応和の宗論で賞讃を博したあと、内供奉十禅師となり、権律師、律師とすすみ、康保三年(九六六)三月、上﨟二人を越えて座主となるなど、栄進目ざましい時期である。しかも性空は、花山院に招かれてもこれに応じない気骨を持ってもいるのである。[19]三十六歳で出家し、九州諸山で十分修行してきた彼が、高光や増賀が遭遇したよりもさらに露骨化した利権渦巻く叡山の現状に、同じように失望下山したとすべきであろう。そして高光や増賀と異なって、円仁派とも、叡山とも何の関係もない書写山を開発するのである。この山は古来素戔嗚尊が狩猟したことによって曾左山と呼ばれており、性空在住以前は全く無名であった。彼がなぜこの山を択んだか明らかではないが、山林修行を旨とし、九州から叡山に上ってくる途中、あるいは印象に残ったのかもしれない。

しかし、こうした性空も書写山に円教寺を経営するにあたっては、叡山の後援や花山法皇以下の庇護を必要とせざるを得なかったことを忘れてはならない。[20]この時点では、叡山のもつ力はかなり強大なもので、増賀や性空が良源を批判しながら、良源の招請にしたがって法会に参加するのも、このことを考慮に入れておかなければならない。

むすび

増賀の多武峯隠棲は、応和三年八月良源の画策による宮中清涼殿での宗論出席の拒否を直接の契機とする。このことは良源的行動への批判にほかならず、良源の行動が叡山の発展のために宮廷摂関貴族たちへの接近というかたちで示されたのであるから、増賀の行為は反叡山的態度ということができる。この点宮中の法会をよそに賀茂河原で経供養を催した空也の意識と相通じることになり、増賀を従来いわれているように聖の系列でとらえる理由がないでもない。ただこの面だけを強調することは正しくない。叡山辞去後の師良源にとったらしい態度や、天台止観学僧としての位置と、新しい修行地多武峯が叡山の支配下にある事実を考慮すべきである。

要するに増賀は、叡山僧としての範疇でとらえられるべき僧で、しかしそのうちに聖的要素を多分に内包する僧とすべきである。まわりくどいいい廻しになったが、増賀の史的役割は、性空の存在を接続させることによって明確になる。おなじ良源に学びながら、叡山修行を口にせず、良源無視の態度をとり、叡山とは何の関係もない書写山を開発する。性空は聖的性格が主であって、叡山僧的性格が従となる。

この両者の差は、増賀がその前半生、四十年近い長い年月を叡山で過しているのにたいし、性空は九州の諸山で民間持経者的修行を積んだうえで叡山にのぼったのであり、これに応じて良源師事の期間に長短が考えられ、さらには良源が師輔にとり入り、尋禅を優遇、兼家と結んで叡山中興の事業を完成してゆく過程のなかで、俗世間的権謀術数の渦は次第に規模をひろげていった。増賀の感じたものと、性空の見たものとでは、わずかな時間的ずれではあったが、格段なものがあったのかもしれない。ただ良源の傘下から抜け出たかに思える性空も、書写山に円教寺を整えるためには叡山の力が必要欠くべからざるものであった。

叡山の経営方針が宮廷貴族たちへの接近という方向にむかう以上、天台のもつ大乗仏教的性格は失われることになり、これを批判する僧侶たちの出現は必然的といえよう。増賀の登場はその第一段階、叡山僧として、内部からの批判ということができる。性空はそれより一段進んだ段階である。増賀の態度が示し、聖的性格の性空さえその桎梏から逃れられなかったように、叡山の占める位置は強大なものであった。しかしその叡山にたいする批判者が徐々に現われ、次第に深化してゆくことを彼らの登場が示しているのである。

註

(1)『本朝法華験記』第八十二、『今昔物語集』巻十二の三十三など。

(2)『叡岳要記』『門葉記』など。なお如法堂は首楞厳院の前身。

(3)『貞信公記抄』『扶桑略記』『華頂要略』など。

(4) 良源の師理仙、覚慧らはいずれも円仁流。

(5) 良源の伝は主として『慈慧大僧正伝』による。

(6)「慈慧大僧正と摂関政権の確立」(『史潮』四八号)。

(7) 増賀の奇行を伝える説話は数多くあるが、それらのうちで比較的初期のものは『本朝法華験記』(第八十二)、『続本朝往生伝』(一二)、『今昔物語集』(巻十二の三十三、巻十九の十八)におさめられている。

(8)『多武峯少将物語』にみる高光出家の周辺」。〔補 第一部に収載。〕

（9）『僧綱補任』による。
（10）拙稿「六波羅蜜寺創建考」。〔補　第二部に収載。〕
（11）拙稿「花山法皇と性空上人」。〔補　第一部に収載。〕
（12）『多武峯略記』。
（13）鹿苑大慈氏「多武峯と実性」（『竜谷史壇』五〇号）。
（14）『首楞厳院廿五三昧結縁過去帳』。
（15）（16）　性空については註（11）拙論を参照されたい。
（17）源信の入山の時期は明らかでないが、天慶五年（九四二）の生れで、増賀・性空より二十五歳の年下、厳久は源信の弟子でもある。覚運の生年は天徳元年（九五七）で、尋禅を師とする関係にある。
（18）『一乗妙行悉地菩薩性空上人伝』など。
（19）「寛和元年九月一日、自レ院召二遣性空上人一事以二判官代一為レ使」「同十三日、性空上人不レ参事」（『小記目録』第二十、御悩事）
（20）註（11）掲載論文参照。

花山法皇と性空上人

——平安期における一持経者の周辺——

はしがき

花山法皇が書写山に性空上人をはじめて訪れたのは、寛和二年(九八六)七月二十八日のことである。そして長保四年(一〇〇二)三月再度の御幸に際しては、絵師に性空の肖像を描かせ、またその伝を編纂せしめているほどである。播磨の山中で、法華経を誦する一介の持経者に過ぎない性空に、帝位をおりたとはいえ太上法皇の身で、わざわざ結縁を得にいったという事実は、何を意味するのであろう。

性空をいわゆる「山の聖」とみれば、大きくいって平安期民間信仰者の布教対象の階層性という問題を含んでいるし、別の角度からいえば、平安期貴族界の信仰形態の照射にもなろうか。したがって、花山院の性空結縁の経過の検討は、きわめて重要な意義をもつものと考えられる。ところが、この解明の前提となる性空の行業が、伝など編纂されているにもかかわらず、必ずしも明確になっていない状況にある。前記課題の解決を指向しながら性空の周辺を整理してみようとするのが本稿の目的である。

一

『群書類従』巻第六十九に『性空上人伝』（以下『伝』とも）という書が収められている。この書を『朝野群載』は花山法皇、『本朝文集』『天台霞標』は具平親王の撰としている。これは『伝』の末尾に「花山太上法皇、去寛和二年、微行見二上人一結縁畢、爾来十七箇年、長保四年三月六日、重結縁、密命二仙駕一、問二上人行状一記レ之、于レ時地震、蓋是異相歟」とあることと、『権記』長保四年八月十八日条に「自二花山院一有レ召参入、有レ勅曰、書写聖形像令二広貴図一レ之、近曾示二中書大王一、聊記二事旨一可レ書レ之者、奉レ仰退出」とある記事とからみあって問題にされている。(1) すでに『本朝文集』で『伝』の文中に「花山法皇」云々の語が見えることは法皇の撰でないことの証拠であるとしている。このことと『権記』の記事とを考え合せると中書大王具平親王説が有力となるが、この条項は親王が、上人画像の讃をしたものだとする説もあって結論はだされていない。

今井源衛氏は「問二上人行状一記レ之、于レ時地震、蓋是異相歟」とある語に着目され、「行状記云々やこゝにいう地震云々は『旧記』（『書写山円教寺旧記』）に見えぬ上、いかにも附会の説らしい」とし、『書写山縁起』以下『今昔物語集』などの説話が、延源阿闍梨なる画僧を登場させ、画像制作中に地震が起っていることを述べていることから『伝』を平安末にできあがった花山院譚のうちに含みこまれている。(2)

しかし『伝』を、花山院の直接の編であるか、否かということと、平安末まで著作年代を下げることとは別問題のようである。氏の証拠とされた『旧記』に行状記云々と地震云々とが見えないというのは、正確には『旧記』第二冊のうち「花山太上法皇御幸当州書写山事」の長保四年三月五日条には見えないといいかえねばならない。なぜこのような面倒な表現をするかといえば、『旧記』は諸書の集成からなっており、(3)第二冊の内容は、悉地伝、聖者廟堂木像事色紙文、華山法皇御幸記、針秘記、上人五悔文竝閑亭語の五項目にわかれており、御幸記の本文は「一、花山太上法皇御二幸当州書写山一事」とあり、寛和二年初度御幸のことから始め、氏の引用された長保四年壬寅三月五日辛丑の記文が続く。たしかにここには行状記云々も地震云々のことも見えない。ところがこの項の直前（したがって聖者廟堂木像事色紙文の項の最末）に「長保四年歳次壬寅、花山法皇重為二結縁一命二仙駕一、飯室延源阿闍梨侍二御共一、以二畳紙一図二上人形白従レ頸上一、又有二筆生者一、録下対二謁法皇一所二交会一之言談上、皈洛之後、図二絵影像一、記二縁起一遣二於本山一（下略）」とある。地震のことは見えないが、延源もおり、行状記のこともある。

こうした体裁の書のなかで、他に特別な根拠があれば別であるが、長保四年三月五日以下の文だけが正しいとする理由はないのではなかろうか。仮にこの文が正しいとしても、省略のこともありえようし、ここに見えないからといって、その事実がなかったとするのは早計ではなかろうか。しかも、この『旧記』第二冊目の冒頭に『悉地伝』の全文引用がある。この伝は『一乗妙行悉地菩薩性空上人伝』というもので、文末に寛弘七年（一〇一〇）十月十日、性空の遺弟延照が中心になって編したものであることを明記している。この文中に「長保四年為二重結縁一、大(太)上仙院密命二仙駕一、召二問行状一、上人奉レ答、法皇記レ之、于レ時地震、蓋異相歟」とあって、行状云々も、地震云々のことも明らかに見えるのである。性空歿して三年目のこの時期に、『性空上人伝』が法皇の記で、その際地震も起ったとされているのである。延源阿闍梨を『権記』に見える（巨勢）広貴の法名とする説もあるが、氏のいわれるように、仮に延源の登場を後代に加わった荒誕であったとしても、そのことに何もふれていない『性空上人伝』は、性空歿年ころまでには成立していたとみても差し支えないものと思われる。

しかも『上人伝』と『悉地伝』とを比較すると、前者の記事が後者にほとんど含まれており、文の引用も右にあげた行状云々、地震云々のようにきわめて似かよっている。加えて『上人伝』は、後述するように一風変った記述態度をとっており、(4)性空の実年齢を混乱させる原因を作りだすような、伝としては不完全なもので、この資料はやはり性空との問答によっているためと思われる。『悉地伝』は、長保四年(一〇〇二)以後のことも加え、『上人伝』の漏らした事項を若干加えてはいるが、骨子はこれによっているといえよう。右のように理解されれば、この伝は長保四年の御幸を期として編されたものとすべきであろう。花山院が自ら撰したものか、具平親王がそれを取捨したものか断定できないが、花山院が関与していることは間違いないようである。

それでは性空が、当時の人々にどのように迎えられていたかを、この伝をもとに見てみよう。これによれば、性空は東京の人、父は従四位下橘善根である。彼の出生は望まれぬものであったようで、しばしば毒薬による堕胎の術が施されたが効なく、左手に針を握るという奇異な誕生であった。十歳の時、師について法華経八巻を読誦、のち母に従って日向国に下向、三十六歳にして出家、霧島山に籠った。ここで日夜法華経を読誦、数日食さず飢えんとしたとき、経巻中に三十粒ばかりの粳米が現われ、また煖餅三枚を得て飢えることがなかった。霧島山から筑前背振山に移り、三十九歳にして法華経を暗誦、無人の山中に十余歳の童子や老僧形の者がつき従って修行を助けている。やがて九州を離れ、播磨国餝磨郡書写山に一間の草庵を結び、山野の禽獣と馴れ親しむ生活を営んだ。また胸間の肌に阿弥陀の像を彫り浄土への思慕を示している。代々の宰吏、近隣の道俗男女の帰依を得、しだいに仏堂を荘厳、やがて南北高僧、はては洛中公子王孫の信を繋ぐこととなった。花山法皇は寛和二年と長保四年の二度、書写山を訪れているが、この行状を記した時、地震が起って師の異相を示した、というものである。

　このなかで特徴的なことは、霧島山・背振山など九州の山中で修行、書写山での修行、布教というように山林修行者で、かつ法華の持経者であることである。具平親王の詩にも[5]「誦二法華経一為レ事、寤寐不レ休」とか「寂寥山中坐禅師、一乗蓮華能憶持」とあり、天台僧源信も「四十年来持二一乗一」[6]と讃えており、先の伝のなかでも「一心誦経六十年」とある。

　また誕生時の奇異や、山中修行の際の飢渇に対する利益と天童・僧形者の随伴、そして伝編纂時の地震にみるように、特殊な霊力や験力を性空が備えているという考え方である。

　当時こうした山の持経者で、かつ特殊な呪術力や霊力を有した者の存在はそう珍しいことではなかったらしい。性空の歿後四十年をこえない時期に[7]、横川首楞厳院の僧鎮源によって、法華経の功徳を説いた『本朝法華験記』が撰されているが、このなかに性空の行業に類似した修行者たちが多く載せられている[8]。たとえば、天神冥道を駆使した摂州莵原慶日聖人、天童が路を示し、神女がこれを供し、飢えれば甘飯が現れたといわれる一宿聖行空、性空が呼ばれたように「六根浄聖」と称された基燈法師、黒歯・華歯という十羅刹女変身の二童子に仕えられた仏蓮上人、客僧をはやく追い返して修行に専心しようとする持経者某などがおり、修行する山は、那智山・吉野山・愛太子山・比良山・比叡山・金峯山などが著名である。

　性空が播磨の書写山で修行し布教したことが、必ずしも特異な行業でないとしたなら、どのような経緯で花山法皇は二度までも性空を訪ねているのであろう。これほどの栄に浴した修行者は、この時期に、ほかに例を見ないのである。

二

花山院の書写山御幸が、たんなる気まぐれや物見遊山でなかったことは、この御幸が計画された前後の院の周辺をみれば、ただちに首肯されよう。院は寛和二年（九八六）六月二十三日の夜、すなわち、書写山御幸のほぼ一ヵ月前、藤原兼家・道兼父子の陰謀にのせられ、帝位をおり出家している。院については、先にも引用した今井氏のすぐれた論考があり(9)、これによれば、退位後書写山行までの間で知られていることは、七夕の日に「たなばたに衣もぬぎてかすべきに　ゆゝしとやみむ墨染の袖(10)」の詠がしられるだけである。しかし、書写山行の前日である七月二十一日に院同腹の長姉、二品宗子内親王が薨じている。これにより同腹の姉弟四人中、三人はすべて死に絶えたこととなった。花山院の出家は、院の外戚藤原義懐と右大臣藤原兼家との政権争奪による義懐側の敗北によるのであるが、その収拾の導火線となったのは寵妃藤原忯子の死による院の悲嘆にほかならない。今井氏の言を借りれば(11)「一条摂政一門の上に執拗に襲いかゝった死の咀いの恐怖」であり「行幸は彼女（宗子）の重病の間に企画されたと考えられるから、それが僧庵の中まで追ってきた死神との闘いの意味をもつ」ことになる。

こうして七月二十二日播磨に向って出発、二十七日深更、播磨国司藤原茂利の邸（持仏堂か、茂利寺とある）に着き、翌二十八日書写山を訪れ、性空の誦する法華経を聴聞し、二十九日に還幸されている。一行の人数は十数人といわれている(12)。

一方受け入れる書写山のこのころの状況はどのようなものであったろう。『聖者門徒起請状』[13]によれば、「其創前司藤原朝臣季孝結㆑縁上人㆒、建㆑立法花堂㆒、而定㆑置十二口禅侶㆒、勧㆑修三昧㆓」とある。この藤原季孝と性空の出会いは、季孝が一寺院を建立しようと、護持僧慶雲にその地を撰定せしめた際、書写山に草庵を営む性空を知り、この地を整えたとされている。花山院の訪れる前の年、寛和元年のことという[14]。御幸に際して藤原茂利邸に立ちよるなど、性空に対する国司たちの帰依が、花山院の書写山行に寄与していることは認められようか。

しかし、すでに寛和元年九月一日、院がその御悩に際して、性空を迎えに判官代を使者に送っていることを知れば[15]、季孝と同じころに院も性空の存在に気付いていたことになる。性空は院の要請にもかかわらず書写山を動こうとはしていない。性空と花山院を結ぶ条件について、なお子細に検討する余地がありそうである。

ところが、寛和以前の書写山の状況についてはほとんど知るところがない。康保三年（九六六）五十七歳の時、書写山に入ったとする説もあるが[16]、実は性空は寛弘四年（一〇〇七）三月十日に歿しており、その歿年齢不明という事情からにわかに確定的なことはいえない。歿年齢不明というのは、従来八十歳と九十八歳の二説が伝えられているからである。八十歳入寂説には『元亨釈書』・『橘氏系図』（『系図纂要』）などがあり、九十八歳説は正安二年（一三〇〇）『性空上人伝記遺続集』を編した沙門昌詮の考証に拠っている[17]。こうした歿年不明のうえに、性空生前の時期に編されたさきの『性空上人伝』が、行業を年齢を基準にして記述していることで問題をさらに複雑にしている。前節で少し詳しく紹介したが、十歳法華経読誦、二十七歳首服、三十六歳出家、三十九歳法華経暗誦という風で、実年代を記しているのは寛和二年と長保四年の両年、花山院の御幸のことだけで、ここでは性空が何歳であるかの記載がない。しかも三十九歳以後性空がいつ九州から出てきて、その後の修業布教をどのように行なったかをも明らかにしていない。寛和元年藤原季孝の帰依、それにつづく花山院の結縁といっても、それ以前の性空の周辺の解明がなければ、この意義づけは価値を失うものとなろう。

三

性空の歿年齢の検討からはじめよう。前節で八十歳と九十八歳の二説があることを述べたが、両説とも性空の歿後三年の寛弘七年（一〇一〇）十月十日、遺弟たちが録した『一乗妙行悉地菩薩性空上人伝』にその根拠があり、両説の判定を全く困難なものにしている。すなわち、国司季孝朝臣が地を択び法華堂を造り直僧料として各々に米三合を調えたことを記したあとに「寛和元年乙酉歳耳、上人行年当五十八」とある。寛和元年（九八五）五十八とすれば、当然二十二年後の寛弘四年（一〇〇七）には八十歳となる。しかしこれに符合するような記載は他のどこにもみられず、くわえて文末にちかく「齢過九旬」という言葉が見える。寛和元年五十八歳説を正しいものとすればここのところは「齢過㆓七旬㆒」か「齢八旬」でなければならない。これに対して『遺続集』の編者昌詮は、この「過㆓九旬㆒」の語を踏まえて、菅原為長の「奉㆑拝㆓播州書写山本願上人之新影㆒詩」[18]中に「万葉流伝今画図、九十八年衰暮貌、丹青再顕敢無㆑違」とある九十八を傍証に九十八歳説を唱え、彼の編した『遺続集』はこの年齢を基準に編成している。また『播州書写山縁起』『峯相記』などもこの昌詮の考証をうけたものであろう。ただこの昌詮の考証は、菅原為長が性空より後代の、しかも昌詮の時代に近い人であることを知れば[19]、必ずしも正しいとはいえなくなってくる。しかし、性空歿後三年にしかならない時に編された『悉地伝』の中に「齢過㆓九旬㆒」とある語の価値は変らないことはもちろんである。

「寛和元年五十八」と「齢過二九旬一」との語の比重を見れば、後者のほうが重いといえようか。寛和元年にだけなぜ五十八と入れなければならなかったのだろう。寛和元年五十八歳はいかにも唐突な入り方で、前後の文章の調子と必ずしも整合するとはいえず、後代の補入と考えられないこともない。とはいえ、それだけのことで過九旬説を無条件で採用することもできない。

ところが、前二説とは異なったもう一説が存在することを指摘したい。それは花山院の初度御幸のあったあと、性空が花山院に円教寺を御願寺として八口の僧を常置、法華経を講ずることを願った申請文[20]があり、文中に明らかに「春秋七十、競思二菩提一、爰今年七月、太上法皇、忝秘二仙蹕於遠程一」と見える。この文書は末尾に寛和二年十一月四日の日付を有する。寛和二年(九八六)七十歳、したがって寛弘四年(一〇〇七)は九十一歳となる。この文書の性質からいってもその記載は信ずるにたるものと思われ、しかも『悉地伝』の「齢過二九旬一」の語とも矛盾しないのである。八十、九十一、九十八の三説を、各々その拠るところを総合してみれば、九十一説が妥当であり、すなわち性空の経歴は次のようになる。

九一七	延喜十七年	当　歳	東京人、橘善根の子として生る。
九二六	延長四年	十　歳	師につき法華経を読誦。
九四三	天慶六年	二十七歳	元服。のち母に従い日向国に下向。
九五二	天暦六年	三十六歳	出家。霧島山に籠り、日夜法華経を読む。数年後筑前背振山に移住。
九五五	天暦九年	三十九歳	法華経を暗誦す。のち播磨書写山に一間の草庵を結ぶ。

九八五　寛和元年　六十九歳　　国司藤原季孝法華堂を建立。
九八六　寛和二年　七十歳　　花山院御幸（七月）。
一〇〇二　長保四年　八十六歳　　花山院御幸（三月）。「上人伝」「肖像」作成。
一〇〇七　寛弘四年　九十一歳　　性空歿す（三月）。

以上がこれまでみてきた性空の実年代の位置づけである。『悉地伝』が性空の年齢を混乱させた因を作っていることは事実であるが、この『悉地伝』の混乱は、じつは性空生前に編まれた『上人伝』に起因している。再三述べたように『上人伝』が年齢を基準とした書き方で実年代にふれていなかったことによる。これは、あるいは『上人伝』のなかにも記されている「上人少二言語一、高僧重客、相対言語、多言中答二一二言一、面不レ挙如レ有二思惟一」という性空の態度と聞書という条件が伝記載を不明瞭にしたのかもしれない。

四

一説に、性空が書写山にはいった時を、康保三年（九六六）上人五十七歳とする。しかしこの組合わせは九十八歳歿年説によっている[21]ので正しくない。康保三年なら五十歳、また、五十七歳の時は天禄四年（九七三）となるのが性空の実年齢である。性空の書写山入山が康保三年であるのか、天禄四年であるのかは、残念ながら比定できない。性空伝の信憑しうる史料である『上人伝』『悉地伝』は、ともに三十九歳以後、書写山入山時を含む三十年間の性空の周辺を明らかにしていないからである。とはいえ、天暦九年（九五五）法華経を暗誦してから寛和二年（九八六）花山院を迎えるにいたった、ほぼ三十年の間の性空の行業が、一番知りたいところなのである。

『上人伝』『悉地伝』からは知りえないとしても、他の史料によって若干補足することができる。すなわち天元三年(九八〇)天台座主良源は、根本中堂を供養しているが、この法会の右方の列衆に性空が加わっている。[22] また永観二年(九八四)霊夢により両部印明の教理を会得し、台密有数の学者でかつ性空の甥である皇慶と、教理を会釈しており、[23] 同じころ湛然大徳とともに伊予三島社の生贄を止めることを要請している。[24] これらによって天元三年六十四歳の時には上京して、叡山にいたということが知られよう。

それでは角度をかえて、従来年次不明とされていた性空を讃えた貴族・僧侶たちの詩を見てみよう。前節で性空の生歿年齢を明らかにしたが、これによって具平親王と大江為基の詩が、実は寛和元年(九八五)のものであることを知るのである。

近来播州書写山中、有二性空上人者一、誦二法華経一為レ事、寤寐不レ休、天台源公聞二其高行一、遠尋相見、緇素結縁者、寔繁而有レ徒、予伝ヨ見諸讃聖徳詩一、顧レ身恨二障礙多一、縁未レ遂二頂礼一、令レ綴二拙什一、聊結縁　中書王

寂寥山中坐禅師、一乗蓮華能憶持、掌ヨ底鐵針一出レ胎日上人出レ胎手拳、父母怪、開レ之、有二一鐵針一云々 経中白米絶レ糧時事見二本詩序一 妙文暗記眠猶誦、法力冥薫貞未レ衰上人春秋六十九、而猶有二光沢一云々 虱去都応二身浄潔一、禽馴只為二意慈悲一、雖レ歓二同代聞来久一、更恨二終年面拝遅一、縦使二眼前無レ見レ我、猶勝二耳外一不レ知レ誰、豈非三今世述二君美一、便是当来讃仏詞、再ヨ拝西方一遙寄レ語、慧光早照二我愚癡一、[25]

右が具平親王の詩である。文中「春秋六十九、而猶有二光沢一」とあって、明らかに性空六十九歳の時の作詩であることが窺えるのである。しかも、親王はこの時まだ性空と対面していないが、天台源公すなわち恵心院源信がすでに

結縁しており、また諸讃徳の詩があったことを伝えている。性空六十九歳とは寛和元年のことである。朝散大夫大江為基の詩のなかにも「六十九年清浄身[26]」とあって、具平親王作詩の前後のものであることを示している。あるいは具平親王のいう「諸讃徳詩」の一つかもしれない。

ところで、具平親王の詩のなかでふれられている天台源公の性空結縁はいつなのだろうか。少くとも具平親王の詠詩以前であったことはいうまでもない。さいわいなことに源信の詩も伝わっているのである。「四十年来持二一乗一、衣猶忍辱室慈悲、菩提行願応二清浄一、世々生々為二我師一[27]」というのがこれである。この文中「四十年来持二一乗一」とある語に注意しよう。なぜなら性空をめぐってこうしたいい方が、他に一、二その例がみえ、しかも実年代がはっきりしているところにある。

永延元年(九八七)十月弁入道藤原惟成が性空に代って作った供養願文のなかに「是以弟子厭二三界之可一レ厭、悲二六趣之可一レ悲、潤草春縁(縁カ)之朝恩、郡(群カ)萠而灑レ涙、洞菓秋紅之暁、寄異熟而結レ愁、五十年来、未二曾休癈[28]一」とあり、また長保四年の例の『上人伝』のなかにも「一心誦経六十年」の語が見える。いずれも性空が法華経を読誦してきた歳月の長さを示したもので、永延元年から長保四年(一〇〇二)までは十五年、したがって、もし永延元年が「五十年来」ならば、長保四年は「一心誦経六十余年」とか、「六十五」となるべきである。しかし、五十年、六十年といっても大ざっぱな数のいい方であって、こうした年次計算の場合、おのおので二、三年の幅は考えてもよいのではなかろうか。こうして永延元年が五十年、長保四年が六十年の経過として推計される源信の詩は、おおよそ天元初年(元年は九七八)を中心としたその前後と考えられてくる[29]。

『遺続集』以下に源信とともに慶滋保胤が登山していることをいっている。ところが保胤の詩は「三千界裏頭陀迹、五十年前口誦声、今日幸容㆑蒙㆓教化㆒、西方定識㆑獲㆓相迎㆒」(30)というもので、先の源信の「四十年来持一乗」云々の詩とは同一時期とは考えがたい。むしろ先の惟成の「五十年来、未㆓曾休癈㆒」とある願文の時点、すなわち永延元年前後と見るべきではなかろうか。

具平親王は村上天皇の第七皇子、二品中務卿に任じられ、六条坊門に居を構えたので六条宮とも呼ばれ、千種殿とも、また兼明親王に対比して後中書王という呼び方もされている。文才豊かで、漢詩文、和歌をよくし、書芸にも秀でている。求道の志が強かったが、ついに果すことができなかった。正暦二年(九九一)に編された『弘決外典鈔』の著が、親王の面目を躍如として示している。この親王の師が慶滋保胤であった。保胤の出家の直後かと思われる「贈㆓心公㆒古調詩」(31)の冒頭に「少日受㆓君業㆒、長年識㆓君恩㆒、不㆑嫌㆓我才拙㆒、頻垂㆓師訓惇㆒、交情深㆓淡水㆒」と述べ、師弟関係の早く、かつ深かったことを知るのである。また「生□持㆓妙法㆒、菩提欲㆓攀援㆒ 余有㆘生々誦㆓持法華㆒経㆒教㆓化衆生㆒之願㆖、常随㆓君前後㆒、宛如㆓弟与㆑昆、願共生㆓極楽㆒ 公在俗之日常念㆑仏、言談之隙合㆑眼唱㆓仏号㆒、余同有㆓往生之願㆒云 願共謁㆓慈尊㆒ 公与㆓天台源公㆒修㆑位遇㆓慈尊之業㆒、予適預㆑之」ともある。保胤ばかりでなく源信とも深い契りがあったことがしられ、そのつよい法華信仰は、先の性空を讃える詩に共通するものがある。源信の書写山登山を聞き、性空の行業を知るにつけ、その結縁の遅かったことを深く悔いた親王の心情を察することができよう。こうした親王が、源信と保胤がともに書写山を訪ねたことを知った場合、その交渉のより深いはずの保胤をさしおいて、いかに名僧の聞こえ高いとはいえ、源信だけをその詩の中に詠みこむことは不自然ではなかろうか。この点からいっても、源信は天元ころに、保胤は親王の詩作のあとの永延ころに登って詠んだものが、これらの詩であったとすべきであろう。

このように見てくると、国司藤原季孝が偶然性空の修行を知ってこれに結縁、法華堂を建立、にわかに著名になって、花山法皇の御幸を仰いだというのではなく、源信と性空の出会いなどから次第に著名になり、諸讃徳の詩、大江為基の結縁、親王の作詩などがあったうえに、法華堂の建立、花山院の性空招請と拒否、やがて御幸という過程がおぼろげながら推測できてくるのである。

五

それでは源信と性空との出会いはどうなのであろう。両者を直接つなぐ史料は先の源信の讃詩で、これは天元ころであろうと推定した。そして性空が天元三年（九八〇）九月三日叡山山頂で行われた根本中堂供養に参列していることにふれたが、実は源信もこの法会に参加しているのである。

承平七年（九三七）焼失した中堂の再建を代々の座主が果せず、ようやく良源に至って落慶供養することとなった。『叡岳要記』によれば、円融天皇をはじめ関白大臣以下多くの公卿と、二百名に近い僧侶を動員したことになっている。[32]この請僧のうち、右方の梵音衆のうち、衆頭戒秀に次いで性空が記され、以下十四名の梵音衆僧がつづき、そのあとに錫杖衆の頭として「源信」の名がある。しかも性空のすぐうしろに「増賀」の名も見える。『悉地伝』以下に性空と増賀との交遊も伝えられているところである。[33]

このころの叡山は、師輔一門との関係を背景として良源が山内に勢力をのばして、いわゆる中興の事業を完成した時期といわれている。[34]すなわち康保三年（九六六）、当時の上﨟二人を越えて座主となり、安和ころから諸堂の建立、法会の再興、山門の粛正などを行なっているのである。天元三年の根本中堂供養も、良源の一連の施策であろう。しかも叡山の統制をはかるため智証門徒を圧迫しており、この天元の法会にも智証門徒の中心である余慶の一門を締め出そうとしている。この企ては余慶門徒の反撥によって失敗し、余慶以下七人の僧を法会に招かざるを得なかった。『叡岳要記』所収の「中堂供養」の列衆の人名の下に「千」とあるのが千光院、すなわち余慶門徒であり、「山」とあるのが良源傘下の僧侶たちである。源信・増賀・性空ともにその下に「山」とある。源信・増賀の二人は良源が師であることは明らかで、性空もそのようにいわれている。(35)

ところでこの三人の山における地位はどのようなものであったろうか。源信はいうまでもなく良源門下の俊足、この法会でも錫杖衆の頭を勤めており、内供である。「顕密明匠、尤可レ任二僧綱一之輩」(36)に数えられ紫衣を着することを許されている。あとの二人は「性空上人山」「増賀聖人山」とあるだけである。この二人は他の列衆といちじるしく異なっている。それは良源門下、余慶門徒を問わず、興福寺・東大寺にいたるまで、ほとんどが律師、法橋、大法師、阿闍梨、内供、大少僧都、威儀師など僧位僧官を付して記されているのに、二人には「上人」「聖人」とあるだけである。性空も増賀も、「山」とあって叡山所属の僧でありながら、他の僧侶たちとは違った資格においてこの法会に参加したと考えることは、思い過しであろうか。

増賀は良源に師事したが、はやく叡山の喧噪を厭い多武峯に籠っている。(37)応和のころであるという。ここで康保元年(九六四)に法華三昧を修し、安和元年(九六八)越後守藤原為信から薬師像建立の依頼を受けていることでわかるように、その存在は人々の関心をよんでいる。また天禄三年(九七二)に講堂供養を催している。こうした事実のうえに、天元三年(九八〇)叡山山頂での法会における「増賀聖人山」とあることの意味を考えてみよう。他の僧侶のように僧官位名等を付してなかったのは、彼がはやく叡山を退いたため、そうしたものをもっていなかったことによる。しか

も この時叡山にいたのではなく、多武峯に隠棲していたのを呼び戻されているのである。早く良源のもとを去った増賀であったが、智証門徒を締め出して良源傘下の僧侶で法会を執行しようとした時、かつての門下で、いまは多武峯で著名になりつつある増賀を、山に招請したと考えることができまいか。

「性空上人山」「増賀聖人山」とあることは、性空にも増賀と同様の事情を推測させるに充分であろう。叡山におけるなんの地位ももたない増賀・性空が、この晴がましい法会に参加しうる理由が、これによって見出されようか。「性空上人山」の語の意味するものは、天元三年には叡山におらず、書写山である程度注目すべき布教活動を行なっていた。しかも、かつては叡山、良源門下で修行したことがあることを物語っているのである。『本朝高僧伝』中の性空項は、この間のことを次のように記している。

承平七年喪レ父、随レ母往二日向州一、心求二出家一、母不二敢許一、天慶八年化人来告曰、汝子賢人、早入二仏門一、母始従レ志、時年三十六、即登二睿山一師二慈慧僧正一、剃髪稟レ戒、与二慧心檀那等諸師一、討二習教観一、辞帰二日州一、結二菴霧島一、(中略)住居四載遷二筑前背振山一、(中略)康保三年空出二筑前一、巡二諸名山一、求二安居地一、届二播州素盞山一、見二瑞雲靉靆一、乃登二山頂一、(下略)

ここでは三十六歳の時、わざわざ日向から上京、良源について出家し、門下の源信・覚運らと研学、再び日向に帰っているとしている。『上人伝』も『悉地伝』も、出家の師については全くふれておらず、ここにみるような日向から上京、また日向へ帰るというのはいかにも不自然で、やはり三十九歳法華経を暗誦して以来の、性空伝の不明瞭な時期に上京、良源に師事したと見るほうが妥当であろう。しかしそれがいつのことであるかは、明らかではない。

源信と性空との会合は、ともにその師を良源とすることによって関連づけられてくる。増賀の場合も同様である。

性空がいつ良源に師事したかが不明である以上、源信・増賀らとの交遊がいつ始まったかも知り得ない。ここでいえることは、天元三年の法会の際には、源信が性空や増賀を、はっきり認識したことである。この法会の前後に源信が書写山を訪ねたとしても不思議ではないのである。

源信と性空の関係は、同門の誼で両者の交友がはじまり、源信が師良源に増賀と同じような立場にある性空を天元の法会に招く運動をしたのか、法流の関係から良源が性空を法会に招き、そこで近ごろ著名になりつつある性空を源信が知ったのか、明らかではない。しかしこのような事情を想定することが可能であろう。

こうした状況下に、いま一度花山院書写山御幸の前後を見てみよう。花山院の書写山行が迫りくる死の恐怖からであったとしても、実際には誰かが書写山を択び、その山行を示唆し、計画しなければならない。しかしこれに関する明徴はどこにもない。ところが書写山行一ヵ月前の例の退位出家事件、院を元慶寺に導き出家させた陰謀事件で大きな役割をはたした天台僧厳久がいる。(38) この厳久が永延元年（九八七）五月書写山円教寺を花山院の御願寺とする法会に列席しており、加えてこの厳久の師が源信であり、良源でもあったのである。(39) 花山院の書写山御幸の事実をめぐって、性空と源信の交友、源信と厳久の師弟関係、厳久に対する花山院の信頼、こう考えてくると、厳久あたりが書写山行を院に勧めたのではなかろうか。

しかも、花山院・厳久・保胤の三人は、さらに源信を紐帯としてかたく結ばれているのである。源信は、寛和二年五月ころ、叡山横川首楞厳院に西方極楽往生を熾烈に願う二十五人の念仏信仰者による結社、二十五三昧会を結成する。(40) 保胤はそれまで熱心に主催してきた法華と念仏と作詩を三要素とする勧学会を拋ってこの源信の会に参加している。(41) また『二十五三昧根本結縁衆過去帳』には「花山禅定法皇、花山前権大僧都厳久、恵心院前権少僧都源信」と三名が連記されている。花山院や厳久がこの会に参加するのは書写山御幸のあと、すなわち院の叡山御幸以降と思われるが、厳久と花山院の関係を明らかにする一つの傍証にもなろう。

六

花山院は寛和二年（九八六）秋、したがって書写山御幸の直後、叡山に登って良源の跡を襲った尋禅から、廻心戒を受けている。[42]『上人伝』には良源に師事したことも、叡山で修行したことも、全くふれられていない。にもかかわらずこのような花山院の行動や、性空の周囲にみられる天台僧の動きなどは、性空と叡山の関連を無言のうちに物語っている。

しかしこうした外的状況ばかりでなく、性空の側にも積極的に叡山と結びついていた形跡を見出し得るのである。すなわち永延元年（九八七）性空に代って惟成が作った「講堂供養願文」[43]のなかに「竊伺二天台之教門一、草庵月時、全除二戯論之糞一、薜二服風底一、楽被二忍辱之衣一、信帰之余、不レ堪二黙爾一、二三年来、毎レ至二天台大師之忌辰一、聊展二十講之席一、敬講二一乗之文一」とみえ、寛和元年（九八五）ころからいわゆる叡山の霜月会十講が書写山に移されていることがわかる。そしてこの永延の講堂供養にも、実因・厳久・院源・安海ら天台僧が多く参加している。[44]永延二年（九八八）には六月会三十講も移され、[45]またこのころ、丈六釈迦像の供養が行われ、前年につづいて天台僧実因が再度登山、講師を勤めている。[46]「種々仏事偏移二台風一」[47]といわれる所以である。

ここにいたって第一節で見たような山の持経者である性空と、叡山との結びつきが問題となる。しかし、だいたい山宗山学、山林練行は叡山開祖最澄が主張し実行したものであって、法華一乗経典によるその修行勉学こそが南都の宗派と袂を分つ理由ともなっている。円仁また叡山山上に中国五台山の巡行の風を移すなどしており、名山霊寺に巡礼し、山内を巡る風が盛んになっている。円仁の弟子相応の比良山西辺の安居、金峯山草庵の修行など著名である。(48) したがって、叡山の展開史からいって、持経者を包括することはさして奇異とするにたらないのである。

山の修行者は、ふつう二つの型に分けられている。(49) 遊行的な行者群と孤独的な定住隠者群とである。性空をしいてこの類型にあてはめれば、その前半生は九州での諸山修行という点で前者に、後半は書写山定住ということで後者の分類に入ろうか。いずれの型にもせよ、こうした山での修行者は次第にふえていったのであるが、その受容はどのようになっていたのであろうか。

堀一郎氏の所論によれば、延暦以前の住山僧尼に対する苛酷な取締りと匡正策に対して、天長九年(八三二)ころから次第にその験力に期待し、崇奉の度合を増しているさまを述べられている。祈雨読経や読経悔過に際し、宮中大寺の功徳と山中有験の寺の修法が匹敵して考えられるようになり、承和三年(八三六)には近江国比叡・比良の二山、美濃国伊吹山、山城国愛護山、摂津国神峯寺、大和国金峯・葛木山の七所が、いわゆる七高山として定められ、毎寺穀五十斛を給され春秋四十九日、各山において薬師悔過を修し、天下の五穀を祈らしめるにいたっている。また天安元年(八五七)には、京西北の深山にある寺および修行者の名を録さしめ米塩を施し、貞観十年(八六八)には大和国吉野の奥の修行僧道珠を京に召し、供米を布施してもいる。さらに注目すべきは法皇の身で諸山巡歴をこころみられた宇多院の存在である。昌泰元年(八九八)の吉野御幸、同三年七月金峯山、同じ十月高野山、延喜四(九〇四)・五・六・十年の叡山、この間同五年の八月には金剛峯寺、九月に金峯、七年十月には熊野にと枚挙のいとまがない。そしてこの法皇の「山ぶみ」は弟子浄蔵によって、さらに発展されるのである。山の験者が崇敬をあつめ、諸山遊歴の風が盛んに行われる趨勢にあったのである。

七

花山院は長保四年（一〇〇二）三月、二度目の書写山御幸を試みられる。さきの寛和二年（九八六）の時から数えて十六年目のことである。この十六年の間に、院は叡山に求め、その喧噪を嫌い、熊野三山巡礼行にみられる修験道の山林斗擻（頭陀）を経て、再び性空の眼前にあらわれるのである。叡山での滞在は寛和二年（九八六）秋から約二、三ヵ年で、天元三年（九八〇）中堂供養の際にもみられた智証門徒と慈覚門徒の対立は、年を追ってはげしく、かつ深刻になっていった。院の滞在中か、あるいは下山直後かと思われる永祚元年（九八九）九月、智証派余慶の座主就任をめぐり、慈覚派の山徒が講堂を閉鎖、座主補任の宣命を奪いとる事件をおこし、余慶は精兵多数の護衛の下で灌頂式を行う有様といわれている。こうした山での現状に失望した院を、新しくとらえたのが宇多法皇も行ったことのある熊野三山への斗擻であった。いわば叡山浄土教的雰囲気から、修験道の密教的雰囲気への転身である。熊野における修行は、正暦三年（九九二）春から約一ヵ年、そして長保元年（九九九）十一月にも二度目の登山を計画している。したがって、再度の書写山行の時期は、『元亨釈書』に「在二花山寺一、闢二密学一、受二灌頂一者多矣」とあるような、歴年山林斗擻をしたいみじき験者としての世評をえているころである。この十六年間の院の行動については、今井氏前掲書に詳細な論考がある。

再度の書写山行は、あの懐疑と失意と無常観にさいなまれた身を癒すべく求めた初度のときとは異なり、ようやく安心立命を得つつあるという精神的やすらぎのなかに、かつての師との対面であった。十数人対八十余人という供奉者の数の対比や、現地側の不協力に気をわるくしているらしい院の態度からも、[50]前回とは違ったものをくみとることができよう。

初度に受けた薫陶の回想と、ようやく安心立命の境地にいたろうとしている——真の意味での到達であるかどうかは別にして——その喜びの報告が再度の御幸であったろうが、さらに忘れてならないのは、性空の書写山修行そのものが、院がいま求めている山林斗擻と矛盾しないことである。しかも性空には皇慶と交した両部印明会釈に知られるような密教的素養がある。こうした院と性空の関連性のうえに行状記が編され、肖像が描かれたのであろう。性空はこのように花山法皇の帰依を受けたが、そのほかにも延照の訴に「上人与レ我二世結レ契」[51]といったとされる藤原道長、性空と文通して永延二年（九八八）ひそかに播州へ下向した『小右記』の記者藤原実資、寛弘二年（一〇〇五）には藤原公任が結縁に赴いていることなど注目されよう。[52]また才色兼備の和泉式部が結縁者にいる。

　はりまのひしり（性空）のおもとに、けちゑんのためにきこえし

くらきよりくらきみちにそいりぬへき　はるかにてらせ山のはの月

　はりまのひしりのもとに

ふねよせんきしのしるへもしらすして　えもこきよらぬはりまかた哉

右二首は『和泉式部集』[53]に収められている式部の詠である。『誓願寺縁起』によれば式部の結縁は「小式部の内侍十四にして終にむなしく」なり、「うき世のはかなきを」思ひ「出離の要法」をたずねんためとしており、とすれば花山

院の初度の結縁の事情にいささか似ている。また遊女宮木の帰依も『後拾遺和歌集』[54]によって知られる。

書写のひしり、結縁経供養し侍けるに、人々あまたふせをおくりける中に、おもふこゝろやありけむ、しはしとらさりけれはよめる　　遊女宮木

津の国の難波のことか法ならぬ　あそひたはふれまてとこそきけ

『古事談』にのせられている神崎の遊女の遊宴乱舞の席につらなり、遊女の長者に普賢菩薩の相を感得したという説話も、[55]右の遊女宮木の帰依という事実のうえにたって考えるとき、その発生の理由も首肯されようか。

なお補足すれば、良源に師事し、源信の慧心流に対して檀那流を興した覚運、[56]源信・保胤の弟子である三河聖寂照[57]らとの交渉も伝えられている。

ここで性空の弟子たちを見ておこう。沙門平願は、性空より行住坐臥法華経の読誦に専心することを習い、深山に籠居している。あるとき大風で房舎が顚倒、危く一命をおとすところを持経の功徳で助かっており、また死期のちかいことを知り、法華経を書写し、仏菩薩の図を描き、河原で無遮会を開き、弥陀念仏と法華懺法を行い、往生の瑞相を示して入寂している。『本朝法華験記』に「播州平願持経者」としてその行業が伝えられている。沙門高明も、書写山に学び、のち太宰府大山寺に住し、持つものは三衣一鉢のほかなく、念仏読経を業とし、博多橋を造り、清水寺の六角堂の建立を行い、埋経のことも知られ、臨終時には西方の業を修している。[58]

平願・高明ともに書写山を下ったが、山上円教寺で法燈を守ろうとしたのが延照である。彼は、師の死にあたって木像の上人像を造り廟堂を建ててこれを収め、[59]寛弘七年（一〇一〇）には『悉地伝』を編している。なかでも義算との書写山円教寺の行事職継承の争いは注目すべきであろう。義算は慶雲大法師の弟子で、父円意につれられて性空に師

事しようとし、性空から慶雲に付せられたという師弟関係で、この慶雲は、寛和元年（九八五）国司藤原季孝の命をうけ性空の草庵を整備し法華堂を建立したあの護持僧である。寛弘四年（一〇〇七）性空の遷化により、延照が以後行事として寺務をあずかっていたが、寛弘六年（一〇〇九）十二月の官符によってさきの義算が定められ、翌年正月義算の登山により問題化し、延照らの訴えるところとなり、同四月もとのごとく延照の行事がさだまって事件は落着する。[60] 延照には、その『聖者門徒起請状』のなかに引用される太政官符のうちに「伝燈大法師位延照年四十五臈廿八天台宗延暦寺」とあって、師以来の延暦寺との関係が、ここには明白な形となってあらわれている。延照と義算との争いは、義算の、義算―慶雲―播磨国司という線から、あるいは円教寺をめぐって叡山対国司の抗争という背景をも読みとりえようか。そのことはともかく、こうした訴訟の経験から同年十月、『悉地伝』が編まれることになったのであろう。

むすび

受領層に属する父善根の死により、寄方をたよって母とともに日向へ下向、同胞の多かったらしい性空にとって、その地での生活がそう充たされたものではないことは容易に想像される。こうした性空が発心出家したとしても不思議なことではあるまい。しかしこれはあくまでも推測であり、その動機がいかなるものであったか究明する手だてはない。ここでは、その発心出家が叡山と結びついたものではなかったことを見ればよい。性空の九州諸山における持経修行は、天台とか真言とかいう一つの宗派にとらわれない、民間持経者としての位置を与えてよかろう。これは山林修行者たちが、迫害と圧迫の苦難の時期をようやく去り、山の験者として崇敬を得だした時期にあたるという歴史的背景を考えておくべきであろう。しかし、その求道の完成を、彼の生れ故郷にあり、当代の一大権威である叡山で果そうとした心境も容易に察せられる。しかも叡山には、性空のような民間持経者を受け入れる条件を祖師最澄の時から持っているのである。あたかも叡山は、摂関家の背景を得て良源が、その中興の事業を完成しつつある時で、権謀術数の渦は俗世間と異ならず、増賀と同じように山の実状に失望下山、新しい修行の地として書写山を択んだのではなかったろうか。その地でのある程度の布教の成功は、良源の認めるところとなり、余慶門徒を牽制するため、たって増賀とともに天元の法会に招ぜられた。性空の意図に反して比叡山慈覚派良源門下のレッテルが貼られていたわけである。彼があくまでも叡山での修行を口にしなかったのは、叡山の現実、良源の施策に対する反撥であったのではなかろうか。このことが『上人伝』の三十九歳以後の性空の事蹟を明らかにしていない理由と対応しよう。とはいえ、叡山との結びつきによって得た利益の面を見逃してはならない。源信・増賀との交遊は、性空の良源師事が根底にあるからで、しかも源信らとの交遊が、公子王孫の具平親王や慶滋保胤の関心を惹くこととなり、ついに花山院を書写山に導くことになるのである。

布教の成功により、それまでの方一間の草庵住まいから、堂塔整備された円教寺に発展していく過程のなかで、性空は必然的に叡山に対する態度を変えざるを得なくなった。一寺院を経営するには、やはり強力な背景が必要だったのであろう。寛和初年ころからの、叡山霜月会十講の移植などにみられる積極的な山との結びつきがこれである。かくして、寛和二年（九八六）花山院の御幸から、永延元年（九八七）花山院の御願寺として、寺としての基礎を確固たるものにするのである。

十六年目の、修験道の密教的雰囲気を身につけた花山院の再度の御幸が、性空のもつもう一つの性格、呪術的な密教的なそれを明らかにする一方、胸間に阿弥陀仏を彫りこんだり、彼の弟子たちの往生業などに窺えるように、浄土教的雰囲気をも有しているのである。単なる山間の一持経者といっても、右に見るような複雑多岐にわたる宗教性を具備しており、またこうした諸信仰が混在し得たところに当代の特質があるのである。性空の場合、特に叡山との関係――叡山での修行、反叡山的態度、叡山との妥協――こそ、彼をして他の持経者よりも広範囲な支持層を獲得せしめた理由ではなかろうか。すでに天禄三年(九七二)空也は七十歳をもって、賀茂河岸西光寺に歿しており、皮聖行円が世人の関心をひきだすのは長保元年(九九九)ころからのことである。

註

(1) 『群書解題』第四上、「性空上人伝」項に多賀宗隼氏の解説がある。
(2) 「花山院研究」その2(『文学研究』五八輯)第四章第六節。〔補 同氏は、のち『花山院の生涯』(昭和四十三年、桜楓社)で補正されている。〕
(3) 『旧記』は現存五冊、おおよそ次のような内容をもつ。第一、『延照記』(一、縁起並加徴米事以下二十一項目)、第二は本文でふれたような五項、第三『書写山古今捃拾集』(内容は文永~元徳間の事象)、第四『書写山本願上人伝記遺続集』下巻(正安二年昌詮編)、第五『播州円教寺記、和字略抄新記』(寛永二十年快倫編)、第二冊は『延照記』の一部か。いずれにしろ第二冊までが円教寺の草創期前後の内容のもので信憑するに足る史料も多く含まれており、『遺続集』はこれらの考証であり、別に完本が伝わっている。
(4) 第三・四節参照。
(5) 『本朝麗藻』下。
(6) 『遺続集』十一(上人浄六根並所依地事)。
(7) 『本朝法華験記』は長久年間(一〇四〇~四四)の成立と考えられている。

（8）慶日第六十五、行空第六十八、基燈第六十九、仏蓮第七十九、持経者某第十一、いずれも『本朝法華験記』。

（9）「花山院研究」（『文学研究』五七・五八輯）。

（10）『詞花集』秋三。今井氏はこれに続けて『続詞花集』雑下十八から、仏名の翌日公任のもとにつかわした、「程もなくさめにし夢の中なれば昔に似たる花の色かな」の詠を引用されているが、周知のように仏名は十二月に行われるもので、特にこの時期（六・七月）であったとは考えられない。註(2)掲載論文、第四章第一節。

（11）註(2)掲載論文、第四章第一節。

（12）『旧記』第二（『華山法皇御幸記』）。

（13）『旧記』第一所収。

（14）『遺続集』三（法花堂国司季孝朝臣建立事）。

（15）「寛和元年九月一日、自レ院召二遣性空上人一事以二判官代一為レ使」「同十三日、性空上人不レ参事」（『小記目録』第二十、御悩事）。

（16）『遺続集』八（上人始入二当山一事）。

（17）次節参照。

（18）『遺続集』十一（上人浄六根並所依地事）。

（19）菅原為長の叙爵は建暦元年（一二一一）。

（20）『旧記』第一（講堂供養願文）。

沙弥性―《空》誠惶誠恐謹言、

請下殊蒙二鴻慈一被レ下二宣旨播磨国一、以二円教寺一永為二御願一、置二八口僧一講中読法花経上状、右性―《空》、身観二幻化一、心学二坐禅一、棄レ恩単孤已无二依怙一、護戒纔五、恐不二全持一、行住影閑、播州書写山之頂、読誦声老、妙法蓮花経之文、世界三千、遍分二廻向一、春秋七十、競レ恩二菩提一、爰今年七月、太上法皇、悉秘二仙蹕於遠程一、暫寄二叡覚於幽趣一、（中略）望請殊蒙二洪慈一、被レ下二院宣於在地国一、以二件寺一永為二御願一、置二八口僧一、毎日各転二読法花経一巻一、又毎年三、九月、各限二七箇日一、別設二斎会一、講二説同経一、但其仏聖燈油供養等料、以下季孝所二施入一田園地利上充レ之、然則正教之声、与二乾坤一而不レ断、諦聴之耳、弁二権実一而无レ疑、性―《空》、誠惶誠恐謹言、

寛和二年十一月四日　　　　　　　　　　　　　　　沙弥性―《空》

(21)　昌詮（『遺続集』八、上人始入当山事）。

(22)　『叡岳要記』所収。註(32)参照。

(23)　『悉地伝』には年次の記載はないが『遺続集』などは永観二年のこととする。

(24)　『伊予三島社縁起』。

(25)　『本朝麗藻』下。

(26)　「久誦㆓法花㆒上人、縄床紙服謝㆓風塵㆒、山禽林鹿多為㆑伴、碧玉蒼頭弃㆓不親㆒、観行自応㆑瞻㆓仏日㆒、慈心長令㆑伏㆓波旬㆒、無量億劫薫修力、六十九年清浄身、餠獲㆓三枚㆒開戸処、米逢㆓五夕㆒巻経辰、我今遠到㆓法縁㆒畢、安養界中許作㆑倫」（『遺続集』十一）。

(27)　『遺続集』十一。

(28)　『旧記』第一所収。

(29)　永延元年より十年前は貞元二年（九七七）、長保四年より二十年前とすれば天元五年（九八二）となる。

(30)　『遺続集』十一。

(31)　『本朝麗藻』下。

(32)　天元三年九月三日に円融帝が叡山に行幸したことは他の記録に全くなく、ここに記されている供奉者の官職と人名が史伝と一致しない例が多くみられる。しかし僧侶の方は右方衲衆増恒が『僧綱補任』（興福寺本）に天延三年寂とされている以外、「正」「権」官の差異などあるが、俗人のような甚だしいものは見られない。また文中はからずも慈覚・智証両門徒の対立を示す事実も見られ、このころから両者の確執が激しくなる史実と対応し、ほかに高階忠成作『天元三年中堂供養願文』も知られており、そのなかに「百五十口之威儀」とある。加えて本稿で全く別の角度から源信と性空の接点が天元ころと推測した事実とも符合する。以上のことから、良源の中堂供養の行事のうえに、天皇行幸のことがあったかに思わせるよう付会したものか。したがって法会自体の記事は原史料の面影を比較的正しくつたえているものと思われる。本記は礁井小三郎氏蔵『堂供養記』中にも収められており、なお検討を要すべきものである。ちなみに『建内記』嘉吉元年六月二十二日条に、山門が天元中堂供養の際天皇の行幸があったことを主張しているのに対し、「官外記、小野宮御記」を調べた結果良源の私供養であって行幸の事実はないとしている。

(33)「増賀上人在㆓多武峯㆒、相㆓求上紙㆒、知㆑之送㆑紙、増賀歎云、比丘南金、既浄㆓六根㆒、珍哉奇哉」。

(34) 井上光貞氏『日本浄土教成立史の研究』第三章第一節。

(35)『本朝高僧伝』性空項、後述本文参照。

(36)「中堂供養」。

(37)『多武峯略記』。

(38) 註(2)掲載論文、第三章第六節。

(39)「故座主大僧正大和尚(良源)弟子、縁学㆓師源信内供㆒」(徳川昭武氏本『僧綱補任』)。この厳久は師源信よりも出世し、師源信に権少僧都位を譲っている(同上)。

(40) 註(34)掲載書、第二章第二節。

(41)『横川首楞厳院二十五三昧起請』を保胤が草している。註(40)に同じ。〔補　堀大慈氏は、二十五三昧会会衆に慶滋保胤が見えないことを論証、この説を否定されている(「二十五三昧会の成立に関する諸問題」『人文論集』九号、昭和三十九年二月他)。〕

(42) 今井氏(前掲書)の考証による。廻心戒を受けたのは寛和二年九月十六日。

(43)『旧記』第一所収。

(44)「永延元年十月七日、供養已畢、其日請僧、講師実因僧都、説師法盛国分寺住僧厳久律師、院源闍梨、安海、清範、珍恵、静照等之竜象也」(『延照記』)。

(45)「六月会卅講、永延二年始之」(『旧記』第一、縁起)。

(46)『扶桑略記』永延二年条。

(47)『悉地伝』。

(48)『相応和尚伝』。

(49) 堀一郎氏『我が国民間信仰史の研究』(二)、第三篇第一章。以下の論述は本所論に負うところが大きい。

(50) 「長保四年壬寅三月五日、辛丑、花山法皇従二御船一仙駕、於二餝磨津湊一、即指二御使大掾小野朝臣道忠之許一、召二遣御馬一之処、進下无二鞍置一馬二疋上、只付二御使一自身不レ参、仍有二不快御気色一(下略)」(『旧記』第二、『花山法皇御幸記』)。

(51) 『悉地伝』。なお道長は、寛弘二年(一〇〇五)性空の指示にしたがい、千部仁王経の供養を催している(『小記目録』第十、法会事)。

(52) 「永延二年八月十四日、性空聖送二一行書一事、同十五日蜜々下二向播州一事」、「寛弘二年五月三日、左衛門督公任卿向二書写山性空上人許一事」(『小記目録』第十六、聖人事)。

(53) 『和泉式部集』一の一五〇・八三五(『私家集大成』中古二)。

(54) 『後拾遺和歌集』二十、神祇 雑六。

(55) 『古事談』三、僧行。

(56) 『峯相記』『古事談』など。

(57) 「三河入道寂照、為二結縁一登山、倫目庵牖伺見、上人誦レ経口花開出、小宝塔不レ知二其数一、寂照成二奇想一、其後対面受二法花経一、入唐時者、上人詠謌送レ之、寂照返謌」(『遺続集』十七、上人徳行奇特事)。

(58) 『続本朝往生伝』。

(59) 『旧記』第二(聖者廟堂木像事色紙文)、『播州書写山縁起』。

(60) 『聖者門徒起請状』『悉地伝』。

第二部　市中の聖

第二部各篇の要旨

「民間浄土思想の系譜に関する試論」　空也布教の源流を、先行民間布教者、行基・安然等に探り、むしろ国外、大陸浄土教家の元暁・少康等に類似点を見出すが、これと空也の接点も見出し難い現状のなかで、新羅浄土教の叡山移植から、中下層貴族の理解を介して空也へ伝わった可能性を考察した。

「六波羅蜜寺創建考」　六波羅蜜寺の創建三説の検討を通して、「その前身西光寺が空也の京市中における布教活動によってしだいに寺院としての体裁を整えたこと、及び六波羅蜜寺への改名が空也の民間布教の限界性を示すことを考察した。

「空也と平安知識人」　源為憲記『空也誄』と慶滋保胤著『日本往生極楽記』中の空也伝を対比させ、後者の主要典拠が前者であることを確認、空也と為憲と保胤、三者の交渉のなかで空也伝の叙述された意義を考察した。

「平安期における一ひじりの考察」　皮聖行円の実史料を検討整理し、市中の聖としての活動と支持層を分析、先輩空也との異同を通して、初期聖の史的役割を考察した。なお松村博司氏「藤原顕信の出家と皮聖」についての私見を付記した。

「民間浄土思想の展開」　空也・暹西・良忍・永暹等の布教を通して平安後期の民間浄土思想の展開を跡付け、さらに叡山とのかかわりや貴族層の帰依等を概観した。

民間浄土思想の系譜に関する試論

——空也布教の背景——

はしがき

民間布教者の活動が史上に力強く登場した時点として、空也が京都の市民に布教した天慶元年（九三八）が高く評価されている。この時期は社会的には承平・天慶の乱にその兆を見せる律令体制の動揺、加えて藤原北家一門による政権独占体制の進行、宗教的にはこの摂関家をめぐる真言天台の庇護争いから天台教団の勢力が貴族社会に広く進出していくという一大転換期にあたっている。こうした情勢のなかで空也の宗教はいかにして成立したのであろうか。民間浄土思想の布教者の嚆矢として説かれるが、その浄土思想はどのような源流のもとに彼において湧出したのであろうか。民間浄土思想の系譜をたどって、ともかく空也までは遡ることができよう。しかしそれから先は全く明らかにされていない。前代の遺産の継承であったか、彼の創見であるのか。そのいずれにしろ空也の評価をめぐって解かなければならない大きな課題である。

金鼓をさげ、錫杖をつき、仏像を負い、法螺を吹き、質素な身なりで勧進を行なった空也、その宗教の特異性を考えると、一貫して流れる民間性にあるといえよう。布教形態が呪術性を帯び、社会事業的色彩が強く、易行易修の口称念仏が説かれ、修善修仏の勧進などが主となっているのは、その対象が一般庶民達にあったことを意味している。民間布教という観点からすれば、空也がこの分野の嚆矢者であるとはいえない。堀一郎氏は、空也の伝記及び伝説を通してその形態を、㈠遊行頭陀、㈡菩薩行（社会宗教的機能）、㈢苦修練行、㈣知識勧進、㈤奇瑞霊応・文殊応現、㈥沙弥優婆塞形態の尊重、の六項目を挙げ、これが全く前代の行基的形態とその揆を一にしていること、そしてこのことは我が国の民間宗教の対社会的な形態類型を示すとともに、一般民衆によって受容せられた信仰が、庶民そのものの信仰態度や欲求のうちに表白せられ規制せられるものであることを指摘されている。(1)この指摘は行基・空也の民間布教者としての基本的性格をきわめて明確に捉えているが、この形態の一致はそのまま空也の、先輩行基の行業継承を意味しない。それでは両者を直接結びつける史料はあるのだろうか。

この点材料は悲観的なものばかりである。乏しい空也の伝記史料のなかで、彼が行基の遺産を受けとった形跡はどこにも見出せない。空也の修業時代について見ると、先ず延長年間（九二三―三一）二十余歳の時尾張国分寺で剃髪しているが、これは「自度」である。また播磨の峯合寺で一切経を披閲しているが、その理解しがたい点が出ると、夢の中に「金人」が現われて教示しているし、阿波・土佐間の海中、湯島という島で、一七日腕上に焼香、不動不眠の苦行を行なった末、観音の姿を感得している。すなわち行基の影響は見られず、というよりその追随する師を全く見ない。いずれも空也の自力独修を示す事実のみである。それでは彼の宗教、布教形態は彼自身の独創なのであろうか。右の事実だけでそう論断するのはいささか早計に過ぎよう。

空也の側に、行基との関連や、直接師事したらしい具体的な人物が見出されないとしても、空也に、その宗教を形成するうえで大きな影響を、示唆を与えた人々は確かになかったのだろうか。角度を変えてみよう。

『二中歴』に「市和尚」として安然の名が挙げられている。「世云二市和尚一」とあって、空也が「号二市聖一」(『日本往生極楽記』)とされるのと同種の響きを持っている。安然は九世紀の後半に活躍した僧侶で、十世紀の初めに生れた空也とは時間的にも接近している。それでは安然が「市和尚」と呼ばれた理由について考えてみよう。

安然(2)は慈覚大師円仁につき出家し、のち遍昭に従って顕密二教の奥義を究めた。元慶元年(八七七)入唐の官符を受けたが、実際には渡唐した事実はなかったようで、同八年伝法阿闍梨の位につき、のち叡山に五大院を構えて隠棲し、教学の研究に没頭、その著作は百余部に及び、とくに天台密教の大成者として著名である。これほどの安然であるが、その晩年の行跡は全く明らかでなく、この不明部が先の市和尚の問題と関連してくるのである。歿年については寛平年間、延喜年間の説があり決着を見ていないが、そのいずれにしろ空也の生れたころか、その数年前のことで空也が安然に直接師事したことは全く考えられない。この事はしばらくおいて市和尚の問題に移ろう。

『二中歴』密教には「安然世云二市和尚一」とだけしか記されてなく、この語の補足は何もない。ただ無住の『雑談集』巻五に「安然和尚天上ノ智者、猶業貧ニシテ餓死セラレケリト云ヘリ(3)」とあり、『溪嵐拾葉集』巻五十七に「尋云、世間口遊云、五大院ハ貧道無極ノ先徳也云々、此事実否如何」とか、長老如禅坊の詞として「五大院ノ先徳ハ貧道無極先徳也、其上西京ノ飯殿ニ加シテ村雨ニ飯櫃ヲ流シ給ケル間、被ニレテ追出一東寺ノ門ニシテ餓死シ給也ト云々」「五大院ハ弘法大師ヲ難破ノ罪障ニ酬ヘテ成ニテ貧窮一ニ、終焉ノ時ハ東寺ノ門ノ側ニ土ヲ堀食ヲ餓死給ヘリト云々」等と載せ、『三国伝記』巻四にも「生得貧道ニシテ粃糧已ニ尽テ朝ノ湌ヲ難レ支、飢寒責来テハ夕ノ命易レ消」とある。種々説かれるが要は市中に貧困の身をさらしてついには餓死するというのである。先に述べたような天台宗の重鎮ともいうべき安然の晩年についてなぜこのような説がまことしやかに流されるのであろうか。先の『渓嵐拾葉集』には「法器ニ飢タル故貧道ト云」等と説明しているが、いささか説明に苦しい。ところが寛平元年（八八九）十月朔日の『扶桑略記』に次のような記事が載せてあるのは興味を惹く。「大臣云、一日安然法師云、近来在ニ雲林院一人云、蟲蠢々、爰出看レ之、其虫所レ竟、東至ニ園池司一、西至ニ絹笠岡一、北至ニ紫野一、即羽蟻也、不レ知ニ所由一、朕答曰、極不善之事也、先帝欲レ崩之時、有ニ如レ此之怪一、今此事為レ朕所レ示也」。この記事を最後として、安然の晩年は杳として消息を絶つのである。安然は羽蟻の怪の示す不吉な兆の意味するものを知らず上奏し、宇多帝は先帝崩御の際の前兆を想起され、きわめて不善のしるしとして自らの身の上に思い致している。この間のことがもし事実であったとすれば安然の取った態度はきわめて不謹慎であったわけである。安然の晩年の行業の不明が、直接この事件と結びついているとすれば、現帝崩御の不吉の前兆をゆえしらず奏上し帝の不興を蒙り、その庇護を失い、はては市中に貧困の身をさらし、ついに餓死したと考えられなくもない。この当否は別として、少くとも巷間に流布した安然餓死説の根拠としてこの事件を考えることができよう。

さて「市和尚」の実態であるが、安然が巷間に法を説いて著名であったことも聞かないし、その他右以外に「市和尚」と呼ばれるような事象を見ない。すなわち『二中歴』にいう「市和尚」は「市中に乞食し、貧困の身をさらした和尚」ほどの意となり、空也が「市聖」と呼ばれた「市中に遊行して一般民衆に法を説いた聖」の概念とは全く異なったものとなる。
もしまた安然晩年の消息を右の事件とは全く無関係な隠棲勉学に求めれば、安然・空也の間はますます遠ざかることとなる。空也の物心つく以前に、世間とは没交渉に世を終った安然にどうやって空也は教示を得られよう。

二

行基と空也の類似は、民間布教の際の基本的な性格から起因するもので、この範疇で捕え得る僧侶は行基歿後から空也出現までに数多く存在している。たとえば平安期に入ってからだけでも行基の再来といわれた道昌（承和ころ）、金峯山を再開し、吉野河に渡船を設けた聖宝（延喜九歿）をはじめ、各地に泊・浮橋・布施屋等の施設が静安・忠一・賢和・賢養らの手によって作られていることで知られよう。これらの僧侶たちの行動が全く空也の関心を惹かなかったとはいえないが、空也の宗教の成立がこの人々の行為により決定的な影響を受けたとは考えられない。

ここで一考を要するのは『行基年譜』に「新羅国大臣恵基与二行基一共申二阿弥陀仏一諸国遊行行年卅七歳」とあることで、もし事実とすれば行基と空也を結ぶこととなるが、念仏して遊行したとあるのはこの一項のみで他に見えない。この条項の真実性についてはなお疑わしく、またたとえ事実であったとしても、先の考察のように空也が行基から直接的に得たものは何もなかったようである。

このように国内に空也の「法脈」の源流をたどることははなはだ困難であるが、一たび国外に目を転じると情勢はいささか異なってくる。基本的性格からの一致を超えて、空也の特異な布教形態に類似した姿が、朝鮮半島や中国大陸の伝導者のなかに見出されるのである。

まず七世紀、新羅に浄土教義書、『遊心安楽道』を著わした元暁がいる。彼は「舞弄二大瓠一、其状瑰奇、因二其形一製為二道具一、以二華厳経一切無碍人、一道出生死一命名曰二無碍一、仍作レ歌流二于世一、嘗持レ此、千村万落、且歌且舞、化詠而帰、使三桑枢瓮牖玃猴之輩、皆識二仏陀之号一、咸作二南無之称一、暁之化大矣哉」（『三国遺事』巻四）といわれている。大瓠を携え村落処々を遊行歌舞し、華厳経をもって一般市民に伝導し「南無」の称を教えている。ここでは金鼓や錫杖、仏像のかわりに大きな瓠をさげており、法華経に対して華厳経が、阿弥陀の称号に釈迦のそれがある。この元暁に金剛三昧経を勧めた大安聖者なる者も「形服特異、恒在二市鄽一、撃二銅鉢一、唱二言大安大安之声一」（『宋高僧伝』巻四）とある。いかなる服装か明らかではないが、奇異な姿の僧が市中で銅鉢を叩いて人々に呼びかけているさまが想像されるが、空也にも同様なことがいえそうである。

中国にも、『三大祖師法語』に踊躍念仏の祖として「漢土ニハ少康、日本ニハ空也」と挙げられている少康がいる。少康は八世紀唐代浄土教家の僧侶で、始めは法華・楞厳・律・華厳・瑜伽等を修めたが、のち善導の「西方化導文」から浄土への蒙を啓いたとされている。その布教も、「洎レ到二睦郡一入レ城乞食得レ銭、誘二掖小児一、能念二阿弥陀仏一、一声即付二一銭一、後経二月余一孩孺螘慕念レ仏、多者即給レ銭、如レ是一年、凡男女見レ康則云二阿弥陀仏一……即高声唱二阿弥陀仏一、仏従レ口出、連誦十声十仏、若二連レ珠状一」（『宋高僧伝』巻二十五）と記されている。睦州城内で乞食し、小児を集め長期にわたる計画的な布教と口称念仏がここで知られる。なお興味あることは、少康が阿弥陀の名号を唱えると「仏従レ口出、連誦十声十仏、若二連レ珠状一」といわれたことで、現在京都六波羅蜜寺にある空也像（鎌倉期）の口から六体の小仏像が出ているのを奇しくも想起しよう。この少康については、なお『蔡州和伝要』にも「空也上人ハ三論真言等ヲ修学シ給ヒケレドモ念仏行者ト成テ宋朝ノ少康法師ノ跡ヲタヅネテ踊躍念仏シ給ヘリ」と空也がその行業を受け継いだことを指摘している。

このような説が存在するにもかかわらず、右大陸高祖たちと空也との関連については消極的な見解しかなされていない。これは両者の関連を指摘する書がいずれも後代の編纂書であることによろう。たとえば、橋川正氏は大安聖者・元暁を指して「新羅のこの人々とわが空也との間に直接何らかの脈絡があつたと思はぬけれどもこの風潮の源流をこゝに求めようとするものである」また、「どうも少康の伝記に踊躍念仏の事が見えないばかりでなく、空也自身が少康の遺風を学んだことに明証もない」「或ひは少康を踊躍念仏の先駆者に数へることは一遍以後時宗の内部に於て創唱された説ではなからうか[4]」といわれている。

空也が右のように大陸高祖たちの遺風をも学んだものでないとすれば、国の内外を問わず彼の「法系」をその前代に求めることはできない。それでは彼の宗教は、その布教形態は彼自身の独創にかかるものであるとしてよいのであろうか。この点、先の橋川氏の指摘にも拘わらずいささか危惧の念を禁じ得ない。少康についてはいちおう別にしても元暁等について「直接何らかの脈絡があつたと思はぬけれどもこの風潮の源流をこゝに求め」るというのは具体的にはどういうことなのだろう。いましばらく空也の周囲の状況を検討する必要がありそうである。

空也と親しかったらしい慶滋保胤の手になる『日本往生極楽記』があるが、これは我が国往生者の実例を集めたもので我が国の往生伝類の口火を切った画期的な著作である。その序文で自らの浄土への思慕と編纂経過を記しているが、文中、

経論疏記説二其功徳一、述二其因縁一者、莫レ不二披閲一、大唐弘法寺釈迦才撰二浄土論一、其中載二往生者廿人一、迦才曰、

上引二経論一教二証二往生事一、実為二良験一、但衆生智浅不レ達二聖旨一、若不レ記二現往生者一、不レ得レ勧二進其心一、誠哉斯言、又瑞応伝所レ載、三十余人、此中有下屠レ牛販レ雞者、逢二善知識一十念往生上、予毎レ見二此輩一弥固二其志一、今撿下国史及諸人別伝等有二異相往生一者上、兼亦訪二於故老一、都慮得二四十余人一、予感歎伏膺聊記二操行一、号曰二日本往生極楽記一矣、(補1)

と述べている。彼の強い浄土への関心が諸経典疏記類の博捜読破となり、彼の周囲の実際の往生人の例を集めようと決心させることとなったが、『極楽記』撰述の直接の契機となったのは右に見えるように『浄土論』と『瑞応伝』の大陸二書であった。『浄土論』は保胤も記しているように迦才の撰であるが、一方『瑞応伝』、正しくは、『往生西方浄土瑞応删伝』といわれるこの書の編者は文稔と少康とされている。少康、すなわち踊躍念仏の祖と擬せられながら空也との関連を見出せなかった少康その人である。さらに『浄土論』の著者迦才の師が先の元暁とする説も知られている。(5)空也と同時代に生をともにした保胤が、少康や元暁に関係ある人の著書に影響を受けて往生伝を編んでいる事実は、空也との関連においていかなる意味をもつものであろうか。

三

ここで空也と保胤の関係について考えておこう。空也は天禄三年（九七二）七十歳で歿している（『空也誄』他）ので、延喜三年に生れたことになる。保胤の場合にはこのような明確な逆算はできないが、天元五年（九八二）著わした『池亭記』に「予行年漸垂二五旬一」とあり、『極楽記』にも、「行年四十以降、其志弥劇」とあることなどから推して大体承平年中(九三一〜三七)に生れたと考えられている。[6] 両者の年齢比較を容易にするために仮に保胤の生年を承平三年とすると年齢差はちょうど三十となる。空也が尾張国分寺で自度した時には保胤はもちろんまだ生れていない。空也が京都の都市民の前にその姿を現わした天慶元年(九三八)は空也三十六歳、したがって保胤はわずか六歳、空也が叡山に登り延昌について受戒した天暦二年(九四八)には保胤はやっと十六歳、あるいは文筆をもってたずさわる下級官吏への道を踏み出したころかもしれない。空也の苦行時代に保胤は幼年期を送ったことになる。二人が結びつくのはいつのころであろう。

両者の交渉の具体的な様子を示す史料は全くない。しかし、空也の死が保胤に出家を決定づけたり、[7] 保胤の著『極楽記』の空也伝の記述態度が他の伝ときわだって異なり、その熱の籠った高い調子は、[8] 保胤の空也への傾倒のなみなみでなかったことを示している。こうした保胤であるから、年齢差こそあれ同時代に生を享けた空也に没交渉であったということは、明徴がないからといえいささか無理であろう。

保胤が仏教、特に浄土思想に強い傾斜を示す事実が顕著となるのは天延初年(九七三)のころの勧学会会所設立運動からである。[9] この勧学会は一つの念仏結社的性格を示すもので、会が叡山の学侶と中下層貴族文人たちによって結成されるのは、この天延から十年近く遡った康保元年(九六四)のことで、保胤はその設立者の一人に擬せられている。[10] 空也が賀茂河岸に金字大般若経の書写供養を行い、西光寺の基礎を固めた応和三年の翌年のことである。勧学会自体が空也の示唆によって結成されたことも考えられ、両者の結びつきをこの時期まで上げることが可能であろう。空也の都市民および中下層貴族への布教の成果がようやく現われ始めたころのことである。

右のように、保胤が空也によって啓発されたことはあっても、その逆、すなわち空也の発願に保胤がかかわりを有した、具体的にいえば保胤が、感激した『浄土論』『瑞応伝』の著者たちに関する知識を得て、それを空也に伝え、空也がここから彼の宗教を開示したとは考えられない。ここでは、しばらく空也の行業に関連ありそうな大陸高祖たちの存在が空也の身近な人に理解されていた事実だけを再確認しておくことにとどめる。

ただ注意すべきなのは『浄土論』『瑞応伝』を高く評価するのが保胤一人ではなかったことである。源信はその『往生要集』の中に、「又震旦国東晋已来至二唐朝一、念二阿弥陀仏一往二生浄土一、道俗男女合五十余人、出二浄土論並瑞応伝一」（巻下大文第七）と記している。永観三年（九八五）のことである。これらの著作はいったい、いつごろ日本にもたらされたのであろうか。[補2]

迦才の『浄土論』はすでに奈良期浄土教家元興寺智光の浄土観に大きな影響を与えていることが知られているので、[11]かなり早く我が国に伝えられ人々に幾多の指針を与えていたようである。一方『瑞応伝』のほうは天徳二年（九五八）天台僧日延によって将来されていることが判っているだけで、それ以前のことは全く明らかではない。この天徳二年から『極楽記』や『要集』が著わされた永観三年までにわずか二十七年しか経過していない。『瑞応伝』将来の経過については『入呉越僧日延伝』[12]によれば、唐天台徳韶が天台教籍の散佚を歎き、これを補う手段を我が天台平等房の慈念（延昌）に求めた際、これに応じて天暦七年（九五三）日延が派された。この日延が使命を果して帰朝の折『瑞応伝』を携えてきたのである。

ここで日延が派遣される前後の我が国浄土思想界における一つの風潮についてみておこう。それは念仏門の述作時代と呼ぶべきものである。[13]儒者にして詩人島田忠臣（八二八〜九二）は「我亦阿弥陀弟子、他生往詣二最中央一」（『田氏家集』）と願いながら『西方幀』なるものを拝している。『西方幀』は彼自身かあるいは他の人が選述した西方浄土への指針書だったのではあるまいか。仁和二年（八八六）に卒した隆海は臨終に際して竜樹・羅什・三蔵の弥陀讃を誦し、さらに無量寿経を披閲し、その要文を抄している（『極楽記』）。如意寺増祐は天延四年（九七六）その死期に際して、寺僧たちを集め「釈経義理」世間無常を談ぜしめている（同上）。また天台僧延教は妹のために観無量寿経その他の諸経論を抄して与えている（同上）。日延を送った延昌も、毎月十五日に法会を催し弥陀讃を唱え、「浄土因縁、法華奥義」を対論させている（同上）。こうした気運が良源の『極楽浄土九品往生義』、千観の『十願発心記』、禅愉の『阿弥陀新十疑』さらには『往生要集』や『日本往生極楽記』を次々と産み出していったのである。『極楽記』には元興寺頼光の「欲レ生二極楽一、倩而思レ之知レ不二容易一」という言葉を載せているが、これは保胤が『瑞応伝』のうちに「此中有下屠レ牛販レ雞者、逢二善知識一十念往生上」とあるのを見出して「予毎レ見二此輩一弥固二其志一」と決意を新たにしているのと相通じる。そしてこれは既成教団の腐敗堕落ぶりに併せて、「顕密の教法は、其の文一に非ず、事理の業因は、其の行惟れ多し、利智精進の人は、未だ難と為さゞらんも、予が如き頑魯の者、豈敢てせんや」（『往生要集』序）という障害に立たされたとき、「夫れ往生極楽の教行は、濁世末代の目足なり、道俗貴賤、誰か帰せざる者あらん」（同上）という強い自負の表明となってくるのである。往生人の実例を集めた『極楽記』、易行易修の念仏門の教養書としての『要集』は、浄土欣求者にとっては渇望久しい書であったわけである。

四

以上、空也布教の先蹤を追っていわば外縁的な面を考えてきたが、これと空也自身の内面とどのように結びつくのだろうか。延長年間二十余歳で尾張国分寺で自度したが、なぜ彼が尾張の国分寺で、しかも自度という形式で出家したのか。これは解かねばならぬ大きな疑問であるが、この間の事情は全く明らかではない。ただいえることは、この自度とその後に来る布教態度とが無関係でないということである。すなわち空也の位置する庶民的立場という点で終始貫かれていることである。

空也の出生について、為憲は『空也誄』に「上人不レ顕二父母一、無レ説二郷土一」といい「有識者或云、其先出二皇派一焉」と続ける。保胤もこの『誄』をふまえて「沙門弘也、不レ言二父母一、亡命在レ世、或云、出レ自二潢流一」と記している。為憲にしろ保胤にしろ、空也の晩年を知っており、勧学会あたりを媒介としてその交渉も考えられるから右の語はかなり信憑度が高い。それではなぜ空也は自らの出自を語らず、世上はその出身について皇胤であるらしいと噂をしたのだろう。この点、辻善之助氏は実に興味深い考察をされている。[14] すなわち保胤・為憲の説に加えて『本朝皇胤紹運録』に仁明天皇の皇子常康親王（即雲林院宮）の御子とあり、『宇治拾遺物語』に余慶が、「そこは貴き上人にておはす、天皇の御子とこそ人は申せ、いとかたじけなし」とある言葉から皇胤説を事実としている。『紹運録』によって常康親王は惟喬親王と従母兄弟で、母は同じく紀氏出身、名虎の女種子であること、親王は藤原氏全盛の世に志を得ず、出家して僧正遍昭に従い、家を遍昭に付して寺としていることを挙げられ、「若し空也の系胤に関する右の説が事実であるとすれば、自ら父母を顕はさず、市井に隠れて、平民説法に従事した事の裏には藤氏と紀氏との争にからまる一種の悲劇が籠つてゐる」とされている。確かにこの見解は空也が異常なまでに力を注いだ民間布教への努力のエネルギーの源泉を明らかにしたものとして示唆に富む。ただ現実問題としては、常康親王は普通貞観十一年（八六九）に歿していることが知られているので、延喜三年（九〇三）生れの空也の父とする考えは全然成り立たない。こういっても、空也が自らの出生を語らなかったこと、保胤等がその出生を知らず——あるいは知っていて伏せたか——、生前中から世間ではその出生を皇胤とする説が流布していたことは事実であり、易行易修の民間布教に敢えて専心したことを考えると、彼が常康親王の御子でないとしても、辻氏が考察されたような藤氏との抗争が空也の生家をめぐって起ったと考えることは必ずしも不当ではないようである。

井上光貞氏は浄土思想の展開を担った文人・中下層貴族の動き、とくに延喜以後のこれらの人々に共通した貴族生活への鋭い批判的意識を指摘されている。(15) これは摂関家専制による旧名家の没落と藤氏以外の一般貴族たちの生活不安定と逼迫に根ざすものである。保胤も「近代人世之事、無二一可一レ恋、人之為レ師者、先レ貴先レ富」「不レ要三屈レ膝折レ腰、而求二媚於王侯将相二」(『池亭記』)といっている。こうした批判が変動する貴族社会のなかで自身の生活の空しさを自覚させ、罪の意識を芽生えさせ、浄土を欣求することとなるのである。空也もこのような摂関制確立期の渦中にあって現世の空しさを、醜さをつぶさに味わわされたのではなかろうか。

空也の出家が右のようであったとしても、その特異な宗教はどのような土壌に育成されたのだろう。修業時代については先に検討した通りであるが、腕上に焼香して七日間、昼夜不動不眠したり、蛇を錫伏したり、親友の送葬にあたり閻羅王宮に牒状を書しこれを火に投じて会葬者を震憾させるなど(『空也誄』)、生涯を通じてその気概にあふれた実践的行動は、彼が特異の宗教を独力で開示しようとする風姿にほど遠い印象を与える。このことは大陸高祖たちにその先蹤を認め得るときいっそう強くなる。それでは空也はどうして、どこから大陸高祖たちの知識を得たのであろうか。

ここで叡山と空也との関係を考えておこう。なぜなら、空也の浄土思想について一般にその民間布教的態度が云々され、事実それが重要な背骨となっているのであるが、その底に観想的な叡山の浄土観が潜んでいることを見逃してはならないからである。すなわち『空也誄』に「始視二本尊弥陀如来一、欲レ見二当来所生之土一、其夜夢至二極楽界一、坐二蓮華上一、国土壮厳、与レ経同説、覚後随喜」という語を載せ、臨終時にも「浴二著浄衣一、擎二香炉一而箕居、向二西方一以瞑目、嘗斯時也、音楽来レ自レ天、異香出二自室一」と記されている。観想的な浄土の幻相が空也を包んでいるようである。彼がいつそれを得たか。ここにおいて空也と叡山との結びつきが問題となってくる。空也と叡山といえばただちに天暦二年（九四八）四月空也が戒を受けるために叡山に登ったことが思い出される。戒師は天台座主延昌であり、空也は光勝なる名を得ている。

延昌は加賀の人、延暦寺祚昭（玄昭とも）の室に入り顕密の学を修め、同長意から菩薩戒を、また仁観・恵亮から伝法灌頂を受けている。朱雀・村上両帝の信篤く、しばしばその加持にたずさわっているが、その行動で注目されるのは山北の「人烟絶域之地、鳥路希通之嶺」を選んで道場とし、この地に「花堂」を結構し八尺十一面観音を本尊とし、不動尊・毗沙門天王像・その他の諸像を造り、補陀落寺を供養していること[16]とその浄土思想にある。彼は平生「先命終之期、欲レ修二三七日不断念仏一、其結願之日、我入滅之時也」（『日本往生極楽記』）といっており、その願いの通りに往生しているほか、先に触れたように、毎月諸僧を招いて弥陀讃を唱え浄土の因縁を対論させるなど念仏門述作時代の一翼を担っている。日延を派遣して『瑞応伝』を将来せしめたのはこの延昌にほかならないのである。延昌が空也を山に迎えたのは天暦二年、補陀落寺を供養した三年後、座主の位についてから三年目の初夏、延昌六十九歳、空也四十六歳の時のことである。

『門葉記』は天徳三年（九五九）四月二十九日補陀落寺供養の際の越中守藤原後生作願文を載せているが、その文中に涅槃経一部三十八巻を書写奉納していることが見える。加えてこの寺の本尊は十一面観音、こう考えてくると空也の西光寺結構の際と類似していることに気付くのである。(17) 西光寺の本尊も十一面観音であり、しかも、経こそ違え大般若経の書写供養を行なっている。空也が観音像を造立したのは天暦五年（九五一）で、大般若経書写の発願をしたのがその一年前の年、この経が完成し供養され西光寺の基礎が確立されるのが、十余年経過した応和三年（九六三）のことで、この限りではいずれも空也が延昌に戒を受けて以来のことで、空也が受戒の際に始めて延昌を知り、それ以後彼に傾倒したとしても必ずしも不当ではあるまい。ところが両者をもう少し詳細に見ると、空也が観音信仰に布教的関心を示したのは天慶七年（九四四）観音三十三身を供養していることで知られるようにかなり遡る。延昌が補陀落寺を建てる前年のことで、この寺に供養した涅槃経の講演を始めたのは天慶五年であったから、受戒以後に見せる両者の類似の基礎は受戒のことを越えて天慶初年にまで遡る可能性を示すのである。この延昌のほかにもう一人空也の周囲に叡山と関係のある僧侶がいる。康保元年（九六四）七十四歳で東山雲居寺に歿した大法師浄蔵で、空也の応和の大般若経供養会の会衆のなかでただ一人その名を知られている僧侶である。

浄蔵は例の『意見封事十二箇条』で有名な三善清行の第八子で、母は嵯峨帝の孫にあたるともいわれる。(18)『拾遺往生伝』によれば七歳にして道心を露わにし、若年で名山霊崛を歴渉、苦行しているが、この点空也と似ている。十二歳で受戒、天台清涼房玄昭律師（一説に延昌の師）から三部大法・諸尊別法等を受け、また天台台密の大成者安然の直弟子大恵大法師から悉曇の教示を得ている。そして横川如法堂に籠ってさらに修行を重ねているが、このころから非凡の僧であることを示し始める。とくに著名なのは平将門の調伏祈禱であろう。天暦のころ八坂寺に住したらしく、『空也誄』に、「八坂寺浄蔵大徳」と見えるから応和の末年までの間ここにいたのであろう。この八坂寺といい、歿した雲居寺といい、いずれも西光寺とはそう遠くない位置にある。ただし空也と浄蔵との交渉については応和の法会以外に全く明らかではない。

なお説話類を博捜すれば余慶以下の天台僧を空也の周囲に見出すこともできるが、それらの僧たちに空也が師事したらしい形跡は実史料のうえからは語られていない。

むすび

以上空也の周囲をさまざまな角度から窺見したが、その結果は必ずしも満足のいくものではなかった。空也宗教の思想的源流をたどる試みも、空也出家の原因の把握も、史料の欠如という大きな障害が横たわっていた。しかし、空也の特異な布教が、彼自身の発想・案出したものでなかったということはいえよう。この場合、もちろん彼の宗教の開示が、その出自にからまり、さらに難行苦行の果にたどりついたものであり、加えて彼の強い実践的な意欲に基づくものであることを否定しようとするものではない。ただ空也布教の思想的な系譜を大陸浄土教家に求め得ることを指摘したいのである。

大陸浄土教家元暁・少康等と空也との類似については第三節で触れた通りであるが、両者の交渉について明証を見ないとはいえ、保胤・源信等の教義書への傾倒ぶりから、その著者等に対する理解は充分に考えられよう。その場合、少康については、天徳二年日延によって将来された『瑞応伝』によって始めて我が国にその名が紹介されたとすれば、空也の開示はそれ以前であるからいちおう関係がなくなり、元暁、すなわち新羅浄土教が空也の思想的源流となってくる。新羅浄土教家一本に絞れるかどうかは別にして、それでは空也はどのようにして元暁らの行業を摂取し得たのであろうか。この摂取については全く明らかではないが、ただ考えられるのは、叡山を媒介とすることである。この期浄土教学の主流を占める叡山、そこの多くの浄土教家のなかでも、日延を派して浄土教の実践書を移植する企てをし、また空也の戒師でもある延昌が、空也に新羅浄土教家たちの行業を示唆し得る可能性が大いに考えられる。ただその宗教活動にも類似があるといえ、延昌が空也の師であった明徴はどこにもなく、その関係はにわかに決定できない。

空也の師が誰であっても、次のようなことはいえよう。すなわち空也が元暁らの行業を知り得たのは、当時の浄土への関心の昂まりによるものであったと。世俗化し、救済の役割を果さなくなった顕密既成教団はたのむに足りず、替って罪悪観を基底としその救済を目ざす浄土の教えが人々の関心を呼び、関係経論疏記の類が争って読まれた。浄土への指針として、要文が抜粋されたり、再編成されたりする過程で、それらの著作者である大陸浄土教家への理解が深まり、その行業が高く評価されていったのではあるまいか。

藤氏一門の栄華とともに、多くの名家が没落し、藤氏以外の貴族たち、とくに中下層の貴族たちは自らの位置の定めなさを痛感していく。しかも空也が東北の地を追われたような地方騒乱は日に日に激しく、社会に新たな不安感を深めて行く。空也の出自をめぐる先の考察は、まさにこのような社会変革の渦中にあったことを意味するのであり、この点深い浄土への関心を示した慶滋保胤や源為憲等と共通の思想的基盤に立つものである。空也が民間布教に従事し、その成果については保胤が『極楽記』で高く讃えている。このように民間布教に専心する空也に知識人が共鳴していることこそ、両者の思想的基盤の等しいことを意味していよう。浄土への関心が、大陸高祖たちの著述の再編成の要求や、その行業への期待、すなわち我が国人による実践者の待望となって現われたのではあるまいか。

大陸高祖、元暁らの行業を誰が実際に空也に伝えたか。たしかにこれは解くべき重要な問題には違いない。しかし、それが誰であっても、叡山を含めて、社会の変貌のなかで正しい批判の目を持ち苦悶する知識人たちの浄土教学の理解の深化が、こうした大陸高祖たちの行業を評価し、自らの知識としたところに拠ろう。この知識が誰かの手によって実践に移される段階に来ていたのである。まさに空也がその実践者であったわけである。空也の苦悩と求道、それはとりもなおさずこの期浄土欣求者たる知識人一般に通ずるもので、その因は社会の変質と深くからみ合ったものなのである。

註

(1)『我が国民間信仰史の研究』(二)、第六編。
(2)安然については橋本進吉氏「安然和尚事蹟考」(『史学雑誌』二九篇八号)が詳しい。
(3)前掲橋本氏論文所引による。
(4)「空也一遍の踊り念仏について」(『日本仏教文化史の研究』所収)。
(5)『浄土仏祖伝集』。ただこのことについては、元暁のほうが後年の人であり、時間的、地理的に両者の師事関係はいえないとする説もある。その際師事説の因った理由が、浄土論(迦才)と遊心安楽道(元暁)の内容の類似から来ているといわれる時(佐々木功成氏「迦才の浄土論について」『竜谷大学論叢』二七四号)、両者の関係は依然離れがたい。
(6)「予行年漸五旬」とあることから天元五年五十歳とすれば、天禄三年(九七二)が四十歳で、保胤の宗教活動が史実に顕著に現われる天延二年(九七四)にほぼ近く「行年四十以降、其志弥劇」の彼自身の言葉と一致する。この場合生年を逆算すると承平三年がその年となる(拙稿「摂関期における浄土思想の一考察」『書陵部紀要』六号)。
(7)菊地勇次郎氏「日本往生極楽記の撰述」(『歴史教育』五巻六号)。〔補　菊地氏は「保胤の出家については諸説があるけれども、寛和二年正月の兼明の辞任(『公卿補任』)と、同年四月の保胤の出家との時間的な近接は、以上の考察の(II)――高明、兼明、具平との関係を中心にあらわれた社会的立場の変動である――を確かなものにするようである。（中略）空也が入滅した天禄三年という年代を省るとき、前に翌天延元、又は翌々二年と推定した『行年四十』の保胤の念仏の一時期との接近は、以上の考察から見ても、強ち偶然のこととは思えない」（五二頁上）とされているのであり、氏の所説が、空也の死が保胤の出家を決定づけたとした私見はやや誤用である。〕

（8）『日本往生極楽記』収載の四十二人の伝中保胤が讃を記しその行業をたたえているのは空也一人である。

（9）註(6)掲載拙稿。

（10）桃裕行氏『上代学制の研究』第三章第四節。

（11）戸松憲千代氏「智光の浄土教思想に就いて」『大谷学報』一八巻一号。

（12）竹内理三氏「入呉越僧日延伝釈」（『日本歴史』八二号）。

（13）井上光貞氏『日本浄土教成立史の研究』第二章第一節。

（14）『日本仏教史』上世篇第五章第六節。

（15）註(13)に同じ。

（16）延昌の伝については『大日本史料』康保元年正月十五日の条（第一篇の十一）他に収められているのが詳しい。

（17）拙稿「六波羅蜜寺創建考」〔補　第二部に収載〕。なお西光寺の後身六波羅蜜寺の山号は普陀落山。

（18）浄蔵の伝についても『大日本史料』康保元年十一月二十一日条（同前）他が詳しい。〔補　第三部「浄蔵大法師霊験考序説」で浄蔵伝を検討した。〕

（補1）大日本仏教全書本。

（補2）以下に略述したが、「大陸渡来の往生伝と慶滋保胤」（芳賀幸四郎先生古稀記念『日本文化史研究』昭和五十五年、笠間書院）でこの問題を扱った。

六波羅蜜寺創建考

序

六波羅蜜寺の存在は、日本浄土教成立前史のなかで、特に民衆的な寺院として早くから注目されているが、創建・改名等に諸説あることから窺えるように、その実態はほとんど明らかにされていない。この因の大部分は検討に必要な根本史料の欠如によるものといえよう。しかし、本寺の創建は、草創者空也の宗教と不離のものであり、したがってその解明は、空也を支えた十世紀後葉の中下層貴族以下京都一般庶民にいたる階層の宗教思想の断面を明らかにすることとなり、重要な課題なのである。私見によれば、本寺草創期の史料的欠如は、もちろんその大部分は長年月の経過による散佚消失にかかわるものとしても、その一半は本寺創立そのもののうちに内在すると思われる。以下本寺の創建及び変遷をたどることにより、空也宗教の性格とこの期思想界の様態を窺って見よう。

一

この寺の創建された時期については、従来天暦五年（九五一）、応和三年（九六三）及び応和年中というおよそ三説が述べられている。この三説の拠るところを見ると、天暦説は『元亨釈書』釈光勝の項に「五年（天暦）京畿疫、死屍相枕、也燐レ之自刻ニ十一面大悲像一祈レ之、像成疫止、其長一丈、於ニ洛東一勧ニ四衆一創ニ一藍一、号ニ六波羅蜜寺一、奉ニ安像一焉」とあるところからで、これによれば、天暦五年京都に疫病の蔓延があり死者相次いだのを悼み、十一面観音像を刻み平癒を祈願した。その効あり洛東に一伽藍を建て像を安置し、この堂を六波羅蜜寺と称したとしている。

応和三年説は『扶桑略記』八月二十三日の条に、「空也聖人鴨河東岸建レ堂、供ニ養金字大般若経会一、請僧六百人、有ニ舞音楽一」とあり、さらに同じく康保四年（九六七）五月の条、空也の伝のなかに「鴨河東岸上六波羅蜜寺」と見え、両条併せ考えるとき、応和三年八月二十三日に賀茂河東岸で大般若経会を行なった際建堂し、これが六波羅蜜寺であることを説明している。応和三年は天暦五年を下ること十三年で、天暦草創説をとる『釈書』は、応和の経供養会はこの寺で行われたことを記しているが、『略記』は天暦造像のことには全然触れていない。

以上の二説のほかに、年次的には『略記』とほぼ同じであるが『伊呂波字類抄』に「空也上人、応和年中所ニ草創一也、本号ニ西光寺一、上人以厭ニ下界一願ニ西土一也、上人入滅之後、大法師中信来ニ住此寺一、専修ニ衆善一、兼ニ行六度一、故改ニ本名一、更号ニ六波羅蜜寺一也」とあり、初め西光寺として応和年中に空也により創建されたものを、のち中信が六波羅蜜寺と改名したと述べている。すなわち前二説が草創当時から六波羅蜜寺であったように説いているのに、ここではその前身は西光寺であり、のちに改名されたものであるとしている。

三説を要約すれば、

一、天暦五年創　十一面観音像造　六波羅蜜寺（空也）『元亨釈書』

二、応和三年創　大般若経会　六波羅蜜寺（空也）『扶桑略記』

三、応和年中創　西光寺（空也）　六波羅蜜寺（中信）『伊呂波字類抄』

のごとくなるが、三書のうち一番成立の古い『字類抄』も平安末期のものであり、以下創建期とは遠い後代の編纂書であるから、このように異説が対立すると、にわかにいずれが正しいか断定することはできない。もちろん、編纂書とはいえ、各々その典拠は当然存したわけで、したがって創建当時の確実な史料が求められる。しかし残念なことにこの寺の草創期を語る直接的な史料は全く伝わっていない。ただ創建者を空也とすることは三説とも一致しているし、また空也の行動を目のあたりにし、信仰上の交渉もあった慶滋保胤(1)の言葉「夫六波羅蜜寺者、空也聖者権㆓輿之㆒(2)」により確認することができる。

それでは空也の行業のうちに、この寺の草創の手懸りとなるものは見出されないだろうか。空也の伝については別の機会に触れたが、(3)全生涯を通観し得るものは天延元年（九七三）ころ（空也の一周忌）源為憲が編した『空也誄』がただ一つで、そのほかに『空也誄』の引用抜粋が主となっている慶滋保胤の『日本往生極楽記』のなかの弘也伝、及び応和の経供養の際空也のために三善道統が作った「為㆓空也上人㆒供㆓養金字大般若経㆒願文」（『本朝文粋』十三）があるだけである。

このうち道統の願文は、『扶桑略記』が創建の行事として挙げている応和の供養会その時のもので、検討には絶好な史料と思われる。この願文は金字大般若経一部六百巻の終功、すなわち天暦四年（九五〇）九月発願から十四年間、貴賤上下の寄進を受け、ようやく経を完成するに至った経緯、及び応和三年八月にその経供養を盛大に賀茂河岸で行なった模様を記している。しかしここには六波羅蜜寺の創建のことは全く見えず、寺名すら出てこない。この限りでは、寺の創建とこの経供養会の行事が関連するか否かを判定する根拠とはならず、ただ応和の経供養会が実際に行われたことが確かめられるに過ぎない。『扶桑略記』が語るこの行事が寺の基礎となった法会であったかどうかは、別の角度からの照射が必要である。

一方、空也の行業を詳細に拾っている『空也誄』にもこの寺の創建及び「六波羅蜜寺」なる寺名は見えない。しかし『誄』には「西光寺」なる寺名が二ヵ所にわたって記されており、この寺は東山にあり、空也の歿地で、さらに天暦造像一丈観音以下の諸像がこの寺に存在していることが知られる。(4) すなわち『誄』から「西光寺」なる寺の存在、「六波羅蜜寺」の所在地と同じ東山に、しかも空也と密接な関連のある寺として、さらに『釈書』が六波羅蜜寺創建を形作る天暦像の安置所としての「西光寺」――が浮び上ってくる。

このように見てくると、空也の生存中「六波羅蜜寺」と呼ばれていた寺の存在を示す史料は一つもなく、むしろ『伊呂波字類抄』の伝える「西光寺」が最初の名であったとする説が有力となる。この場合、先に挙げた保胤の「六波羅蜜寺者、空也聖者権ニ輿之ニ」とある言葉がいちおう問題となるが、これもその次に「中信上人潤色焉」と続く語があり、これからすれば、必ずしもその当初から「六波羅蜜寺」なる寺名があったと主張しているわけではなく、この「潤色」こそかえって改名の事実をいっているのではなかろうか。

それでは「六波羅蜜寺」の前身西光寺はいつ創建され、その改名はいつ行われたのであろうか。

二

「六波羅蜜寺」が「西光寺」に替っても、その創建問題については依然未解決である。いましばらくこの問題をおいて、改名の時期を追って見よう。改名のことは『伊呂波字類抄』の、空也の死後ここに来住した僧中信によるとする説を先に引いたが、「六波羅蜜寺文書」貞治二年（一三六三）『観実勧進状』にも同旨のことがある。ただその時期については、『六波羅蜜寺縁起』中に「貞元二年大法師中信来二住此寺一、建二立堂舎一、興二隆仏法一」とあるのが唯一の史料である。中信の経歴についても上記以外全く明らかでないので、この来住改名年次もいちおう別の角度から検討しておく必要がある。

「六波羅蜜寺」が記録に見えるのは藤原行成の『権記』長保二年（一〇〇〇）十二月二十三日の条が初見で、以下藤原実資の『小右記』、藤原宗忠の『中右記』などにしばしば見える。

このほか、冒頭に挙げた『扶桑略記』『元亨釈書』の記述を除けば、『日本紀略』寛和元年三月十八日に少納言・外記等がこの寺に参会していることがあり、此処まで「六波羅蜜寺」の上限を引きあげてよかろうと思う。したがって、『空也誄』にはまだ「西光寺」とあるから『誄』の書かれたおよそ天延初年（九七三）からこの寛和初年（九八五）の十二年間に改名がなされたことになる。先の貞元二年（九七七）は、空也の歿後五年、寛和元年を遡ること八年でこの条件を充たす。

ところが、年月日は明らかではないが、ある三月六波羅蜜寺で催された供花会に慶滋保胤が参加し、詩序を書いており、この文中に「於レ是毎日講二妙法一乗一、毎夜修二念仏三昧一、（中略）開講已垂二八九載一」とある。[5] 昼講経・夜念仏の法会が営々として十年近く続けられ京都市民の信を集めたことが知られるのであるが、この法会がこの寺の主要な行事であり、その開講は、中信の手になる、すなわち寺の復興時期を起源と考えて誤りないと思われる。[6] 換言すれば、この詩序が記された時すでに開講以来「八九載」とある以上、「六波羅蜜寺」がその年次に相当するだけの月日を経過していることを示していることにほかならない。この詩序の作られた年次は明らかではないが、文中に「緇素相語曰、世有二勧学会一」とあるのは注意を要する。作者保胤在世中の勧学会は、いわゆる第一期のもので、康保元年（九六四）から寛和二年（九八六）までの二十二年間、保胤等が指導者となって開催して来たもので、保胤の出家とともにこの会は解散するのである。[7] このことから保胤の詩序は寛和二年以前に書かれたものであることは明らかである。しかしその二十二年間のなかのいつであるかは依然不明である。このことに先の貞元二年改名のことをあてはめれば、この年から第一期勧学会解散の時まで九年ある。すなわちこの保胤の記が勧学会解散の期近いころの三月に書かれたものとすれば、貞元二年改名説と矛盾しない。この推測を裏付けるかのように「六波羅蜜寺」の上限を示す先の『日本紀略』の記事が寛和元年三月十七日で、法会の内容は明らかではないが、少納言・外記等が参会して白米を献じていることがある。あるいはこの時に供花会が行われたのであるかもしれない。

　さらにこの寺の寺額が三蹟の一人藤原佐理によって書かれている（『大鏡』上）が、『日本紀略』ではこの佐理が貞元二年七月八日内裏の額を書いていることを伝えている。この内裏の額と前後して「六波羅蜜寺」の寺額を書いている可能性も考えられる。とすれば、改名にあたり中信から依頼されて寺額の筆を染めたのではなかろうか。

　以上、「西光寺」から「六波羅蜜寺」への改名が貞元二年に行われたことを否定する材料はなく、むしろ消極的にではあるがこのことを肯定している。したがって改名の時期を貞元二年として大過ないと思われる。

三

「西光寺」から「六波羅蜜寺」への改名の時期については、前節のようにいちおう明らかとなったが、先に保留にした「西光寺」の創建の問題に立ち入って見よう。

「六波羅蜜寺」創建の因と編纂書が指摘している天暦造像や応和の法会と、この「西光寺」とはどのように関連するのだろう。「西光寺」の存在を知り得る唯一の史料『空也誄』に、天暦像は「今在二西光寺一」とあり、大般若経は、「今在二勝水寺塔院一」と伝えている。この限りでは、天暦像の存在から寺の創建をこの像の作成年次まで遡らせることが考えられ、応和説はその経が「勝水寺塔院」なる別の場所に存することからいちおう否定的である。しかしこのような像経の存在は、寺の創建の時期を云々する一つの材料となっても決定的なものではない。天暦像が別の所から移され「今は西光寺に在る」のであり、他方応和の経は現存はしないが、もと西光寺にあり、それが居所を替えて「今は勝水寺塔院」にあることを意味するかもしれないのである。したがって、「西光寺」なる寺名がこれにしか見出せない『空也誄』からは、この寺の創建時を決する判断は得られないといえよう。

ここで寺の再興時に観点を移して考えてみよう。貞元二年「六波羅蜜寺」として「西光寺」を興した中信が、その際先師空也の行業をなんらかの形で継承していることは当然考えられよう。保胤が述べている開講以来八九年の長きにわたり京都市民の信を集めた昼講経・夜念仏の法会を想起しよう。[8]この法会の源流を応和の経供養会に求めることは牽強付会に過ぎようか。三善道統の願文のうちに「況亦説法之後、更臨二夜漏一、設二万燈会一、修二菩薩戒一、専念二弥陀一、永帰二極楽一」とある。万燈会は現在でも寺の主要な行事として行われているが、この時に起源を求めているようである。この万燈会の前後に「説法」「念仏」が行われており、「説法」は講経、おそらく「大般若経」の講経を内容とした説法であったろう(9)。「大般若経」と「法華経」の差こそあれ、昼講経・夜念仏の方式は全く一致している。このことは「六波羅蜜寺」の主要宗教行事の端が、応和の経供養会に発していることを意味する。すなわちその前身「西光寺」の起源を見出すことになる。空也・中信の継承関係から「西光寺」時代に行われた講経・念仏の法会の推定、そしてその起源が応和三年の経供養会にあることが知られるのである。寺の創建の時期は『伊呂波字類抄』と『扶桑略記』が伝える説を取捨したところにあるようである。

　それではなぜこの寺の創建について諸説がいわれたのであろうか。編纂書類はもちろんのこと、空也の死後そう長年月を経過しない時期に、しかも空也の行業をかなり詳細に拾っている『空也誄』にこの寺の創建経緯が述べられていないことは、なんらか特別な事情が伏在したことを物語っているようである。

　応和三年の経は、道統の願文によって実は天暦三年九月の発願にかかるもので、営々として十有余年の後に完成したものである。したがってその発願と例の天暦四年像作成とはほとんど同時期であったわけで、さらに一方は天災地変消除の経として古来から用いられている経であり、他方は『釈書』に伝えるところによれば疫病防止のためであった。したがって、両行事はいちおう十三年の長い年月をへだてているが、同一の意図によるものといえよう。応和の経供養会を「西光寺」の創建の基礎とする時、天暦像はこの寺と密接な関係が生じるのである。

　空也の布教活動と造像・写経等の修善行事との関係についてはすでに別に触れたが(10)、要するに難解晦渋な既成教団の教義に無縁で、かつ地方民衆のように単なる呪術的な、あるいは社会事業的な宗教のみでは満足し切れない都市民に対して、教義はともかく、造経・造仏等の宗教的行為に喜捨を求め、あるいはその法会に参加せしめることによって人々の信をさそったのである。そしてその際都市民の心を深く捕えていた観音信仰(11)がその媒介となり、観音像等が造られたのであった。

こうした一面、従来から行なって来た社会事業も盛んに企てられ、東西二京に井戸を掘り、また東京の囚人たちを教導するなどの行為を見せている。したがって荒野に散佚する遺骸を手厚く葬ってきた彼が、打ち続く天災地変、疫病の蔓延等による京師の有様、なかんずく賀茂河岸の死屍が彼の関心の的となったことは想像にかたくない。この河と死出の旅路におもむく鳥部野を結ぶ地帯が、彼の宗教活動の一つの拠点として求められてくるのは当然のことといえよう。天暦の造像・写経発願はこのような背景のもとに企てられたものなのである。そして「西光寺」の寺姿は、この空也の一連の行業の先に現われてくるのである。

天暦の造像時にも、応和の経会の折にも「西光寺」と呼ばれた形跡はなく、また、すでに生前の空也を知っている為憲が、「西光寺」の存在に言及しながらも、その創建には全然触れていない。経供養会の行われた応和三年(九六三)から空也の歿した天禄三年(九七二)にかけての十年間にその寺の創建が考えられるわけであるが、その時期をいくばくも離れない『空也誄』の作成時にすでにその創建月日が明らかでなかったことを示している。それは、この寺自体「何年何月何日創建」と明瞭にその創建時期を示しえない成立事情があったことを意味しないだろうか。

『元亨釈書』だけが、天暦建堂のことをもって寺の創建としている以外、『扶桑略記』は「鴨河東岸是遺跡也」の語があってそのことが初めて知られ、成立年次のいちばん古い『伊呂波字類抄』では応和年中と漠然たるいい方をしている。さらに「西光寺」の存在を知らないのならともかく、それに触れながら寺の創建をいわない為憲の態度も右の事情によるものとすれば理解できよう。

その事情とは、この寺が本来寺として創建されたものではなく、造像・写経等の修善行事の集積のうえに成り立ったということである。造像→安置＝建堂、写経→安置＝建堂とこうした行事と、その指導者空也の居住地とが結びつき、次第にここが寺と呼ばれていったのではなかろうか。したがってこの寺がいつ創建されたかという問題になると漠然たらざるを得ないのである。

創建諸説の存在や、「六波羅蜜寺」時代に盛行した法会を介してではあるが、知り得る「西光寺」と応和の経供養会や天暦像との関係を見れば、この寺の創建過程は右のようであったとすることができよう。

四

賀茂河岸、東山鳥部野のあたりに企てられた空也の修善行事の集積が「西光寺」を作り上げたとすれば、その一つである天暦像安置の時をもって「西光寺」の創建としても誤りではない。しかしその後に行われた応和三年の経供養の際の堂塔の整備ぶりや、「六波羅蜜寺」へ続いていく法会の起源からして「西光寺」の創建の時期をこの時とする方が妥当であろう。(12)

それでは、この応和の経供養会に少し立ち入って見よう。経会の盛儀は道統の願文で知ることができるが、応和三年八月二十三日賀茂河岸に仏殿を建て、六百の高僧を請じ、川に竜頭鷁首の舟を浮べ、伎楽を設け、昼は説法、夜にいたっては万燈会を設けて菩薩戒を修し、弥陀の念仏を唱えて極楽を願った。結縁の人々は京都の貴賤上下多数を集め、『日本紀略』は左大臣藤原実頼等の参会を記している。注意を要するのは、この期日に宮中でいわゆる応和の宗論が行われたことである。

応和の宗論とは、村上天皇の発願書写にかかる法華経につき、南都・北嶺の高僧各々十名ずつを招き清涼殿において五日間朝夕二座計十座の論議を行なったことを指すもので、この法会の著名な理由は、第二日目の夕座で講師法蔵（法相）と問者覚慶（天台）との間に、「成仏義」をめぐっての法相「五性格別」と天台の「一切衆生悉有二仏性一」説の主張が対立し、覚慶に替って天台側は良源が立ち、深更に及んで論議は決着せず、翌第三日目に持ち越される大論争となったことにある。この論争はいちおう法蔵が論伏された形で終り、良源の評価はにわかに高まるのである。この宗論に参加した南都・北嶺十名の僧は明らかにされているが、このほかに招かれながら南都二名、天台二名の僧が辞退している。これらの僧たちの辞退の理由は明らかではないが、このうち天台の二僧、千観・増賀については、病気や事故などの単なる外的な理由ではなく、意識的な辞退であったようである。

千観は応和二年摂津箕面に隠棲しており（『扶桑略記』）、その布教も「阿弥陀和賛」を作り、都鄙老少の間に弘め（『日本往生極楽記』）、あるいは淀河辺で馬夫となり往還の人々の難儀を救ったと伝えられる（『本朝高僧伝』）。増賀も応和三年七月多武峯に籠っているが（『多武峯略記』）、彼の行業も冷泉天皇の護持僧に任ぜられた時、口に狂言を唱え、身に狂事を作って従わなかったし（『大日本法華験記』）、宗論で活躍する良源は彼の師であるが、その師の慶賀の日敢えて奇行を演じたり（『続本朝往生伝』）、さらには円融皇后遵子が戒を受けようとした時、故意に奇異な振舞をして驚かせている。この両者の共通する傾向は、井上光貞氏の指摘されるように(13)、名誉や権勢の世界に対する鋭い批判的な態度なのである。年臈や単なる学業の研鑽が重要な法会、いわば権勢・名声に包まれた栄誉の世界、そこを通ってゆく良源のような人々とは異質のものである。

『往生要集』の著者源信もその一人であるが、その序文のなかに「但顕密教法、其文非レ一、事理業因、其行惟多、利智精進之人、未レ為レ難、如レ予頑魯之者、豈敢矣、是故依二念仏一門一、聊集二経論要文一、披レ之修レ之、易レ覚易レ行」と述べている。「宗論」で大論争を惹き起した「一切衆生悉有二仏性一」の問題も、清涼殿のなかでいかに論議され、特定少数の聴衆の讃嘆があったとしても、現実の「一切衆生」に、平易に説かれ実行されねばほとんどその意義を失う。千観や増賀はこうして、その法会を辞退し各々信ずる求道と布教にいそしんだのであろう。

先に空也の経会が、「宗論」と期日を同じくすることを指摘したが、空也の経供養の開催も、まさしく右の千観・増賀と共通する意識のもとに企てられたということができる。空也の経会は「宗論」の第三日目にあたる八月二十三日に行われたが、賀茂河岸に六百の僧が招請されている。もちろんこの六百という数には文飾があるとしてもかなりな僧侶が参加したことは否定できない。この参加者については、わずかに八坂寺の浄蔵一人を知り得るのみで、その他の者は全く明らかではない。ただいえることは、宮中に招ぜられている僧が、この人々のなかに含まれないということである。応和の宗論をよそに賀茂河岸で経会を開こうとしたとき、その法会に参加する僧の資格について年臈や学業や地位がその基準とならなかったことを示している。このことは、権門勢家の庇護に頼らず、京都の内外に「半銭一粒」の「知識」を結集し、実に十四年の長い年月をこの経の完成に費やした行動と一連のものである。

参集した僧たちに食が供されたが、その折乞食比丘等百人余が集まって来たことが述べられ（『空也誄』）、この乞食比丘中に浄蔵は文殊菩薩の化身を見出し饗応して人々を驚かせている。このことだけでは、応和の供養の盛況と浄蔵が異相者を見抜く特殊な霊力を持っていたことを語る一説話でしかないと思われる。しかし、空也の一貫した社会事業的布教態度と、少し時代は下るが万寿四年（一〇二七）に「六波羅蜜寺」に貧窮者の存在が知られる(14)ことから考え併せて、乞食比丘たちが群を成して来たのは、単なる法会の余徳にあずかるためではなく、こうした人々を集め得る性格、すなわち貧民救済的な性格をこの法会が内包していたことを示すものといえよう。

　このように見てくると、書写経典の供養という目的で外形は一致しているが、同時に行われた宮中の法会と東山賀茂河岸で行われた法会とは全く異質のものであったといえる。後者は、いわば民衆的な世界のものである。ここから増賀・千観の二人の僧が、宮中からの招聘を辞退して、空也の主催した法会に参加したのではないかとする推測が生じてくる。もちろんこれは可能性の域を出ないが、増賀は別として千観の側にはそうした推測を助ける若干の資料がないでもない。それは、空也と同じく浄土思想の民間鼓吹者であり、空也の教えにより遁世したと伝える説話（『発心集』『本朝高僧伝』）や、「六波羅蜜寺」のすぐ隣である愛宕寺中興の祖で、かつ同寺本尊は千観の手になると伝える説（『都名所図会』）も見られることで、これらのことが事実であるとすれば、空也との交渉、隣接する二つの寺院などから見て、空也の法会への参加が考えられなくもない。

　千観・増賀の法会参加の当否は別として、空也の周囲には、空也・千観・増賀達の行動に連なる沙弥・ひじりたちの参集が考えられる。これらの人々は多く世間的には無名であったため、具体的な人名が残らなかったのかもしれない。

　「道俗集会、請僧六百口、自二内給所(マヽ)一給二銭十貫文一、左大臣以下天下諸人結縁者多」（『日本紀略』応和三・八・二十三）と伝えられるこの会の盛況。左大臣藤原実頼の名が見え、銭十貫文が給されてはいるが、この会を支えた階層は三善道統や、翌年勧学会を結成する慶滋保胤等の文人、中下層貴族と、一般庶民たちであった。上流貴族たちは天皇以下章明親王・右大臣藤原顕忠等の列席する宮中の法会を注視していたといえる。

やがてこの経供養の際の建堂が中心となって、「西光寺」なる名称の寺が生れてくるのであるが、法会の民衆的な性格はそのままこの寺の性格でもあった。空也はその最後の十年をこの寺を中心に寺名が示すような西方浄土の教えを京師の内外に伝えたのであろう。天慶元年（九三八）京に姿を現わし市中に布教し、その功績は慶滋保胤をして「天慶以往、道場聚落、修二念仏三昧一希有也、何況小人愚女多忌レ之、上人来後、自唱令二他唱一レ之、爾後挙レ世念仏為レ事、誠是上人化二度衆生一之力也」（『日本往生極楽記』）といわしめている。金字大般若経書写発願の天暦四年（九五〇）は入京以来十二年、そしてすでに述べたように、十四年を経過してこの経の完成を見、さらにその後十年、天禄三年（九七二）十一月この寺に歿している。

「西光寺」といわれた期間の寺の活動は、ほとんど知り得ない。天禄元年（九七〇）空也と親交のあった藤原師氏が、「東山」に歿し、その葬送を叡山僧余慶とともに執行していることが『空也誄』に見えるが、この「東山」はあるいは「西光寺」であったかもしれない。

その後二年、空也はこの地に歿し、その一周忌に寺で追善供養が行われ、源為憲が『空也誄』を著わしている。（補1）そのころすでに空也苦心の大般若経は別の寺に移されていたことから知られるように、寺の経営は空也の生前からかなり困難なものがあり、その死後急速に荒廃していったことが窺われる。

五

空也の歿後五年、貞元二年に中信が寺を復興して名を「六波羅蜜寺」と改めた。その理由は彼が「専修レ善、兼行二六度一」（『伊呂波字類抄』）といわれるが、その功について保胤は空也とともに「如来使」（保胤序）[補2]として称賛している。彼は復興と同時に先師空也の行業を慕い、毎月昼は法華講経、夜は念仏を行う法会を開講し、南北二都の名僧を請じ講師や聴衆とし、「東西両都之男女雲集、即合二十指一、即致二寸心一、開講已垂二八九載一、結縁不レ知二幾万人一」（保胤序）と盛況を極めた。この法会とは別に寛和の初年ころの三月、四日八講の結縁供花会が催され、保胤は同行の僧俗から推されて勧学会[15]にならって経中から「一称南無仏」の句を抽き出し讃仏の詩作をしている。

『江談抄』には仁康上人が入唐の時、その母のためにこの寺で仏経の供養を行い、大江匡衡や保胤らが参会していることが見えている。仁康の入唐については右の記以外に知り得ないのでその真偽は確かめがたいが、このような保胤等文人、中下層貴族たちが寺の法会に参集していた事実は動かしがたい。

そして菩提講や迎講（『栄花物語』）などの法会、住僧覚信の焼身往生（『日本紀略』長徳元・九・十五）や毎夜行われる念仏の行事などから、空也以来の浄土思想の鼓吹の寺としての面目は失われておらず、貧民救済のような社会事業も受け継がれている。このような空也の伝統とともに、新しい要素も加わって来ている。

それは覚信の往生に対して花山法皇以下公卿らが拝していることや、長保二年（一〇〇〇）十二月一条皇后定子の葬送がこの寺で行われていること（『権記』）、さらには長元二年（一〇二九）三月東山に花見を行なった際、関白藤原頼通・

内大臣藤原教通以下がこの寺に立ち寄っていること(『小右記』)などから知られる、この寺と上流貴族、支配者階層との結びつきである。当時右大臣であった藤原実資もこの寺に深い関心を示しており、その日記『小右記』にしばしばこのことが見える。たとえば寺僧命増を呼んで金鼓を打つことを命じたり(万寿二・七・十九)、空也入室の弟子義観に会って「随喜無レ極」と感激したり(同二・七・二十四)、その息資平かと思われる中納言の娘が寺僧奇久について戒を受けていること(長元四・九・二十八)などを記している。

いったいこの支配階級との結びつきはどのようにしていつなされたのであろうか。それはやはり中信の復興時に求められる。『伊呂波字類抄』に「六波羅蜜寺」を興して、「天台別院」となし、ひとえに「円宗教法」を演べたことを記している。このことは簡単に見逃すことのできない重要な意義を有している。

念仏を中核とし、観音や法華の思想を外郭とする雑信仰的布教、これが空也の宗教であり、その外郭は布教対象の階層を支配する思想が択ばれた。ここに西方浄土の教えが上下各階層に深く滲透していく因が潜んでいるのである。天台宗と空也との関連は、天暦二年(九四八)座主延昌について受戒していることから明らかなように、これによって法華思想を主軸とする貴族社会の信仰面に肉迫する手段としたのである。しかし受戒して光勝なる名を得ているが、終生自度名空也を名乗り、都市の真只中に身を投じての布教、なかんずく、応和の宗論を無視しての賀茂河岸の法会等と、一貫して在野の精神を守っていることから、天台宗とは一線を画していたことが判る。したがって中信の時に初めて天台の別院となったように、「西光寺」時代は天台の寺院ではなく、むしろそうした既成教団組織に組み込まれない、自由な寺院であったといえよう。

ささやかで寺名すら定かでない寺、しかし浄土系寺院としては嚆矢であるこの寺の経営は、その浄土思想の庶民層への普及度に相応して、まだまだ困難なものがあった。この寺の維持は、いわば空也という一人の傑出した僧侶の力に依り支えられたもので、民衆的な基盤に立つ限り、空也の死とともに荒廃する運命は約束されていたといえよう。寺の復興と、その隆盛への道は先師空也の行業を復活することのみでは果されない。かくして「天台別院」として、その位置を確保し、「円宗教法」を伝えることにより権門の庇護を求めたのである。「六波羅蜜寺」の経営の成功は、民衆的寺院から貴族的既成教団傘下の一寺院に変貌したところにある。

「西光寺」時代、寺自体の宗教活動が全く見られず、空也の活動のみが知られ、これに反して「六波羅蜜寺」時代は、この寺に止住したらしい中信・寛信・命増・命勝・奇久ら個々の人々の行業というより、法華講・念仏・供花会・菩提講・迎講・勧学会などという寺自体の活動が全面に押し出てきている。ここに両寺の在り方の相違が明瞭に見られる。特に後者の活況は寺自体の安定を示し、永く後代に法燈を掲げ、人々の信を集めて行くのである。

「西光寺」の創立の過程から「六波羅蜜寺」への改名は、空也の民衆的世界への布教の成果と、そのもつ限界性を如実に示している。空也の企てた民衆への門は、もちろん中信以後にも受け継がれ、この面で六波羅蜜寺は特異な存在を示すが、この寺の盛況は空也の意図に反した既成教団との結合によって成されたといえよう。

註

（1）空也（九〇三〜七二）、保胤（九三三ころ〜一〇〇二）。拙稿「空也と平安知識人」〔補　第二部に収載〕参照。

（2）七言、暮春於二六波羅蜜寺供花会一、聴レ講二法華経一、同賦二一称南無仏一、（『本朝文粋』十）

（3）註（1）掲載拙稿。

（4）「惟□十一月、空也上人殁二于東山西光寺一」「五年秋、勧二貴賤一、唱二知識一、造二金色一丈観音像一体、六尺梵王像各一体一、今在二西光寺一」

（5）夫六波羅蜜寺者、空也聖者権二興之一、中信上人潤色也、如二此両人一者、寧非下奉二如来勅一、為二如来使一、来二此娑婆界一、度中于濁悪衆生上乎、於レ是毎日講二妙法一乗一、（『本朝文粋』十）。

（6）大法師中信来二住此寺一、（中略）故改二本名一、更号二六波羅蜜寺一也、為二天台別院一、偏演二円宗教法一、是一以世有二法華講一、本以二此処一為二講肆一、（『伊呂波字類抄』）

（7）桃裕行氏『上代学制の研究』第三章。

（8）註（6）に同じ。

（9）『日本紀略』では「昼講二経王一、夜万燈会」とある。

（10）註（1）掲載拙稿。

（11）歌川学氏「空也と平安仏教」（『日本歴史』六一号）中に、『今昔物語集』の分析により観音信仰が畿内及び西国の民衆に広く流布していたことを指摘されている。

（12）応和の賀茂河岸の法会について『扶桑略記』は東岸としているが、『空也誄』では「王城巽鴨川西」となっている。もし西岸で行われたとすれば寺と直接的な関連は薄れるが、現存『空也誄』（真福寺本）は長短数十ヵ所にわたり欠部があり、難解な文字も見え、完形を伝えるとはいい難く、書写の誤りも考えられる。例えば単なる「東」を「西」に誤記した場合もあろうし、またこの六波羅の地を指して「紫城東面、清水西頭」（『江都督願文集』）といういい方もあるので、「清水」と「鴨川」の類似による誤りも考えられる。

（13）『日本浄土教成立史の研究』第三章第一節。

（14）〇以二別納所米一給二貧者一、（中略）令レ注二悲田病者幷六波羅蜜坂本之者数一悲田卅五、六 波羅蜜十九人（下略）

〇於二六波羅蜜寺一不断経僧供料二石、又施二与命勝聖小供一、以二別納所米一、施二給僧供（マヽ）俗男女一、是窮（無カ）困重頼者等也、（『小右記』万寿四・十二・四、十六）

（15）叡山の学侶と文人とを構成メンバーとし、講経・念仏・作詩歌を行事内容とする勧学会は、その初期において一定の会合場所を持たず、東山の地を転々としていたが、承暦ころから六波羅蜜寺が会合の定所となった。なお、空也と勧学会会衆との関係については拙稿「空也と平安知識人」〔補　第二部に収載〕参照。

（補1）『空也誄』の成立時期を仮定したもので、時期的確証はない。

（補2）註（5）に同じ。

空也と平安知識人

――『空也誄』と『日本往生極楽記』弘也伝――

日本仏教史上、なかんずく浄土思想展開史のうえで、空也の果した役割はきわめて注目すべきものであることは、従来しばしば説かれているところである。しかし史料的な制約などでその究明にはかなりな障害が横たわっている。新史料の発見を見ない現在、この障害を打破するためには現存史料の検討の面で一考すべき余地が残されているのではないかと思われる。

源為憲・慶滋保胤は、ともに空也の後半生にほぼ時を同じくして活躍した著名な文人で、いまこの二人の手になる空也伝がおのおの知られているので、その作成の経緯を明らかにすることによって空也の周囲を窺見しようとするものである。

一

空也の行業を伝える比較的信憑度の高い史料として挙げられているものは、三善道統の「為二空也上人供一養金字大般若経一願文」(『本朝文粋』十三)、源為憲の『空也誄』、慶滋保胤の『日本往生極楽記』のうちの「弘也伝」とわずか三つのものに過ぎない。(1)このうち道統の願文は、応和三年(九六三)八月賀茂河岸で空也が行なった経供養の有様、及び京都における空也の活躍の一端は知ることができるが、その行業全般にわたって通観し得るものは後の二史料にまつほかない。

『空也誄』は序と誄の二部分に分れており、序は諸種の願文・知識文などを編集したもので、長文を綴ってかなり詳細な記述がなされ、『誄』は四字一句の三十四句からなり、序文の要約である。ただし、長短数十ヵ所にわたり欠字があって難読なものとなっている。(2)この点保胤の「弘也伝」は、往生者四十二人の伝を収めた『日本往生極楽記』の中のものであるので、簡単ではあるが要を得た書き方をしている。この二つの伝を比較して見ると、『極楽記』弘也伝の記事のほとんどの部分が『誄』のそれと重複している点注目を要する。いま煩雑ではあるが、『極楽記』弘也伝をもとに両伝を対照させると次のごとくなる。(3)

『日本往生極楽記』弘也伝(全文)

沙門弘也、不レ言二父母一、亡命在レ世、或云、出レ自二潢流一、
口常唱二弥陀仏一、故号二阿弥陀聖一、
或住二市中一作二仏事一、又号二市聖一、
遇二嶮路一即鏟レ之、当無レ橋亦造レ之、

『空　也　誄』(抜粋)

(上略)上人不レ顕二父母一、無レ説二郷土一、有二識者一或云、其先出二皇派一焉、
D(中略)又尋常時、称二南無阿弥陀仏一、(中略)天下亦呼為二阿弥陀聖一、
C□有所得□作二(仏)事一(中略)□市聖、
A(中略)若覩二道路之嶮艱一、(中略)荷鍤以鏟二石面一、而

見レ無レ井則掘レ之、号曰二阿弥陀井一、

播磨国揖穂郡峯合寺有二一切経一、数年披閲、若有二難義一者、夢有二金人一常教レ之、阿波土佐両州之間有レ島、曰二湯島一矣、人伝、有二観音像一霊験掲焉、剰上人腕上焼レ香一七日夜、不レ動不レ眠、尊像新放二光明一、閉レ目即見、

一鍛冶工、遇二於上人一、懐レ金而帰、陳曰、日暮路遠、非レ無二怖畏一、上人教曰、可レ念二阿弥陀仏一、工人中途果遇二盗人一、心竊念仏如二上人言一、盗人来見称二市聖一而去、

又西京有二一老尼一、大和介伴典職之旧室也、一生念仏上人為レ師、上人令レ補二綴一衲衣一、尼補畢命レ婢曰、我師今日可二遷化一、汝早可二賚参一、婢還陳二入滅一、尼曾不二驚歎一、見者奇レ之、上人遷化之日、著二浄衣一擎二

投レ杖以決二水脈（4）一、（中略）

E（中略）所無レ水処鑿レ井焉、今往々号為二阿弥陀井一是也、（中略）

B播磨国揖保郡、有峯合寺□一切経論、上人注二彼教文一、義覚後□果□如レ夢、阿波土佐両州海中、有二湯島一矣、（中略）伝有二観世音菩薩像一、霊験掲焉、（中略）腕上焼香、一七日夜、不レ動不レ眠、（中略）尊像放二微妙光一、瞑レ目則見、不レ瞑無レ見（中略）

F西京有二一老尼一、前大和介従五位上伴朝臣典職之前妻也、念二弥陀仏一、一生不レ退、与二上人一有二情好一、（中略）須□上人衲衣一領令二尼縫レ之、（中略）令二奴婢曰一、吾師今日可レ終、咄汝速授二街里一、婢帰報以二滅度一、

香炉一、向二西方一以端坐、語二門弟子一曰、多仏菩薩来迎引摂、気絶之後、猶撃二香炉一、此時音楽聞レ空、香気満レ室、
嗚呼上人、化縁已尽帰二去極楽一、天慶以往、道場聚落、修二念仏三昧一希有也、何況小人愚女多忌レ之、
上人来後、自唱令二他唱一レ之、爾後挙レ世念仏為レ事、
誠是上人化二度衆生一之力也、

尼無二驚歎一、時人大奇、（中略）入寂之日、浴著二浄衣一、擎二香炉一而箕居、向二西方一以瞑目、当斯時也、音楽来レ自レ天、異香出レ自レ室、（中略）気絶猶擎二香炉一、
（下略）

右のように、一鍛冶工が空也の教示により念仏して盗賊からの難を免れた話と、「嗚呼上人化縁已尽云々」という保胤の讃を除けば、若干記述に前後するところはあっても、出自・称号・遊行行化・苦修練行・臨終来迎そのすべてにわたり『誄』の記述のなかに含まれ、ほとんど変るところがない。このような類似はどうして生じたのであろうか。ここで両伝の成立の経緯を考えてみよう。

『空也誄』がいつごろ著わされたかを明示する史料は知られていないが、誄の性質上、あるいは「国子学生為憲」の署名が見えるところなどから空也の死後遠くない時期と思われる(5)。空也の歿したのは天禄三年（九七二）九月であるが、あるいはその一周忌供養に際して、すなわち天延元年に書かれたものではあるまいか。そして文中「或尋二遺弟子於本寺一、又集二先後所レ修法会願文・唱善知識文数十枚一。以知二平生之蓄懐一焉、不レ堪二称歎一、而為レ之誄」とあるように、空也の遺弟子から直接その行業を聞き、また法会願文・善知識文等をもととしてその伝が作られたのである。

一方、『極楽記』は、聖徳太子・行基と近日訪得往生人とを除いた三十七、八人の伝が、永観元年から寛和元年の

間（九八三〜八五）にまず撰述され、その後出家して筆を絶った保胤の依嘱を受けた中書王兼明親王が近日往生人を加え、永延元年（九八七）兼明親王の死により、寂心（保胤）再度筆を取り聖徳太子・行基の伝を加えて今日伝わる形が成立したのである。(6) 弘也伝は最初の三十七、八人の伝のなかに数えられるものと思われるが、この伝だけについてとくにどのような方法で記されたかを説明する材料は見られないが、『極楽記』の序文のうちに「今検二国史及諸人別伝等一有二異相往生一者、兼亦訪二於故老一、都慮得二四十余人一」とあって全般にわたる記述態度を明らかにしている。

こうして見ると『空也誄』と『極楽記』弘也伝との間には十年余の差があり、なお両者にすでに触れたような類似があるのは、『極楽記』のなかに空也の伝を収載するにあたって、先行する為憲の『空也誄』をいわゆる「諸人別伝」として参照したことを示すものではないだろうか。この観点に立って『極楽記』弘也伝にのみ記された鍛冶工の話の典拠を『空也誄』の記述に求めると、東郡の囚門に卒都婆を建て、囚徒を教誡している話が見出される。(7) 念仏を唱える鍛冶工を空也と見誤り危害を加えないで去った盗賊の態度は、この空也の囚徒への伝導の事実があって始めて首肯されてくるのである。一見独立したように見える鍛冶工の記事も『空也誄』参照の説に矛盾するところとはならないといえよう。(8)

二

ここで角度を変えて二人が空也伝を書くに至った事情を、三者の生活及び相互の交渉のうちから考えて見よう。

源為憲は光孝源氏の流、筑前守従五位上忠幹の子として承平（九三一〜三八）の末ころ生れたが、(9) 空也はこの時三十代であった。官歴は、文章生、蔵人、式部丞から三河権守、遠江・美濃・伊賀の国司を歴任し、位は従五位下が極位、伊賀在任中の寛弘八年（一〇一一）八月に歿している。美濃在任の長保元年（九九九）、ある殺人事件に連坐して釐務を解かれようとしたことがあったが、同国百姓が為憲の治績を挙げて留任の嘆願をしている事実や、[10]遠江国司を望んだ状に自ら業績を具体的に披瀝したり、[11]またすでにその任を終えた藤原行成に対して、同人の任期中に起ったことであるからと蔵人所の召絹の量目について調査を依頼している等から見て、[12]かなりの良吏であったことが知られる。こうした一方、源順に師事し、同門橘正通とその門の一、二を競い才名を馳せ、詩会などに臨んでは詩嚢と称する袋をたずさえ、好句を聴いては感泣したと伝えられるような感激性を示すことさえある。[13]

このように官位の面も、また学問文芸のうえでもそれほど不遇ではなかったらしい為憲が、空也に私淑したことを示す徴証は見出しがたいが、ただ永観二年（九八四）冷泉院の二女、尊子内親王の道心をすすめるために著わした『三宝絵』の下巻序中に、宗旨の有り方、僧の行いについて述べている箇所があるが、「或は世間にいでゝ人の心をすゝむ」[14]とあり、世間の済度を主とした僧の行為を称賛しているが、おそらく空也等の行業を想い浮べての言葉であろう。また同じく上巻序に「若くして文の道に遊て一枝の桂をば折てき、老て法の門に入りて九の品の蓮すを願ふ」の語があり、浄土への思慕を示している。このように、彼のうちに浄土思想を見ることができるが、『三宝絵』全体の構成から考えれば天台宗への帰依のほうが、より濃いものがあるといえる。[15]たとえば、下巻の諸寺法会行事の書き方でも叡山関係の比重が圧倒的に大きいこと、また引用経典に天台宗関係の経典のものがかなりなスペースをとっていること、さらには『法華経賦』などの著作が彼にあることを見れば、天台法華宗がその基調になっていることは疑いもない。もちろんこの時代の貴族たちの信仰の主流がこの宗にあり、[16]多分に教養化さえしている状態にあったから、そうした趣勢に沿ったものと見ることができる。為憲の信仰はこうした天台宗の、すなわち『法華経』の思想に基づいたうえでの浄土思想を内容とするもので、これもまた、この期浄土思想の一般的傾向なのである。(17)

なお、保胤等が首唱し結成されたらしい念仏結社のグループ勧学会の参加者に為憲が擬せられているが、これは彼が『三宝絵』下巻で、当時盛んに行われた諸寺の法会の模様を述べたなかにこの会を取り上げていることによるものである。たしかにこの条は、勧学会を詳細に伝えるとともに、「娑婆世界はこゑ仏事をなしければ僧の妙なる偈頌をとなへ、俗のたふとき詩句を誦するをきくに、心おのづからうごきて、なみだ袖をうるほす」(18)（傍点筆者）と主観的な描写をしており、このような描写は他の三十条の法会のどこにも見られない。また、紀斉名の『勧学会詩序』に対する為憲の評言も知られている。(19) したがって、康保元年（九六四）から寛和二年（九八六）にかけて、法華講読と詩会と阿弥陀念仏を内容とする、いわゆる第一期勧学会の会衆に為憲を加えることができる、と思われる。

以上、空也との関連を求めて為憲の浄土思想について考えてきたのであるが、彼の場合、保胤が抱いたほど強烈なものではなかったことは、保胤が出家してまで浄土を求めたのに対し、終生在官していた点を見ても明らかなところである。

この期浄土教発達の思想的基盤として、律令制的身分制度と律令的土地制度とが、荘園制の発達により崩壊をきたし、一面に摂関家一門に富と権力の独占をもたらし、他面一般貴族生活の逼迫を強いる結果となり、この層の批判的意識を昂めた点が指摘されているが、(20) この批判的意識についても両者の差ははっきりしている。安和の変の源高明左遷について、高明と無縁な保胤が「往年有二東閣一、華堂朱戸、竹樹泉石、誠是象外之勝地也、主人有レ事左転、屋舎有レ火自焼、其門客之居二近地一者数十家、相率而去、其後主人雖レ帰、而不二重修一、子孫雖レ多、而不二永住一、荊棘鎖レ門、狐狸安レ穴、夫如レ此者」(21)と述べ高明の周囲に鋭い視線を投げているのに、為憲は彼の師順の血続きで、かつ師と親交のあった高明のこの事件にほとんど反応を見せていないのである。あるいはその豊かな文才による権門の庇護が時代の矛盾に向ける批判の目を覆っていたのかも知れない。

三

前節で見たとおり、為憲の浄土思想は必ずしも強固なものといえず、空也との交渉も確認するまでに至らず、この範囲では彼の側から『空也誄』を著わした必然的契機は求められない。慶滋保胤の場合はどうだったのだろう。

為憲とほぼ同じころ生れた保胤は、かなり熱心な浄土思想の持ち主で、彼自身幼少のころから仏道に心を寄せたと述べているが、それが顕著に見られるのは、壮年期の天延（九七三〜七六）ころからで、まず勧学会の成立とその指導という念仏結社運動の実践を計り、やがて『日本往生極楽記』著述に見られる理論的活動、さらに寛和二年（九八六）出家と求道一筋にその後半生を飾るのである。(22)

すでに保胤の『極楽記』弘也伝が、為憲の『空也誄』を参照して書かれたものであることを述べたが、先の比較によっても、「弘也伝」末部の「嗚呼上人、化縁已尽」云々の語が、保胤自身の評語であることは明らかである。この評語に見られる主観の強さについては、菊地勇次郎氏も指摘しているところであるが、(23)『極楽記』中の他の四十一人そのほとんどが臨終時の描写で筆を止めており、このような評語が見られないことにも注意を要する。また、その文中「天慶以往、道場聚落、修ニ念仏三昧ニ希有也、（中略）上人来後、自唱令ニ他唱レ之、爾後挙レ世念仏為レ事」と「天慶」なる年次を挙げているのはなぜだろう。空也は延喜三年(九〇三)の生れであるからこの時三十代、保胤・為憲は十歳に満たない。二十余歳の時、尾張国分寺で自度しているが、その時から数えて十年余も求道と布教にいそしんでいるはずである。この天慶なる年次を空也の行業のうえから見ると、彼が京都に姿を現わした時で、(24)都市民はこの時から彼の教えを親しく聞くことができたのである。彼が「五畿七道」の遊歴から都市伝導への転換を計った因については明らかではないが、歌川氏も述べられたように(25)おそらく外的には承平天慶の乱などに顕著に見られる地方争乱の禍を避け、あわせて彼の地方民衆布教の成果のうえに立つ、より広範囲な伝導基盤を都市に求めたものではなかろうか。

空也宗教の性格は狂躁的な民間呪術宗教的性格といわれるが、(26)それは多く天慶以前の地方一般民衆布教の場合を指したものであって、この層への布教はそうした性格をとらざるを得ないのであり、都市への、とくに貴族層への布教を目指した天慶以後は、これと異なった性格を付加してくるのは当然といえよう。試みに天慶以降の活動を見ると、

天慶元年(九三八)	入京、市中に布教を始む。
天慶七年(九四四)夏	観音三十三身・阿弥陀浄土変一鋪を供養。
天暦二年(九四八)四月	叡山に登り、座主延昌より受戒。
天暦四年(九五〇)	紺紙金字大般若経書写を企つ。
天暦五年(九五一)	一丈金色観音・梵天・帝釈・四天王像を造る。
応和三年(九六三)八月	賀茂河岸にて紺紙金字大般若経供養。西光寺創建。(27)
康保末年	蛇を折伏。
天禄元年(九七〇)	藤原師氏のために牒状を書く。

天禄三年（九七二）十一月　東山西光寺に歿。

となり、この間易行易修の口称念仏を唱え市聖、阿弥陀聖の名を得、東西二京に井戸を掘り、卒都婆等を建て囚人の教化などを行なっている。ここにも、民間呪術的布教が見られるが、それよりきわだっているのは造像写経等の供養であり、これは天慶以前には全く見られないところである。東西二京の井戸を掘るなど相変らず社会事業を企てて方便としたり、呪術的な布教を行なったりするのとは別に、造仏造経供養に半銭一粒を喜捨することにより、都市民の知識結縁を期待したのである。(28)それとともに天暦二年叡山の座主延昌より戒を受け、すなわち天台宗と手を結ぶことによって、いわゆる「法華と念仏」の共存の形をとった浄土思想の普及を、貴族層に計ったのである。天慶元年空也京都に現わるといっても、これには、この新しい布教分野に対して右のような用意がなされていたのである。このような空也に「堂舎塔廟有二弥陀像一、有二浄土図一者、莫レ不二敬礼一、道俗男女、有レ志二極楽一、有レ願二往生一者、莫レ不二結縁一、経論疏記説二其功徳一、述二其因縁一者、莫レ不二披閲一」(29)と述べ、また念仏結社の首唱者である保胤が強い関心を示したことは当然といえよう。したがって、「天慶以往」云々なる表現は、保胤の親しく見聞するところによったものといえる。両者の交友がいつごろ始まったものであるか明らかではないが、「永修二此会一、世世生生、見二阿弥陀仏一」(30)といっている勧学会の結会時である康保ころまでは遡れるであろう。この時保胤三十代、空也が六十を過ぎたころである。

保胤等貴族層への空也の布教がかなりの成功を収めたらしいことは、その周囲に藤原忠平の子大納言師氏、三善清行の息浄蔵、善秀才三善道統、伴典職の前妻などの人々(31)が見えることで明らかであるが、このほかに勧学会会衆を加え得るのではなかろうか。その理由として、勧学会はいうまでもなく法華講読、詩会を行いながら弥陀を念ずる、強弱の差はあっても浄土を思慕する人々の集りであり、その主導者の一人である保胤と空也との親交も推測されるところである。また六波羅蜜寺における結縁供花会の方式が勧学会に似た昼の法華講読と夜半の念仏の形をとっており、この行事は空也の行業と切り離せぬものであるところを考えれば、勧学会の「法華と念仏」は結縁供花会を通じて空也の行業に通ずるといえる。[32]さらに後のいわゆる第三期の勧学会の会所としてこの寺が定められているところを見れば、[33]定所を持たず点々と東山の地に会所を替えざるを得なかった保胤らの第一期勧学会の開催場所としていくたびかはこの寺が選ばれたのではないかとも推測されてくる。

こうした勧学会を通じて保胤と為憲は交友関係にあった外、応和三年(九六三)三善道統宅の詩合に座を連ねているし、[34]冷泉院第二皇女尊子内親王のために為憲が『三宝絵』を著わしたのに対し、保胤はその四十九日願文を作っている。[35]加えて両者の著作が等しく源信の手によって宋に送られるなど、[36]ほぼ同年輩のこの二人は、学問・宗教等多岐にわたって親密な交わりを結んでいたのであろう。

むすび

以上の点を綜合すると、空也の死によって大きな衝撃を受けたのは為憲よりもむしろ保胤であり、彼が企てた往生伝の著述のなかに空也伝が収められ、特別な配慮が払われているのは当然のことといえる。ただ、その死によって最先に筆をとるべきはずの保胤が、実際にはそれほど関心を示しはしなかった為憲の手になる『空也誄』を基にしてその伝を著わしていることはいかに解されるのだろう。この間の事情を明らかにするのが、空也と勧学会会衆との結びつきである。空也の死の影響は、強弱の差こそあれこれら浄土を思慕する知識人たちにとって共通のものがあったといえよう。その誄の書き手は当然このグループから選ばれて然るべき状況にあったわけで、文才の点ではいずれ劣らぬ人々であったから、そのなかから誰がこれにあたってもよかった。しかしすでに『口遊』を著わし、後年の『三宝絵』『世俗諺文』など特定の人に対し特殊な目的を持つ編著に豊かな才能を示すその兆を見せている為憲が、この時まだ行動的な、実践運動を指導する型の念仏信者で、筆を執りこうした述作にたずさわる時期はしばらく後であった保胤等の推すところにより選出されたのではなかろうか。結果論からいえばその際の人選は必ずしも当を得たものではなかった。大江以言の「空也聖人甚見苦物也、非レ誄是之伝也」（『江談抄』六）の非難が何を指したものであるか明らかではないが、その伝がかなり長文にわたりいちおう詳細に記述されてはいるが、その編纂にはどこか一貫性を欠くところがある。これは彼の浄土思想の弱さからくる空也像把握の不適確さによるものかも知れない。このような欠があったにしても『空也誄』は、いわばこの期念仏思想を抱く知識人の所産であったのである。後年、保胤が彼自身の内なる要請にしたがって往生伝を著わすにあたって、かつて彼ら自身の所産であった『空也誄』がまず念頭に浮んでくるのは当然のことであったろう。その際、往生者の伝としての内容・体裁と簡明な記述を必要とした保胤にとって、為憲の文の書き替は余儀ないものであった。このような経緯で『空也誄』の参照、抜粋がなされたのではなかろうか。

空也に関する根本史料として挙げられた『空也誄』と『日本往生極楽記』弘也伝の二つは右のように、後者の保胤の讃を除いた部分は、実は前者に包含されたものなのであり、この点から空也研究の根本史料は為憲の『空也誄』が唯一ということになる。ただこういっても注意しなければならないのは保胤の讃部の持つ意義で、この部分こそ空也の教えに共鳴した保胤の空也観を示す重要な史料であり、また空也像の適確な描写でもあることである。

註

（1） 歌川学氏「空也と平安仏教」（『日本歴史』六一号）。上記の三史料のほかに、『空也上人絵詞伝』『日本紀略』『扶桑略記』『元亨釈書』『本朝高僧伝』『古事談』『撰集抄』『古今著聞集』その他のものが知られているが、いずれも空也の歿後長年月を経過して作られたもので三史料の演繹したものか、信用の置けない説話類である。もちろんその中には三史料を補足するものもある。

（2）『空也誄』の流布本として続群書類従本が知られているがこれには錯簡があり、さらに難解なものにしているが、幸い真福寺本によってこの欠陥は補うことができる。これによれば「□北門虵呑レ蛙、蛙大破口、（中略）使三権律師余慶迎二棺槨一而読レ之訖、以レ火焼、送喪之者、慨然変色、□」の部分が空也臨終の記事の少し前の「康保末年」と「西京有一老尼云々」との間に入る。

（3）『日本往生極楽記』弘也伝は大日本仏教全書本、『空也誄』は続群書類従本を使用。『空也誄』の、比較に不要な部分は（　）で略したが、『極楽記』の記述順序にしたがったため『空也誄』の記述順序は前後する場合がある。アルファベット（A～F）で示したものが『誄』の順序。

（4）『六波羅蜜寺縁起』（九条家本）中に『空也誄』を引用した箇所があり、流布本の欠を多少補うことができるが、この部分は「荷錨以鏟二巌石一、臨二渠之於泥水一以亘二橋梁一」とある。

（5） 天禄三年八月に行われたいわゆる天禄歌合の序文を為憲が書いているが、これに「学頭ためつね」（ためのりの誤り、『源順集』には「学生ためのり」とあり）、また貞元二年（九七七）閏七月二十三日の『日本紀略』の記載によれば、この時すでに内記になっているので下限は少くとも貞元二年である。

（6） 菊地勇次郎氏「日本往生極楽記の撰述」（『歴史教育』五巻六号）。〔補　中書王は兼明親王ではなく、具平親王とすべきであると考えている（「中書大王と慶滋保胤」昭和五十五年七月説話文学会発表）。〕

（7） 其年、東郡囚門、建二窣堵婆一基一、尊像眩二曜兮一満月、宝鐸錚二鏦兮鳴風一、若干囚徒、皆垂レ涙曰、不レ図瞻二尊容一聴二法音一、善哉得二抜苦之因一焉、

（8） なお『空也誄』は、『極楽記』弘也伝との重複部のほかに神泉苑老狐との交渉、造仏写経等の供養、叡山での受戒、蛇の

折伏、藤原師氏との交友などの記述をもつ。これらのほとんどは順序としてはEとFの間に含まれる。

(9) 源為憲の伝については岡田希雄氏の研究（「源為憲伝攷」『国語と国文学』昭和十七年一月）があり、以下の記述はこれによるところが大きい。氏は『三宝絵』序文中にある「老いて法の門に入りて」の語から、『三宝絵』の著わされた永観三年をいちおう四十歳とし、これから逆算して承平五年ころを生誕としている。

(10)『権記』長保二年二月二十二日条。

(11) 請レ被下殊蒙二天恩一、依二遠江国所レ済功、幷成業労一、拝中任美濃加賀等国守闕上状（『本朝文粋』六）。

(12)『権記』長保四年三月二十六日条。

(13)『江談抄』四。

(14) あな、たふと、或は経論を説てながくのりの燈をかゝげ、或は戒律をまもりて鉢の油をかたぶけず、或は真言をつたへてまたくかめの水をうつし、或は大乗を誦してあまねく衣のうらに玉をかけ、或は禅定をこのみて世のいそぎをすて、或は世間にいでゝ人の心をすゝむ、みなこれ仏教のあまたの門よりわかれいでゝ、おなじく菩提の一所にいたりあはむとする也、（山田孝雄氏『三宝絵略注』宝文館、以下引用文は同書）。

(15) 山田孝雄氏「三宝絵詞の研究」（註(14)掲載書所収）。

(16) 硲慈弘氏『日本仏教の開展とその基調』上。

(17) 註(6)掲載菊地氏論文。

(18)『三宝絵』下巻。

(19) 斉名勧学会序事（『江談抄』六）。

(20) 井上光貞氏『日本浄土教成立史の研究』第二章第一節天台浄土教と貴族社会（山川出版社）。

(21)『池亭記』（『本朝文粋』十二）。

(22) 拙稿「摂関期における浄土思想の一考察」（『書陵部紀要』六号）。

(23) 註(6)掲載菊地氏論文。

(24)『元亨釈書』十四。『六波羅蜜寺縁起』。

(25) 註(1)掲載論文。

(26) 註(20)掲載書、第二章第一節註（一二〇頁）。

(27) 西光寺、後に改名して六波羅蜜寺となるこの寺の創建については別な機会に論じたいが、応和三年の経供養と大きな関連があり、この時を以て創建とし、後貞元二年（九七七）ころ改名したのではないかと考えている。〔補　前篇参照。〕

(28) 「市中売レ身、雖レ在二我願一、人間催レ信、既寄二群縁一、半銭所レ施、一粒所レ捨、漸漸合レ力、微微成レ功」（為二空也上人一、供二養金字大般若経一願文『本朝文粋』十三）

(29) 『日本往生極楽記』序。

(30) 勧学会所、欲レ被三故人党結同心合力、建二立堂舎一状（『本朝文粋』十三）。

(31) 道統については空也のために経供養願文を書いていることから知ることができ、その他の人々については『空也誄』に見える。なお大納言師成とあるが師氏の誤りであろう。

(32) 註(6)掲載菊地氏論文。なおこの会の模様は保胤の賦によって知られるのであるが、その中に「緇素相語曰、世有二勧学会一、又有二極楽会一」（『本朝文粋』十）と見えて、関連性を示している。

(33) 勧学会の詳細な研究には桃裕行氏『上代学制の研究』（目黒書店）があるからこれを参照されたい。六波羅蜜寺が定所になるのは承暦四年（一〇八〇）以降。

(34) 善秀才宅詩合。

(35) 為三二品長公主四十九日一御願文（『本朝文粋』十四）。

(36) 「当今刻二念極楽界一。帰二依「法華経」一者熾盛焉、（中略）又先師故慈恵大僧正、諱良源、作二「観音讃」一、著作郎、慶保胤、作二「十六相讃」、及「日本往生伝」一。前進士為憲、作二「法華経賦」一。同亦贈欲レ令レ知三異域之有二此志一」『往生要集』末文（花山信勝氏校註・小山書店）。

〔補記〕　註(3)でふれたように本稿で引用した『日本往生極楽記』は大日本仏教全書本を使用した。同書の空也は弘也とされており、空也を「こうや」と読んだことの一例証ともなっている（堀一郎氏『空也』人物叢書、昭和三十八年）。このため副題以下『極楽記』の項について弘也とした。ところが井上光貞・大曾根章介両氏『往生伝　法華験記』（日本思想大系、昭和五十年）所収の『極楽記』は尊経閣文庫本および天理図書館本（ともに鎌倉期写本）によって「空也」を採用している。「弘也」とあるのは内閣文庫本以下の近世期写本および板本の由である。この指示にしたがえば本稿の「弘也」の箇所は「空也」とすべきであろう。ただし文意は変らない。

本書整備中に三間重敏氏「〝空也上人誄〟の校訂及び訓読と校訂に関する私見」（『南都仏教』四二号）が発表されたので追記しておく。

平安期における一ひじりの考察

――皮聖行円について――

はしがき

沙弥・聖たちの活動は十世紀前葉ころからしだいに顕著になる。沙弥・聖たちが注目される理由は、この民間信仰者ないし民間布教者の出現が、古代仏教界の変質を意味すること、いいかえれば、次期鎌倉新宗教の源流となることに主たる因がある。

近ごろ、『日本往生極楽記』以下の諸往生伝類の分析が行われ、沙弥・聖たちの形態が明らかにされつつある。ただこの試みの共通の欠点は、その沙弥・聖たちと、実年代との結びつきがうまく見出されていないことである。たしかに、「編纂」往生伝類中に沙弥・聖たちの存在は豊富に語られている。しかし彼らが現実の社会機構のなかでどのように修行し、どのように布教していたのか。修行の質や、布教の方法がなぜそうなったのか。そしてそのことがどのような進歩性や、また限界性をもっていたのかなどの点について、「整備」された往生伝類は答えてはくれない。「編纂」往生伝類や説話の分析も、もちろん欠くことのできないことである。ただ実年代と密着した具体的な面の把握なしには、そうした検討も価値を失うものとなろう。

ここに聖の擡頭期に属し、その特異な風姿で京都市民に「皮聖」と呼ばれた一ひじりに焦点を合せて、初期の聖の実態について考察しようとするのが小稿の目的である。

一

行円に関する初見史料として井上光貞氏は『小右記』長保元年（九九九）十一月七日の記事をあげられている。(1) 中宮定子の男子出産に続けて「世云横川皮仙」と小野宮実資は書いている。横川皮仙とあるように、行円が横川で修行したことを示す貴重な史料ということになるが、ただこの記事は非常に短文であるため、直ちに皮仙＝行円とすることに若干の疑念がある。このことは後に詳しく考えることとして、行円の行業を年次順に追ってみよう。

長保元年より五年ののち、寛弘元年（一〇〇四）十二月十一日の『日本紀略』は、皮聖行円が京師の片隅、一条北辺に堂供養を行なっていることを記し、『百錬抄』もこの堂が「行願寺」と呼ばれる寺であるとしている。藤原行成がこの時寺額の揮毫を依頼され、これを書き送っている（『権記』）。行円が京都市民の関心を集め、布教の中心となったのがこの寺である。翌年五月再びこの堂の供養、次いで七月に法華八講を開催、貴賤を問わず多くの人々が結縁を受けている（『日本紀略』）。

『元亨釈書』はこのころの行円について「寛弘二年、遊㆓帝城㆒、頭戴㆓宝冠㆒、身披㆓革服㆒、都下呼為㆓革上人㆒、円持㆓千手大悲陀羅尼」と述べている。ここに「寛弘二年遊二帝城一」とあるように『釈書』は行円が初めてこの年に京都布教をしていることをいっているが、長保元年の初見史料にまつまでもなく、その前年（寛弘元年）から造寺のことがみえるので、右の記述は正しくない。しかしここで、頭に宝冠を戴き、皮服を身にまとい、千手陀羅尼を手に持って布教する、行円のかなり特異な風姿を浮彫にしている。『日本紀略』寛弘二年五月三日の条にも「件聖人不レ論二寒熱一、著二鹿皮一、号二之皮聖人一」とみえる。『釈書』は行円の風姿に続けて奇瑞により、賀茂社神域の霊木を得て千手観音像をきざんだことを記しているが、「寛弘二年遊二帝城一」も、この年に初めて京都に遊行したというのではなく、あとの造像のことに続くのかもしれない。すなわち「寛弘二年（中略）像長八尺、営二行願寺一安レ之」の意にとれないこともない。

寛弘五年（一〇〇八）には、八月十四日から十月三日に至る四十八日間、阿弥陀四十八願に擬して四十八講を修し、この講を終えると、ただちにその翌日から五日間、釈迦講を行なっている（『日本紀略』）。またこうした臨時の特別な講のほかに、普賢講のような定期的に行われた講も知られている。「十月例普賢講」とか「今月例普賢講」という語がみえ、寛弘七年（一〇一〇）二月及び十月には同講の炊料として、各々米三石を国から支給されている。(2)

右の炊料の支給からもうかがえるように、行円の布教が上流貴族たちの心を捕えだすのもこのころのようである。寛弘七年三月二十一日、行願寺において法華経一千部および三千余の仏像図絵の供養を行なっているが（『日本紀略』）、藤原道長や行成も各々の日記にそのことを記している。行成は先の寺額を書き送っていることについで二度目の記述であり、『御堂関白記』はこの時がはじめてである。道長の場合は布施料として米三十石を送っているが、国の普賢講炊料三石と対比してその量には興味がある。もっとも『御堂関白記』のこの記事は行円に関する初見であるとともに、最後のものでもある。

長和四年（一〇一五）には、先の行願寺創建に続いて今度は東山の地に新しく小堂を設け、金色釈迦如来を安置している。実資は、養子資平や前大和守藤原景斉と連れだってこの地を訪れているが、行円のかたわらで修行する盲目の聖延亮の観仏三昧経を暗誦する姿を見て随喜している。この延亮は讃岐国の出身で、三十三歳の時失明、以来大乗経典の暗誦に勤め、その修行によって世人から「盲仙」と呼ばれている。(3)

東山新建堂の翌年の四月、この東山の一画粟田山の難所に行円の姿を見出す。この山は会坂の関を通って関東に到る重要路、いわゆる東国街道の難場で、その悪路は往還の人の難儀の種となっていた。行円は実資に通行の支障となっている大石を砕くために鉄槌・たがね等の寄進合力を乞い、実資は二度にわたってこれに応じている。行円の行為を、大津からこの道を越えて来た者は次のように実資に語っている。「彼聖従二昨日一令レ拾二小石一、亦破二大石一、往還人響応拾レ之、又大石少々破得、往反車馬破石之処既無二停滞一云々」(4)。行円の行動に通行の人々まで協力しているようすがよく知られる。

またこのころ、いかなる内容のものか不明であるが、「智識文」を起草し、貴賤上下の喜捨を乞い修善行事を企てたらしい。この智識文が大斎院選子内親王付の女房民部のもとにまわって来て、民部がこれを大斎院の御前に披露している。『大斎院御集』(5)に、「かはのひしりの千しきのふみ、みゝふのものまいらせたるに、わかき人〳〵、ものくるをしう、こくらくにまつへきよしを、かきつけたるをみて」という詞書で「ひしり人康上人」と「大斎院」との贈答歌を載せている。人康上人とは仁康のことであろう。彼もまた金色丈六釈迦仏を造り、華厳経を書写し、供養を行なっているが、その願文中に「願我与二善知識一、共奉レ造二釈迦尊之形像一、演二暢所説之経典一、令三衆生得二見仏聞法之便一、（中略）願共二諸衆生一、往三生安楽国一、南無釈迦牟尼仏」(6)といっているように、こうした企を行なってきているので、大斎院付の女房たちの戯れ書に立腹したものか、「たはふれにあそひかしる（本ノママ）こくらくを　いさまめやかにまいりあひなん」といさめているが、大斎院はこれに「ひしりにし契むすへはたはふれも　ほとけのたねとたのむなりけり」と軽く受けている。萩谷朴・橋本不美男両氏によれば、この歌は長和五年十一月か十二月のころと考証されている。(7)

先の喜捨でもわかるように、実資はこのころ行円の熱心な信者であり、後援者となっている。寛仁元年（一〇一七）九月十八日行願寺に新造の金色弥勒菩薩像を小童を連れてひそかに参拝しているし、(8)翌二年三月十六日から同寺で六万九千三百余個という多数の提燈に法華経の文字を配した壮麗な万燈会がくり展げられたが（『日本紀略』）、二十四日には実資の命をうけてか、宰相藤原資平がこれを拝してその盛況を実資に報告している（『小右記』）。同じ閏四月にも四部講が催され、実資は一族の資高・資頼・資基らを連れて参会しているが、その折、彼らは車に乗ったままで境内にはいり、堂前まで行っている。さらに翌月の四部講にも同じメンバーで参詣し、この時は車に乗ったままで講師の説経を聞いている。(9)実資自身、「乍レ乗レ車到二堂前一、雖レ恐二罪報一、彼寺例也」(10)といいながら恐る恐る参詣しているように、この寺は通例の寺院のしきたりを破って乗り物の境内乗り入れ自由の規則を作っているようである。だから寛仁三年（一〇一九）十一月二十九日、愛娘と連れだって百ヵ日の講演を聴きに寺を訪れたところ「為二結縁一車多立固、不レ能レ得レ所」（『小右記』）といった有様で、二人はやむなく遙拝して帰らなければならない始末であった。その盛況ぶりがしのばれるところである。

これより先、行円は八万四千部の法華経の書写及び八万四千の小塔造立の願を発したらしく、(11)実資はこの主旨に共鳴して、自分と愛娘の二人分として二部の法華経を書写し送っている。(12)このように実資の行円に対する傾倒ぶりはかなりなものであったが、両者の親密な関係はさらに次の事件を通じていっそう明らかとなる。

寛仁二年十月二日、実資は子飼いの家僕季武という者が何か重大な犯罪を犯したらしく、「縁所レ犯不レ軽」として検非違使の庁につき出してしまった。このことを聞いたか行円は実資をたずね、懇切にその赦免を願っている（『小右記』）。実資自身も「件季武成二長自家一者也、又父母共数年僕従」といっているくらいで、その所為が「極非常」であったためしかたなく検非違使の庁に送ったもので、獄中でこの季武は赤痢を煩ったらしく、実資もその身を案じている。したがって行円の熱心な説得もあって赦免の運動を起している。それにしても、実資宅の内部にまで立ち入っている行円の位置がよく判る。

さて、寛仁三年（一〇一九）三月、時の権勢の人道長は、病勢もつのり、また年来の宿願でもあった出家をついに果すのであるが、彼に対して常に批判的であった実資もさすが気になるらしく、そのようすを受戒に列席した僧都慶命に尋ねている。「余問二御名一、答云、甚無レ便御名也、行願者、是彼聖建立寺名者」とあって[13]、便無きといわれながら僧侶の間に行円が意識されていることが知られる。

また同じ年、先の堂塔造立の発願に関連してか、等身多宝塔や釈迦尊像などを造立している記事が『小右記』にみえる[14]。このうち、多宝塔は上層に八つの戸を、下層に四戸、という通常の上下各々十二戸とは異なった変形塔を作り、仁海や慶祚らの僧はこの理論的根拠の説明を求められて四苦八苦している[15]。この年の暮、実資は「小塔」の造立を行円に依頼、これを自らの念誦堂に納めようと、方位などについて安倍吉平と相談などをしている[16]。

この寛仁三年を最後として行円の消息は絶える。

二

ここで先に保留した行円の初見史料を検討してみよう。問題を明確にするため、この前後の『小右記』の記事を少々引用する。

七日丙戌、卯刻中宮産㆓男子㆒前但馬守生昌三条宅、世云㆓横川皮仙㆒、左府使輔公朝臣被㆑示送㆒云、今日女御宣〔旨〕下、氏上達部相共可㆑答㆓慶賀㆒可㆑参入㆒者、午剋許参内（下略。傍点筆者、以下同じ）

この長保元年十一月七日という日は、平生昌宅に遷っていた中宮定子がひっそりと皇子敦康を産むのに対し、道長宅では愛娘彰子に女御宣旨が下り、その喜びにわき立っているという対照的な日なのである。道長はこれより先の八月九日、中宮定子が職曹司から平生昌宅に移ろうとする際、わざわざ宇治の別荘に一族を引き連れて遊びに行き、定子行啓の妨げをしている。(17)

そして七日の日の出来事を実資は前述のようにその日記に記しているのである。この条の「世云㆓横川皮仙㆒」の句がなぜ問題になるかといえば、前段「中宮産㆓男子㆒前但馬守生昌三条宅」とも、後段「左府使輔公朝臣被㆑示送㆒云、（下略）」ともうまく文意で結びつかないところにある。「世間では横川の皮仙と云っている」とあるこの六語は、前段か後段に「行円」に関する記述があってこそ意味を持ってくるのである。ところが、その前後段ともに、全く行円と結びつく形跡がないのである。

「中宮産㆓男子㆒前但馬守生昌三条宅、世云㆓横川皮仙㆒」とかぎってみると、生れたばかりの男の子が「横川皮仙」とただちに呼ばれたことになって、この横川皮仙にさらに説明がなければ何のことやら全くわからない。生れたばかりの児にこのような呼び名がすぐつくのも変であり、一条天皇の皇子で、式部卿、大宰帥などの位につき、一宮ともいわれる敦康親王にそうした称呼は知られていない(18)。

ここで「世云二横川皮仙一」を註の連続とみる考え方も成り立つと思う(19)。すなわち「中宮産二男子一前但馬守生昌三条宅、世云横川皮仙」となる場合である。こうなると前但馬守平生昌と横川皮仙との関連が次に問題となろう。生昌は高棟王の血を引く平氏、珍材の子で、兄に大宰権帥惟忠がいる。『尊卑分脈』によれば、蔵人、播磨守などにもなっているようであるが、この時は中宮大進。中関白家の主柱藤原伊周が失脚の後は、世人挙げて道長の側に追従するなかにあって、この生昌だけが、「この但馬守ぞ、万たのもしうつかうまつる」と『栄花物語』(うらくのわかれ)に書かれているように、中宮定子の周囲にあって何くれとなくかばっている。その三条宅に中宮定子を迎えているが、門が狭いため一行の車がはいらず、清少納言に揶揄されたりしている(20)。こうした生昌であるから、叡山の「横川」にも関係ないし、まして皮仙と呼ばれる理由もない。

後段との結びつきは「世云二横川皮仙一、左府使輔公朝臣被二示送一云、(下略)」となって、この場合は藤原輔公との関連しか考えられない。道長の家の随身所別当になっているなど道長と関係が深く、また参河守、右衛門佐などを歴任している(21)。家は一品宮脩子内親王邸に近く、長和四年(一〇一五)六月七日には火災に遇って焼失している(『御堂関白記』)。こうしたどちらかといえば権門の庇護のもとに安楽な官吏の生活を送ったらしい輔公にとって「横川」は無縁であり、「皮仙」という呼び名も、先の生昌よりもはるかに遠い。

さて、たいへんくどくなったが、要は「横川皮仙」の話が、前段とも後段とも関連しないということである。このことがなぜ起ったかは全く不明である。したがってこの六語を解く鍵は、前にも後にもなく、それ自身のうちに求めなければならない。

「世云二横川皮仙一」の横川は、東塔・西塔とならんで叡山三塔といわれる横川のことであろう。ここは嘉祥元年（八四八）慈覚大師円仁の開創するところで、その中心は横川中堂ともいわれる首楞厳院、右大臣藤原師輔の後援を受けて良源がこの経営の発展をなしとげる。良源の弟子源信が永観三年（九八五）『往生要集』をあらわし、浄土欣求者の関心を集めたのもこの地である。山上の北方を占め、横川中堂を中心に兜率・香芳・戒心・解脱・般若・飯室の六谷を包含するのが横川である。残念なことに、この横川で行円が修行したことを証拠だてる史料が、前節のなかに見出されていない。加えて『小右記』だけについてみると、「横川皮仙」の記事は長保元年（九九九）、この条を除いて行円の最初の記事は、何と十六年のちの長和四年（一〇一五）のことである。こう考えてくると「横川皮仙」と行円をつなぐ試みには悲観的材料が多い。

しかしそうはいっても、このことが決定的ではない。行円が横川で修行した形跡はたしかに見出されてはいないが、横川はおろか、他のいかなる場所で修行したのかさえわかっていないのである。『日本紀略』寛弘七年（一〇一〇）三月二十一日条に「元鎮西人也、生年六十余」とある。ここから逆算すると生年はだいたい天暦初年（元年は九四七）ころとなる。生国が鎮西すなわち九州であることは『釈書』にも見えるが、このこと以外、生いたち、修行の一切が不明である。すでに前節で見たとおり、彼が実年代のうえに登場するのは行願寺創建の寛弘元年のことで、この時行円は先の算定によれば、五十から六十歳のほぼ中ころということになる。(22) そして問題の長保五年はこれよりわずか五年前、行円五十歳ころのこととなる。年齢のうえからいえば「皮仙」を行円にあてても不都合ではない。

ここで実資が行円をどのように呼んでいたかを、その日記のなかから拾ってみよう。「皮仙」（長和四・九・十、寛仁二・十・二）、「行円聖・皮聖」（長和五・四・十）、「行円仙」（寛仁二・閏四・九）とあって、長保五年条とは別に二ヵ所に「皮仙」の呼称を使用している。「聖」「仙」と二様の書き方が知られるが、ほかにも盲目の修行者を「盲仙」と呼んでいる例があり、堀一郎氏の指摘されるように(23)「仙」「聖」は同義であることがわかるし、この二ヵ所の「皮仙」を行円と別人とする理由は全くない。この面から考えても、十六年の空白は少々気になるが、前者長保五年条の「皮仙」を行円としてよさそうに思える。残るのはただ一つ、行円が横川にいたことを、直接にしろ、間接にしろ積極的に証拠づける史料の存在である。

ここで、この時点とは別であるが、『栄花物語』と『大鏡』とを対照させると興味ある事実が示されることを指摘したい。すなわち長和元年（一〇一二）正月十六日、道長の愛子顕信の出家した事件があった。『栄花物語』（ひかげのかづら）はこのことを次のように記している。

かかるほどに、殿のたか松殿《（明子）》の二郎君《顕信》、むまのかみにておはしつる、十七八ばかりにやとぞ、いかにおぼしけるにか、よなかばかりに、よかはのひじりのもとにおはして、われ法師になし給へ、としごろのほいなりとの給ければ、（中略）ことはりなりとうちなきて、なしたてまつりにけり、ひじりのころもとりきさせ給て、なをし、さしぬき、さるべき御ぞなど、みなひじりにぬぎたまはせて、わたの御ぞひとつばかりたてまつりて、やまに無動寺といふところに、よのうちにおはしにけり、よかはのひじり、あやしき法師ひとりをぞそへたてまつりける、それを御ともにて、のぼり給ぬ、（補1）（下略）

顕信は「よかはのひじり」（横川聖）の許で出家し、聖は法師一人をつけて叡山の無動寺に送りとどけている。右の文でも明らかなように横川聖は市中に居ることがわかるが、ここのところを『大鏡』（太政大臣道長）は次のように描写している。

皮堂にて、御くしおろさせ給て、やがて其夜山へのほらせ給けるに、鴨川わたりし程いみしうつめたく覚しとなん（下略）

ここでは「皮堂」で出家して叡山に登ったように記している。顕信の出家について『栄花』は戒師を、『大鏡』は場所を記し、その間に矛盾するところはない。両史料を合せると、顕信は、「皮堂」に居る「横川聖」の許で出家して、山の「無動寺」に入ったことになる。

長和元年ころ皮堂、すなわち行願寺に居住する僧はいうまでもなく行円であろうから、行円が「横川聖」と呼ばれていたことを両史料は暗々裡に語っているのである。このことはとりもなおさず行円が横川で修行したことを、そして「横川皮仙」と呼ばれ得ることを示していることにほかならない。

以上のことを綜合して、『小右記』長保元年十一月七日条は、やはり行円の史料として採用してよいと思う。

なお、前節で行円が千手観音像を作る際、その原材を奇瑞によって賀茂社社域の霊木に得たことにふれた。『門葉記』には長元四年（一〇三一）の年紀のある前権少僧都覚超の『如法堂霊異記』を載せているが、そのなかで浄蔵が横川如法堂で修行中、大雪に難渋し、やむなく礼堂で小便をしたとき、賀茂明神が現われてこれを戒めた説話がみえる。事の真偽は別として、横川如法堂と賀茂明神とを結びつける思想の意外に古いことが知られる。行円と賀茂社の結びつきも、あるいは行円の横川如法堂修行という事実から派生した説話かもしれない。

三

長保元年の皮仙と長和四年以後に連続して登場する行円の間に、『小右記』は十六年の空白が存することはすでに述べた。この空白が、長保元年の皮仙を行円とは別人と考えさせる一つの根拠となっていたのであるが、前者も行円とした場合はどのような意味を持ってくるのであろうか。

ここで両記事の間に実資の行円に対する本質的な差異があることに注意したい。「世云二横川皮仙一」この六語がなぜ前後とつながらないのか、それは依然不明であるが、少くともこの句だけから判断すれば「世云」とあるように行円の存在を誰かから知らされて、そのことを記しただけである。これに反して十六年の後の行円に対する実資は、はっきり帰依者の立場に立っている。すなわち、行円の噂が実資の耳に達した時点が長保元年で、やがてその行動を見、関心を持ちだし、帰依者となっていくのに要した時間的な経過が、次の空白の期間であったといえるのである。現存『小右記』をもって、その空白十六年といっても、この間の記文の散逸は充分考えられるので[24]、もう少し実資が行円に傾倒した時期は早かったかもしれない。長短いずれであっても、この空白期間が、実資という有力な信者を獲得せしめた行円の活動期間というわけである。

横川の修行を終え、京都市民に布教し、ようやくその存在を世人が噂し、遂に上流貴人の耳にまで達するようになった。しかしそれはあくまで世上の噂話の域を出ず、したがって実資のような貴人が関心を示すまでには至っていない。この間の行円の意識のされ方が如実に示されているのが長保元年の「世云二横川皮仙一」とある実資の日記といえよう。この時から幾年かの後実資の信を得るのであるが、行円の布教の伸長ぶりを見るうえに欠かすことのできないのは行願寺の存在であろう。

寛弘元年十二月十一日行円の手によって行願寺が落慶された。このことは右大弁行成が依頼されて寺額を書いていることで確認できる。ところが『百錬抄』『日本紀略』には、各々「供二養一条北辺堂一、行願寺是也」「一条北辺堂供養、皮聖建立之寺」ともってまわったいい方をしているし、『日本事始』『塵添壒嚢抄』などは寛弘二年に行願寺が創建されたように説く。『元亨釈書』の書き方も「寛弘二年遊二帝城一（中略）像長八尺営二行願寺一安レ之」と微妙である。『日本紀略』はこの年の五月三日にもまだ「一条堂」という呼び方でこの寺をさし、七月にはじめて行願寺の名が現われる。

寺名が定まっているのにこれによらず、「一条北辺堂」とか、「一条堂」と呼ばれるということは、創建当時この寺の規模がそう大きなものでなく、また内部の荘厳などについて未完な部分が多く、寺としてふさわしい体裁を整えていなかったことを示しているのではなかろうか。だから、十二月に堂の落慶、翌年五月に再度の供養、次いで七月にまた法会と連続して行われた供養は、その堂が寺としてふさわしい内容をしだいに整えてゆく過程を伝えている。

『伊呂波字類抄』は行願寺に安置されている諸像について金色千手観音立像・金色釈迦如来座像・金色弥陀如来坐像・金色聖観音立像を挙げている。これらの諸像が一時期に、すなわち草創期に「一条堂」に納められたとは考えがたい。たとえば、千手観音像は寛弘二年に作られこの寺に納められた。ここから『釈書』の紛らわしい表現や、『日本事始』以下の書が、行願寺の創立をここまで下げる誤りを犯すことになったのではなかろうか。『字類抄』にはみえないが、寛仁元年に弥勒像を新造し、実資がこれを拝していることは第一節でふれたし、阿弥陀如来像は、寛弘五年の阿弥陀四十八願講と、釈迦像はこれに続く釈迦講などに結びつくのではなかろうか。こうして、折にふれ、修善行事につけて、寺を整備していったのであろう。

行円の足跡が、行願寺の創建を期として現われ、それ以前は例の長保元年の一条しかないのは全く不思議である。『釈書』にみえる特異な風姿と遊行とが、彼のそれまでの布教形態をわずかに窺わせるだけである。加えて長保四年条も実資の第三者的な態度、こう考えてくると、行円の行願寺造立は貴族たちの後援によったものでなかったことが知られる。荘麗な大塔伽藍でなく、京師一条の北辺にやっと小堂を作るのが精一杯の状態ではなかったろうか。この寺の整備になおしばらくの日時を要するのは当然のことといえよう。この点、空也が「西光寺」を創建した前後の状況ときわめて類似している。

「西光寺」には天暦五年（九五一）、応和三年（九六三）、応和年中とその創建に諸説が伝えられ、寺名も「西光寺」であったか、「六波羅蜜寺」であったかも明らかでなかった。これはすでに別の機会にふれたが、(25)要は空也が企てた賀茂河岸の布教活動――天暦四年大般若経書写供養発願、翌年十一面観音造像と安置、応和三年経供養など――の集積のうえに「西光寺」の成立と整備がなされたことによるのである。彼もまた大寺院や貴族たちの財力に頼らずにその寺を作り上げたのである。

仏像を負い、法螺を吹き、金鼓をさげ、錫杖をつく空也、(26)頭に宝冠、身に皮衣、千手陀羅尼を所持する行円、特定の貴族の豊かな財力に期待せず、伝統的な教団の支配からも脱した一ひじりが、その宗教的主張を実現しようとするとき、こうした遊行形態の布教がとられたのである。そしてその布教の拠点として草庵や小堂が作られて行く。「西光寺」や「行願寺」がこうした形で草創されていったことは充分考えられよう。創建時から連続する諸法会、行願寺の寺名をめぐっての先の事情、創建時期の異説など、この寺の整備の過程から発したものであろう。空也が「西光寺」を作り上げるのに要した年月は内輪にみても十四年、「行願寺」は、実資が行円の存在を記してからでも五年、しかしさらにその前幾年かの年月をこの寺の創建のために費やしたことか。ただしこれを確かめるすべはない。

四

長保元年の傍観者の立場から十六年後には行円の信者となっている実資の心の傾きを、現存『小右記』の記事からは捜し出すことができない。しかし、この間の——もちろん行願寺建立以後のことではあるが——行円の行動を知ることができるし、信者実資と行円との交渉のうちにでも、かつて傍観者であった実資が惹きつけられていったであろう何かを、拾い出すことは必ずしも不可能なことではない。それは実資が何を期待し行願寺に行ったか、これを確かめることである。

あえて第一節と重複を避けず、実資と行円の関係記事を『小右記』から摘出すると次のようになる。

寛仁元年九月十八日　新造金色弥勒像を拝し講説を聴く。小童同車。

寛仁二年三月廿四日　宰相資平より万燈会の模様を聞く。

寛仁二年閏四月九日　四部講聴聞（資平・資高・資頼・資基らをともとす）、行円の八万四千部法華経書写、及び造塔の企を聞き、一部書写を約す。

寛仁二年五月廿二日　小女の分と二部の法華経を書写し送る。四部講開かる。

寛仁二年五月廿六日　講師の説経を聞く（資平・資頼・資高らをともとす）。
寛仁三年九月十二、十三日　行円の作った等身多宝塔の体裁につき疑問を持ち、仁海・慶祚らに質す。
寛仁三年十一月廿九日　百箇日講演を聴聞す（共小女）。車多くて遙拝して帰る。
寛仁三年十二月四日　小塔の造立を行円に依頼、吉平と念誦堂に奉迎計画を練る。

ここにみられるのはきわめて多様な宗教行事であるが、整理すれば講経聴聞と修善修仏行事への参加である。ところが、これらのことは、特に行円と実資だけの関係とはいえない。「講」についていえば、実資の聴聞した四部講や百日講のほかに、法華八講・四十八願講・釈迦講・普賢講などを催していることは第一節に見えるとおりである。また本尊千手観音を自らきざんで以来、行願寺に納められた諸像、そして東山の小堂に安置した釈迦像、さらには千部法華経・千躰仏像図絵供養などが、実資が拝した弥勒や、疑念を起した多宝塔、及び八万四千部法華経書写・造塔発願の企の以前にある。したがって実資が行円に対したのは、行円の特別な面とではない。行円の布教の一般的な形態が実資の場合にも示されているのに過ぎない。

また宰相資平から万燈会の模様を聞いているが、この会は行願寺で行われたばかりではない。寛弘元年（一〇〇四）三月、同三年七月の両度、法興院で行なった道長のそれは、殿上人を多く集めて華麗であったらしく、春宮大夫藤原道綱、右大将実資、民部卿藤原懐忠、左衛門督藤原公任、右衛門督藤原斉信以下の名がみえ、『権記』の記者行成も加わっている。[27]このほか長保三年（一〇〇一）十月東三条院が石山寺でこの会を拝しているし、[28]空也も応和三年（九六三）賀茂河岸で大般若書写供養を行なった夜、これまた催している。[29]定期的に開かれた「普賢講」にしても、『源氏物語』には「普賢講、阿弥陀、釈迦の念仏の三昧をばさるものにて」（松風）とあるし、『栄花』にも「今日は十四日なれば、三昧堂には普賢講行はせ給ふを」（音楽）などとある。さらに法華経書写供養・法華八講などと続けてみると、行円の企てが当代一般の嗜好にかなっていることが知られる。実資個人の帰依内容から始まったこの検討が、実は行円が実資独りに特別とった方法により帰依したのではなく、実資以前からの一般的な布教方法であり、かつ当代貴族の信仰形態とよく合致していることを気付かせる。ここに道長や実資や行成らを惹きつけ得た行円の秘密がある。講・修善修仏行事はその多様さで目をおおうばかりであるが、その中心となっているのはやはり法華の教理であり、この点先の横川修行説が必ずしも不当でない一つの証左にもなろう。

しかし、これだけでは行円が従来の僧と変ることはない。行円には出自の高さも、年臈を誇ることもない。それだけに鎮西から出て来て叡山の横川にはいった名もなき一僧が、やがて山を離れて一寺院を経営し、貴族たちの信を得たことを説明する理由にはなるまい。行円に従来の僧と違った新しい何かがなければ。

ここで行願寺の境内が車馬乗り入れ自由であったことを想起しよう。この規則は行円の布教の新しさを如実に物語っている。先に寛弘九年（一〇一二）一月十六日道長の息右馬頭顕信が出家したことにふれたが、五月二十三日叡山で受戒の式が行われ、道長はこの式に参会するため山に登っている。これが騎馬であったため檀那院辺で法師らに投石されるという事件を起している。石は侍臣に当り道長の身辺にも飛ぶ有様で「騎馬て前々専不二登山一、縦大臣公卿なりとも執レ髪て引落せ」(30)とまでいわれている。このような顕著な例を引くまでもなく、宗教的権威とその伝統は、叡山ほど強烈なものではないにしても市中の寺院も、その例にもれないはずである。ゆるされながらも「雖レ恐二罪報一、彼寺例也」と記していることが何よりも実資の心の動きを物語っている。それだけ行願寺のこの寺例が、型破りのことであったことを示している。この企は成功し、多くの車を集め、実資でさえその混雑に恐れをなし、早々に辞去しているほどであった。

ただこう見てくると、行円の布教は貴族たちを対象としていたとしか考えられない。目も眩む万燈会、貴人たちの参列する法華八講、たしかに斬新な車馬乗り入れ自由という寺例も、車を自由に駆使できる、いわば支配階級の人々に対しての特典ではないだろうか。ここには行願寺建立をめぐって考えた行円の「ひじり」的面影はない。

五

実資が訪れた際、車の混雑でやむなく遙拝して帰ったほどではあるが、行円の催した法会がすべて上流貴人たちで独占されたわけではない。「貴賤多以結縁」[31]とか「上下成㆑市」[32]といわれる言葉が何よりもこのことを示している。また説話にも、一条の青侍秋盛なるものが皮堂の普賢講の笛の功徳で寿命が延びたとか[33]、蔵人の五位某が革堂参詣の道すがら妖しい女房に逢ったりする話などが伝わっている[34]。こうした青侍や蔵人クラスと行円との結びつきはどうだろう。

ここで小野宮家の家僕季武と、行円の関係について考えてみよう。すでに第一節でふれたある犯罪事件に関与した季武の捕縛事件に対する行円と実資の態度を、『小右記』から見てみよう。

皮仙来、懇切触㆘可㆑免㆓季武㆒之由㆖、余答云、縁㆑所㆑犯不㆑軽、搦㆑身出㆓検非違使庁㆒了、至㆑今難㆓進止㆒、使庁曲㆑理優免者只以耳（マヽ）、不㆑可㆑陳㆓非㆑理由㆒、件季武成ヨ長自家㆒者也、又父母共数年僕従、然而季〔武〕所㆑為極非常、仍出㆓使庁㆒、而重煩㆓赤痢㆒□閣太可㆑憐、皮仙云、所㆑〔陳〕可然□何者、余□有

何事［　　　　］(35)（下略）

末尾の箇所が虫損で失われているのはいかにも残念だが、それでも行円が熱心に実資に季武の赦免方について懇願していることがわかる。実資は行円の支持者であり、信者であった。その点で、行円は実資宅の内部問題にまで関与し得る立場にあった。しかし、右の文で知られるように、親子二代の家僕で実資の手許で成長した季武であるから、実資のほうこそ熱心であるべきはずである。ところが、その実資がかえって行円の熱意に押され気味である。こうしたことがなぜ起るのだろう。この疑問を解くために、家僕季武が行円の信者であったと想定するのは牽強付会であろうか。この条件を前提としてこそ、行円が熱心に実資に働きかけた行動の説明がつく。この推測を助ける一つの手掛りは冒頭に問題となった『小右記』初見の記事である。あの句の初めに実資は「世云」と書いているが、たとえ世間で喧伝されたとしても、実資の耳に誰かが伝えなければならない。聞いたからこそ「世云」と記しているのであろう。誰が噂を伝えたのか、その主を実資は書いていない。もし外から来た人ならその名を書こう。とすれば実資の身辺の誰かが噂の主ではないだろうか。ここで考えられるのが家僕季武の存在である。行円の布教に共感を持った季武が、その行動を主君に伝えたのではなかろうか。だから、この季武が実資にとってその親の代からの家僕であったように、行円にとっても古くからの信者であったわけである。

横川から出て『釈書』が語るような行円の布教がまず捉えたのは、実資のような上流貴族たちではなく、京都の一般市民やこうした家司階級であったのは、当然考えられるところである。青侍や五位某が行願寺に参詣するという説話の背景は、こうした季武のような家僕クラスと行円との結びつきから生れたものか。

また寺額を書き、法華経や仏像図絵供養に参会したらしい右大弁行成、行円の下で剃髪した道長の子、右馬頭顕信などは、低い官位ではあるが支配階級の雰囲気を身につけているもので、どちらかといえば、行円支持層として季武らより一段上の階層とみてよかろう。もう少し行円の布教についてみてみよう。

長和五年四月、実資に「たがね」を乞い、粟田山の嶮路を切り開いているが、この道は交通の要衝でありながら非常な難路であったらしい。『日本紀略』天暦三年（九四九）五月二十二日条に「近曾粟田山路俄以頽破、已為二損害一、車馬往還、甚多レ煩、差二官使一可二実検一之由、給二宣旨於山城国一」とある。これ以後いくたびかこの路は荒廃し、その補修が求められたろう。しかし役所仕事がどれだけ往還の人々の不満を解消したことか。行円が自ら独力で難路を開いている姿をみれば答は明らかである。しかも、宰相資平の言葉にみる権勢者の姿と対比するとき、行円のこの行為がいかに世人の胸を打ったかは想像に難くない。

入レ夜宰相重来云、参二大殿一、被レ坐二上東門第一、被レ行二寝殿御装束幷立石・引水等事一、摂政已下被二参入一（中略）家子達令レ曳二大石一、夫或五百人、或三四百人、法間（マヽ）京中往還人不レ静、追執令レ曳、不レ示（マヽ）レ堪、男女乱ヨ入下人宅一、放ヨ取戸幷支木・屋圧木・敷板等一、以二敷板・戸等一敷二石下一、為二転料一、日来東西南北曳レ石之愁、京内取煩、愁苦無レ極、又止二養田之水一、強壅ヨ入家中一、(36)

権力者の庭園を飾るための曳石が、大勢の家子たちの労力を費やして、しかも「日来東西南北曳レ石之愁、京内取煩、愁苦無レ極」といわれる。あまりの苦しさに下人宅に乱入、家をこわし、板切などで運搬の苦をいくらかでも免れようとしている。一方前述のように人々の交通路は荒廃のままに放置されている。行円の行為が人々に共感されるゆえんがここにある。ここにみられるのはだから権力者への奉仕ではない。

『小右記』寛仁二年五月二十二日条に行願寺で催された四部講を記しているが、「四部講始レ自二昨日一、二十一・二日法師、二十三・四日尼、二十五・六日俗、二十七・八日女」とある。この四部講は、四部大乗の講経か、ここにみえるように聴衆の対象を四部に分ったのか、その他か不明である。講の内容は別として、聴衆を、法師・尼・俗・女と区分して各々に日を分けているのは注意を要する。なかでも二十七・八日女とある。女人は本来罪深い者で、しばしば出家の障りになると除けられて来た。老若男女を問わず一堂に会して説かれる法会は、この時代多くみられる。ただしこの例のように女人だけに特別に日を設けて説法した例は、筆者の乏しい知識では知らない。もしあったとしても非常に稀なことではなかったろうか。

行円の布教対象は、ひとり支配階級ばかりでなく、家僕クラスをも含み、また女人をも積極的に取り上げているように広さと深さを持っていることがしられるのではないだろうか。

六

「件聖人不レ論二寒熱一、著二鹿皮一、号二之皮聖人一」(37)といわれた行円、その鹿皮は猟師の着衣となっているように耐寒性とともに、山野を駆けめぐるに便利な行動性に特徴がある。諸所に遊行布教し、社会事業を企てたりする行円にとって、まさにうってつけの衣服といえよう。のちには『梁塵秘抄』(38)に載せられているように、鹿皮が聖の一般的な着衣となったかもしれないが、仏徒として獣皮を着したのは行円の前に例をみないようである。あるいはあったとしても行円のように巷間に誇示したものはいない。仏徒が獣皮を着用しなかった理由について臆測すれば、たとえ直接手をくださないにしてもこれを着することが殺生戒に抵触することを恐れたり、穢れに通ずるという意識、加えてその防寒性が弊衣を旨とする彼らの意図に反することなどが考えられよう。こういった理由ではばかられる着衣をなぜ彼があえて身につけたのだろう。

防寒衣として着したのでないことは、「不レ論ニ寒熱一」といわれることで明らかである。思うに行円が皮衣をつけたのは、彼が一般の僧侶とは異なった新しい型の僧であることを、被布教者に示す意図からではなかったろうか。旧来の僧侶たちがよくなし得なかった境内車馬乗り入れ自由の寺例、従来の通念を破る変形多宝塔造立、そして女人説法や粟田山の石拾いなどの意識に、この鹿皮着用が通じていることは疑いもない。一般僧にとってははばかられる獣皮も、行円にとってはもののかずでなく、むしろそうした通念を打破するところにその意図があり、獣皮の持つ保温性を、夏には逆用して苦行の手だてとしているのである。

長保元年の初見史料に「横川皮仙」とあるように、横川修行時代から鹿皮を着していたことがわかるが、それより以前鎮西よりどのような経路をたどって横川に来たか、そして皮衣をいつからつけたのかについては不明である。以下は鎮西から横川への行円の足跡に関する一つの仮説である。

鎮西といえば、行円が生れたころ、書写山の聖性空がまだ修行中で、日向国霧島山や筑前国背振山で法華経の読誦を懸命に行なっている。性空の生年については疑問を持つ説もあるが[39]、三十六歳の時出家、五十七歳で播磨国書写山に草庵を営み、その布教は洛中の貴賤を集めた。国司藤原季孝の円教寺建立、花山法皇をはじめとして、道長・公任らの帰依者や源信・保胤らの名も性空の周囲に見出される。多武峯の増賀同様、役行者に源流する山林仏教を背景とする持経者で、聖の系統に属するといわれている[40]。いちおう寛弘四年（一〇〇七）に九十八歳で入寂しているとあるので[補2]、これにしたがえば、行円はこの時六十に近い年齢と考えられるから四十歳位の開きが両者にある。行円が鎮西のどこに生れたか知る由もないが、彼の郷里で修行したことのあるこの先輩の存在を無視するには、あまりにも大きな姿である。そして性空の師が良源であったとするとき、(41)行円の修行の道程が暗示されてくる。この良源にはその像が片目片足の怪異な姿で描かれるような、山の神信仰と結びつき、天台修験道の創始者として崇敬される性格を持っている。(42)

ここで仏徒ではないが、山林に居住した神仙系の行者が獣皮を着した形跡があるのは、注意を要する。『万葉集』第九(43)に、「忍壁の皇子に献れる歌一首仙人の形を詠める」という詞書で「とこしへに夏冬行けや裘　扇はなたぬ山に住む人」という歌を載せている。忍壁皇子は天武天皇の第九皇子、仙人形とは仙人を書いた絵、裘は「かはころも」すなわち皮衣である。武田祐吉氏は「忍壁の皇子が、仙人の像または画などを所有せられてゐて、それに就いて詠んだものであらう。神仙思想が盛に入って来た時代で、その図像なども愛玩されたものと見える。(中略)人間世界とは違った時間の経過を持ってゐると考へられた仙人の世界が、歌はれてゐる。それはそんな世界もあるのだらうといふ憧憬の思を寄せた時代の思想を描いてもゐる。人麿の時代に、仙人が好奇心を以って迎へ入れられた文献として注意される」と記している。(44)この歌から仙人が裘・皮衣を着している図が知られる。これは単なる絵図で、実際の神仙行者ではないとする議論もあろう。しかし人麿から行円までの長年月の間にこうした絵図をとおして神仙道への修行に進んだ者の存在を考えてもよかろう。

行円の郷里鎮西、そこで修行した性空、その師良源、この性空・良源に神仙系の性格が考えられるとき、行円が鎮西を出て叡山の横川に行き、そこから皮衣をまとって巷間に姿を現わした理由がおぼろげながらわかるような気がする。

このこととは別に『長谷寺霊験記』によれば勝永房阿闍梨行円なる僧が長谷寺に居住し、天禄二年(九七一)八月三日に白山権現祠を創建したとある。もしこの阿闍梨行円を皮聖行円とすれば、二十代のなかばころのようすが知られる。性空も書写山に白山権現を勧請しているので(45)、いちおう可能性も考えられる。しかし「阿闍梨行円」に関する史料はこれだけしかなく、「皮聖行円」のほうにもこれに照合できる史料は再三述べているように全くない。これまた希望的推測以外の何ものでもない(46)。

七

性空のほかにもう一人行円に影響を及ぼしたらしい僧がいる。受戒名光勝、自称空也がその人である。空也は天禄三年(九七二)東山西光寺に七十歳で歿している。行円はこの時二十代のなかばで、前節末で希望的推定をした長谷寺時代のことである。このことはともかく、年齢的には空也の行業を行円は知り得たわけである。両者はまず布教スタイルのうえで類似する。仏像を背負い、錫杖をつき、金鼓をたたき、法螺を吹き、口称念仏する空也(47)。一方行円は、仏像を背負い、宝冠を戴き、経典を手にし、鹿衣を着す。また行円は、自分の出生についても、修業の経歴についても、全く明らかにしていない。空也の出自についても、彼の帰依者と考えられる源為憲でさえ知らないほどであり(48)、尾張国分寺自度などその前半生は不明な点が多い。以上の類似は、両者が志した対象者が、布教者の家柄の高低や、修業の経歴や、学業の蘊蓄を特別に畏敬しない、むしろそうした観念的なものではなしに、直接目にふれたものでなければ信用しない世界に属していることを示すものではなかろうか。ここに異様な風姿がとられ、実践的な行為が企てられるのである。

遊行布教は両者共通であり、東西二京に井戸を掘ったり、囚人を教導、難路を切り開いた空也[49]と、粟田山の悪路を整備する行円。豊かな財力を持つ貴族や既成教団の経済力によらず、空也は十一面観音を刻んでこれを本尊とする西光寺を創建しているし、行円は行円で、すでにふれたように行願寺を独力で作り上げ、千手観音を納めている。空也が貧者に布施し、西光寺の後身六波羅蜜寺にも貧困者を収容しているのに[50]対し、行円も東山の小堂で盲者とともに修業したり、行願寺に盲者を入れているようで[51]ある。この両者は目的を一にし共通の基盤のうえに立った布教者であるといえよう。すなわち仏教の民間布教という点でである。しかし、空也と行円との直接交渉は残念ながら求められていない。ただ行円が横川で修行したのに対し、空也も天台座主延昌の戒を受け叡山の思考を身につけていることで[52]、両者はやや接近する。師弟関係はないにしても、年齢的に後輩である行円が、空也の影響を受けないといいきることはできない。

ここで両者の間に、布教上でその差異もまた存することを忘れてはならない。空也の口称念仏と呪術、この二つは行円にはない。空也はその行業のゆえをもって阿弥陀聖という称を得ているように、浄土への信仰が大きな支えとなっている。行円にも四十八願講や智識文の例のように極楽の存在を説いてはいるが、それが空也のように強くはなく、まして口称念仏を教えた形跡もない。空也には盗人を念仏で追い払ったり、蛇を折伏したりするような呪術性があるが、行円の布教には全くみられない。すでに見たように多種多様な「講」、これが行円を支えているようで、この比重は空也の場合とは比較にならないほど大きい。こうした両者の差異はどこからくるのだろうか。

第四節末で抱いた疑問、行円の布教がひとり特権貴族にのみ向けられたかという点は、それ以後の考察で解消したかと思う。行円の布教は階級を越えたあらゆる人々を対象にして行われた。だから「貴賤多以結縁」という言葉は、行円を讃えるための虚飾ではない。空也の場合にしても、その民間布教は大きな比重を持っていることは確かだが、天暦二年(九四八)叡山での受戒は、貴族階級への布教を意味し、事実、応和三年(九六三)賀茂河岸の法会には左大臣実頼の参会が知られ(53)、また大納言藤原師氏との信仰交渉も明らかとなっている(54)。民間布教と相まって貴族たちへの布教も怠っていないのである。従来の因襲と安逸になれた貴族僧たちのよくなし得なかった、上下あらゆる階層への、それまでとは全く形の違った新しい布教方法での接触、これが空也と行円をつなぐものであった。しかしそうはいっても、太政大臣道長より布施を送られ、右大臣実資を熱心な信者に持ち、車馬の境内乗り入れを許すという方向に既成教団よりの脱皮がみられたり、そしてその下限は実資の家僕季武との関係にみるように、具体的に確認できるのは家僕、青侍階級である行円と、左大臣実頼や大納言師氏の名がみえるとしても、慶滋保胤や源為憲のような文人階級を共鳴者とし、囚人教化や死骸のとり片づけという、全くの下層階級との接触が考えられる空也。この支持階層の微妙な差異を、先の呪術と口称念仏の有無などとあわせて考えるとき、両者の布教者としての位置の違いを捉えることができる。

上下貴賤、あらゆる階層への布教といっても、そこにはおのずから中心対象があるはずである。空也は、中下層貴族から一般庶民階級に至る面での布教に重点が考えられ、したがって浄土の存在、口称念仏、そして呪術が布教の内容となり、これに対し行円は、上流貴族から家僕クラスまでに信者が考えられるところに、呪術や口称念仏とは別の布教形態が生れたといえよう。種々多様な講の開催がこれである。それには教理への精通と該博な知識を必要とする。行円の作った等身多宝塔が上層八戸、下層四戸、露盤九という変形塔で、この理論的根拠を解明する僧侶がいなかったり、四部講に、僧や尼の日を特設しているのは、彼が当時の一般僧に対して、学識のうえでひけをとるものでないことを示している。彼の知識を披瀝したのが、種々の法会であったのだろう。

実資が、道長出家の際、その法名を慶命に尋ねているが「甚無ㇾ便御名也」といいしぶりながら「行願」と答えたのは、この「行願」が「行願寺」に通じ、この寺の創建者行円の奇行を思い浮かべたからではないだろうか。

むすびにかえて

先輩空也とともに行円を新しい型の僧の範疇で捉えてよいと思う。ただこの新しさの質を検討しておく必要がある。なぜなら、大ざっぱないい方をしても、この二人の前に行基の運動があり、二人の後にも法然の宗教活動があり、行基の場合は国家的な統制が、法然の場合は既成教団の猛烈な非難攻撃があった。このように新しい布教にはたえず種々な障害がともなうのである。

一般的にいって、聖たちの宗教運動の高揚は、㈠、既成教団の門閥化に対する庶民出身僧の階級対立、㈡、支持者たる武士、名主層の経済的向上、㈢、律令統制下以来の民間布教徒の古代的体制解体にともなう発展などの諸説がある。しかし、空也・行円の二人がこの概念で包含され得るだろうか。

空也の出自は、世上の噂のように皇胤であったかもしれない。そして藤原氏一族との対立が、あるいは空也の出家の原因となったかもしれない。そうであれば、宗教界での階級制の存在に憎悪の念を抱いたとしても不思議ではない。一方鎮西から出て来て、そう高貴な出自ではなさそうな行円が、叡山の門閥組織のなかにそう容易にはいり得たとは考えがたい。ともに叡山の世俗的な性格に対立意識をもやしたとしても首肯できよう。ところが、空也の叡山受戒や行円の横川修行のように、叡山との結びつきがみられ、反叡山的な態度は必ずしも顕著ではない。また、空也は前半生にこそ奥羽の奥地にまで遊行、修業を行なっているが、その後半生は、支持層に若干のズレはあっても、行円と同じく、京都市中を中心とした布教であって、名主・武士層を背景としたとは考えがたい。

さらに、律令的国家統制力の弛緩が、行基当時とは異なった状況を作り出し、空也・行円の布教活動を容易にしたことは否めない。加えて、法然の一宗独立のような強い宗教活動でなかったことが、弾圧や圧迫を受けなかった理由に挙げられようか。しかしそれだけだろうか。

ここでむしろ、新しい布教活動を行なった空也・行円がいずれも叡山と結びついていることに積極的な意義をみたい。応和三年(九六三)八月に行われたいわゆる「応和の宗論」で出された叡山側良源の命題「一切衆生悉有二仏性一」論が、南都側の「五姓格別」論を打ち破っていることを想起されたい。

きわめて概括的にいえば、南都の鎮護国家としての小乗仏教に対して、同じく鎮護国家を唱えながらも大乗仏教の立場による北嶺との論争の根本的な結着がここにつく。この問題は、開祖最澄と法相徳一との間にくり展げられて以来の宿命的な論争であった。その意味でこの宗論のもつ歴史的意義は高く評価されるべきであろう。これは叡山の教理論研究が、南都小乗仏教の本質的な欠陥を衝いてここまで進んできたとみるべきであり、単に良源ひとりの造詣ではあるまい。そしてこの理論こそ空也・行円の布教の背骨なのである。

この理論が叡山側によって消化され、布教面で履行されたかという点になると、しばしば説かれるようにいささか事情を異にする。鎮護国家のことがいずれの場合よりも優先し、かつ仏事法会は宮廷、上流貴族階級の年中行事化し、一方祈禱・調伏などの私的な祈願成就が盛行し、仏教は支配階級のほとんど独占するところとなっている。「一切衆生悉有二仏性一」という命題の持つ宗教的意義とははるかに遠い現実であった。この命題は、いわば叡山の理想的徳目たるに過ぎない。叡山はその広大な寺院経営のためにも、支配階級との提携を深め、その理想を実現するのにますます困難な状況下になっていた。南都側を論破した良源自身が、栄進し、やがては山門・寺門の抗争という、全く非宗教的な事態を招来する原因を作っていることは皮肉であるが、この事実が示すように、叡山の理想を実現させるためには、叡山がかえって障害となっているのである。叡山からの離脱、これが空也や行円の立場であった。

叡山に受戒しながら、つねに私度僧としての立場を捨てなかった空也と、横川から出ながら叡山との結びつきを強調しなかった行円の態度の意味を知ることができる。そして布教活動は出生の高低も、学業の経歴も必要としない遊行形態から始められ、ここから「一切衆生悉有二仏性一」の持つ汎階級的な宗教を展開したのであった。叡山は二人の成果を実らせる土壌だったといえよう。奇行として顰蹙は買ったかもしれないが、彼らの布教が妨害されなかったゆえんがここにある。

こうした背景の下でなされた空也・行円の布教が、時の人々にどのように受け入れられたのだろうか。空也は、中下層貴族文人たちから一般庶民にいたる層の支持を受けた。しかし、空也の死後、西光寺は荒廃し、財宝は流出、弟子また四散している。空也の死後五年、ようやく中信によって「西光寺」は天台宗の支院「六波羅蜜寺」という形で復興される。一方、行円は鹿衣という庶民的な衣服で布教を始めながら、その支持者は上流貴族から家僕クラスに至る層であった。そして行願寺は、行円の死によってなんら動揺するところがなかった。

この時点では、まだ一般庶民を基盤とする教団経営が育ちがたい状況下にあったことを認めないわけにはいかない。

西光寺の荒廃や行円の屈折がこのことを示している。師弟関係はなかったかもしれないが、空也の晩年を知っている行円が、空也の行動を眼前にし、あるいは聞き、その影響を、好むと好まざるとにかかわらず受けたことは充分考えられよう。空也の布教方法の限界を、あるいは看破していたのかもしれない。そのうえに行円自身の個人的な事情も加味されて、彼は空也とは違った対応を試みた。これが両者の差異であろう。

以上考察して来たように、空也・行円を反階級的な民間布教者としての概念でとらえることは困難である。しかし、彼らは従来の貴族的・特権的な仏教を、汎階級的仏教たらしめたことにおいて意義がある。しかもこの汎階級的仏教こそ、叡山の持つ潜在的要素であったところに問題がある。叡山の持つ理想、「一切衆生悉有二仏性一」論の大乗仏教的性格と、現実、厖大な教団経営のための特権階級優先という小乗的性格との二重構造の交錯、これが空也・行円をうみ出す原因となったのである。彼らの行動が叡山の思考に基づく以上、古代仏教界内部での変貌に過ぎないといい得るし、一方その思考自体が実は叡山の経営方法を認めない以上、次の時代の動きでもある。まさに初期の聖たちは、そうした二面性のなかから生れてきたものといえよう。

註

（1）『日本浄土教成立史の研究』第三章第二節（註十八）。河出書房『日本歴史大辞典』行円項。
（2）九条家本『延喜式』裏文書（『大日本史料』第二編之六による）。
（3）『小右記』長和四年九月十日条。
（4）『小右記』長和五年四月十日条。
（5）桂宮本叢書『私家集』九。

(6)『本朝文粋』十三(大江匡衡作願文)。
(7)萩谷氏『平安朝歌合大成』三、橋本氏「大斎院御集の性格」(『言語と文芸』昭和三十五年五月)。
(8)『小右記抄』二(『校刊美術史料』孔版)、本史料は三宅敏之氏の御教示による。〔補 現在は大日本古記録本にあり。〕
(9)『小右記』寛仁二年閏四月九日、五月二十六日条。
(10)(11) 寛仁二年閏四月九日条。
(12)寛仁二年五月二十二日条。
(13)寛仁三年三月二十一日条。
(14)寛仁三年九月十二・十三日、十月二十六日条。
(15)寛仁三年九月十二・十三日条。
(16)寛仁三年十二月四日条。
(17)山中裕氏「藤原道長をめぐる人々」(『日本人物史大系』(一)所収)。
(18)敦康親王誕生については、ほかに『日本紀略』『栄花物語』『十三代要略』などがある。
(19)写本は往々その転写に際して本来註の文章であるものが誤って地の文章になったり、その逆、地の文章が註になったりすることが起り得る。ただし本記本条の場合、その最善本である前田家本にも疑義を起すような混乱はない。したがってあくまで可能性の問題である(この条文の検討について桃裕行氏・山中裕氏に種々御教示を得たことをここに付記する)。
(20)『枕草子』(五段)。なお、生昌については『清少納言伝記攷』の著者、岸上慎二氏にお教えを戴いた。
(21)『御堂関白記』など。
(22)前節で見た通り、行円は寛仁三年(一〇一九)までその消息を知ることができた。この後幾年余生を送ったか知る由もないが、いま仮に天暦元年を彼の生年とすれば、この六十余歳とある寛弘七年は六十四歳、足跡を絶つ寛仁三年は七十三歳となり、この近くに歿したとすればほぼ妥当な年齢となる。
(23)『我が国民間信仰史の研究』(二)、第一編第三章。
(24)現存『小右記』の記文は、この十六年間中長保三、寛弘二・五・八、長和元・二・三の七年間、しかもこれらのうちに四季を完備している年はない。

(25)「六波羅蜜寺創建考」。〔補　第二部に収載。〕

(26) 空也の風姿は、『空也誄』や『小右記』万寿三年七月二十三日条などに窺える。

(27)『御堂関白記』『権記』『日本紀略』。

(28)『栄花物語』(とりべ野)、『石山寺縁起』。

(29)「況亦説法之後、更臨二夜漏一、設二万燈会一、修二菩薩戒一、専念二弥陀一、永帰二極楽一」(『本朝文粋』十三、三善道統願文)。

(30)『小右記』寛弘九年五月二十四日条。

(31)『日本紀略』寛弘二年七月二十五日条。

(32)『小右記』寛仁二年三月二十四日条。

(33)『教訓抄』第七。

(34)『今物語』。

(35) 寛仁二年十月二日条。

(36)『小右記』寛仁二年六月二十六日条。

(37)『日本紀略』寛弘二年五月三日条。

(38)「聖の好む物、木の節鹿角鹿の皮、蓑笠錫杖木欒子、火打笥岩屋の苔衣」(巻二、僧歌十三首中)。

(39)『群書解題』伝部(一)、性空上人伝項(多賀宗隼氏執筆)。

(40)『日本歴史大辞典』性空項(田村円澄氏執筆)。なお性空の史料は『大日本史料』第二編之五、寛弘四年三月十日条に集められている。

(41)『本朝高僧伝』巻四十九。

(42)『日本歴史大辞典』元三大師項(高取正男氏執筆)。〔補　高取氏の説によったが、良源を天台修験道の創始者とすること未確認、これと行円を結ぶのは失考。〕

(43) 一六八二番。

(44)『万葉集全註釈』(七)、四二、三頁。
(45)『峯相記』。
(46) なお、もう一人の行円についてふれておこう。『後拾遺往生伝』には皮聖行円とは別に「東山有二一山寺一、号二石蔵寺一、彼山寺是行円聖人之建立也」とある行円について記している。この聖は「本是大和国人、修行之次至二彼洞一、結レ庵始住」とあって鎮西ではないし、行願寺などについては全くふれていない。もちろん別人を考えるべきであろうが、ただ「此聖著二用緇衣一、而企二他行之貌一也」とあることが行円の鹿皮と、そして行円の東山建堂とこの東山石蔵寺とが結びつきそうな余地をも残している。にわかに捨てがたいのでこうした史料の存在を指摘しておきたい。
(47)『空也誄』に「背二負仏一」とか「法螺」の語が見え、また『小右記』万寿三年七月二十三日条にも「故空也聖錫杖・金鼓等(中略)件金鼓彼聖懸レ臂日夕不レ離レ身、錫杖相同」とある。
(48) 為憲編『空也誄』に「上人不レ顕二父母一、無レ説二郷土一、有二識者一或云、其先出二皇派一」とあり、保胤編『日本往生極楽記』も同趣旨である。拙稿「民間浄土思想の系譜に関する試論」〔補 第二部に収載〕参照。
(49)『空也誄』。
(50) 前掲「六波羅蜜寺創建考」〔補 第二部に収載〕参照。
(51)『小右記』長元四年八月二十八日条に「悲田并鴨河堤病者・窮者等、令レ給二少米一、又骨(革カ)堂盲者二人□□一人、各令レ給二斗米一、亦々尋二窮囚(困カ)者一可レ給」とある。
(52) 前掲「民間浄土思想の系譜に関する試論」〔補 第二部に収載〕参照。
(53)『日本紀略』応和三年八月二十三日条。
(54)『空也誄』。
(補1) 引用文は新訂増補国史大系本。本篇末の補記を参照のこと。

(補2) のちに性空の歿年を九十一歳と考えたので七歳若い。「花山法皇と性空上人」(第一部に収載)参照。

〔補記〕　本稿は昭和三十七年四月『史潮』に掲載された。その後、松村博司氏「藤原顕信の出家と皮聖」（『金城国文』一一巻一号、昭和三十九年九月）が発表された。それは『栄花物語』巻十、日蔭かづら、顕信出家の箇所における本文校訂を中心とする問題であった。まさに本稿第二節後半で注目した「よかはのひしり」そのものに関する考察であった。氏の論は拙稿を参照されてはいないが、考察の方向は、拙稿とはまさに反対の方に向かわれているので摘記しておきたい。拙稿も引用した『栄花物語』の本文を三条西家旧蔵本（拙稿は杜撰にも典拠を示さなかったが新訂増補国史大系本＝三条西家旧蔵本）によって提示され、文中最初の「よかはのひじり」の語について諸本の校異を示された。――以下諸本の校異を示せばよいのであるが、氏は後に『栄花物語全注釈』三にその全体を整理されておられるので、これを文末にまとめてあげることとする――そして、その対校の結果をつぎのようにまとめられた。

　要するに、「よかはのひじり」か「かはのひじり」かの二種を出ないのであるから、そのいずれを採るべきかというに帰するのである。

拙稿で考察の対象とした『栄花物語』の「よかはのひじり」の語には諸本間に異同があって「かはのひじり」とするものがあるといわれるのである。事実おなじ三条西家旧蔵本でも、同一人と目されるこの聖を、次の箇所では「かはのひじり」としている。この箇所でももちろん諸本に異同があることは氏の指摘で明瞭である。そして「よかはのひじり」か「かはのひじり」かの語の決着として、拙稿でも引用した『大鏡』の記事を利用される。

　かは（皮）堂にて御ぐしおろさせ給て、やがてその夜、山へのぼらせ給けるに……

とある文とを併せ見れば、横川の聖ではあり得ないことは明らかである。従って前文においても「かはのひじり」を採用すべきことになる。（中略）

元来「かはのひじり」とあったものが、「夜なかはかりに《い》かはのひしりのもとに……」という文の「に」（尓の草体）に引かれたことと、かつは「かはのひしり」が耳慣れぬ語であったため「よかは」に誤ったものと見られる。

と推考され理由付けられたのである。氏はこの結論にしたがって、日本古典文学大系『栄花物語』および『栄花物語全注釈』の本文を確定されたのである。従来古活字本系の本文には「よかはのひしり」とあり、この人物を横川の聖とし、源信をあてていた。松村氏のあげられる『栄華物語詳解』がこれである。『栄花物語』の顕信を迎え、山に送った僧は『大鏡』との対比によって源信ではあり得ない。松村氏の御指摘は正しいし、拙稿でもこの僧を皮聖行円とする前提で考察を進めているわけである。ところで氏は、顕信を迎えた僧は皮聖であるから『栄花物語』の本文は「よかはのひじり」（横川聖）ではなく、「かはのひじり」（皮聖）であるとされる。しかし、皮聖は「かはのひじり」としか表現できないのであろうか。拙稿の第二節前半部で検討した『小右記』長保元年十一月七日条の記文が皮聖に関連してあるとしたら『大鏡』の記述を主として簡単に「よ」を削除する方向に向うのはいかがなものであろう。それは、

　世云、横川皮仙

というものであった。すでに拙稿でふれたが、仙は聖と同意に使用されており、横川皮仙は横川皮聖で、そうすれば「よかはかはのひじり」となろう。皮仙は「よかはのひじり」と呼ばれないとは断言できないし、川—皮が「かは・かは」で、松村氏の「に」が「よ」に変ったと考える方法をとれば、「かは」の重複と考えて衍語として転写間で異同がおこるとも考えられる。行願寺、俗称革堂といわれ信仰された寺の開祖皮聖の名が耳慣れなかったかどうかはわからない。要するに、『栄花物語』巻十の「よかはのひじり」と「かはのひじり」の本文確定の作業のなかで『小右記』長保元年十一月七日記文の存在も考察の対象とされるよう希望するものである。最後に松村氏の労作『栄花物語全注釈』三（角川書店、昭和四十七年六月刊）一五五、六頁から校異考を引用させていただく。

　よかはのひじり　底本＝（梅沢本＝三条西家旧蔵本、筆者註）四か所に「かはのひしり」とあるうち、ここだけ「よかはのひしり」となっている。富岡乙本も同じ。諸本を総覧するに、その異同は次のようになっている。

1梅沢本（底本）　よかはのひしり
2九条家旧蔵本　よかはのひしり
3陽明文庫本　○《よ》かい《は》のひしり
4桂宮一本　かいのひしり
5天理図書館本　よ河のひしり
6西本願寺本　かはのひしり
7飛鳥井雅章筆本　よかはのひしり

8古活字本　よ河のひしり
9明暦二年板本　よかはのひじり
10九巻抄出本　横川の聖
11富岡家旧蔵甲本　かはのひしり
12富岡家旧蔵乙本　よかはのひしり
13国史大系（旧版）　よ《横》河のひじり
14国史大系（新訂増補）　よかはのひじり

右のうち、１２は古本系統第一種本（14も1を底本としている）、３４５は同第二種本、６７は流布系統第一種本、８９は同第二種本、10は同三種本、1112は異本系統本であるが、同一系統本でも異同がある。しかし、要するに、「よかはのひしり」か、「かはのひしり」かの二種を出ない（３４に「かい」とあるのは、「かハ」の誤りと見られる）。なお、下文三か所に出てくる「かはのひしり」を総括して示すと、

1梅沢本	かはのひしり	かはのひしり	かはのひしり
2九条家本	かはのひしり	かはのひしり	○《よイ》かはのひしり
3陽明本	○《よ》かはのひしり	○《よ》かはのひしり	○《よ》かはのひしり
4桂宮一本	かはのひしり	かはのひしり	かはのひしり
5天理本	よ《イニナシ》かはのひしり	よ《イニナシ》かはのひしり	よ《イニナシ》かはのひしり
6西本願寺本	かはのひしり	かはのひしり	かはのひしり
7雅章筆本	よかはのひしり	よかはのひしり	よかはのひしり
8古活字本	よかはのひしり	よかはのひしり	よかはのひしり
9明暦板本	よかはのひしり	よかはのひしり	よかはのひしり
10九巻抄出本	横川の聖	よ川の聖	横川のひしり
11富岡甲本	かはのひしり	かはのひしり	かはのひしり

12富岡乙本　○《よイ》かはのひじり　○《よイ》かはのひじり　○《よイ》かはのひじり

13国史大系（旧版）　よがはのひしり　よがはのひじり　よがはのひじり

14国史大系（新訂増補）　[よ]かはのひじり　[よ]かはのひじり　[よ]かはのひじり

となっている。８９を主底本とし、これに10その他の校本類を参照校訂した『栄華物語詳解』は「よかはのひしり」という本文になっており（下略）

（昭和五四・九・三〇稿）

〔第二刷追補〕　勝浦令子氏「皮聖行円の宗教活動の特質」（『奈良平安時代史論集』下巻、吉川弘文館、昭和五十九年九月刊）参照。

民間浄土思想の展開

——空也から永遅まで——

はしがき

古代仏教、それは「鎮護国家」を標榜し、王法仏法相即の意識で貫かれた国家的・貴族的な仏教であった。しかし、このような仏教界も古代社会の変貌とともに大きな転換を始める。その一つに民衆的世界への進出が挙げられよう。それはかつてその対象に選ばれなかった一般民衆を対象とする布教活動の開始である。もちろん、種々な制約はあったがこれ以前に行基のように民衆に働きかけた僧侶がなかったわけではない。だがその動きは、古代仏教界内部でのもので、古代仏教の転換という課題を担って登場するのは、浄土思想の民間布教という形でなされる空也の宗教活動といえよう。空也から興されたこの民間浄土思想がどのように伝えられ、発展・深化してゆくかを布教者の側から追ってみようとするのが本稿である。

一

浄土思想に深い関心を示した慶滋保胤は、空也を評して「天慶以往、道場聚落、修二念仏三昧一希有也、何況小人愚女多忌レ之、上人来後、自唱令二他唱一レ之、爾後挙レ世念仏為レ事、誠是上人化二度衆生一之力也」（『日本往生極楽記』）と述べ、空也の庶民層への布教を讃えている。空也の庶民性を示す例証として、応和三年（九六三）賀茂河岸で行われた経供養会を見よう。

この法会は、三善道統作の「願文」（『本朝文粋』十三）によれば天暦四年（九五〇）、金字大般若経一部六百巻の書写供養を発願、その完成のために「市中売レ身（中略）半銭所レ施、一粒所レ捨、漸漸合レ力、微微成レ功」し、十四年の長い歳月を費やして、応和三年八月二十三日賀茂東岸に仏殿を建て京都内外の貴賤僧侶を招き法筵を催したものである。権門勢家の莫大な寄進を求めたのではなく、貴賤上下を問わず空也の志に共鳴した人々の半銭一粒の喜捨を勧進したのである。そしてこの法会の開催を、村上天皇が南都・北嶺の高僧達を招請して、いわゆる「応和の宗論」を闘わせている最中の日に置いたのである。

経の完成に権門勢家の庇護を受けず、その供養法会を高僧・名僧挙って宮中の法会に集まっている時に催したところに空也の意識が窺えるのである。したがって、この法会の参集者に、名利名聞を棄て、叡山の門閥化を嫌って隠遁した千観・増賀、そして浄蔵等の世間的には高僧・名僧の評価の枠からはずれた聖たち、空也のためにとくに願文を草した三善道統、後日空也の伝を編した源為憲、『日本往生極楽記』を著わし、空也の行為に深く共鳴した保胤等で構成された勧学会文人グループ、さらには乞食者たちを含めた広い京都僧俗一般市民たちの姿を想像することができる。[1]村上天皇のもと、宮中で行われた「宗論」も実は法華経の書写供養のためのもので、経典の書写供養という同一目的のこの二つの行事も、一は既成教団側を主体とする、権威や名声に包まれた貴族的世界のそれであり、他は真に求道する名もなき聖たちや、空也の深い感化を受けた人々で構成された、いわば民衆的世界のものということができる。

右の盛況がそのまま浄土思想の高揚を示すものとはいえない。この法会は大般若経の供養を目的とするからである。しかし、この夜「設二万燈会一、修二菩薩戒一、専念二弥陀一、永帰二極楽二」(「道統願文」)とあるようにこの会の開催のかげに、彼の浄土思想の鼓吹を見逃すことはできない。浄土思想はこのように他の法会や信仰と結びついて説かれ伝えられてゆくのがこの期の一般的な傾向であった。空也の場合も例外ではなかった。ここで空也と浄土思想について関係史料を抜粋してみよう。

(一)　曠野古原□有二委骸一堆二之一処一、灌レ油而焼、留二阿弥陀仏名一焉、

(二)　又尋常時、称二南無阿弥陀仏一、間不レ容レ髪、天下亦呼為二阿弥陀聖一、

(三)　於レ是東西二京、所レ無二水処一鑿レ井焉、今往々号為二阿弥陀井一是也、

(四)　始視二本尊弥陀如来一、欲レ見二当来所生之土一、其夜夢至二極楽界一、坐二蓮華上一、国土荘厳、与二経説一同、覚後随喜、
乃誦曰、胡矩羅苦者巴流気騎宝登途熙喜芝可怒都砥馬田夷陀留奴古魯難犁間狸、

(五)　天慶七年夏、唱善□□□一棹観音卅三身、阿弥陀浄土変一鋪、補□□□一鋪□成二供養一畢、

(六)　西京有二一老尼一、前大和介従五位上伴朝臣典職之前妻也、念二弥陁仏一、一生不レ退、与二上人一有二情好一、迭称二善

友一、

㈦　春秋七十、夏臈廿五、入寂之日、浴著二浄衣一、擎二香炉一而箕居、向二西方一以瞑目、当二斯時一也、音楽来レ自レ天、
異香出レ自レ室、（以上『空也誄《(補)》』）

㈧　一鍛冶工、遇二於上人一、懐レ金而帰、陳曰、日暮路遠、非レ無二怖畏一、上人教曰、可レ念二阿弥陀仏一、工人中途果遇二
盗人一、心竊念レ仏如二上人言一、盗人来見称二市聖一而去、（『日本往生極楽記』）

右に、冒頭の保胤の讃語及び道統の願文中に見える夜の念仏を加えれば、空也の浄土思想を考える直接的な史料はこのほかにない。

㈠㈢から空也の伝導が社会事業と結びついていること、さらに㈡や保胤の讃語から口称念仏がその内容であることが判る。ただし空也自身の信仰については、口称念仏専一ではなかったらしく、㈣で夢に極楽界を見て「与二経説一同」といい随喜したり、㈦で臨終時の様子を見れば、観想的な念仏観の所有者であったらしいことが窺われる。このことは、空也が既成教団に反旗を翻して市中に法を説いたといっても、そうした彼の意志を育てた土壌は既成教団、しかも叡山の思考であったことを暗示している。極言すれば、易行易修であるがゆえに、口称念仏が、一般市民たちに伝導する場合選ばれたのであった。口称ではないが、㈧の盗難を脱れるために念仏させる空也の態度がこのことをよく物語っている。

浄土の教えが他の信仰と抱合せで説かれたり、その内容がたとえ高度でなかったとして、それは未開拓の分野への布教であったから担わねばならぬ限界といわなければならない。問題は、かつて試みられなかった一般市民たちに、易行易修という形で浄土の教えが説かれたところにある。空也が民間布教をいつから開始したかは明らかではないが、

『空也誄』によれば若年のころから「五畿七道」(2)を遊歴修業し、悪路の開拓、架橋、人骨の収拾等社会事業をともなった布教を行なっている。こうした前半生での一つの画期は延長年間（九二三〜三一）であった(3)。すなわち尾張国分寺で自らの手で剃髪し空也と名乗った「春秋二十余」歳の時である。

律令制下では俗人が僧侶となるためには太政官の許可が必要で、国家の大僧として厳重な資格が要求された(4)。それゆえに僧侶は優遇され免租等の特権が与えられていた。この国家による僧尼の統制も律令体制の弛緩にともなって事実上有名無実の状態になる。僧尼の特権を狙って俗人が官許を経ないで出家剃髪する例が次第に増加し、一つの風潮を作り上げつつあった。延喜十四年（九一四）三善清行はこの傾向について「諸国百姓、逃二課役一逋二租調一者、私自落レ髪、猥著二法〔服〕一、如レ此之輩、積レ年漸多、天下人民、三分之二、皆是禿首者也」（『意見封事十二箇条』）と憂慮している。

空也の自度もこうした状勢のなかで、すなわち法的には厳重な僧尼令の統制下に自度を行えない状況にあるのだが、実際にはその統制力は全く失われ、自由に自度し得、また事実自度者が続出していたなかで行われたのである。しかし、空也の場合は、清行が指摘したような「逃二課役一逋二租調一者」ではなかった。生涯かけての布教がそのことをよく示している。この自度が画期的な出来事であるというゆえんは、のち天暦二年（九四八）叡山で正式に得度し、座主延昌から光勝なる名を得ているにもかかわらず終生空也という自度名を改めなかった態度、たとえば応和の法会の開催のような既成教団に敢えて逆らうような、民間布教の立場を明瞭にしたところにある。

応和三年八月期を同じくして催された二つの法会のうち、宮中でのそれは第二日目、空也の法会の前日に当る二十二日の夕「一切衆生悉有二仏性一」の問題で論議が紛糾した。この命題をひっさげて南都の碩学を論破した良源はその功により翌年内供奉十禅師に推され、次年権律師、さらに座主、大僧正と登竜の道を開いた。そして智証門徒を圧迫、叡山の門閥化に拍車をかけ、山門・寺門の抗争史を展開するのである。ここではだから「一切衆生悉有二仏性一」は単に議論の対象となったに過ぎず、これが正しい意味で実践されたのは、むしろ賀茂河岸での法会であった。この対比は、きわめて興味深い。

この法会による建堂が基礎となって、ここが、西光寺なる寺名を有する寺に成長するのである。西光寺での宗教行事については全く明らかではないが、空也の布教活動及びその寺名から想像して、浄土思想布教の拠点として種々の行事が行われたのであろう。したがって、この寺の存在は、空也の生涯かけての布教の結実であり、この期民間浄土思想の高揚が、西光寺を作り上げるまでに至ったことを示している。

空也は天禄三年(九七二)この寺に歿するが、空也の死とともにこの寺は急速に荒廃する。源為憲が『空也誄』を著わしたのは、空也の一周忌ころと考えられているが、その時既に大般若経は別の寺院の手に渡っているのである。それから四年後、貞元二年(九七七)僧中信によってこの寺は復興されるが、「六波羅蜜寺」と改名、しかも叡山の一末寺として新しく発足しなおすのである。空也死後の荒廃ぶりといい、この叡山の庇護といい、民衆的な寺院の運営は、この期ではまだまだ困難なものであった。

民衆的寺院から既成教団傘下の一寺院に変貌はしても、この寺で行われる昼講経、夜念仏の法会は京都市民の大きな関心をそそったし、貧困者の救済のような社会事業も依然行われている。(5) これとは別に空也入室の弟子義観なる僧が師そのままの風姿で伝導しており、(6)夏冬を問わず鹿皮の衣服を脱がず、皮聖と市民から呼ばれ、市中に行願寺を創建した行円、(7)「朝夕行二講説一、瘖瘂専念レ仏、天下男女皆以帰依、及二数十年一」(『中右記』天永三・十一・二)といわれた清水寺勝快聖人ら、一般庶民に布教する聖たちは次第に多くなっていった。こうして広がっていく庶民への布教は、時代が進むにつれてどのように変化していったのだろう。

大治二年(一一二七)六月二十三日藤原宗忠は、下官から瞻西聖人の入滅を聞き次のような感想を記している。

件聖人延暦寺人、学生説法得二其道一、年来発二道心一、成二種々仏事一、彼寺中作二八丈弥勒仏一、又東山野面成二百丈弥勒像一、又成二極楽浄土百日行道一、接二講説一天下道俗男女上下衆人皆以帰依、今已入滅、仏日已隠、法水長滅歟、吁嗟哀哉(『中右記』)

京都雲居寺を再興し、貴賤上下を集め説法教化し、迎講などを行なった瞻西の姿をよく捉えている。瞻西がいつ叡山を下って市中に出、雲居寺を再興したか明らかではないが、長治元年(一一〇四)三月藤原宗忠が彼を招いている際、「雲居寺暹清《瞻西》」としているから、この時はすでに寺に入っていたことが判る。瞻西の布教の特徴は、その巧妙な説法にあったようで「説法之間落涙、難レ抑者也」(8)とか、「説法誠以是随喜」(9)「弁説之妙、言泉如レ沸、悲歎之深、落涙難レ抑」(10)等々の讃辞を受けている。浄土思想との関連はどうだろう。

承徳二年(一〇九八)九月六日　家中不例人、図二絵阿弥陀三尊一、啒二請瞻西聖人一供養(『中右記』)

天永三年(一一一二)九月八日　東山雲居寺聖人之所作之極楽堂焼(『中右記』)

元永元年(一一一八)閏九月十八日　行二向雲居寺一、且謁二聖人一、且奉レ見二極楽堂一、誠以神妙也、往生之業自然相催、終日念仏、晩頭帰了、(『中右記』)

元永二年（一一一九）十月二十六日　明日雲居寺聖人阿弥陀護摩結願云々、（『長秋記』）

同　　年十一月十四日　（長楽寺、源宰相為二先妃一小堂供養）阿弥陀仏奉二安置一也、（中略）導師雲居寺聖人云々、（『長秋記』）

保安五年（一一二四）四月二日　今日八講結願也、以二雲居寺瞻聖々人一為二導師一、（中略）余所レ奉二図絵一阿弥陀三尊、（『永昌記』）

天治元年（一一二四）七月十九日　瞻西上人於二雲居寺一供二養金色八丈阿弥陀如来像一、貴賤結縁、摂政書レ額、（『山城名勝志』）　号二証応弥陀院一、（『濫觴抄』）

ここで注意されることは、貴族たちの信仰をかなり集めていること、極楽堂の建立、八丈の大阿弥陀像の造立奉安であろう。宗忠はこの大阿弥陀像を弥勒像としているが、この像の安置堂を証応弥陀院と呼んでいることから判るように阿弥陀像であったのであろう。「南都之半仏雲居」（『梅花無尽蔵』）といわれ東大寺の大仏と比較されもてはやされた。このほか宗忠は、瞻西が東山の野面に百丈の弥勒大像を作っていることを指摘しているが、事実とすれば巨大な弥勒像が東山の斜面にそそり立っていたことになり、先の誤りのようにこの像が阿弥陀仏であったかもしれない。

瞻西の説いた教義については具体的に知る由もないが、ただ高く評価される説法も、「世間之人必可レ奉二仕九星一、二世可レ有二其助一事也、何以故、日是観音化現也、月又勢至化現、諸星宿是虚空蔵変現也、（下略）」（『長秋記』元永二・十一・十四）の類で、陰陽道の星宿と諸菩薩を結びつけるという、いささか内容の乏しいものである。ここから推測すれば、和歌をよくし、貴族たちの信仰をかなり集めた瞻西の説教も、空也時代からそんなに進んだものとはいえないようである。しかし民間浄土思想の展開史のうえからいえば、「接二講説一天下道俗男女上下衆人皆以帰依」といわれた瞻西が、八丈の阿弥陀や百丈の弥勒像?を勧進作製できたことは、その教義内容にかかわらず浄土思想の滲透を示している。空也が社会事業や法華・観音の思想と結びつけ、ようやく西光寺を作り上げたことからすれば、普及度の高さは自ずから明らかである。

進歩の遅れた教義面でも大きな変化が起りだしている。聖応大師良忍の融通念仏宗の開宗である。良忍は瞻西に遅れること五年、長承元年（一一三二）六十歳で歿しているから両者の年齢はそれほど隔たっていたことはなく、声明についで良忍は瞻西から教えを受けたとする説もあるほどである。

良忍(11)ははじめ叡山の常行三昧堂の堂僧であり、天台浄土教の雰囲気のなかに身を置いたが、やがて洛北大原に隠棲し、来迎院・浄蓮華院を創設し、つねに阿弥陀経を読誦し、六万遍の称名を欠かさなかった。大原で良忍は、叡山常行堂の念仏と、その独自の節づけを持つ声明を常行堂から独立させ一流を興したのである。永久五年（一一一七）「一人一切人、一切人一人、一行一切行、一切行一行、是名二他力往生一」という長行と、「十界一念、融通念仏、億万百遍、功徳円満云々」という偈を夢で感得したといわれる（『融通念仏信解章』）。

一切衆生は一人の衆生の身の中に包摂され、一人の衆生は一切衆生の身の中に入って互いに包摂し合う。したがってすべての行は念仏の一行の中に包摂され、自らの念仏は他人の念仏に作用を及ぼす。すなわち自他の念仏が互いに力を及ぼし合って往生成仏すると説く。また一刹那の心に十法界を具しており、十法界は相互に相即相入の関係にある。自他の念仏が包摂し合い、一と多とが相入するから一声の念仏は億万百遍と同じであり、無尽の効果があるから功徳円満であるとするのである。浄土思想史上いわゆる融通念仏宗の発足はこの年をもってである。この宗の教理は華厳宗の事実無礙、天台宗の十界互具の理論といわれるが、とくに刮目すべきことは他力往生の思想の登場である。

念仏者の同行関係を強調したこの他力思想は詳しくみると、阿弥陀四十八願の下に自己のすべてを投げ出す絶対他力ではない。このようにいっても、これまで民間布教者をも支配してきた叡山の観想念仏が明らかに変貌を示し出している。良忍の弟子融観の教えを受けた法然の純粋他力の念仏論への方向が明瞭に志向されているのである。

三

空也から始まった口称念仏は、次第に一般化し、その口称の回数、量の多少が問題にされるようになり、日に何千、月に何万と念仏を称えることが流行しだしつつあった。前節良忍の一念がよく億万百遍の念仏に通ずるという思想の生れてくる背景には、こうした数量的念仏が重要視されていたことを物語っている。この数量念仏のなかに百万遍念仏がある。

治暦年中（一〇六五〜六九）金峯山千手院沙門永快は、難波天王寺で、「一心念仏満二百万遍一」（『拾遺往生伝』）、三善為康も康和元年（一〇九九）この寺を訪れ「修二念仏行一、経二九箇日一、満二百万遍一」（同上）と知られている。天王寺はこの寺の西門が難波の海に通じており、この海に没する入日の荘厳が来迎の光景を呈することからとくに浄土思想との結びつきが深く、院政期に入ると人々のこの寺に対する関心は全くぬきがたいものとなっている。

百万遍念仏は右のように早くからこの寺で行われたが、この念仏が結社として恒久化するのである。康治初年（元年は一一四二）ころ、西方相迎の地として注目されている例の西門の外、鳥居の内、八幡念仏所を中心として「毎月分レ衆毎レ旬定レ番、上都下邑之尊卑、信仰帰依男女、赴二勧進一者、寔繁有レ徒、専致二昼夜不断之勤行一」（『天王寺念仏三昧院供養願文』）とあるように一年のうち特定の旬を定めて「一旬念仏人及㆓数十人㆒」（『台記』久安二・九・十四）者が百万遍を称えたのである。京都近傍の貴賤男女のいかんを問わず数十人の者が結社して行われる念仏集団であり、この年間を通じて総計千人にも上る念仏者の一大集団を組織・指導したのが出雲上人と呼ばれる聖であった。(12)

　この出雲上人の活動は、頼長の『台記』に詳述されているが、同時期の『天王寺旧記』によれば天台宗末寺出雲国鰐淵寺の永暹上人をあてている。出雲上人は永暹上人となって、その行動はより明らかになるが、『後拾遺往生伝』に載せる永暹上人は天仁元年（一一〇八）八月十五日に歿している。百万遍念仏開催の年と思われる康治元年を遡ること三十五年で、ここから両上人別人説がでてくる。(13)

　ところが『後拾遺往生伝』には広略二種の永暹伝が収められ、広伝（上一六）に、天仁歿年を記し、略伝（中一一）は「永久□年秋八月上旬」病に臥し、その翌年九月に遷化したと記している。この略伝によれば、実年は不明であるが、永久年間（一一一三～一八）ころまで生存していたことが知られる。すなわち天仁元年より五年から十年近く後のことである。さらに真福寺本『後拾遺往生伝』には広伝に永暹の歿年を載せていない由である。(14)以上綜合すれば、『後拾遺往生伝』の永暹歿年はきわめて不確実であるとするほかない。それでは『往生伝』に伝えられる永暹と康治から久安にかけて活躍した出雲上人の行動について比較してみよう。

　永暹は石州の人、俗姓紀氏、雲州鰐淵山に止住し、壮年のころ諸山を往反して修行し、その後善峯寺・天王寺で如法経を書写し、如法経聖と呼ばれている。また「毎日所㆑作法花経一部、三時供養法、念仏一万遍、其外不㆑記㆑之」ともいわれ、「身無㆓資貯㆒、室無㆓粮食㆒、所㆑持者三衣一鉢、錫杖・金鼓而已」と徹底した修行勧進ぶりである。百万遍念仏については「生年七十三、於㆓天王寺㆒、啒㆓衆僧㆒、読㆓弥陀経四十八箇度㆒、又満㆓百万遍㆒、不㆑記㆓幾度㆒」とある。

一方出雲上人のほうは、頼長がその日記『台記』久安二年九月十四日の条に「有㆘号㆓出雲上人㆒者㆖本上出雲国民云々、三四年以来、始㆓初後夜行法㆒、其行法異㆓于諸寺行法㆒弥陀悔過云々、於㆓西門外鳥居内屋㆒行㆑之、件屋号㆓八幡念仏所㆒、今所今（マヽ）幸是也、其聖人京中人不㆑論㆓貴賤㆒、勤㆓毎年一度百万遍念仏㆒、随㆑心定㆓其旬㆒」と記している。

この念仏会に参集したのは「上都下邑之尊卑、信仰帰依之男女」であり、出雲上人は上下各層の信仰を集めたのであるが、頼長のような批判的な人もあった。すなわち、「予暫与㆓聖人㆒言談、其説非㆓正直㆒、足㆑為㆑怪」（『台記』久安四・五・十四）とか「長講、聖人、法音短㆓於常㆒、上日、今日舎利会、上下疲倦、恐㆑忤㆓衆心㆒短㆓其音㆒歟、求㆑媚㆓衆庶㆒、於㆑法失㆑常、聖人之所為、豈可㆑然乎」（『台記』久安六・九・十六）と非難している。この語から判断すると頼長の不満は出雲上人が庶民に媚びるあまり、その教説内容が稚拙であるというところにあるらしい。その批判は上人が「出雲国民」の出自であることと無関係ではなく、「勇猛之念仏」（『天王寺念仏三昧供養願文』）といわれるように布教の対象の主眼が庶民にあったことを示している。

このようにみてくると、はじめ出雲鰐淵寺の住僧となり、諸山を往反修行し、如法経聖と呼ばれ、錫杖をつき金鼓を打って庶民に勧進し、晩年天王寺で度々百万遍念仏を興行した永暹と、出雲出身といわれ庶民に対する布教を主眼として天王寺に百万遍念仏を指導した出雲上人が非常に類似していることに気付くのである。しかも、もう一人、空也の風姿が浮び上って来る。空也はともかく、『天王寺旧記』が出雲上人の行業を永暹としていることが必ずしも誤りとはいえないようである。その根拠を否定する『後拾遺往生伝』の歿年の記述は先のように信用しがたいとすればなおさらのことである。

奇しくも空也の風姿を想起させる永暹上人の天王寺百万遍念仏会の開催とその発展は、空也時代とは隔世の感がある。年間千人を超える人々による念仏集団は一人の聖の説教で容易に組織され得るものではない。空也以降の民間布教者の努力と浄土を欣求する人々の熾烈な意欲がこの百万遍念仏を盛り上げたのであるといえよう。この念仏会は恒久化し、鳥羽法皇や美福門院も念仏の一員に加わり、庶民的な色彩を帯びたこの法会は文字通り貴賤上下の各層を含んだものとなるのである。鳥羽法皇は、久安五年にこの念仏所として念仏堂を供養している。さらに後白河法皇の信も集め、ついには「念仏宗者、先皇勅置㆓四天王寺㆒云々、今尊卑念仏是其余党」（『興禅護国論』）と栄西にいわしめるほどになるのである。

むすびにかえて

以上空也から永暹まで日本浄土思想の民間布教の展開をきわめて大摑みに眺めて来たが、この期間を通じていえることは、この布教者たちがいずれも叡山の存在に大きく影響されたことである。それは円仁時代から顕著になる天台浄土教理学が、この古代後半の時期にたえず指導的位置にあったことによる。叡山の思想を土壌として多くの布教者が育ち活躍したのであるが、その母胎たる叡山も良源の時から顕著となる世俗化から真の求道者はこの山を去り、あるいは巷間に下って都市民の中に実践業を修し、あるいはさらに人里離れた隠遁生活を送ることとなったのである。空也はすでに見た通り民衆布教の発足については叡山と何のかかわりもないようである。しかし、彼の思想の根底に流れるものは口称念仏の理論ではなく、なお観想的念仏観であったとするとき、彼もまた叡山の思考によったといえようし、応和の法会の開催も、叡山を含めた既成教団への対抗意識があったからにほかならない。

既成教団の因襲から脱れて自由な布教を市中に展開するとき、まず要求されることは難解晦渋な教義の伝達ではなく、時宜に即した易行易修のもので、どちらかといえば実践がより重要視される。ここから聖たち民間布教者の知性やデリカシーの欠如が云々される場合がなくもない。空也が、二世の契のあった藤原師氏の死にあたって閻羅王宮に牒状を送って会葬者を「慨然変レ色」(『空也誄』)とさせたり、永暹の念仏が「勇猛之念仏」といわれるような一面をもっている。念仏の教義内容がかなり後代までそう高度でない理由がここにある。特異な風姿、修善修仏の勧進、独特なふし付をもつ声明、あるいは講組織等、理論より実践面の勝った布教方法が生れてくるのである。

空也から永暹に至る布教の展開を、ここであらためて説く必要はない。ただ、空也における西光寺の創建とその荒廃、瞻西における八丈大阿弥陀像の造立、さらに永暹による百万遍念仏会の結成とその成長という事実が、各々の時点での、浄土思想の普及度を示す道標であることを指摘することにとどめる。

民間布教者達の民間伝導、とくにこの面で約二百年間の動きをみてきたが、彼らの布教は一般民衆のみをその対象として択んだのではなかった。彼らの周囲に集まる結縁者たちが、しばしば「貴賤上下」という言葉で示されていることで明らかであろう。いまここで詳しく説く余裕はないが、これは浄土思想が変貌する古代社会のなかで、危機にさらされた中下層の貴族たちがまず択びとった思想であったことと密接な関係がある。藤原北家独占という摂関政治への移行の過程で多くの名家が没落し、衰運の危機にさらされた。そうした不安な社会情勢の中で批判的な精神と苦悩する魂の成長が、浄土への希求という形で現われてきたのである。浄土思想の発展も、この中下層貴族たちで構成する知識階級の教義の摂取消化がなければ考えられない。たとえば、空也の錫杖・金鼓等の特異な風姿による口称念仏の伝導は、中国大陸の高祖達の行業の移植にほかならず、これは知識階級の働きをぬきにして他に求めようがない。

民間布教者の活動は、したがってこの階層によってバックアップされたものである。古代社会の支配体制が大きく動揺して行くとき、さらに上下各階層の広汎な支持を民間布教者は受けることとなったのである。

註

(1) 拙稿「六波羅蜜寺創建考」〔補　第二部に収載〕参照。
(2) 空也が「五畿七道」を遊歴したといわれるが、『空也誄』からその足跡をたどると、尾張で自度、播磨で一切経論を学び、阿波・土佐海中の島で修行、陸奥出羽への布教と知られる。
(3) 空也の生年は延喜三年（九〇三）。
(4) 『延喜式』玄蕃。『類聚三代格』所載太政官符等。
(5) 六波羅蜜寺に関しては註(1)掲載拙稿参照。
(6) 『小右記』万寿三年七月二十三日条。
(7) 皮聖行円については拙稿「平安期における一ひじりの考察」〔補　第二部に収載〕参照。
(8) 『中右記』承徳二年九月六日条。
(9) 『中右記』長治元年三月十三日条。
(10) 『永昌記』保安五年四月二日条。
(11) 『後拾遺往生伝』『本朝高僧伝』『融通念仏縁起』等。
(12) 井上光貞氏『日本浄土教成立史の研究』第三章第二節。
(13) 註(12)掲載書。菊地勇次郎氏「天王寺の念仏」（『日本歴史』九四・九五号、昭和三十一年四・五月）。
(14) 註(12)掲載書。
(補) 引用の『空也誄』は続群書類従本によったが、のち『六波羅蜜寺縁起』（図書寮叢刊『伏見宮家九条家旧蔵諸寺縁起集』所収）が紹介され、縁起本文中に『空也誄』が引用されている。やや異同があるので参考のために対応部を抜粋しておく。

㈠　曠野古原遺骸収拾堆レ之、雀レ油灯レ之、唱二弥陀名号一廻向焉、以二仏語法音一教化矣、

㈡　（元慶(マヽ)元年以来、還二在京都一、其始也市店隠跡乞食、若有二所得一、自在不二誤用一皆作二仏事一、兼施二貧病一、故俗呼号云、市聖人）又称為二阿弥陀聖人一、

㈢　東西二京无レ水之処、鑿レ井引レ水、号レ之弥陀井、住(マヽ)往今存、

㈣　又始祈二本尊弥陀仏一、欲レ見二当生之(マヽ)一、其夜夢到二極楽界一、坐二蓮花台一、国土荘厳、如二経広説一、覚後随(マヽ)、即詠二一歌一曰、古久良久波々留介岐保止々岐々志加止津止女天伊多留止古呂奈利介里、

㈤　天慶七年夏、唱二善知識一、図二絵観音三十三身像一一損(マヽ)、阿弥陀浄土変一鋪、補陀落山一補、荘厳甫就、供養已畢、

㈥　又西京有二一老尼一、前大和介従五位上伴典職之前妻也、一生念二弥陀行一、時不二退転一、与二上人一久称二善友一、

㈦　天禄三年九月十一日、春秋七十、夏臈二十五、気属清涼、身无レ病、沐浴剃頭、浄潔改レ心、位二正念一、手擎二香鑪(マヽ)一、祖二右肩一、坐向レ西気絶、斯時音楽撃レ雲、其香薫レ室、郷里長幼群来、相二見上人一、端坐不レ乱、顔色無レ変、猶持二香爐一、如レ入二禅定一、視聴幾何人、莫(マヽ)二衣長大息一、

なお、続類従本の『空也誄』は錯簡があり、文が前後している箇所が見られる。右縁起中の誄は引用文でもあり、誄文そのままとは必ずしもいえないところがあるが、対照すべきである。「空也と平安知識人」（第二部に収載）補記末でもふれたが、三間重敏氏「〃空也上人誄〃の校訂及び訓読と校訂に関する私見」（『南都仏教』四二号）が発表されたので参照されたい。

第三部　説話の変貌

第三部各篇の要旨

「沙弥教信説話の変貌」　教信伝の初期に属する『日本往生極楽記』『往生拾因』『後拾遺往生伝』『今昔物語集』の四資料の対比検討によって、高僧の沙弥救済譚が浄土思想の発展のなかでしだいに変貌する様子を考察した。

「餌取法師往生説話の形成」　『今昔物語集』に見える餌取法師の二話が、『法華験記』の類話と対比することによって同一説話系列に属すること、その変貌が叡山系僧侶の伝承圏のなかで行われていったことを考察した。

「増賀奇行説話の検討」　『法華験記』『今昔物語集』『続本朝往生伝』に伝えられる増賀の奇行は多く虚飾であり、良源を批判して離山した増賀の行動が、時代の動向のなかでしだいに奇行説話を生んでいったことを考察した。

「浄蔵大法師霊験考序説」　『拾遺往生伝』の浄蔵伝を手懸りとし、最古の略本『大法師浄蔵伝』の存在を想定し、さらに実像の断片資料を拾い、霊験譚形成考察の資料を整理した。

「関寺牛仏の出現と説話・縁起・日記」　関寺再興に助力した霊牛に関する奇譚を、『今昔物語集』『関寺縁起』『左経記』『栄花物語』『古本説話集』の対比によって各資料の特性と伝承の変化を考察した。

沙弥教信説話の変貌

はしがき

「常の御持言に、われはこれ賀古の教信沙弥の定なり云々」とは、親鸞の言葉として、その曾孫覚如の『改邪抄』のなかに引用されている。教信沙弥の定、すなわち親鸞の生活は教信の生活を定規（規範）とするということで、ここから教信は親鸞の理想像であったとさえいわれる。教信はふつう貞観八年（八六六）歿として知られている。いわば九世紀前半の人で、これにたいして親鸞の生年は承安三年（一一七三）、両者の間には三世紀以上のへだたりがある。したがって親鸞は教信の伝記を通して、教信を彼の理想像として描いたことになる。本稿は、親鸞の時代まで教信の伝がどのような形で伝承され、親鸞の受容がいかなる意義をもつものかを検討しようとするものである。

一

教信の伝は、以下にふれるように種々の異同があるが、いちおうふつうに叙述されている教信像をみておこう。(1)

教信《けうしん》郷貫・姓氏未詳。京都の人といひ或は光仁天皇の後胤とも伝ふ。南都興福寺にて唯識・因明等を修めたが遁世の志深く諸国を遍歴し、遂に播磨国賀古郡賀古駅に草廬を結び、妻帯し、村人の耕作又は旅人の荷運びに雇はれ俗生活を営み而も日夜称名念仏を怠らず、為に時の人彼を阿弥陀丸と称した。貞観八年八月十五日寂。或は賊に殺害されたともいふ。(下略)

さて、教信の伝がとりあげられた現存最古として知られているものは、往生人の行業を集めたわが国最初の往生伝、慶滋保胤の『日本往生極楽記』(以下『極楽記』)である。ただ、その成立は寛和(九八五〜八七)初年ころといわれるので、教信の歿年、貞観八年(八六六)からは百二十年も後のことである。ついで東大寺の永観が念仏の一行に十種の因があるから一心に阿弥陀仏を称念すれば往生できると説いた念仏の教義書『往生拾因』(以下『拾因』)のなかに実例として教信の行業があげられている。親鸞は『拾因』を読んでおり、この書から教信の行業を知ったといわれている。(2) これは康和年中(一〇九九〜一一〇四)の作とされているので『極楽記』に遅れること百十余年である。また往生伝の成立は『極楽記』のあと大江匡房の『続本朝往生伝』、三善為康の『拾遺往生伝』、おなじく為康の『後拾遺往生伝』とつづくが、『後拾遺往生伝』(以下『後拾遺』)のなかに再び教信がとりあげられている。これは保延三年(一一三七)ころの成立といわれている。『拾因』に遅れることほぼ四十年となる。このほか成立時期は明確ではないが右の前後に位置（十二世紀初か）する『今昔物語集』のなかにも収録されている。

さらに『私聚百因縁集』『進行集』『一言芳談』『峯相記』などの書がつづくが、これらはいずれも親鸞歿後の成立のもので、ここでは『今昔』以前にあげた四書について主として考えることとする。

『極楽記』の叙述は比較的短文であり、教信伝としては最古のものであるので全文をあげておこう。

摂津国島下郡勝尾寺住僧勝如、別起二草庵一蟄三居其中一、十余年間禁三断言語一、弟子童子相見稀矣、夜中有レ人、来叩二柴戸一、勝如以レ忌二言語一、不レ得レ問レ之、唯以二咳声一令レ知レ有レ人、戸外陳云、我是住二播磨国賀古郡賀古駅北辺一沙弥教信也、今日欲レ往三生極楽一、上人(明)年(今)月、可レ得二其迎一、為レ告二此由一故以来也、言訖而去、勝如驚恠、明旦遣二弟子僧勝鑒一尋二彼処一、欲レ撿二真偽一、勝鑒還来曰、駅家北有二竹廬一、々前有二死人一、群狗競食、廬内有二一老嫗一童子一、相共哀哭、勝鑒便問二悲情一、嫗曰、死人是我夫沙弥教信也、一生之間称二弥陀号一、昼夜不レ休、以為二己業一、隣里雇用之人、呼為二阿弥陀丸一、今嫗老後相別、是以哭也、是童子即教信之児也、勝如聞二斯言一、自謂、我無二言語一、不レ如二教信念仏一、故往二詣聚落一、自他念仏、及二于期(日)一、急以入滅焉、

ここで注意されるのは教信自身の伝が単独に扱われているのではなく、勝尾寺の勝如という修行僧を介してのそれである。このことは、本稿でとりあげる『極楽記』以下の四書にすべて共通するところで、勝如伝系の教信伝(3)といわれるものである。これらはまた冒頭にあげた教信の履歴のなかで興福寺の学僧とある点についても全くふれていないことは注意しなければならない(4)。

ここで少し詳しく『極楽記』の記文を中心に四書の教信伝についてみてみよう。『極楽記』の文意をほとんど変ることなく書下し文にしたのが『今昔』巻十五の第二十六「播磨国賀古駅教信、往生語」である。ただ『今昔』には『極楽

記』の文の意訳のあとに次のような言葉を加えている。

此レヲ聞ク人、皆、「必ズ極楽ニ往生セル人也」ト知テ貴ビケリ、彼ノ教信、妻子ヲ具シタリト云ヘドモ、年来、念仏ヲ唱ヘテ往生スル也、然レバ、往生ハ偏ニ念仏ノ力也トナム語リ伝ヘタルトヤ、

これは『今昔』編者の付加した教信の行業についての評語であろう。一方『拾因』と『後拾遺』の二書はたがいに細部では異なる箇所もあるが、大筋では一致しており、しかも『極楽記』の叙述よりかなり詳しいものとなっている。さきにあげた『極楽記』の文の要約を中心にこの間の異同をみてみよう。

一、摂津国勝尾寺の住僧勝如（『後拾遺』―座主証如）が十余年（『拾因』―十二年、『後拾遺』―二十年）間無言の行をしていた。

『極楽記』は勝如の前半生について全くふれないが、『拾因』『後拾遺』ともに勝如の父母の経歴、勝如の誕生、一家の出家、勝如の修行、父母の追善など年代、実名をあげてこまごまと記している。

二、この草庵にある夜（『拾因』『後拾遺』ともに貞観八年八月十五日夜）播磨国賀古駅の北辺の沙弥教信と名乗る者が尋ねて来て、今日極楽往生すること、上人は明年今月（二書ともに今夜）迎えをうけることを告げる。

三、この告げにより弟子勝鑒を遣わして真偽をたしかめさせる。

四、勝鑒は帰ってきて次のような報告をした。

1　駅の北に竹廬があり、その前にある死人を沢山の犬が喰いちらしていた（『拾因』―小廬の上に鵄烏が集まり、近づくと死人を犬がむらがり喰っており、しかも「傍大石上有二新髑髏一、容顔不レ損、眼口似レ咲、香気薫馥」とある）。

2　廬の内の老嫗の話によれば、その死人は夫の教信で、一生の間弥陀号を称えて昼夜休むことがなかった。隣

里の雇主がかれを阿弥陀丸とよんでおり、ここにいるのは彼の子であるというのである（二書とも筋は変らないが、さらに勝鑒が訪れたのは教信の歿後三日目で、老媼と教信とは三十年にわたる生活をともにしていることが知られ、しかも『拾因』だけは「於レ是村里男女往還道俗、具聞ニ勝鑒之来由一、星馳雲集、廻ニ彼髑髏一歌唄讃歎矣」とみえる）。

五、勝如はこのことを聞き、自分の無言の行は教信の念仏に及ばないとして、村々をまわって、念仏を行なった（二書によって勝如が行動を起したのが八月二十一日であることが知られ、さらに『後拾遺』では「普経ニ門戸一、宣ニ説大乗一、教ニ訓衆人一、修行抖擻、相ニ唱知識一、図ニ絵丈六立像阿弥陀仏九体一、書ニ写法花経六部一、是則為下望ニ九品一利中六道上也、便埋ニ般若堂艮巌下一」とある）。

六、期日に急に入滅した（この条は二書とも翌年八月一日に再びもとの草庵に隠居し、十五日の早旦〈『拾因』では「至ニ于期日一」とある〉に堂を出て沐浴し、弟子等〈『後拾遺』―門弟十八人〉にその夜が往生の期日であることを伝え、夜予言のとおり往生したことを記す。勝如の年は八十七、遺弟たちの追善仏事があり、遺体を火葬にしたが手印が焼けず、これを石塔に安置したことにふれている）。

この対比によって『拾因』『後拾遺』二書間の違いは前者に教信の髑髏（第四）、後者に教信往生後の勝如の修善行事（第五）があり、各々他書にない点が大きなもので、ほかはたんなる表現上の違いと考えられる。また『極楽記』と右二書とは簡略と詳述との明らかな対立のなかで、『極楽記』には実年代の記入がないことが注意されよう。

ところで『拾因』の教信伝の末に「具載ニ彼上人伝一焉」とあり、『後拾遺』にも「今按、此人在ニ慶家往生伝一、然而子細有レ略、行業不レ詳、故尋ニ彼本伝一、芟レ繁記レ要而已」とある。したがって二書ともその叙述のよったところは『上人伝』『本伝』であるという。『後拾遺』によれば『慶家往生伝』すなわち『極楽記』の記述が簡単なので、あらためて本伝によって取捨し、要点を記したという。ところで『極楽記』の序文にはその記述方針を記して「今撿二国史及諸人別伝等一有二異相往生一者、兼亦訪レ於二故老一」とある。これらの書が大筋において変りないとすれば、三書は共通の一つの伝――その叙述からみて教信の伝ではなく勝如伝――によって各々叙述したのではないかと推測される。いいかえれば、『極楽記』以前にすでに勝如伝ができ上っていたとすることである。

二

『極楽記』成立以前さらに遡って、『勝如伝』の成立が予想されても、その伝記がそのまま伝えられていない以上、『極楽記』以下の三書を手懸りとするほか方法がない。ここで『拾因』『後拾遺』によって年代的なものをみてみよう。

勝如

天応元年（七八一）四月五日　誕生。父摂津国郡摂使左衛門府生時原佐通、母出羽国総大判官代（『後拾遺』は出羽国府官）藤原栄家女。

延暦六年（七八七）　父四十一、母三十三、勝如七歳の時一家ともに出家。

延暦十四年（七九五）二月十八日　父母共に死す（『後拾遺』は勝如十五歳。仲春十八日）。

某年　勝尾寺證道上人に師事（『後拾遺』師名なし）。

某年（七年のち）　別に草庵を構える（『後拾遺』なし）。

貞観八年（八六六）八月十五日　沙弥教信の来訪をうける。

貞観九年八月十五日　歿。八十七歳。

教信

某年　　　　生年不明（仮に教信の歿年を五十歳とすれば弘仁ころとなる）。

承和三年（八三六）ころ　　妻をめとる（歿年より三十年前）。

貞観八年（八六六）八月十五日　歿。

こうしてみてくると教信は承和の初年ころ自度の沙弥として口称念仏をしていたことになろうか。ところでわが国の口称念仏の思想はどのような発展をたどったのであろうか。(5) 浄土関係経典の伝来や浄土にたいする意識はかなり早くからあったが、口称念仏の伝来はこれらより遅く、奈良時代法相宗の名僧元興寺智光の教学のなかにとりいれられたのをはじめとする。それは曇鸞によって説かれた観念的な心に弥陀や浄土を観想する手だてとして口称念仏の思想が、曇鸞の著作を利用した智光の教学（『無量寿経論釈』）に流入したと考察されている。ただこの口称念仏が智光の浄土観のなかに大きな比重を占めたか否かについては議論のわかれるところである。(6) しかしそのいずれにしても、智光の口称念仏はかれの弟子たちにはうけつがれなかったようである。智光についで、日本天台の開祖最澄の教説のなかに口称念仏の行法が加えられているが、ここでも潜在したという域を出ない。すなわち天台の実践行業として止観・遮那の二業を習得することを規定しているが、この止観業とは、いわば明知をもって諸法の実相をきわめるため心の散乱を防ぐ方法である。天台大師智顗の『摩訶止観』にもとづくもので、常坐三昧・常行三昧・半行半坐三昧（法華三昧）・非行非坐三昧の四種三昧を修するものである。このうちの第二、常行三昧法は「九十日身常行無㆓休息㆒、九十日常唱㆓阿弥陀仏名㆒無㆓休息㆒、九十日心常念㆓阿弥陀仏㆒無㆓休息㆒」という行法で、観念とならんで口称の念仏がみられるのである。しかし最澄をはじめ円澄・義真らの弟子にいたっても第三の法華三昧法が重視されて、常行三昧法はかえりみられなかった実状であった。この常行三昧が明らかにとりあげられたのは承和十四年（八四七）帰朝した入唐僧円仁によってである。当時大陸で流行していたのが、智顗の常行三昧と同流といわれる法照流の念仏で、これを円仁が叡山に移植したことにある。『慈覚大師伝』に仁寿元年（八五一）に五台山念仏三昧法を諸弟子に授け、初めて常行三昧を修したと記されている。のち貞観七年（八六五）叡山で不断念仏がはじまり、しだいに流行のきざしをみせはじめるが、円珍の歿した寛平（八八九〜九八）ころまではこの常行三昧の発達は著しくなかったとされている。

円仁は貞観六年（八六四）に七十一歳で歿しているので、勝如・教信とほぼ同時代である。円仁の帰朝は教信が歿した年より二十年前で、教信はその時すでに妻帯生活をして十年を経過していたことになる。しかも円仁が諸弟子に念仏三昧法を伝えたのはこれより四年あとになる。こうしてみると教信の行業は、口称念仏の展開史のうえでいかに特異なものであるかが知られるのである。しかしこのことは勝如伝――実際には三書（『今昔』は『極楽記』と同文のため）から類推される教信伝――が正しいものとすることが前提である。

ところで三書の伝える教信の行業を知った勝如の態度を想起しよう。すなわち口称念仏をして往生した教信の行業を勝鑒から知らされて勝如は十余年の無言の行を一擲している。勝如自身も往生を目指してその最上業として無言の行をしていたことが窺えるから、(7) 浄土を観想するいわば観念念仏を行なっていた。その勝如が教信の行業にしたがっていることは、とりもなおさず口称念仏が観念念仏より優れているという理論の思想的背景が示されていることになる。ところで現実の問題として貞観七、八年の時点では、先にみたように口称念仏は円仁の手によってようやく叡山に移植されたばかりの時である。しかもその口称念仏も観念念仏と併用されているという段階である。智光や最澄の教説に潜在したに過ぎないものを民間の一沙弥である教信がどのような意識で弥陀の名号を選びとったのか、この一事だけでもきわめて特異であるのに、口称念仏の勝機を認めたいま一人の勝如の存在はさらに特異である。

これまで三書を共通なものとして、単一の勝如伝を求めようとしてきた。しかし『極楽記』と後続二書とは大筋で一致するとはいっても、いくつかの違いがあった。たとえば『極楽記』には年次関係の記載がいっさいない。そして勝如の伝についても全然ふれていない。保胤の簡単明瞭な記述方針がこれらを省略させたといちおうみられないこともない。ここでこれらのことを確かめるため、三書の共通する主題である極楽思想に関する叙述を対比させてみよう。(補1)

一、教信の予告

『極楽記』　夜中有レ人、(中略)戸外陳云、(中略)今日欲レ往ニ生極楽一、上人(明)年(今)月、可レ得ニ其迎一、為レ告ニ此由一、故以来也、言訖而去、

『拾因』　于時貞観八年八月十五夜空聞ニ音楽一、奇ニ思之一間、(中略)戸外人陳云、(中略)今往ニ生極楽一之時也、上人明年今月今夜、可レ得ニ其迎一、為レ告ニ此由一故以来也、然間微光僅入レ菴、細楽漸去レ西矣、

『後拾遺』　貞観八年(丙戌)八月十五日、夜中有レ人、(中略)外人謂曰、(中略)今日往ニ生極楽一、上人者明年今夜、可レ得ニ其迎一、為レ告ニ此事一、与ニ聖衆一所ニ来告一也、微光照レ窓、言訖而去、

二、教信の行業

『極楽記』　嫗曰、(中略)一生之間称ニ弥陀号一、昼夜不レ休、以為ニ己業一、隣里雇用之人、呼為ニ阿弥陀丸一、

『拾因』　嫗曰、(中略)(去十五夜既以死去、今成ニ三日一)一生之間称ニ弥陀号一、昼夜不レ休、以為ニ己業一、雇ニ用之一人、呼為ニ阿弥陀丸一、

『後拾遺』　嫗曰、（中略）教信常唱㆓念仏㆒、隣里呼曰㆓阿弥陀丸㆒、

三、勝如の感想

『極楽記』　我無㆓言語㆒、不㆑如㆓教信念仏㆒、

『拾因』　我年来無言不㆑如㆓教信口称㆒、恐㆓利他行疎㆒焉、

『後拾遺』　倩思無言不㆑如㆓念仏㆒、

四、その後の勝如の行業

『極楽記』　往㆓詣聚落㆒、自他念仏、

『拾因』　同二十一日、故往㆓詣聚落㆒自他共念仏、

『後拾遺』　其年（八月）二十一日、始出㆓聚落㆒、普経㆓門戸㆒、（以下略、前節三書の対比第五に引用。説法抖擻、弥陀図絵、法花経書写、埋経）

五、勝如往生

『極楽記』　及㆓于期（日）㆒急入滅矣、

『拾因』　至㆓于期日㆒、出堂沐浴、語㆓弟子等㆒、教信之告相㆓当今夜㆒、今生言談此度許也、抑㆑涙入㆑堂、弁㆓備香華㆒、線付㆓仏手㆒念誦如㆑例、（中略）到㆓夜半㆒程、楽音髣聞、異香且芬、聖人合㆑音念仏、聞者歓喜不㆑少、光明忽照、紫雲満㆑空、上人向㆑西結㆑印端坐入滅、時年八十七、遺弟等悲喜交集、雙眼流㆑涙、結縁上下二百余人、三七日夜囲㆓繞彼屍㆒、不断念仏、此間香気猶以不㆑絶、結願之後将㆓以火葬㆒、手印不㆑焼在㆓於灰中㆒、

『後拾遺』　同十五日早旦、出㆑堂沐浴、招㆓門弟十八人㆒、謂曰、去年教信之告、已当㆓今日㆒、汝等為㆓善知識㆒、吾豈

忘二汝等一乎、漸及二夜半一、金光照レ室、香気薫レ窓、雲上有レ楽、指レ西而去、更闌夜曙、開レ室見レ之、顔向二仏前一、手結二定印一、威儀不レ乱、端坐入滅、生年八十七、爰門弟不レ堪二恋慕一、早不二殯斂一、経二三七日一、敢無二臭気一、葬斂之間、手印不レ焼、

かなり長い引用になってしまったが、これによって三書の位置関係がさらに明確になったと考える。三書の関連性は認められるが三書が単一の原典『勝如伝』から記述されたものではないということである。たとえば五、勝如往生のところで『極楽記』は「及二于期日一、急入滅」としかないのに、『拾因』『後拾遺』では弟子を集めて往生業を充分とり行なったのち往生している。これが同一原典による叙述の精疎といえるであろうか。『極楽記』は教信に視点をおいた。したがって勝如往生の叙述を省略（省略とはいえないが）したとしよう。それならなぜ教信の往生年月日を省いたのであろう。『極楽記』はその簡略化のあまり年次的なものを省略するというような態度をとってはいない。[補2]さらに年次が知られなくとも月日だけを記す例もある。たとえば問題となっている教信伝の直後に箕面滝下の修行僧の見聞談で教信伝と構成のよく似た話を伝えているが、これは年次不明のある八月十五日夜のことである。また『拾因』には勝如の往生業として源信の始めたと伝えられる仏の手と自らの手を糸でつなぐいわゆる迎講が、『後拾遺』には平安後期に盛行する埋経のことがみえるなど、九世紀前半の叙述としてそぐわない行事が記されている。なお『後拾遺』のみ座主証如とあったこともすでにみた。このようにみてくると教信伝を内蔵する勝如伝は『極楽記』→『往生拾因』→『後拾遺』としだいに変化していることが認められよう。『極楽記』に年次的な記述がないのは、保胤が同書に勝如伝を採録しようとした際には、その拠った資料に年次的な付加がなかったからであるとしたい。『極楽記』撰述以後『拾因』成立以前のいつかに年次的な付加があったとするのである。『極楽記』と『拾因』の間には百十余年のへだた

りがあった。

三

教信は阿弥陀仏の名号を称えて昼夜休むことなく、人々から「阿弥陀丸」とよばれたという。このことは『極楽記』以下三書ともほとんど変ることなくふれている。ところで『極楽記』には空也の行業を収めてそのなかで「常唱㆓弥陀仏㆒、故世号㆓阿弥陀聖㆒」とふれている。教信とおなじような事象である。しかもこの空也の項の末に保胤は評語を加えて「天慶以往、道場聚落、修㆓念仏三昧㆒希有也、何況小人愚女多忌㆑之、上人来後、自唱令㆓他唱㆑之、後挙前世念仏為㆑事、誠是上人化㆓度衆生㆒之力也」とある。教信の存在は先の口称念仏発展史のなかで位置づけに苦慮したが、やはり保胤の記す空也への評価に注意すべきで、天慶以降空也によって鼓吹された民間伝導の成果のなかで考えられるべきであろう。

『極楽記』には教信のほかにいま一例妻帯沙弥の往生の話を収めている。信濃国如法寺に住した沙門薬蓮の話で、「一生之間、読㆓誦阿弥陀経㆒、兼唱㆓仏号㆒、子有㆓一男一女㆒」とし、二子を集め往生を予告し、仏堂に入って身体および持経とも見えなくなったというのである。ただここにも年次的記載はない。

『極楽記』は国史・諸人別伝・故老の聞書などによったと序文でいっている。さきの教信伝を天慶以降に引きさげたけれども、それは口称念仏優位の思想によって粉飾されているからにほかならない。したがって保胤が典拠としたもの（諸人別伝か故老の聞書か）のさらに原話があったことを否定するものではない。

いま無益ではあるが、いちおうこの『極楽記』採録以前の原教信伝とでもいうべきものを追ってみよう。教信伝が薬蓮伝にくらべて個性的なのは、教信が自らの往生を他の人に告げにくること、教信の葬儀が遺体を獣に喰わせるいわゆる風葬であること、勝如が教信の往生を知ってその行業にしたがったことなどであろう。こころみにこのなかから極楽思想に関するものを除去すると、教信が往生を知らせにくるところは、他の人に自らの死を告げにくるということになろうし、口称名号のところは、何か経文の一節でも唱えていたことであろう。教信は沙弥である。古代において出家は公許を必要とし、師僧について得度し、数年の修行期を経て具足戒を得て初めて一人前の僧侶となる。ふつうこの修行中の段階を指して沙弥というのであるが、修行未熟というところから公許を経ないで自ら勝手に脱俗剃髪した者も沙弥といっている。後者を自度（私度）の沙弥といい、僧侶が免租等の特権を有したため、俗人がしばしば私度して僧侶を僭称した。延喜十四年（九一四）に出された有名な三善清行の『意見封事十二箇条』中に諸国の百姓が課役や租調を逃れるために自ら剃髪するものがおおく、「天下人民三分之二」との指摘がある。自度の沙弥は法網をくぐり、特定寺院・教団などの掣肘をうけなかったから、破戒的な生活をし、妻を蓄え子をもうけるなどしていたことはそう珍しいことではないし、世すぎの業のかたわら仏事を修することもまた不思議ではない。そしてこうした沙弥たちが貧困のはてに死して野ざらしとなることも絶無ではあるまい。教信像の輪郭がほぼおぼろげになる。ただこうした沙弥に勝尾寺の住僧である勝如が、沙弥の仏事に自らの業を捨てしたがうことは考えられない。しかし再三ふれたように『極楽記』の教信伝は勝如の見聞談という構成をとっており、薬蓮のように単純なものではない。したがって原教信伝のなかで勝如を欠くことができないとすれば、住僧と沙弥の関係からみて両者の位置はむしろ逆で、勝如の手によって教信が菩提を弔う。すなわち教信が勝如に救いを求めにきたとすることになるのではなかろうか。すなわち遺体を獣に喰われた沙弥が、名僧に救いを求め、後世を弔われたという異相譚を原教信像として設定できるのではあるまいか。

もちろんこれは一つの仮説にすぎない。しかし教信を天慶以前のはるか遡った時点に置くとすれば、やはり口称念仏による極楽往生譚とは別のものを考えなくてはなるまい。いいかえれば教信の行業の実証性はこの程度のものでしかないということである。勝如の父母やその誕生がまことしやかに述べられていてもこれは確認できない。(8)

空也登場の天慶から『極楽記』撰述の寛和ころまで四、五十年の差がある。この間に『極楽記』に採録された口称念仏優位の思想をもつ教信譚が成立したのであろう。保胤は諸人別伝か故老の話から採集したのであろうが、どちらかといえば故老の聞書をもとにしたのではなかろうか。そしてこの伝記、というよりその虚構性からむしろ説話とすべきこの往生譚が、さらに一貫した話となるためにいくつかの潤色が行われていった。教信の往生はいつころのことで、勝如とはどのような人であったかなどの点である。これらが寛和ころから『拾因』の成立期以前の間に付加されたのである。

『極楽記』の教信伝の次の項はさきにもふれたが、勝如とおなじ摂津国箕面滝の大松樹の下の修行僧の見聞譚であった。樹上に無言の修行僧があり、音楽と四十八願の筏をこぐ櫓音を聞き、樹上の修行僧が自分の迎えかと尋ねたのにたいし、「今夜為二他人一向二他所一也、可レ迎レ汝者明年今夜也」と空中から答えがあったという。翌年同日往生の予告というよく似たこの話は八月十五日の夜のできごとである。教信の八月十五夜往生はこの話が参考になっているのではなかろうか。また『拾因』『後拾遺』ともに文の結びで火葬しても焼けなかった勝如の手印にふれている。この話も『極楽記』律師隆海伝で、無量寿印を結んだ手印が「荼毗間其印不レ爛云々」とあり、この隆海は俗姓清海氏で、勝尾寺のある摂津国の僧である。なお隆海は貞観十六年に維摩会講師となっていることを保胤は記している。教信の歿年を貞観八年にした根拠はどのようなものであるか明らかではないが、勝如が住した勝尾寺は、宝亀八年（七七七）光仁帝の皇子開成によって創建され、はじめ弥勒寺といわれたものが貞観年中、改めて勝尾寺となったという。したがって貞観という年次は勝尾寺にとって全然意味のないものでもない。また『拾芥抄』に勝尾寺の僧として勝道上人の名がみえるが、『拾因』では証如が証道上人に師事したことにふれている。

こうしたことはともかく、三書が大筋で一致したのは、すでにみてきたように三書共通の単一勝如伝があったのではなく、勝如伝の最初の採録書『極楽記』の叙述が骨子となって、しだいに成長していったと考えたい。『拾因』『後拾遺』という成立年次の比較的接近した二書は『極楽記』にくらべてはるかに一致した叙述部をもつ。しかしそれにしても『拾因』には教信の髑髏が咲みを含んだといい、『後拾遺』では造仏・写経・埋経のことがあり、各々単独にとりあげられている。前者は教信往生時の風葬という悲惨さのなかにも、往生のしるしをなんらかの形で見出そうとした意識で、この話を支えた一般民間思想を、後者では念仏専修になりきれない余行尊重があり、当時盛行した埋経の風といい、いわゆる知識階級の思想が背後にある。これを各々の説話を支えた伝承圏のちがいととるか、永観という僧侶の布教にともなう民間接触と、三善為康という学者としての立場からくる意識の違いによるとみるかはにわかに断じられないが、こうした異話の採収が種々の変貌の分岐を示すことは窺えよう。(9)

四

『極楽記』の教信伝は同書のなかに収められている他の伝に比較してとりたてた扱いはされていない。往生の証拠として保胤が拾ったいわゆる往生者の実例のなかに、自然に入ったということである。しかしそれにもかかわらず教信伝が採用されたことにはきわめて重要な意味がある。ここでいう教信伝とは妻子をもった自度の沙弥の往生という点をさす。いわば自度の沙弥の救済である。このことは、たとえば『日本霊異記』（上巻二十七）で邪見仮名の沙弥が塔柱を切り地獄の火に焼かれる話に代表されるように、自度の沙弥はその破戒的行為によって悪業のむくいをうけるというかつての扱いから、寛和初年の『極楽記』のなかに往生者の実例として加えられるという。自度の沙弥観の質的向上がみられるのである。この背景には空也などによる民間布教の展開をぬきにしては考えられないところである。この点は『拾因』においてさらに強調されることになる。すなわち『極楽記』においてようやく往生者の仲間入りをした教信の行業は、永観によって口称念仏者の実例として単独にとりあげられるという扱いをうける。永観は教信の例話をあげたあと「雖㆓在家沙弥㆒、前㆓無言上人㆒、是依㆓弥陀名号不可思議㆒也、教信是誰何不㆑励乎」といっている。しいていえば『極楽記』は破戒の沙弥も往生できるという立場で、永観にあっては口称念仏によってこそ破戒の沙弥も往生できるという立場である。口称念仏こそ往生の手だてという意味で教信の行業が重視されだしたのである。そしてこの段階を経ることによって、教信への新しい興味が生れてきた。『極楽記』以後『続本朝往生伝』『拾遺往生伝』ととりあげられなかった往生伝のなかで、『後拾遺』において再びとりあげられる意味が生れてくる。慶家往生伝 の記載は省略がおおいので、彼本伝から再構成したといっているが、教信譚が改めてみなおされているのは永観による教信の評価によるところがあったのであろう。

『今昔物語集』の教信譚は『極楽記』の文章そのままということで対象を三書にしぼってとくにとりあげなかった。しかしこの『今昔』にも教信の新しい評価がはっきりと示されている。第一節で引用した『今昔』編者の付加部の末に「彼ノ教信、妻子ヲ具シタリト云ヘドモ、年来、念仏ヲ唱ヘテ往生スル也、然レバ、往生ハ偏ニ念仏ノ力也トナム語リ伝ヘタルトヤ」の評語で結ばれている。『極楽記』で口称念仏優位の思想が潜在したことにふれたが、ここでは同文を書下しながら口称念仏強調の思想が顕在しているのである。しかも『今昔』にはこの教信譚の直後に「北山餌取法師、往生語」がある。この話は比叡山西塔の延昌僧正の見聞譚である。延昌が修行中、北山の奥に迷いこんだところが、妻をもち、しかも鷹の餌とするためなどの目的で牛馬を殺して肉をとる、いわゆる餌取法師の家であった。昼は牛馬の肉を食しながら、夜半には小庵に入って弥陀の念仏を唱えるこの沙弥は、延昌に死ぬ時は必ず告げることを約し、この地を寺とすることを願い、そして

其ノ後、年月積テ（中略）三月ノ晦方ニ夢ニ「西ノ方ヨリ微妙音楽ノ音空ニ聞ユ、漸ク房前ニ近付テ、房ノ戸叩ク、『誰ソ、此ノ房ノ戸叩クハト』問ヘバ、答テ云ク、『先年ニ北山ニシテ契リ申シ、乞匃ニ侍、今、此ノ界ヲ去テ、極楽ノ迎ヘヲ得テ参侍ル也、其ノ由ヲ告ゲ申サムガ為ニ、契リ申シ、事ナレバ、態ト参テ申ス也』ト云テ、遙ニ西ヲ指テ楽音去ヌ、『出テ値ハムト』思テ、忩ギ起ク」ト思フ程ニ、夢覚ヌ、

驚キ恠テ、夜明ケテ後、弟子ノ僧ヲ呼テ、彼ノ北山ヲ教ヘテ、遣テ令レ見ム、僧、彼ノ所ニ行テ見ニ、妻一人泣〻居タリ、妻ノ云ク「我ガ夫ハ今夜ノ夜半ニ、貴ク念仏ヲ唱ヘテ失ヌ」ト、弟子、此ヲ聞テ、返テ其ノ由ヲ師ニ申ス、師、此ヲ聞テ、涙ヲ流シテ、貴ブ

事无レ限、

とある。この話は『打聞集』に簡略化された話を伝えるほか出典は明らかではない[10]。しかし往生の予告といい、弟子僧の派遣といい、教信伝とよく似た構成をとっている。教信は人に使役されることを業とし、ここでは餌取法師として牛馬の肉をとることを業としている。ところで保胤は『極楽記』の序文のなかで『瑞応伝』の「有ニ屠レ牛販レ鶏者一、逢ニ善知識一、十念往生」の記述に深い感銘をうけたことを記している。ただ『極楽記』にはこのような者の実例を拾うことはできなかったが、『今昔』にはこれが明らかに示されている。教信説話が、先にあげた『極楽記』序文の保胤の言葉と混交すると北山餌取法師のような話に発展するのではないだろうか。ちなみに『今昔』同巻十五第二十八、すなわち北山餌取法師の話の次にあるものも「鎮西餌取法師、往生語」であり、ここでは無名の修行僧の鎮西での見聞譚で、全く同種のものである。この原拠は『極楽記』の成立に約六十年遅れて成立した『法華験記』（中七三）である。

む す び

以上いわゆる勝如伝系教信伝を検討してきたのであるが、その伝をもって教信の実伝とすることは適当でなく、むしろ教信説話とよぶべきものである。そしてこの説話にはいくつかの変貌のあとがみられた。観念と口称の二つの念仏が併存し、貴族界に観念念仏が盛行した平安後期の浄土思想界のなかで、口称念仏の思想が着実に開花していったことを、沙弥教信という民間信仰者の往生譚の受容と変貌を通じて窺うことができるのである。親鸞は教信の行業を直接には『拾因』から知った。もちろん親鸞の理解は、永観が口称念仏を強調しながらなお観念念仏を捨て去っていない態度とは画然と区別されるもので、それゆえに親鸞の偉大さがあるが、『今昔』や『後拾遺』の教信説話の存在は、親鸞がひとり民間に埋もれた全く無名の念仏鼓吹者を拾い出してきたのではないことを示している。「われはこれ賀古の教信の定なり」という言葉は、親鸞より低次ではあるが教信の行業を理解する人々が広く存在したことのなかで評価されるべきであろう。

註

（1）『国史辞典』（冨山房）、三一九七頁。なお『日本史大辞典』（河出書房）もほぼ同旨。
（2）右近純教氏「教信沙弥の研究」（『無尽燈』二二の九・一〇、大正六年）、橋川正氏「後の教信沙弥」（『日本仏教文化史の研究』）。
（3）註(2)右近氏論文。
（4）教信の履歴が語られるのは『進行集』以後いずれも鎌倉期成立のもの。
（5）以下の叙述は井上光貞氏『日本浄土教成立史の研究』、石田充之氏『日本浄土教の研究』によるところが多い。
（6）註(5)井上氏論文及び戸松憲千代氏「智光の浄土教思想について」（『大谷学報』一八・一九巻）。
（7）『極楽記』には元興寺智光・頼光の伝を載せるが、頼光が無言の行をして極楽に往生する話を中心としている。
（8）摂津の時原氏というのは勝如だけしか知られておらず、「摂使」「総大判官代」などもっともらしい職名であるが時原佐通・藤原栄家など確認はできない。
（9）なお教信伝は鎌倉期に入ると、かつて重要な役割をはたした勝如が姿を消し、教信の行業が単独に語られる。そしてかつて無名の沙弥であった教信が、ここでは法相の碩学であったとされている（『進行集』『一言芳談』『峯相記』など）。
（10）日本古典文学大系『今昔物語集』三、三八一頁、頭註。
（補1）底本は『極楽記』『後拾遺』が思想大系本、『拾因』は『大正新脩大蔵経』巻八十四による。

（補2）現在ではこの考えにやや疑念を持ちだしている。すなわち『極楽記』の第一稿の各伝は何年に往生したかではなく、いかなる往生業を修し、いかなる往生をしたかに関心が向けられており、たとえ年次記載があっても省略する場合がある。そして中書大王の補訂、および保胤出家後の付加部になってはじめて歿年記載がなされたのではないかということである。したがって、『極楽記』に教信の往生の年月日の記載が見えないことによって、ただちに原典にも歿年がなかったとする考えでよいかということである。ただ、第一稿の依拠した原話にすべて歿年次等の記載があったというのではもちろんない。わが国初期往生者の実年代は、多く不明であったと考える方が自然であろう。

餌取法師往生説話の形成

はしがき

説話が、伝播にともなってしだいに変貌していくであろうことは、誰しも考えるところであろう。ただ、この周知のことの追求が意外となされていないのは、説話の変貌が、伝授者の意図や伝受者の興味・時・場所・階層など種々様々な原因によって起るため、各説話の類似性が指摘されても、前後関係まで論証することができにくい場合が多いからである。しかし、こうした障害を乗り越えて変貌の軌跡が捉えられれば、説話伝承圏の性格なり、意図なり、時代性なりが、逆に浮かび上がってくるといえよう。

本稿は、平安中期以後しだいに現われてくる餌取法師往生譚に視点を置いて、説話の変貌とその要因の一端を探ろうというものである。

一

『今昔物語集』巻十五に「北山餌取法師、往生語」（第二十七話）及び「鎮西餌取法師、往生語」（第二十八話）とあって二つの餌取法師往生譚をのせている。前者は第十五代天台座主延昌（八八〇〜九六四）が若き修行中に京北山、大原の山奥で、後者は無名の修行僧が鎮西の山中で、ともに目撃した話である。内容を概観しておこう。

前者は、大原山の戌亥の方で道に迷った修行僧延昌が、山中で一小家を見つけ女人の応待をうけて一夜の宿を借りた。ところがこの家の主は年老いた法師でありながら妻帯しており、しかも（仏家としてははなはだしく忌み嫌う）牛馬の肉を食している。延昌は「奇異ク、餌取ノ家ニモ来ニケルカナ」と怖ろしく思い夜明をまつうち、後夜（夜半から明け方）にこの法師が起き、家の後の小庵で弥陀の念仏を行うのを見た。翌朝延昌の問に答えて法師は自らの行業を説明したあと「死ナム時ハ、必ズ、告ゲ奉ラム、亦、己レ死ナム後ニハ、此ノ所ヲバ寺ヲ起給ヘ」と依頼している。その後、延昌はこのことを失念していたが、ある三月晦の夜の夢に法師が先年の約束を伝えたので、弟子を遣わしたところ、法師の妻が往生の様子を語った。「其後、延昌僧正、村上ノ天皇ニ此ノ由ヲ申テ、其所ニ寺ヲ起タリ、補陀落寺ト名付ク」とあり、そのあとに「食ニ依テハ往生ノ妨ト不レ成ズ、只念仏ニ依テ極楽ニハ参ル也ケリ」と評語を加えている。

後者は、鎮西の山奥で道に迷った修行僧が山中に一草庵を見つけ女人の応待をうけて一夜の宿を借りた。この家の主も法師であり、牛馬の肉を食物としていた。修行僧は「奇異キ所ニモ来ニケルカナ、我ハ餌取ノ家ニ来リニケ」と思ったが、行くべきところもなく泊まったところ、丑時（午前二時ころ）ばかりに法師が起きだし、庵のうしろの持仏堂で法花懺法、法花経読誦、弥陀念仏の諸行を行うのを見た。翌朝修行僧の問に答えてその法師浄尊は、己の行業を説明したあと「今、何年ヲ経テ、某年某月某日、此界ヲ弃テ、極楽ニ往生セムトス、若シ、結縁セムト思バ、其時ニ来給ヘ」と約している。そののち約束の期日に再び尋ねて行ったところ、浄尊とその妻は往生業を修して入滅した。このことを伝え聞いた人々は、その場所に結縁しにきたが、のちその所はわからなくなってしまった、というものである。

前話は、その実見者が若き日とはいえ、天台の高僧延昌であり、補陀楽寺創草縁起というべきものであり、これにたいして後話は、修行中の無名僧の体験譚で、場所も不明となっており、きわだった対照をなし、しかも全体の構成から見ると両話は非常に似かよっていることが注意される。

この両話のうち、延昌の実見譚は『打聞集』に「補陀落寺屠児事」という題で類話が収められている。ここでは「□塔延昌僧正若小時、修行、北山奥ニ大原犬亥」ではじまり、『今昔』と全く同じ筋である。ただ、たとえば餌取法師の描写について「ロ二三間屋有リ、只夫妻□□有リ、夫ハ法師也、牛馬肉食云々」とあってすこぶる直線的で、『今昔』のように道に迷って宿を乞い、女人の応待をうけ、やがて主の法師が荷を担って登場、肉食のところをこまごま描写するのとは全く異なっている。以下夜半の仏事、翌朝の延昌への答、寺院建立の依頼、往生の知らせ、そして結びに「人ハ食物不レ依」とまであり、描写に精粗という関係を保ちながら両書はほとんど筋において同一である。

『打聞集』は『今昔』と二十話の同一説話をもち、『今昔』とほぼ同じころ成立したと考えられているが、『打聞集』の特殊な表記などから見て両者の間に直接書承関係はないとされている。(1) この説にしたがえば、延昌が実見した北山餌取法師往生譚は、たとえ肉食しても念仏すれば往生は可能であるという教説のもとに流布していた同一原話か同系説話から『今昔』『打聞集』の編者が別々に採録したと考えられる。しかも『今昔』には先にあげた鎮西の餌取法師の往生譚もあり、十一世紀末[2]には餌取法師往生譚がいちおう一般に流布していたことが窺えよう。

一方、鎮西の餌取法師往生譚は、すでに『攷証今昔物語集』にその原典として『大日本法華験記』（中巻第七十三話）が指摘されている。たとえば餌取法師の描写は

『験記』　家主荷レ物来、置二庵内一、見二此家主一是法師也、頭髪三四寸、身着二綴衣一、其体麁醜、難レ可二親近一、（中略）食物非レ飯非レ粥、非レ菜非レ菓、食非二例物一、似二肉血類一、

『今昔』　人、物ヲ荷テ来レリ、奄ノ内ニ入テ荷タル物ヲ置ク、見レバ、法師也、頭髪ハ三四寸許ニ生ヒテ綴ヲ着タリ、怖ロシク穢クテ更ニ可ニ近付一クモ非ズ、（中略）此ノ持来タル物共ヲ食ヲ見レバ、牛・馬ノ肉也ケリ、

この対比で省略のあとの部分に差異がみられるが、それ以前は『今昔』は『験記』の漢文体を忠実に書下し文にしている。省略部のあとの箇所は『験記』が遠いいいまわしで表現しているのに対し、『今昔』は「食ヲ見レバ、牛馬ノ肉」ときわめて直線的である。このあと『今昔』は餌取の家に来たと途方にくれるが、『験記』ではこうした記述なしに夜半の法師の勤行に移っている。しかし、翌朝修行僧の問に答えているなかに「依レ是弟子、求下於二世間一、無二悕望一食上、継二資露命一、以求二仏道一、所謂牛馬死骸肉也、昨夜所レ食、非二例食物一、是則件肉也」とある。ここの所を『今昔』は「此レニ依テ、浄尊、世間ニ人ノ望ミ離タル食ヲ求テ命ヲ継テ、仏道ヲ願フ、所謂ル、牛・馬ノ肉村也」とある。

このようにみてくると『今昔』は『験記』の文章を忠実に追いながらも、適宜整理し、物語としての具体性をもたせるためか、修飾文が加えられていることが知られる。なお注意されるのは、『験記』には餌取という言葉が見えないことで、これには「最初雖レ生二栴陀羅想一、後生二如仏浄清之想一」とあって、栴陀羅となっている。ただ（旃）陀羅とは、インドの四姓外の最下級の賤民で、餌取を業とするものを指しており内容はかわらない。こうして餌取法師往生説話

の存在は『験記』成立時点といわれる長久年間（一〇四〇～四四）以前、すなわち十一世紀のはじめころにさかのぼることになる。

二

餌取とは『和名抄』に屠児、和名恵止利とあり、鷹などの餌として牛馬の肉を裂いて販売する者と見えている。ここから殺生者の代名詞として、また自ら肉食する者として仏教側からはとくに忌まれた。身分的には律令制下、兵部省主鷹司に所属した雑戸で、『拾芥抄』には右京高倉通に「餌取小路」の名が見え、(3) そのあたりに集団で居住していたと考えられている。『類聚三代格』（十二）には承和元年（八三四）十二月二十二日の太政官符を載せているが、これによれば主殿・主鷹・織部等の寮司が、雑色・犬飼・餌取等を駆使して京市内で乱暴狼藉をはたらき、そのため町が荒廃し、公事の運行が思うにまかせないと見えている。のち餌取を所管する主鷹司は、貞観二年（八六〇）以後廃絶し、鷹飼などは規模が縮小され蔵人所に移されたようである。『源氏物語』藤裏葉に「蔵人所の鷹飼の、北野に狩つかうまつれる」などとある。こうして餌取たちはしだいに自立し、各地に分散し、律令制解体にともなって、餌差とか穢多とよばれる職業集団となっていった。

前節であげた餌取法師といわれるものは、延昌が出会った北山法師の場合、牛馬の肉を食するのを見て延昌が「餌取ノ家」に来たと判断（『験記』では栴陀羅）し、鎮西の法師の場合も同様である。そして北山の餌取法師は自身のことを「己ハ、奇異ク弊キ身ニ侍リ、此侍ル女ハ己ガ年来ノ妻也、亦、可レ食キ物ノ无ケレバ、餌取ノ取残シタル馬・牛ノ肉ヲ取リ持来テ、其レヲ啜テ命ヲ養テ過ギ侍ル也」といっており、鎮西の浄尊法師も「弟子浄尊ハ、愚癡ニシテ悟ル所无シ、人ノ身ヲ受ケ法師ト成レリト云ドモ、戒ヲ破リ慙无シテ、返悪道ニ堕ナムトス、今生ニ栄花ヲ可レ楽身ニモ非ズ、只、仏ノ道ヲ願テ、戒律ヲ持テ三業ヲ調ヘム事ハ、仏ノ教ヘニハ不レ叶ズ、分段ノ身ハ、衣食ニ依テ罪造ル、檀越ヲ憑マムト思ヘバ、其恩難報シ、然レバ、諸ノ事、皆、不二罪障一ズト云フ事无シ、此レニ依テ、浄尊、世間ニ人ノ望ミ離タル食ヲ求テ命ヲ継テ、仏道ヲ願フ、所謂ル、牛・馬ノ肉村也」[4]といっている。

前者は生活のためやむなく餌取の取り残した牛馬の肉を食しているというもので、後者は長文であるが、要は愚かな身として、行住坐臥すべてが罪業に通じるものであるので、たえて人の望まない牛馬の肉を食して命をつなぐというものである。しかも人里離れた山中に妻と居住しており、仏教教団に属さない私度僧として描かれている。すなわち、妻帯肉食の沙弥、それを餌取法師と呼んでいるのである。延喜十四年（九一四）三善清行は『意見封事十二箇条』を著わしているが、この中で「天下人民、三分之二、皆是禿首也、此皆家蓄二妻子一、口啖二腥膻一、形似二沙門一、心如二屠児一」と記している。餌取法師とは、まさにこの「形似二沙門一、心如二屠児一」といわれるものである。清行の場合は、破戒無慚の沙弥の存在を示して社会の欠陥を指摘しているのであるが、説話に現われた餌取法師の場合は、こうした破戒無慚の沙弥が往生できることを示しているもので、おなじ餌取でも扱われ方が異なるのである。

三

延昌の実見譚は、さきにふれたように補陀落寺創建縁起でもある。補陀落寺は「大原山の戌亥」といわれるように、現在の京都市左京区大原井出付近がその遺跡と考えられているが、天慶八年（九四五）延昌によって創立され、天徳三年（九五九）おなじく延昌によって供養されている。この供養願文が『門葉記』（百三十四）に収められている。

其齢及二九歳一始登二台山一、忘レ家随レ師、服レ道守レ志、更尋二幽閑之処一、于レ時禅定之居、信脚経行、至二山北之嶺一、得二一道場一、名曰二明燈寺一、人烟絶域之地、鳥路希通之巓也、欣然忘レ帰、屢以栖息（中略）去承平年中、故太政大臣貞信公令下命二小僧一住中法性寺上、因レ玆此地烟霞、暫以如レ忘、天慶之比、偸閑尋来、携二薜蘿一以望レ之、棟宇朽而不レ見、排二荊棘一以求レ之、粉壁頽而無レ遺、静思二往年一、喟然而還矣、至二同八年一、遂以草二創花堂一、（中略）即改二旧日之号一、為二補多楽寺一、蓋依二観音為レ主也、

その文中に右のようにある。これによれば、延昌が修行中に山北に明燈寺という道場を見つけ、しばらくここに住し、のちここが荒廃したので天慶八年あらたに寺院を建立、観音を本尊とするところから補陀落寺と名付けたというのである。すなわち、延昌が若き日北山大原山で修行したこと、やがてその地に補陀落寺を建立したことの二点は、右の願文によって事実であることが確かめられるが、それが餌取法師にかかわりがあるとする点は、明らかに事実に反する。いいかえれば、餌取法師の関与する補陀落寺創建説話は、補陀落寺が創建された天慶八年以後のいつか付加されたとすることができる。

ところで鎮西の餌取法師である浄尊の往生譚を収める『大日本法華験記』にはこの北山の餌取法師の往生譚を収めてはいないのである。しかも、注意したいのは『験記』に延昌の往生譚が収められていることである。これは「第六叡山西塔平等坊延昌僧正」とあり、俗姓を江沼といい、加賀の人で、顕密を学び、受戒以降は毎日昼は法華経を、夜は尊勝陀羅尼を読誦し、月の十五日に諸僧を招き弥陀讃を唱え、浄土因縁・法華奥義を討論し、つねづね三七日の不断念仏を修し、その結願の日に入滅したいと望んでいた。ある時の夢に四品朝服の天神が極楽往生を望むなら法華経

百部を書写せよと告げた。のち応和四年（九六四）正月十五日不断念仏を修し、迎講を催して入滅したというものである。

『験記』にはこのほか延昌が関係するものも、補陀落寺に関する説話も見られない。すでにみたように補陀落寺の創建は天慶八年（九四五）、延昌の歿年は応和四年（九六四）であり、『験記』の成立は長久年間（一〇四〇～四四）であるから、『験記』編纂時点で補陀落寺創建説話が創作されていてもなんら不都合はない。そうした場合、この説話と『験記』編纂者との関係はどのようなものであろう。編者の鎮源の経歴は明らかではないが「首楞厳院沙門」と『験記』に署名しているように叡山横川の僧侶である。したがって、天台高僧延昌や、天台宗寺院補陀落寺の説話がもし存在していたとしたら、容易にそれらを集録し得る位置にあるといえよう。ただ、北山の餌取法師の仏事は「念仏ヲ唱フルヨリ外ニ勤ムル事无シテ」とあり、『験記』の目的とする法華利益譚ではない。したがって、鎮源はその念仏往生譚を知っていながら、編集方針に入らないゆえをもってこれを採用しなかったとすることもできる。

念仏往生譚といえば、『験記』に大きな影響を及ぼしている我が国最初の往生伝、慶滋保胤の『日本往生極楽記』がある。その成立は寛和二年（九八六）と考えられているから『験記』をさかのぼること五十余年である。保胤は大陸よりの渡来書『浄土論』『瑞応伝』に触発されて自著を編したといっているが、この二書のうち、『瑞応伝』は明らかに叡山に伝えられたもので、彼は右二書を叡山横川の『往生要集』の著者源信から提示されたと考えられ(5)、『極楽記』の中でも僧侶に関するものが二十七話あり、このうち延暦寺僧が十話を数える。延昌だけについていっても、保胤が深い関心を示してその伝を『極楽記』に収めた空也の叡山における戒師が、この十五代天台座主なのである。鎮源に劣らず天台高僧、延昌の関与する説話採取にきわめて近い位置にあったといえよう。こうして編された『極楽記』のなかに拾われた延昌に関する往生譚は、延昌自身の入滅譚だけであって、延昌の見聞譚、補陀落寺創草縁起は拾われていないのである。保胤がもしこの絶好の念仏往生譚を目にしたなら見逃すはずはなく、『極楽記』の時点では北山餌取法師の説話はまだ成立していなかったとすることができよう。延昌の歿後二十余年の時期である。

　ところで、さきに引用した『験記』の延昌入滅譚は、右の『極楽記』の記文を少しばかり手直ししただけで、ほとんどそのまま書承しているのである。平安期の七つの往生伝を対比し、その成立過程を克明に追求された重松明久氏によれば「延昌については、極楽記の記述は簡単であるが、法華験記は全文極楽記によっている。ただ俗姓を江沼氏としたことと、その行業に、例によって、『毎日転読法華大乗』を付加したことだけが異なる」[6]（傍点筆者）とある。この例によってとは、『験記』が先行資料を引用する際、鎮源の法華至上主義的立場から法華書写・読誦などの行業を適宜付加ないし置換えを行なっていることを指しているのである。延昌の場合『極楽記』では「毎夜誦二尊勝陀羅尼百遍一」としかないところを『験記』は「毎日転二読法華大乗一、毎夜尊勝陀羅尼百反」として新しく法華の行業を付加しているのである。こうした例は先行書に「修二行崇道一」「修二行仏道一」と見えるところを『験記』では「読二誦法華経一」としたり（第一、伝灯仏法聖徳太子）、「三昧之行法」とあるところを「日夜不断読二誦法華一」、「毎日長二講諸大乗経一」を「毎日必読二法華経一、習二学諸正教一」としている（第三、比叡山建立伝教大師）。顕著なのは第二話行基菩薩の場合で、行基は法華の行業をしていないのではじめはこれを加えなかったが、夢に宿老があらわれ、この『験記』を見て、行基は日本第一の法花持者だといったので、後補したと鎮源自身述べている。これは重松氏も指摘されているように保胤の『極楽記』の模倣である[7]。『極楽記』は、はじめ聖徳太子と行基の二人の行業を加えなかったが、のち夢感によって追記した経緯を記している。『極楽記』の記文を随所に引用している『験記』がこの夢感を知らないわけはなく、あえてこれを記述したのは『験記』が法華持経者のみを収載するという編集方針を強調していると考えられている。このほか臨終の行業に法華経の読誦を加えた第四、叡山慈覚大師伝ほか、第十、吉野山海部峰寺広恩法師、第八十三、楞厳院源信僧都、第九十六、軽咲持経者沙弥などに法華行業の潤色がみられる。

これらのことは、もし鎮源が北山餌取法師の往生譚を知っていれば、たとえ法華霊験譚でないとしても、鎮西浄尊法師譚のような類話を知っているのであるから、法華の行業を付加した往生譚に書き替えて『験記』に収録し得たことを意味しているのである。やはり、この時点では北山法師往生譚は生れていなかったとしたい。

四

『験記』第九十四話は沙弥薬延の往生譚である。無動寺の一聖人があることで美濃国に下向、路辺の舎に宿したが、そこの主は、法師に似て頭髪は二寸、俗衣を着し、その行業は「田猟漁捕、食レ完（六八）啾レ鳥、狼藉不レ善、宛如二具縛一」というものであった。聖人はこれを見てここに宿したことを悔いた。この悪比丘は名を薬延というが、夜半に起きだし身体を洗い、清浄衣を着し、うしろの持仏堂に入り、法華懺法・法華読誦・念仏観行を行なっている。翌朝聖人の問に答えて薬延は、殺生放逸・破戒無慚な行為であるが、法華誦経によって「以二其年月一、必生三極楽一、聖人有レ縁、来宿二此舎一、必可二結縁一」といっている。これを聞いた聖人は「読二誦法華経一、雖二是貴勤一、殺レ鹿害レ鳥、是深重罪、何得二往生一」として無動寺に帰り、この約束を忘れて数年を経た。ところが上人の房の周囲に浄土の瑞相が現われ、空中より「沙弥薬延、今日往二生極楽世界一、先年契言、結縁不レ忘、今所レ奉レ告云々」という声がした。聖人は驚駭し、

所収書名	『験記』(第九十四話)	『験記』(第七十三話)	『今昔』(第十五巻二十七話)
採話形式	実見譚(往生譚)	同上	同上
実見者	無動寺一聖人	修行僧某	西塔延昌僧正(修行中)
場所	美濃国路辺	鎮西山中	京北山(大原山)
往生者名	薬延	浄尊	某
往生者風姿	似法師、頭髪二寸、俗衣	法師、頭髪三四寸、綴衣	老法師
往生者行業	田猟漁捕食鳥	妻帯、牛馬肉を食す	同上
実見者感想	悪比丘	栴陀羅	餌取
往生者仏事	夜半、身体沐浴、清浄衣を着す 持仏堂に入る 法華懺法、法華読誦、念仏観行	丑時、沐浴、浄衣を着す 持仏堂に入る 法華懺法、法華読誦、念仏礼拝	後夜、沐浴、浄衣を着す 小庵に入る 点燈、薫香、弥陀念仏
往生者予告	某年月、必ず往生するから、結縁するよう依頼	同上	入滅の際は必ず告げるから、此所に寺を建てるよう依頼
往生確認	約束を失念、聖人の房に往生の瑞相が現われ、声にて往生を告げる 承平年中	約束の期日に訪れて、往生瑞相と夫妻の往生業を見る	約束を失念、夢に往生の瑞相が現われ、声にて往生を告げる弟子を遣わし、妻に往生のことを聞く。のち補陀落寺創建
その他	〔補『今昔』(第十五巻三十話)に書承、潤色されるも同旨〕	『今昔』(第十五巻二十八話)に書承、潤色されるも同旨	『打聞集』に類話あり、同旨

感涙にむせび礼拝讃嘆した。これは承平年中のことである、というものである。

この薬延は餌取法師といわれていないが、その殺生破戒ぶりはまさに餌取法師そのものであり、しかも先にふれた鎮西や北山の往生譚ときわめて類似しているのに気付くのである。前節で北山餌取法師往生譚が『験記』以後に成立したのではないかと推定を行なった。『験記』以後に成立した往生譚と『験記』にある往生譚との類似性、これは前者が後者の影響下に生れてきたことを意味している。試みにこれらを整理対比させると前表のようになる。

これら三説話は修行僧の実見譚として共通している。ただ実見者・場所・往生者はそれぞれ一致するものがない。往生者の風姿は俗衣と綴衣（僧衣）との違いはあるが『験記』の二話はほぼ同じで、行業は鎮西と北山の法師が妻帯、牛馬の肉食の点で一致し、美濃の法師は妻帯のことはみえず、牛馬の肉を食さない点で異なるが、これも殺生肉食である。また、各々悪比丘、栴陀羅、餌取と実見者の感想はまちまちである。往生者の仏事はほぼ同じく夜半に起きて持仏堂で勤行しているが、仏事は前二話が法華懺法、法華読誦と念仏で全く一致しているが、北山の法師は念仏だけである。往生の予告についても前二話はほぼ同じで、北山の法師は同主旨ながらこれに寺院建立の依頼を加えている。往生の確認については美濃と北山両譚が似ており、後者は夢としさらに弟子を派遣するという点で前者とやや異なる。『験記』の二話と北山餌取法師往生譚との対比は、後者は前者のうち薬延法師往生譚にやや類似点がおおく、さらに『験記』の二話同士に類似点があることが明らかとなった。

ところでこれら三話の主人公は悪比丘、栴陀羅、餌取とよばれ、実見者・場所・往生者など全く別で、そのほかすでにみたような細かな差異はあるが、話の構成は全く同一で、しかも主要テーマは殺生破戒の沙弥の往生譚、こうした沙弥でも往生が可能であるという教説で貫かれている。いま少し三話の共通点を追ってみよう。

前二話は叡山横川の僧侶鎮源の手になる『法華験記』に収められ、しかもそのうちの一話は叡山東塔無動寺の一聖人の体験譚であり、そのあとに生れたと考えられる一話はおなじく叡山西塔の高僧の体験譚である。しかも第一節で『打聞集』に「補陀落寺屠児事」として北山餌取法師の骨子が書きとめられていることにふれた。その『打聞集』は「仏事・法会の席などで、聴衆に仏教に関する語を、興味ふかく聞かせようがための手控えに、語り上手の先人の語った話を書きとめた」(8)と考えられ、加えて現存唯一の伝本でその成立に近い時期長承三年(一一三四)註記のある栄源本の紙背文書が叡山関係のものである。このようにみてくると三説話の類似性は、叡山の説法を主体とする伝承とおおきなかかわりがあるのではないかとする想定を可能にする。試みに『験記』の二話を第七十三話、第九十四話の順にならべて北山の餌取法師譚とつなげてその差異をみてみよう。

(場　所)　鎮西→美濃→京
(実見者)　修行僧某→無動寺某聖→西塔延昌僧正
(往生者)　浄尊→薬延→某

地理的にいって叡山にいちばん遠い鎮西から美濃、京と場所が移るにつれて、実見者も誰ともわからぬ修行者から、無動寺という叡山東塔の寺院に所属するしかも誰ともわからぬ修行僧、そして西塔の高僧延昌の若年の時のこととなっている。初めは浄尊という破戒の法師の往生譚が中心で実見者が従であり、北山の場合にはその往生者の氏名はどうでもよく、高僧延昌の実見譚であり、補陀落寺の存在を前提にして、この寺の草創を意味づけることによってむしろ現実めかしている。鎮西の往生譚と北山のそれは表裏一体となっているようである。このことは、殺生破戒の往生譚が採話され(あるいは作成され)、叡山関係の僧侶によって説法などに使用されながらしだいに形を整えられていった過程を想定することができる。往生業にしても、『験記』の二話の法華と念仏共業から念仏専一となって叡山の新しい方向と一致している。すなわち延昌実見譚が『験記』の二話の影響下に生れてきたとする以上に、浄尊法師往生譚↓薬延法師往生譚↓北山餌取法師往生譚としだいに変化したと想定されてくるということである。

五

『日本往生極楽記』第二十二話に次のような話がある。摂津国勝尾寺の住僧勝如が、十余年間無言の行をしていたところ、ある夜中柴戸を叩く者があり、その者は「我是住二播磨国賀古駅北辺一沙弥教信也、今日欲レ往二生極楽一、上人明年今月、可レ得二其迎一」と告げたので翌日弟子を派遣した。指示の場所に竹廬があり、廬前に死人があり、犬がむらがってその死体を食っており、廬の中では嫗と童子が残され、その語るところによれば、死人は夫の教信で、一生弥陀の名号を唱え、日常は隣里の人々に雇われていたという。勝如はこれを聞いてそれまでの観念念仏を捨て口称念仏を行い、期日に入滅したというものである。この話は沙弥教信伝のなかで勝如が見聞しているところから勝如伝系教信譚ともいうべきもので、妻帯沙弥の往生譚として、また観念念仏にたいして口称念仏優位の思想を打ち出している点で興味ある説話である。(9)この説話は勝如の実見譚で、妻帯沙弥の往生、教信の往生の予告の仕方、弟子僧の派遣など、形態的に餌取法師に関連するさきの三説話、とくに北山のそれに類似点がおおくみられる。浄尊↓薬延↓北山法師譚と変化してゆく一因にこうした先行類似説話の存在――編纂書に記載されているものばかりでなく、口承の場合でも――を考慮する必要があろう。

ところで妻帯沙弥の往生を載せる『極楽記』には肉食破戒の沙弥・僧侶はどのようにあつかわれているであろうか。『極楽記』第二話行基の項で、膾を食した行基がしばらくして吐き出したところ、膾が変じて小魚となった。第五話隆海の家は漁師であり、幼少の時隆海も漁師にしたがっていたが、摂津の講師薬円に見出され僧侶となっている。第二十二話勝尾寺勝如の実見譚はすでに本節の初めにふれた。日常人々に雇われ、妻子をもった沙弥教信の往生話である。第二十六話の小松寺玄海は、はじめ妻子を具していたがこれを去り、修行して往生した。第二十八話如法寺薬蓮は一男一女を持ちながら往生した。このほか第七話の無空律師は万銭に執着して蛇身となったが、往生することを得た。また第三十四話藤原義孝は葷腥を断っている。これらは『極楽記』のなかから、肉食妻帯に関連した破戒行為の例を拾おうとしたものである。ここで明らかなことは殺生戒や肉食を犯したものが一例もなく、妻帯往生者の例が二話（このほか妻子を去った例一）あることである。保胤は『極楽記』の序文のなかで「又瑞応伝所載、三十余人、此中有下屠レ牛販レ鶏者、逢二善知識一十念往生上、予毎レ見二此輩一弥固二其志一」といっている。すなわち、中国の往生伝ではあるが、餌取と同種の殺生者の往生について深い感動をもっており、これが『極楽記』撰述の一つの動機ともなっている。したがって『極楽記』編纂にあたって餌取や餌取法師の往生譚がもし保胤の伝聞に属したものであれば、それをのがすはずはないといえよう。保胤の時点では、殺生者や肉食者の往生譚はまだ一般化していなかったとしたい。

ところが、これと同じ視点で『験記』をみると、次のように『極楽記』ときわだった対比を示す。すなわち、形は僧であるが所行は俗人で「専貪二嗔癡一、行二殺盗婬妄飲酒放逸二」などと記され、悪業のために死して大蛇となり、写経供養によって救われた定法寺別当法師（第二十九話）、鎮西に下って世事にしたがい、魚鳥を食し、弓箭を具し、法華経の威力により死魚が蘇生し、弓箭が蓮華に見えたりし、肥後守に破戒無慙の法師といわれた神明寺叡実法師（第六十六話）、飢えのために鹿の肉を食し、俗人に怪しまれるのを恥じ、法華経の加護で柏木に変じた斎遠法師（第七十五話）、鳥獣を見れば必ず殺し、魚鳥は必ず食し、臨終に寿量品を誦した香隆寺比丘某（第七十六話）、在俗中殺生放逸に過し、地獄に堕んとして一持経者の利益に救われ、のち往生した沙弥修覚（第九十七話）などの話が載せられている。肉食や殺生の沙弥や僧侶がさまざまに記されているが、こうした破戒僧の行為そのものは、第二節に引用した三善清行の意見封事に指摘されたり、『日本霊異記』のなかで悪業の酬をうけるという形で種々にみられるところである。問題なのは、こうした破戒僧や沙弥たちが往生することができるとする説話が、どのような形でいつごろ生れたかということにある。そしてこの点の解明に手懸りを与えるのが、さきにみた『極楽記』や『験記』に拾われている破戒僧や沙弥たちの存在なのである。肉食妻帯僧の往生者の例は『験記』にみえながら『極楽記』にはなく、『極楽記』には妻帯沙弥の往生者の例がわずかながらみられるということである。餌取法師の名を冠せられる肉食の沙弥の往生譚は『極楽記』の成立時点までは遡らず、したがって十世紀末から十一世紀初にその形成があったといえよう。

『極楽記』をわが朝における信仰を勧誘する実例の書としてあげた『往生要集』の序文で源信は、この世を「濁世末代」といい、極楽往生の教行こそその目足であるとしている。また自らを「頑魯之者」とし、本文中にも「下品三生豈非₂我等分₁耶」（第十の二）とあって、その記述の根本的立場を極悪者として一貫させているといわれている。(10)ここには現実の僧界の腐敗堕落ぶりを目のあたりにしたこの世の認識や自らの真摯な反省がある。『極楽記』とほぼ同じころに叡山の横川の、しかも教学の中心者ともいえる源信にこのような意識がみられることと、これよりのちしばらくして餌取法師に関連する往生説話が叡山を中心に展開して行くことと無関係ではない。悪比丘、栴陀羅、餌取と、各様によばれるが、これらは殺生放逸・破戒無慚な法師を形容したものである。こうした極悪者でも救われるか、救われるとしたらどのような行業をすればよいのか。そうした教説の実例として、肉食妻帯者の往生譚が意味をもってくるのである。浄尊は「底下薄レ福賤人、愚癡無智」の者で、仏道にしろ、日常の生活にしろ、何をしても罪業とならないものはなく、仕方なく世間で食としない牛馬の肉を食して命をつなぐといい、薬延は罪業の力により殺生放逸、破戒無慚な行為をしてきたとしており、北山の法師も「己ハ、奇異ク弊キ身」で食べ物がないので餌取の取残した肉を食べているといっている。[11] 前二者は法華懺法・法華誦経と念仏により、後者は「念仏ヲ唱フルヨリ外ニ勤」めはないとしている。こうした人物の設定は、叡山の思想によるものであろう。

む す び

『今昔』に収められている二話の餌取法師往生譚は、一見無関係なものであるが、類話の対比勘案によって、同一説話系列であることを推論した。形式的にみれば、「餌取」とよばれているのは『今昔』と『打聞集』の説話であり、『験記』では「栴陀羅」「悪比丘」であった。ただ、「栴陀羅」は餌取の別称ともいうべきもので、『今昔』にみえる餌取法師自体、法師の身でありながら餌取を業としたというものではなく、その殺生破戒の行為が餌取の業に等しいという意味であり、呼び名によって区別されない。したがって餌取法師は殺生破戒肉食の僧侶や沙弥の代名詞である。この意味での餌取法師の往生譚が一般に流布しだすのは『極楽記』成立時点よりのちのことである。しかしこれを破戒悪行の僧侶や沙弥の往生譚の深化した一形態ととれば、餌取法師往生譚の先蹤は『極楽記』の編纂時点に遡ることになる。勝如系沙弥教信説話の存在がそれである。教信の場合自らの死体を狗に喰わせていることがみえ、餌取法師が牛馬の肉を食している点と何か暗合しているようであり、往生の予告や体験者の確認などで類似点がある。しかし餌取法師往生譚とこの教信沙弥往生譚が直接接続する同一系列の説話であるとは必ずしもいえない。ただ口称念仏優位や法華と念仏の共業、念仏専修の思想が叡山（とくに源信を中心とする横川か）の教説であることは疑いあるまい。これらは叡山をその思想的背景として語られた説話群ということになろう。

ところで美濃の薬延の行業にたいして無動寺の聖が「是深重罪、何得二往生一」と疑問視しているように、こうした悪業の僧侶や沙弥の往生は従来の一般的観念からは不可能なことであった。したがって伝授者、あるいは受者の身近なただちに確認できるところではなく、遠隔地のどことも不明である場所でのこととしてまず語られだし、しだいに伝承の過程で、ある箇所は明瞭となり、ある箇所は漠然としたものとなったり、それでいて教説としては深化していくという形で変貌したと考えられる。これらの伝承は仏事や法会の際の説法などでなされたと思われるが、これを叡山山内で催されたものと限る必要はない。鎮西・美濃・北山などで修行僧が実見したとしていることは、そうした地域でこの種の説話を拾い得る可能性を示しているが、このことはさらに叡山の説法がこの地に及んでいることを意味している。すなわち天台僧の布教地帯を示していることが知られる。

餌取法師説話は、律令制の解体にともなって広汎に現われた私度僧の存在を前提とし、叡山浄土思想の展開のなかで生れ、育ったものである。

註

（1）　古典保存会影印『打聞集』橋本進吉氏解説（昭和二年）、片寄正義氏「打聞集についての再吟味」（『書誌学』一六の五）、国東文麿氏「打聞集」（『解釈と鑑賞』昭和四十年二月）など。

（2）『打聞集』『今昔』の成立時点の意味。
（3）『拾芥抄』付図、西京図。なお本文、中巻京程部では高倉を「昌蒲小路」とし、烏丸を「恵立（恵止利イ）小路」としている。
（4）参考のために『験記』のこの部分の描写をあげておこう。「弟子浄尊、底下薄レ福賤人、愚癡無智、不レ知二善悪一、雖レ得二人身一復作二法師一、還入二悪道一、歎レ不二成仏一、不レ期二今生栄一、只念二無上道一、持二護戒律一、誠不二如法一、調二直三業一何叶二仏意一、只依二大乗一、欲レ離二生死一、分段依身、必資二衣食一、耕二作田畠一、作二多罪業一、欲レ尋二檀越嚫施一難レ報、一切構結、非レ無二罪業一、依レ是弟子、求下於二世間一無二悕望一食上、継二資露命一、以求二仏道一、所謂牛馬死骸也」。
（5）高野山宝寿院蔵『往生瑞応伝』の本奥書に「天徳二年歳次戊午四月廿九日庚辰木曜觜宿延暦寺度海沙門日延、大唐呉越州称日賜紫恵光大師、勧道伝持写レ之伝焉」（『高野山の文化財』）とあり、本書が日延によって請来されたことが知られ、この日延は北山餌取法師の往生譚に登場する延昌の命により天暦七年（九五三）―天徳元年（九五七）呉越国に渡海し、この書を伝得したものである。源信は『往生要集』（第七の六）のなかで唐朝の往生者の実例を示すものとして、『浄土論』とこの『瑞応伝』をあげ、わが国の実例として保胤の『極楽記』を勧めている。保胤の序文と一致するが、源信が保胤の文から右二書を知ったとは考えられない。〔補　拙稿「大陸渡来の往生伝と慶滋保胤」（芳賀幸四郎先生古稀記念『日本文化史研究』）〕
（6）『日本浄土教成立過程の研究』第二篇一三三頁。
（7）同前、一三一頁。
（8）註（1）国東氏論文、七五頁。
（9）拙稿「沙弥教信説話の変貌」。〔補　第二部に収載。〕
（10）石田充之氏『日本浄土教の研究』第一編第三章二〇頁。
（11）黒部通善氏は「浄尊は自らを戒律を保ち得ず三業を守ることのできない愚癡無智の凡夫であると信じ、それがためにひたすら仏の救済を信じざるを得ない弱い人間であると自覚している」といわれ、これを非僧非俗の破戒の沙弥とし、本稿で注目している浄尊・薬延のほかに、第九十話尋寂、第九十七話修覚の二人を算えている。「今昔物語集巻十五と法華験記」（『同朋学報』一四・一五合併号）。

増賀聖奇行説話の検討

――『法華験記』『今昔』『続往生伝』の対比――

はしがき

逸話や奇譚の伝播は、多くの場合口承という形をとる。口伝えられていく過程で、種々の目的や興味から、それらが書きとめられることも少くない。我々が目にふれ得るのは、「説話集」のなかに収められ、「往生伝」のなかに採られているという形においてである。こうした編纂書類に取り入れられた説話を、そのまま事実であったと認めるものは誰もあるまい。しかし、多くの史実が埋没して説話以外に残されていない場合、説話は本来その核になんらかの事実があり、これが粉飾されたものであるとの考えから、しばしば援用される。その際、もっとも注意すべき虚飾部の除去や、変形の実態の把握について、従来必ずしも明確な配慮がなされていないように見受けられる。

また、「説話集」における原典探究が目ざましい成果をあげながら、それが書承関係の追究という面に主力がそそがれ、口承面における変化の追求は、あまり顧みられていないようである。口承という無形の、しかも絶えず変化してゆく流動体を捉えることは不可能に近い。とはいえ書きとどめられたもののなかに、変化の一瞬間が写されているという事実を無視してはなるまい。

ふつう増賀聖を名利名聞に背を向けた反骨の僧としてあげる。その理由は『大日本法華験記』や『今昔物語集』や『続本朝往生伝』のなかに語られる数々の奇行によってである。この奇行説話が、真の増賀の影像をどれだけ正しく伝えているというのであろうか。奇行説話が増賀の実際の行為とどれだけの距離があり、各書間に語られる奇行説話がどのような関連にあるかを追うことによって、説話のもつ性格の一端にふれようとするのが本稿の目的である。

一

増賀聖の奇行を最初に伝えたのは、横川の僧鎮源の編した『大日本法華験記』第八十二(以下『験記』)である。『験記』の成立は長久年間(一〇四〇〜四四)とされ、法華経に関する霊験利益談の集成で、国史別伝や古老の口伝えを原拠とするといわれている。増賀が歿したのは長保五年(一〇〇三)であるから、その間四十年ほどの間隔がある。その次は大江匡房編の『続本朝往生伝』第十二である。これは康和三年(一一〇一)以後、匡房歿の天永二年(一一一一)までの間の成立で、寛和初年(九八五)ころに著わされた慶滋保胤の『日本往生極楽記』の遺漏およびその後の事象をひろった往生人の行業集である。さきの『験記』におくれることほぼ六十年である。

『続本朝往生伝』(以下『続往』)とは別に『今昔物語集』(以下『今昔』)には「多武峯増賀聖人語」(巻十二第三十三)・「三条大皇大后宮出家語」(巻十九第十八)の二編を収め、それぞれ増賀の奇行にふれている。周知のとおり『今昔』の成立年次は決定論がだされていない。十一世紀の後半、すなわち隆国原撰説から十二世紀の前半まで種々論じられ、最近では今野達氏(1)の『江談抄』成立以後説が注目されている。

以下『発心集』『撰集抄』『古事談』『宇治拾遺物語』『私聚百因縁集』などにも伝えられているが、ここでは先にあげた三書、いわば増賀奇行説話の初期に属する一群を考察の対象としたい。

三書はそれぞれ出生から臨終までを載せているが、その中で奇行をつたえるのはおおよそ次の六項七話となる。(補)

㈠　冷泉院が護持僧に任じようとしたのに奇行を演じて逃げ去る。

『験記』　冷泉先皇請為二護持僧一、口唱二狂言一、身作二狂事一、更以出去、

『今昔』　冷泉院、請ジテ御持僧トセム為ルニ、召ニ随テ参テハ、様々ノ物狂ハシキ事共ヲ申シテ迯テ去ニケリ、(巻十二第三十三)

『続往』（なし）

山根対助氏は、増賀伝において『今昔』は『験記』の発端部だけを直訳したとされるが、(2)右の対比によれば、奇行説話の部分にもこの関係がいえることは明らかである。『続往』はなぜかこれにふれていない。

㈡　後宮の出家にあたり、招かれて戒師となるも奇行を演じて人々を驚嘆させる。

『験記』　国母女院敬請為レ師、於二女房中一、発二禁忌麁言一、然又罷出、

『続往』　嘗有二后宮授戒之請一、参入之後、於二御所南檻一、撥レ尻示二臭風一、又曰、誰人以二増賀一為二擧毒之輩一、啓ヨ達后闈一乎、上下驚嘆、

『今昔』　三条ノ大皇大后宮ト申スハ、三条ノ関白大政大臣ト申ケル人ノ御娘也、円融院ノ天皇ノ御代ニ后ニ立セ給テ、（中略）老ニ臨ミ給ヒヌレバ、出家セムト思シテ、故ニ、多武ノ峯ニ籠リ居ル増賀聖人ヲ以テ、御髪ヲ令レ狭ムト被レ仰テ、態ト召ニ遣シタレバ、（中略）

聖人、「糸貴キ事也、増賀コソ尼ニハ成シ奉ラメ、他人ハ誰カ成シ奉ラムト」云ヘバ、弟子共此レヲ聞テ、「此ノ御使ヲバ嗔テ打テムズト思ツルニ、不レ思ザルニ外ニ、此ク和カニ参ラムト有ル、希有ノ事也」トゾ云ヒケル、（中略）挟リ畢奉テ、聖人居去カムト為ル時ニ、聖人音ヲ高クシテ云ク、「増賀ヲシモ召テカク令レ挟メ給フハ何ナル事ゾ、更ニ不ニ心得侍一ズ、若シ乱リ穢キ物ノ大ナル事ヲ聞シ食タルニヤ、現ニ人ヨリモ大キニ侍レドモ、今ハ練絹ノ様ニ乱ゝト罷成ニタル物ヲ、若上ハケシウハ侍ラザリシ物ヲ、糸口惜」ト云フ音、極テ高シ、簾ノ内近ク候フ女房達、奇異ニ目口ハダカリテ思ユル事无レ限シ、宮ノ御心ニハタラ更也、貴サモ皆失セテ希有・奇特ニ思シ食ス、簾ノ外ニ被レ候ル、僧俗ハ歯ヨリ汗出デ、我レモニ非ヌ心地共シテ居タルナルベシ、（巻十九第十八）

次に太皇太后宮大夫の前で、同様の奇行を再演する叙述がつづく。

『験記』と『続往』は同じような長さで、同主旨のことを述べているようであるが、㈠話における二書の関係とは異なって、この両書間には書承関係は認められない。ところで㈠話において『験記』をうけた『今昔』は、ここでは『験記』『続往』間よりも、はるかに遠い関係にある。前二書にくらべて、奇行内容を全く具体的に克明に描写している。

なお、本奇行で注意しなければならないのは、増賀を招いた女主人公が「国母女院」（『験記』）、「后宮」（『続往』）、「三条大皇大后宮」（『今昔』）と各々異なっていることである。

㈢　叡山の僧供のさいに、もろもろの夫とともにこれを食す。

『今昔』（ふつう僧供をうけるのは下僧であるが、増賀自ら穢れた折櫃をさげてこれを受け、房に持ち帰らず）

諸ノ夫共ノ行ク道ニ夫共ト並ビ居テ、木ノ枝ヲ折テ箸トシテ、我レモ食ヒ、傍ノ夫共ニモ令レ食レバ、人ゝ此レヲ見テ、「此レハ只ニハ非ズ、物ニ狂フ也ケリト」転ガリテ穢ガリケリ、（巻十二第三十三）

山根氏も指摘されたように、本説話は、『今昔』以外にふれているものはない。

㈣　師慶賀の日、異装して行列に加わろうとする。

『続往』　僧正申二慶賀一之日、入二於レ前駆之員一、増賀以二干鮭一為レ劒、以二牸牛一為レ乗、供奉之人雖二却去一、猶以相従、自曰、誰人除レ我、勤二仕禅房御車牛口前駆一乎、

本説話は、増賀の師良源の、僧正位就任のさいの華美な行列にたいする、増賀の痛烈な批判として、しばしば引用される。しかしなぜか『験記』も『今昔』もこれにふれるところがない。

㈤　法会の説法を名利に通ずるとし拒否する。

『続往』　又為二法会一請レ之、増賀赴レ請、途中案二説法之詞一、心中驚畏、事渉二名聞一、必是魔縁也、遂与二願主一相闘不レ遂而帰、

前説話と同じく、『続往』のみが記しているだけである。

㈥　臨終時の奇行

(イ)　和歌を詠ずる。

『験記』　臨二命終期一、十余日已前、兼知二其時一、見二世間作法一、若死時至、生二大憂悩一、惜二身命一者也、是聖人面色微咲、喜悦無レ限、集二諸大衆一、不審慇懃、愚老増賀、年来所願、早去二此界一、往二生西方一、其事在二今明一、尤所二喜申一、即修二講筵一、勤二修念仏一、又番論義、談二論深義一、或興二和歌一、令レ読二別歌一、聖自唱二和歌一、其詞曰、美豆和佐須也曾知阿末里能於伊能奈美、久良計能保爾耳阿布曾宇礼志幾、(中略、(ロ)参照) 令レ散二大衆一入二於静室一、坐レ於二縄床一、誦二法華経一、手結二金剛合掌印一、坐禅乍レ居入滅、年八十余矣、

『今昔』　既ニ年八十ニ余テ、身ニ病无クシテ只悩ム許ニテ有ケル、十余日ノ前ニ死期ヲ知テ、弟子ヲ集メテ其事ヲ告テ云ク、「我レ、

年来願フ所、今叶ヒナムトス、今此ノ界ヲ弃テ、極楽ニ往生セム事、近キニ有リ、我レ、尤モ喜ブ所也」ト云テ、弟子ヲ集メテ、講演ヲ行ヒテ、番論義ヲ令テ其ノ義理ヲ談ズ、亦、往生極楽ニ寄テ、和歌ヲ令レ読ム、聖人モ自ラ、和歌ヲ読テ云ク、

美豆波左須夜曾知阿末利乃於比乃奈美、久良介乃保禰爾阿布曾宇礼志岐

（中略、(ロ)参照）人ヲ皆去ケテ、室ノ内ニ入テ縄床ニ居テ、口ニ法花経ヲ誦シ手ニ金剛合掌ノ印ヲ結テ西向ニ居乍ラ入滅シニケリ、其ノ後、多武ノ峰ノ山ニ埋テケリ、（巻十九第十八）

『続往』　其後念仏不レ断、瑞相満レ室、兼詠二和歌一曰、水輪指矢曾千余之老乃浪　久良希之骨爾遭爾介留哉
別記《首書》云、長保《一条》四年冬、飲食既減、坐禅不快、五年六月八日未時、沐浴集レ人令レ誦二三十二相一、即詠二和歌一、九日卯時、自起居向二西方一、良久念仏金剛合掌、乍レ居入滅、年八十七、後見レ之不二爛壊一、

本話は臨終往生話で、前五項と若干奇行内容が異なるようである。しかし死にのぞんで泰然とし和歌を詠じたり、次話のように心中に浮んだ妄念を払拭すべく直接行動を起すなどは奇譚といえよう。

(一)話でみたように、ここでも『今昔』は『験記』をもとに叙述していることが、明らかとなっている。一方『続往』は二種の話を収めながら、『験記』『今昔』との書承関係は全く認め難い。

(ロ)　臨終時に遊興する。

『験記』　於二死期一喜遊、如三貧人得二如意宝一、誠知如説梵行妙成立、聖道已善修、寿尽時歓喜、猶如レ捨二衆病一、如レ是種々、与二諸大衆一、遊戯既畢、

『今昔』　竜門寺ニ有ル春久聖人ト云ハ、此ノ聖人ノ甥也ケレバ、（中略）而ル間、聖人既ニ入滅ノ日ニ成テ、竜門ノ聖人幷ニ弟子等ニ告テ云ク、「我レガ死セム事今日也、但シ、碁枰取テ来レ」ト云ヒケレバ、（中略）竜門ノ聖人ヲ呼テ、「碁一枰打タムト」弱気ニ

云ヘバ、「念仏ヲバ不ニ唱給一デ、此ハ物ニ狂ヒ給フニヤ有ラムト」悲ク思ユレドモ、怖ロシク止事无キ聖人ナレバ、云フ事ニ随テ、寄テ、枰ノ上ニ石十許互ニ置ク程ニ、「吉々シ、不レ打ジ」ト云テ、押シ壊ツ、竜門ノ聖人、「此ハ何ニ依テ碁ハ打給フゾト」恐々ツ問ヘバ、「早ウ小法師也シ時、碁ヲ人ノ打シヲ見シガ、只今、口ニ念仏ヲ唱ヘ乍ラ心ニ思ヒ出ラレテ、『碁ヲ打バヤト』思フニ依テ打ツル也」ト答フ、（中略）「泥障一懸求メテ持来レ」ト云ヘバ、即チ、求テ持来ヌ、「其レヲ結ヒテ聖人ノ頸ニ懸ヨ」ト云ヘバ、云フニ随テ、頸ニ打懸ケツ、聖人、糸苦シ気ナルヲ念ジテ、左右ノ肱ヲ指延ベテ、「古泥障ヲ纏テゾ舞フ」ト云テ、二三度許乙デヽ、「此レ取リ去ヨ」ト云ヘバ、取リ去ケツ、竜門ノ聖人、「此ハ何ニ乙デ給フゾト」恐々ツ問ヘバ、答云ク、「若カリシ時、隣ノ房ニ（中略）一人ノ小法師、泥障ヲ頸ニ懸テ、『胡蝶々々トゾ人ハ云ヘドモ、古泥障ヲ纏テゾ舞フ』ト歌テ舞シヲ、好マシト思ヒシガ、年来ハ忘レタリツルニ、只今被ニ思出一タレバ、其レ、遂ムト思テ乙デツル也、今ハ思フ事、露、无シ」ト云テ、（巻十二第三十三）

『続往』　臨終之時、先独囲棋、次被ニ泥障一学ニ胡蝶舞一、弟子仁賀問ニ其故一、答曰、少年之時見ニ此両事一、心中慕レ之、今及ニ最後一宿思忽発、仍遂ニ本懐一也、

囲碁をうち、泥障をつけて舞ったという点で、『今昔』と『続往』は同じ奇行について語っている。ところが『験記』では具体的内容を示していない。「与ニ諸大衆一、遊戯」とただあるだけである。(イ)話において『今昔』は明らかに『験記』を書承していながら、(ロ)話においては『験記』の記述を抜け出している。むしろ『今昔』は『続往』に近い。しかし右の対比で明瞭なように、その両者には直接書承関係はない。『今昔』では増賀の甥、竜門寺の聖人春久に碁を置かせているのに対し、『続往』は増賀の弟子仁賀を登場させ、しかも独りで碁をうったことになっている。

以上で三書に記された増賀の奇行についての説話の対比を終えるが、総括すると次のようになる。

増賀の奇行は、おおよそ次表の六項七話に含まれる。そのうち『験記』は四話、『今昔』は五話、『続往』も五話を伝

えている。『今昔』は㈠、㈥の(イ)の二話において『験記』を書承、㈡、㈥の(ロ)の二話は類話、したがって『今昔』独自の説話はわずかに㈢話の一例しかない。ところが『続往』は『今昔』はもちろん『験記』とも書承関係が全く認められず、前二書に書承関係がみられる㈠話をとりあげず、『今昔』が『験記』とは無関係に伝える㈢話をも無視する。類話関係がいえるのは、㈡、㈥の(イ)(ロ)の三話、独自に伝えるのが㈣、㈤の二話である。『今昔』は『験記』の延長線上に位置し、『続往』は別の系統に位置するようである。

奇行の内容	験記	今昔	続往
㈠ 護持僧位の拒否	○	◎	／
㈡ 後宮出家時の奇行	○	△	□
㈢ 僧供を諸夫とともに食す	／	○	／
㈣ 師慶賀の日の異装	／	／	○
㈤ 説法の拒否	／	／	○
㈥(イ) 臨終時に和歌を詠む	○	◎	△
(ロ) 臨終時に囲碁をうち泥障をつけて舞う	○	△	□

註　○は原説話、◎は○を書承、△、□は類似説話であるが、相互に書承関係は認めがたいもの。

二

前節㈡話の三書の違いについて、まず考えてみよう。増賀を戒師に招いた女主人公は

『験記』　国母女院

『続往』　后宮

『今昔』　三条大皇大后宮＝三条関白太政大臣娘＝円融皇后

となっている。『験記』と『続往』を比較するとほとんど変化は見られないが、『験記』と『今昔』を対比させると、後者には前者が採集した説話とは明らかに異なったものを収めている。描写の精粗は別としても右にあげたように『今昔』は三条太政大臣藤原頼忠の娘で円融皇后となられた遵子が増賀を招いたことになっている。ところが『験記』では「国母女院」とある。『今昔』全篇を通して流れる克明、具体的な叙述方針が、この増賀奇行の(二)話にも発揮されて「国母女院」が「遵子」となったのであろうか。

この点について、今野達氏(3)は、本話について『宇治拾遺物語』に「三条大后宮」としかないことに着目され、ふつう「三条宮」と呼ばれる朱雀院の皇女で、冷泉院皇后の昌子内親王が招請者としてこの話が『今昔』以前に流布していた、これを『今昔』作者がより詳細に語ろうとしたさい、無知識によって「三条」太政大臣の娘と誤解したことを推論されている。

右の説によれば『今昔』以前には三条宮昌子内親王のこととして語られていたことになる。ところで『験記』には「国母女院」とあったこととこれはどう対応するであろうか。「国母女院」はいうまでもなく皇位につかれた皇子をお産みになった女院の意である。冷泉院の皇子で皇位をつがれた御方は師貞親王（花山院、御母懐子）・居貞親王（三条院、御母超子）であって昌子内親王には皇子の御出生がない。『験記』の指示する御方とは異なるのである。

一方円融皇后遵子としたならこのことはどうなるであろう。円融院の皇子で皇位継承者は懐仁親王（一条院、御母詮子）ただ一人で、遵子としても『験記』の指示には合致しないのである。

今野氏は『今昔』と『宇治拾遺物語』を対比させたが、この話を伝えた諸書は女主人公をどう表現しているかをいちおう見ておこう。

本稿で対象としている三書は先に掲げたが、ほかに『発心集』『私聚百因縁集』『多武峯略記』にも、簡略ながらこの話が伝えられている。

『宇治拾遺』　三条大きさいの宮（本文中）　三条宮（目次）

『発心集』　后の宮

『私聚百因縁集』　后の宮

『多武峯略記』　皇太后藤原詮子

この中で注目に価するのは『多武峯略記』に詮子と見えることである。詮子は藤原兼家の娘で円融院女御、ふつう東三条院と呼ばれる御方で、すでにふれた一条院の御生母である。詮子とすると『験記』の指摘に一致することになる。

『多武峯略記』は建久八年（一一九七）多武峯検校静胤の編で、多武峯の草創から建久時点まで寺名・国郡・地形などの各項目にわけて記したものである。記述は多く引用書名をあげており、そのかぎりでは信憑度は高い。増賀については主として上巻第十一住侶の項でふれられている。ここには定慧以下多武峯の主要僧侶の伝を収めているが、他の項とは異なりとくに引用書名をあげていない。この項だけ引用書名を記さないのはなぜか、明らかではないが、あるいは、記録以外の口碑などを多分に採用したためか。それにしても巷間に流布したのとは違った、ある程度信頼できるものであろうか。

このことはともかく、『略記』の記事を得てはじめて『験記』の指示する御方が明らかとなったといえよう。

さて、『験記』の採収時点で第㈡話の女主人公が東三条院詮子であるとすると、『今昔』では遵子、『宇治拾遺』では昌子内親王となっているので、『今昔』の採収時点以前に変化が起ったことは確かである。今野氏説をこれに利用させていただけば「東三条院」(『験記』)の話が、いつか「三条院」となり「三条宮」へと変貌したのではないかとの推測が生れてくる。しかし氏のいわれるように「三条太皇大后」ははたして遵子では絶対になく、昌子内親王その人だけに与えられる称としてよいであろうか。

たしかに昌子内親王は三条宮に、遵子は四条宮に起居された。その邸宅を付した称で呼ばれたことは確実である。ただそれだけではない。父方のなんらかの称を頭に付して呼ぶ例もそう珍しくはないのではなかろうか。遵子その人について見ても『栄花物語』(花山尋ねる中納言)に「関白殿の女御」といわれることもあるのである。(4)また『今昔』は『験記』の記述である「国母女院」の語は他の書承関係から考えても当然知っていたはずで、「三条太皇太后」とだけ伝えられてきたとして、これに註を加えようとする場合、この「国母女院」が付註の資料となろう。そうすればそう簡単に「三条関白太政大臣の娘」という語はでてこないのではなかろうか。こう考えてくると『験記』の指示とは異なるが、より話の克明になっている「遵子」説話を矛盾とは知りつつも拾いあげた、換言すれば、ここには『今昔』作者の付加部はなかったとしたほうが自然ではなかろうか。

今野氏の証とされた『宇治拾遺』にしても「三条宮」とあるのは目次であって、増賀奇行を伝える本文中には「三条大きさいの宮」とあるだけである。これはあるいは「三条関白太政大臣の娘である太后大皇」(遵子)として語られてきた話を『宇治拾遺』が「三条の宮に住まれる太皇大后」としたのかもしれないのである。先行する『験記』が詮子を示している以上、『宇治拾遺』と『今昔』だけの対比で『今昔』作者の無知識を速断するのはいかがであろう。(5)詮子から昌子内親王に変化したか、それとも先に遵子に変化したのか、そう容易には決定できないが、この変質の原因は今野氏が問題にされた書承上の操作の過程のうちに起ったとみるよりももっと深く、増賀自身の行動と、そこから発生した奇行説話群の成り立ちのありかたにあると思われる。

三

増賀(6)は延喜十七年（九一七）の生れで、延長四年（九二六）十歳の時、叡山に上り横川の良源の門に入ったといわれる。しかし良源との師弟関係の成立はしばらく後になるようである。在山三十七年、応和三年（九六三）に多武峯に移り、長保五年（一〇〇三）八十七歳で歿するまでその地で布教する。その生涯を通じて、先の奇行を除外すると、そう特異な僧とは思えない。むしろ当代の一般的な名僧と呼ばれる範疇で捉えられる僧としての風姿があるだけである。

師良源の教えを正しく継承し、天台摩訶止観の学匠として、摩訶止観を講じ、法華文句を説き、『玄義抄』『義科私記』などを撰している。法華三昧を修し、広学竪義を始めるほか、多武峯の寺域四至の設定などに尽力している。具平親王が『弘決外典鈔』を著するや、まず増賀に送って批評を求めたり、藤原師輔の息高光の結縁、興福寺僧であった仁賀がその高名を慕って弟子入りするなどの例が見られる。また出席はしなかったが、応和三年、宮中で行われた法会の参加を指名されるなどしている。したがって、奇行説話中に見られる冷泉院の護持僧招請や、後宮女院の戒師として撰ばれる可能性が充分にあるのである。このようなふつうの名僧に数えられるべき増賀がなぜ、さまざまな奇行を演ずるのか。増賀奇行の最初の採録書『験記』はこれを次のように説明する。

厭二出仮利生一、背二名聞利養一、遁世隠居、為二其志一耳、（中略、冷泉先皇、国母女院への奇行）如レ此背レ世方便甚多、

乃至去二叡山衆処一、厭二花洛一、尋二多武峯一、閉レ跡籠居

すなわち修学の結果、名聞を捨て去るの心を起し、叡山を離れ新しい修行の地を求める方便として奇行を演じたということになる。『今昔』ではこれを次のように叙述する。

道心堅固ニ発ニケレバ、現世ノ名聞・利養ヲ永ク弃テ、偏ニ後世菩提ノ事ヲノミ思ケル間ニ、カク止事无キ学生ナル聞エ高ク成テ、召シ仕ハムトモ為レドモ、強ニ辞シテ不出立ズシテ、思ハク、「我レ、此ノ山ヲ去テ多武ノ峯ト云フ所ニ行テ、籠居ヲ静ニ行テ、後世ヲ祈ラムト」思テ、師ノ座主ニ暇ヲ請フニ、座主モ免サル、事无シ、傍ノ学生共モ強ニ制止スレバ、思ヒ歎テ心ニ狂気ヲ翔フ、（以下㈢話、僧供時の奇行をあげる）

ここでは先の『験記』を克明に描写しているだけである。また『続往』は、多武峯への隠棲にはふれないが、出世間的態度として説明する。

早以発心、唯慕二後世一、現世之事敢不二帯芥トモセ一、人欲二請用一、必施二異人之行一

諸書いずれも叡山良源に師事したことに続けての叙述である。その現世否定の態度は、増賀修行時における叡山・良源の周囲の実状と無縁ではないようである。

良源は、延長元年（九二三）十二歳で叡山宝幢院理仙和尚の門に入り、同六年尊意について登壇受戒している。良源が頭角をあらわしたのは承平七年（九三七）興福寺の維摩会で南都義昭と論義したことに始まる。のち藤原忠平・師輔父子の庇護をうけ、良源も師輔の娘で村上帝後宮安子の御産祈禱を勤めるなどしている。天暦四年（九五〇）この新皇子東宮憲平親王の護持僧となり、同八年師輔から横川に法華三昧堂の寄進をうけ、楞厳院を整えている。良源の進出は一にかかって師輔家の絶大な援助によるもので、それも良源がこの家に種々奉仕したからにほかならない。

良源のもとで現世的関心に極端の嫌悪の情を示したとすれば、それは師の行動によってかもし出された反撥であることを如実に物語っている。さきにふれた㈠から㈤話までの説話が、徹底した名利名聞への反撥として語られる理由も首肯されるようである。

四

前節で増賀奇行の基本的傾向は明らかになった。しかし、だからといって個々の話がすべて事実を伝えたかどうかは依然明らかではない。

『験記』『今昔』のいうように、増賀の奇行が師良源のもとを離れて多武峯に移る方便だったとしよう。この前提にたつと、㈠の冷泉先帝護持僧位招請とその拒否話は、時間的にも、地位的にも成り立たたなくなる。増賀が叡山を去るのは応和三年(九六三)七月、したがってその奇行が演じられるのはこれ以前でなければならない。冷泉帝は天暦四年(九五〇)御誕生、良源が種々祈禱をつくし、護持僧となった憲平親王その方である。増賀の叡山在山時の位置はほとんど不明で、下山時に近くわずかに高光の結縁と、村上帝の法会に講師として指名された二件がたしかめられるだけである。しかし高光は増賀の名声を慕って結縁したのではなく、まず弟尋禅入山の室に、日ごろ家に親しく出入する良源の結縁を求めたのであり、禁中の法会への指名も後節で略述するような良源の政治的な配慮であって、増賀の俗世間への雷名のためではない(7)。

師良源が師輔家の後見によって、増賀下山時の応和三年(九六三)にやっと阿闍梨位であり、東宮護持僧位を手離したとも思われない。この点から見ても増賀は叡山在山中はたいした僧位にあったとは思われず、在俗間に認められたとはいいがたい。その学才のゆえに山内、師良源からは認められていたとしても、師の職である「護持僧」に招請されることはありえまい。仮にあったとしてもその拒否が師への配慮からならまだ考慮の余地もあろうか。

『今昔』採集の話はこの時間的・地位的矛盾を増賀の多武峯隠棲後のこととして解決を計っている。それで矛盾はなくなったであろうか。ところが『多武峯略記』（第四、四至）は増賀とほぼ同時代の千満の記、『後記』を引用「内供奉僧賀（増）」と見える。護持僧とは職掌上似通っており、しかも上位である「内供奉」についている増賀が、「護持僧」を拒否することは不可解である。

前節で見た㈡話はいかがであろう。遵子、昌子内親王と種々とり沙汰された女主人公も、『験記』によれば詮子であるらしい。この詮子は正暦二年（九九一）九月十六日、病いのため出家している。応和三年を遅れること実に二十八年である。これまた多武峯への脱出のための奇行とすることはできない。『今昔』はここでも多武峯隠棲後のこととし、遵子がわざわざ使を多武峯に送って増賀を招いている。遵子の出家は長徳三年（九九七）三月十九日で、先の詮子よりも六年あとのことである。『小右記』によれば大僧都覚慶・観修、阿闍梨慶祚・証空らが列席しているが増賀の名は見えず、まして人々を驚かしたような事件が起った気配は全くない。このことは昌子内親王としても同じで、長保元年（九九九）十二月一日、すなわち崩御直前の剃髪であるから、増賀奇行の余地はない。

ところで増賀叡山在山中に「国母女院」と呼ばれ得るもう一方がある。藤原基経の娘で醍醐皇后穏子、東二条殿といわれ朱雀・村上二帝の母后である。しかし穏子の出家は知られておらず、その崩御は天暦八年（九五四）である。良源の横川定着と増賀の師弟関係の成立を天暦前半の年と推定したことがあるが(8)、天暦八年以前に増賀が穏子に招かれるほど名声が在俗間に高かったとは思えない。

詮子・遵子・昌子内親王・穏子、考定されるいずれも増賀奇行を裏づける方にふさわしくないのである。

㈢話は僧供を諸夫とともに食したことである。ここには、これまで見てきたような矛盾となるような要素はない。むしろ良源のもとで「止事无キ学生」であったとする『今昔』の記述は充分首肯さるべきものをもっているようである。ただ『今昔』だけがこの話を伝えている点が気になる。

㈣話、良源の得意満面な美麗な行列に、異彩をはなつ怪装束、師慶賀の日の異装は前節で考察した良源・増賀の関係を思うとき、増賀の面目は躍如とする。西垣脩氏によれば(9)これは天元四年(九八一)円融天皇の不予に加持した功績により大僧正となって輦車をゆるされたときとする。聖武天皇時代の行基大僧正以来はじめての大栄達であった。この時とすればいうまでもなく多武峯の時代で、叡山離山の方便説は成り立たない。また僧正位就任の時としても天元二年であって同じである。

ところで多武峯からわざわざ奇行を演じに上京してくるほど良源に批判がましかったであろうか。多武峯での講説が師良源の教えであったことはいうまでもないが、大僧正就任の前年、良源は叡山山上で中堂の落慶供養を行い、増賀はこれに右方の列衆として出席、つつがなく役目を果している(『中堂供養願文』)。また弟子相如を修学のため横川に送っている(『二十五三昧結縁過去帳』)。こうした増賀の態度と右奇行とはどうもうまく整合しない。

㈤話の説法の内容を考えているうちに、それが名利に通ずるとして檀越と口論、依頼を果さなかった増賀、これも話としてできすぎている。叡山在山中の俗人間への知名度については、㈠話の検討のさいにふれたように疑問、右の話以外に増賀が説法・講演について特別他の僧と異なった態度をとったことは知られていない。天禄三年(九七二)多武峯新講堂供養のはれがましい導師を勤めたり、越後守藤原為信の病祈禱のために薬師坐像を彫み、俗人に奉仕し、また寺域四至の決定という、およそ世俗的な難問の山積している用件にもたずさわっている。いずれも『多武峯略記』の伝えるところであるが、ここには説法が名聞に関連するとして拒否する増賀の姿はない。

どうやら増賀奇行の個々の説話は、奇行以外に伝えられる増賀像や、具体的事象に即して見ると、虚伝の可能性がすこぶる大である。

五

ここで第二節末に指摘した『験記』と『今昔』との関連について考えてみよう。『今昔』は『験記』の伝えた奇行について、そっくりそのまま書承という関係ではないが、すべてを含んでいる。このことは前節でみたように個々の話に事実の裏付けがないという事象を併せ考える時、重要な意味をもってくる。すなわち二書の異同が増賀奇行説話の変貌の様相を示していはしないかということである。

『験記』の㈠、㈡、㈥の(イ)の三話のうち『今昔』は㈠、㈥の(イ)の二話を書承、㈥話については新しく(ロ)を、また㈡の類話と、㈢話を加えたのであった。書承したものについては問題ないとして『験記』の記述をこえた㈡、㈢、㈥の(ロ)の三話をどのようにして加えたのであろう。『今昔』作者の創作でないことは㈥の(ロ)の類話を『続往』も収めていることで明らかであろう。臨終時にかねて心にかかっていた囲碁をうち、泥障の舞をまって往生したという。ところで『験記』のこの部分に関する記述を想起されたい。そこには囲碁も、泥障の舞のこともなくただ死にのぞんで喜々として逝っただけである。しいて捜せば「於二死期一喜遊」「与二諸大衆一遊戯」とあるくらいがわずかに関連する語である。『験記』『今昔』『続往』の三書は、各々独自の編纂目的をもち、興味や力点の違いから取捨撰択、叙述の精粗にわかれるのは当然である。とはいえこの違いを考慮しても㈥の(ロ)話の各書の記述の差は解けない。

『験記』の素材となったものが、『今昔』なり『続往』なりにふくれていったであろうことは予想されても、それ以前に囲碁や泥障舞の奇行が演じられたと語られていた――それを『験記』が独自の編纂意図にしたがって㈥の(ロ)話の記述とした――とは考えられない。『験記』採集時点の素材は『今昔』『続往』の採集時点では明らかに変貌しているといえよう。『験記』『続往』間の距たりは約六十年、『今昔』も『続往』と前後して成立したとすれば、同じく相当の年次が間にある。この歳月は話自体をさまざまに変えていったであろう充分な時間である。

ところで㈥の(ロ)話において『今昔』は甥の竜門の聖人春久を、『続往』は弟子の仁賀を登場させ、話も細部では異なっている。細部の違いはともかくとしても、春久・仁賀と明らかに異なる人物が語られるのは書承関係のうえからの変化ではなく、おぼろげな口伝えによる伝承のうちの変化を予測させる。しかもその話は一般化されている。『今昔』と『続往』が各々別に採収しているように。

臨終話を除けば『験記』は、増賀奇行を「現世的栄達を嫌う」ことと「多武峯に脱出する」ことが一つの要素になっている。ところが『今昔』ではこれをすべて多武峯でのこと、すなわち前者だけのこととしている。増賀は多武峯において活躍するのであるから、天皇や後宮の信奉はこの時期の方がふさわしいのである。しかしもう一つの要素、叡山離脱の話がなくなってしまう。そこで生れてくるのが㈢話なのである。具体的には「国母女院」が「三条大皇大后」に、「叡山」のことが「多武峯」のことに変っていった過程で、㈢話が発生してくるのではなかろうか。

㈢話は『今昔』だけ、㈣、㈤話は『続往』だけが伝えている。これらは他の話と違って世間一般に流布していなかったのではなかろうか。そして相互に関連はない。こう考えてくると㈢話なり、㈣、㈤話なりがどこから生れてくるかが問題となる。増賀は前半を叡山に、後半を多武峯にすごした。その伝なり、奇行なりが伝えられてくる場所はこの二所が中心となろう。

増賀奇行の収集の第一着は横川僧鎮源によってなされた(10)。そして『今昔』はその延長線上に位置する。いうまでもなくこれらは横川を中心として発生し、成長したことを意味する。これに対して『続往』の伝えるものを多武峯を中心に作り出されていったとしたらどうであろう。㈢話叡山時代の増賀を矛盾なく伝えるのは増賀がそこで修行したからである。一方『験記』『今昔』が語った㈠話を『続往』が記さないのは内供奉位の増賀を知っている多武峯での智慧であると見られる。

高橋貢氏(11)は、増賀の行状や往生の様子は春久や相如らによって伝えられ、それを鎮源が聞いたであろうとしておられる。増賀歿して『験記』が編まれるまで四十年、この距離は鎮源が増賀遺弟から直接話を聞き得たとも、得ないともいえる微妙な隔たりがある。高橋氏もいわれるように相如は増賀に先だって歿している。また『験記』は春久を含んだ『今昔』の㈥の㈺話の祖形であっても、そのものではない。

増賀の叡山離山は応和三年(九六三)七月である(12)。そのわずか一ヵ月後に、宮中村上天皇の前でいわゆる応和の宗論が催されていることと無縁ではない。この論義者は南都北嶺各十名で増賀はこのうちに指名されている。増賀はこれを辞退したのであるが、この宗論はそもそも良源の画策によるもので、法相宗の六宗の長たる位置を引きおろし天台の卓越性を天皇以下貴人の前に誇示しようとしたものである。増賀在山中に起案され、良源は増賀を台嶺十人の僧のうちに入れ、この宗論の火つけ役——法相浄蔵を論難すること——を指示した。増賀はこれを辞退、多武峯に隠棲するということで答えている。結局増賀に替って覚慶が推され、覚慶はその役を見事につとめ、良源の貴族界にける評価は決定的となる。良源は栄進し、叡山は活況を呈し、後年覚慶また天台座主、大僧正の椅子につくのである。

増賀は良源の意に反して多武峯に籠った。しかしその際、良源批判を明らさまにしたであろうか。天元三年（九八〇）良源の招きで叡山に来ており、相如を横川に送ったりしている。その行動を認めなかったとしても、良源を師とし、叡山横川の修学所としての意義を充分に認めていたといえよう。

増賀の離山とそれに続く応和の宗論、人々は事情を知らないとしても不審の目差しを送ったに違いない。そこから種々の取沙汰や臆測が生れたのではなかろうか。周知の通り叡山は良源によって中興された。しかし山内の対立が寺門・山門両派に別れて、深刻な勢力争いとなって激化するのも彼の出現によってである。時が経つにつれて、叡山が俗化するにつれて、自ら栄進の道を絶って多武峯に去った僧の像は心ある人々によって深く印象づけられていった。『験記』は増賀歿後ほぼ四十年後になった。しかし増賀が叡山を去った年から起算すれば約八十年の距離となる。事実は村上天皇の主催される宮中の法会を辞退して、多武峯に籠ったということである。それが『験記』編纂時点では、すでに述べた説話となって語られていたのではなかろうか。その間八十年、このような変貌を考えてもそう無理な時間ではあるまい。

叡山横川で増賀の奇行が語られ、多武峯で臨終の様が伝えられる。当然両者の交流は行われ、その各自の伝承圏で変質なり展開なりがされていった。『験記』『続往』『今昔』の増賀奇行説話の異同は巧まずしてこの位置関係を示しているといえまいか。

ついでにいえば、㈣話は『続往』だけが伝える。ところが、同じ大江匡房が語り、藤原実兼が筆録、匡房歿後すぐに編された『江談抄』第一に「増賀聖慈恵僧都慶賀前駆事」と目録だけであるが載せられている。『続往』に語られていることであり、目録だけ示してあるのはこれだけでいかなる内容かが読む人に周知であるためによろう。実際『続往』は三善為康の『拾遺往生伝』を生む契機ともなっているように多くの人に読まれたのであろう。『今昔』がもっとも興味を示しそうなこの㈣話を、一顧もしていない。しかも『江談抄』成立時点（一一〇四～〇八）でこの話が一般に流布していたことを認めるとどうなるであろうか。いうまでもなく増賀奇行説話に関する限り『今昔』は『続往』以下を参照し得ない時期の採集ということになる。

むすび

『験記』は叡山辞去の印象が、『今昔』では奇行の一々の具体相が、『続往』には臨終の様子が、といったように、各々の編纂目的などによって叙述の違いがあらわれる。また書承間の変化もあろう。しかし同一説話でありながら全く違う人物が登場するのはこれらでは解けない。事実から屈折した、事実とは似て非なる事象が口承受授という形で伝えられると想定するとき、はじめてこの違いが明らかとなる。その際、叡山なり、多武峯という説話の伝承圏のあらゆる要素がその説話に粉飾の材料を提供する。『今昔』には春久とあり、『続往』に仁賀とある類や、詮子・遵子・昌子内親王などの女主人公がさまざまに語られるのもこうした面から考慮しなければならないのではなかろうか。

また伝承圏内部とも密接に関係するが、時代の趨勢がこれに影響を及ぼしてくるのも当然のことである。たとえば、円仁・円珍両派の対立や権勢貴族たちの接触に見られる叡山の世俗化を嫌い、増賀をはじめ如覚(高光)・性空・行円などが叡山を下り、多武峯や書写山のような山々、また京市中に目ざましい布教活動を示してゆく。権門を頼まず、栄耀を願わないこれらの僧たちが、上下の階層を問わず広汎な信を獲得する過程で、増賀奇行説話がふくれ上っていったのであろう。ともあれ増賀奇行説話は、説話のもつ虚と実の二面を如実に見せてくれるのである。

註

(1) 今野達氏「今昔物語集の作者を廻って」(『国語と国文学』昭和三十三年二月号)。
(2) 山根対助氏「大日本法華験記の今昔的屈折 上」(『国語国文研究』一四号)。
(3) 註(1)掲載書。
(4) 『八代集全註』によれば、『拾遺集』第三百二十六番の詠者「三条太皇太后宮」の脇に「廉義公御女」とあって遵子のこととしている。
(5) 今野氏の推論のうち本稿でいう(二)話に該当する部分だけであって、今野氏の所論の全体を指すものではない。
(6) 増賀及び後段の良源の伝については、別に「『多武峯少将物語』にみる高光出家の周辺」「増賀の多武峯隠棲前後」〔補 以上第一部に収載〕でふれているので詳しくはこれらを参照されたい。
(7)(8) 註(6)掲載の拙論(とくに後者)。
(9) 「風狂の先達――増賀聖人について」(『明治大学人文科学研究所紀要』三号)。
(10) 他に『智源法師法華験記』というものがあり、『扶桑略記』長保五年六月九日条に載せる増賀の項一例だけが逸文として知られている。これは鎮源の文章ときわめて類似しているが、奇行説話は語られていない。
(11) 「恵心僧都関係の説話について」(『国文研究』二六集)。
(12) 註(6)掲載の拙論に増賀離山についてふれたので詳しくはそれを参照されたい。

（補）『験記』は続群書類従本、『続往』は大日本仏教全書本、『今昔』は日本古典文学大系本を使用。

浄蔵大法師霊験考序説

序

三善清行の八男浄蔵は、康保元年(九六四)十一月二十一日、東山雲居寺に歿した。年七十四歳。鎌倉期の著書『二中歴』は、浄蔵が貴所と呼ばれ、聖人・験者・易筮・相人・管絃人として傑出していたことを伝えている。数々の霊験を現わし諸人の崇信を集めたらしい浄蔵には、別に上流女房との恋愛譚も知られ、二子をもうけたともされる。その所行は、単なる名僧・高僧の範疇では捉え得ない人物となっている。広汎・多様な浄蔵譚は鎌倉期に多く知られ、そこには当然伝播の過程で付加された説話の存在が考えられるので、初期浄蔵譚がどのようなものであり、それが実像とどのようにかかわりあうかの点を整理してみよう。いわば浄蔵霊験譚成立考のための基本的作業である。

一　四種の浄蔵伝

浄蔵の伝記については、すでに梁瀬一雄氏の詳細な研究があり[1]、これに井上光貞・大曾根章介両氏による『拾遺往生伝』の補註[2]を加えれば、初期浄蔵像に関する従来の研究の成果は尽きるようである。両書によって浄蔵歿年に近いまとまった伝は次の四種となる。

㈠『大法師浄蔵伝』
㈡『拾遺往生伝』所収（中巻第一）
㈢『扶桑略記』所収（巻二十二〜二十六、九ヵ所）
㈣『日本高僧伝要文抄』所収

このうち㈠は最も長文詳細な伝であるが、巻末の識語によって、宗蓮という者の手により広略二本を合して寛喜三年（一二三一）成ったことが知られる。したがってこれ以前に広略二本の伝があったことが明らかとなるが、広略二本にどのような差異があって、それらが寛喜三年をどれだけ遡るのかは明らかではない。㈡は㈠に較べれば短いが、これもかなりな長文である。『拾遺往生伝』は三善為康（一〇四九〜一一三九）に編され、上中下三巻、全九十五項の往生者の伝よりなる。浄蔵の伝は中巻第一項で、その成立は『拾遺往生伝』の完成にかかわる。成立年次は不明で、推定によるほかはないが、上巻・中巻・下巻と順次編纂されたこと、しかも上中二巻は密接な関係をもち、下巻はやや異質であること、上巻序に大江匡房編『続本朝往生伝』（康和四年（一一〇二）以後成立）の名が見えることから、この著作の流布以後を上限とし、中巻所収の最下限年次、嘉承二年(一一〇七)三月往生の尼妙法を収め得るほど遠からぬ時期に中巻までが成立したとされている。(3) したがって中巻第一項はこの間に準備され、編成されたことになろう。㈢も成立年次は明らかでないが、皇円(〜一一六九)編『扶桑略記』の記事内容が、嘉承元年(一一〇六)を最下限とすることから平安末ころまでには完成されたと見られている。この書に引用されているのは九ヵ所で、うち八ヵ所に「伝」「伝文」とあり、「浄蔵伝」なるものがあって、それからの引用と考えられよう。㈣は東大寺の宗性が建長三〜五年(一二五一〜五三)に編したもので、文字通り諸書からの要文の抜粋である。浄蔵の要文が何からの引用かが問題である。

以上のように四種のうち㈡が成立年次でいちばん古く、したがって浄蔵の生存時期にいちばん近いということになる。しかし、他の三種もその成立時期以前に依拠した資料が存在していたことは確実で、結局のところそれらがどのように関連するか全く明らかでないのが現状である。それではいちおう現存最古の浄蔵伝となっている『拾遺往生伝』の叙述を見よう(叙述順に適宜番号をつけ、履歴・才能・霊異・霊験により各項の目安とした。霊異は他力的、霊験は自力的なものとしたが厳密なものではない。23・28・29は別伝とあり、追補とされている)。

1 「履歴」 三善氏。右京人。父清行。母嵯峨帝孫。

2 「霊異」 母霊夢に感じて出産。無痛。

3 「才能」 二、三歳にして異才を示す。

4 「才能」 四歳、千字文を読む。一を聞いて二を知る。

5 「霊験」 七歳、仏庭を好み、父の諌めに護法童子を使役して梅の枝を折る。

6 「履歴」(霊験・霊異) 熊野・金峯山・稲荷谷に修行、護法を使役、また洪水に奇しき舟を得る。

7　「履歴」　十二歳、宇多法皇の弟子となり受戒。
8　「履歴」　玄昭に師事三部大法等密教を学ぶ。
9　「履歴」　大恵に悉曇を受習し、管絃を習う。
10　「霊異」　横川如法堂に一夏安居し、賀茂明神に失態を誡められる。
11　「霊験」　新調の袈裟を不浄の故をもって焼く。
12　「霊験」　京極更衣（宇多天皇皇后褒子）の病いを護法を使役して治癒し、法皇の礼拝を受く。
13　「霊験」　熊野参詣の途中清行の死を知り、滅後五日から七日の間加持により蘇生させる。
14　「霊験」　真済の怨を買って不快となった師玄昭を加持によって救う。
15　「霊験」　三年越の醍醐内親王の腰病を不動法により治癒す。
16　「霊験」　南院親王（是忠親王）の薨去後火界呪により四ヵ日間蘇生させる。
17　「才能」　醍醐天皇の代のある仏名の梵音を勤めた時、これを嘲った定額僧平寒がかえって恥をかく結果となる。
18　「才能」　仁和寺の桜花会の唄師を勤めた時、頭中将藤原朝成はその誤りを言いたて、かえって恥をかく結果となる。
19　「霊験」（才能）　天慶三年正月二十二日、横川において十四日間将門調伏の祈禱を行い、また将門の首の入京を予言する。
20　「才能」　朱雀太上皇帝の御悩の平復を占い、また翌年の殿舎・寺院の火災を予言する。
21　「才能」　寛修の背を見て、その入滅を予言する。

22 「霊験」 天暦年中、八坂寺に居住、塔の傾斜を加持によって一夜で復旧する。
23 「霊験」 ①横川に三ヵ年籠り修行中、使者を使役し鐘を打たせ、花を採り、水を汲ませなどをする。②また護法を使って悋嗇者が惜しんだ米を散じ、③湖水の水を立ちのぼらせ、④病人の腹を踏んで治療させる等は別伝にあるとする（別伝）。
24 「霊験」 天暦年中、八坂寺に押し入った数十人の強盗を呪縛する。
25 「霊験」 延喜年中、漂着した唐僧長秀の難病を薬師・真言の加持により治し称讃さる。
26 「霊異」（才能） 応和三年八月、空也の催した大般若経供養中、乞食に変身した文殊を見あらわし、斎を供す。
27 「才能」 顕密・悉曇・管絃・天文・易道・卜筮・教化・医道・修験・陀羅尼・音曲・文章・芸能、すべてにすぐれる。
28 「霊異」 浄蔵守護の十二神のうち、子（鼠）神宿直により鼠害おこる（別伝）。
29 「家族」 男子二人あり。一人は出家したが奥州で死亡、もう一人は天暦の代に昇殿し、成人するに及び別離した（別伝）。
30 「霊験」 「12」「13」「14」の三回の霊験により、宇多法皇・父清行・師玄昭の三人の尊長から礼拝を受けた。
31 「霊験」 天徳のころ、本尊から命終の予告を受けたが、閻羅王に祈請し、五、六年の延命をゆるされる。
32 「入滅」 応和四年十一月十八日、命終の時を予告、二十一日酉剋、往生業を終して入滅す。年七十四。

以上、いささか詳細にわたって『拾遺往生伝』所収の浄蔵伝についてまとめたが、すでに述べたようにこの伝は嘉承二年（一一〇七）ころに編されたとすれば、康保元年（九六四）浄蔵の死後ほぼ一・五世紀を経過した時点ということになる。この時点ですでに「27」にあるような評価が浄蔵に与えられていたことになるわけである。また類似の霊験譚も目につく。

二　『拾遺往生伝』所引浄蔵伝の位置

ところで三善為康は『拾遺往生伝』のなかにどのような資料をもとに浄蔵伝を叙述したのであろう。上巻序で「接二江家続往生之伝一、予記二其古今遺漏之輩一」として、大江匡房の『続本朝往生伝』についで、その遺漏の人々を集めたとしている。そして、さらに中巻序で「予拾二先達伝記之遺一、都盧三十人、巻軸已成矣」とし、上巻編成のあと「其後闚二国史別伝一、求二京畿辺外一、且所レ訪得二亦数一矣」と、国史・別伝・京畿辺外（資料）類をも蒐集していることを記している。従来の研究による中巻の依拠資料は[4]、国史として『日本三代実録』（第十三藤原良相）、そのほか『法華験記』によるものが十一項知られている[5]。中巻所収三十四項のうち浄蔵の一項を除けば十二項の出典が明らかになっている。

さて中巻冒頭に位置する浄蔵は一見して他ときわだつ違いがある。それは叙述の量が長大であるということである。大雑把ないい方をしても、中巻における次に長い叙述（第十五項）に較べて五倍近いものである。こうした長文のものは上中下巻に一項ずつあり、上巻では第三項伝教大師、下巻では第一項相応和尚が、各々きわだって長文である。そして伝教大師には一乗仁忠編『叡山大師伝』、相応和尚には『天台南山無動寺建立和尚伝』がその原典ないし原典に近いものと考えられている。『拾遺往生伝』の各々の叙述と原典と目される資料を対比すると、依拠資料はさらに長文で、そこから主要な文を抄出し、または若干文章を変えて叙述するという態度で一貫していることに気付く。この依拠資料よりの抄出、若干文章の書き変えという方針は『拾遺往生伝』全体にわたっていえることで、叙述量の長大さは、要するに依拠資料の量によったということになろう。したがって浄蔵の叙述の長大さも、その依拠資料が長文であったために起ったことで、これにふさわしい資料として注目されるのが、前節でふれた㈠『大法師浄蔵伝』である。この伝が知られながら、『拾遺往生伝』浄蔵項の原典とただちに指定できないのには、後述する理由があるが、ここではそれより前に両者の異同についてふれることにする。

(1)『大法師浄蔵伝』は為康の叙した浄蔵伝に比して遥かに長文である。

(2)『大法師浄蔵伝』は為康の叙したそれのうち「10」「26」の二項を除くすべての項を含んでいる。

(3)両者の重複部には微妙な差異のある箇所がある。

(4)『大法師浄蔵伝』には為康の叙述に見えない多くの霊験・霊異・履歴談をもつ。

以上の異同のうえで、たとえば両書には次のような類似がある（両書を併列した）。

9 「履歴」（前述第一節『拾遺往生伝』要約「9」参照）

『拾遺往生伝』（浄蔵）又　随㆓大恵大法師㆒　受㆔習悉曇㆒矣、大恵大法師者、安然和尚之入室也、大法師※

『大法師浄蔵伝』十八歳、随㆓大慧大法師㆒（五大院安然和尚入室之弟子也、）習㆔学悉曇㆒、　法師元△

※依㆑知㆓糸竹之曲調㆒、明㆔通悉曇之音韻㆒、凡内外兼学、管絃倶習云々、

△依㆑知㆓絲竹之曲調㆒、殊朗㆓悉曇之音韻㆒也、

ここでは『拾遺往生伝』の最後の「凡内外……」の文字が為康の地の文と考えれば、それ以外両書はほとんど差異がない。どちらか一方を参照したか、両者が同じ原典から発しているとしか考えられない類似である。次の項も同様

である。

30 「霊験」

『拾遺往生伝』大法師語云、　我一生三度、得㆓希有之礼拝㆒、所謂亭子禅定法皇者、昔受㆓四海之灌頂㆒※

『大法師浄蔵伝』法師報曰、（中略）不徳之身、得㆔三度希有之礼拝㆓也、所謂亭子上皇者、即位之昔、受㆓四海之灌頂㆒△

※為㆓日域之王㆒、　後受㆓三密之灌頂㆒、為㆓日輪之主㆒、是我大師也、

△為㆓日域之王㆒、入□、今受㆓三密之灌頂㆒、為㆓日輪之主㆒、是則我師□、

これらは偶然の一致と考えるにはあまりにも類似している文章といえよう。両書が密接な関係をもっているということになる。

単純な前後論からいえば現在目にする『大法師浄蔵伝』は『拾遺往生伝』に遅れること約百年、したがって前書が後者を参照して増補していったと考えられようか。この点で障害となるのは『拾遺往生伝』にのみあって『浄蔵大法師伝』に含まれない二項があることである。先にあげた「10」「26」である。

「10」は浄蔵の失敗譚で、横川の如法堂前で小便をして、如法経を守護する京畿二百余の名神のうち、当日の番である賀茂明神にたしなめられるというのが大筋である。

「26」は空也の大般若経会に招かれた際、群集中に文殊の化身を浄蔵が発見するもので、浄蔵の特殊な才能を示すものである。

この二項のうち前項はいわば浄蔵の失敗譚であり、強いて考えれば、その不名誉は浄蔵の顕彰にふさわしいものでないとして、増補とはマイナスの面に作用するかもしれない。しかし後者は、誰も気付かない群集中に文殊の化身を

見出すという、いわば浄蔵の超能力譚であり、多くの類話を採用しながら、こうした異色の霊異譚を無視する理由は見出しがたい。わずか二例ではあるが、これを含まない『大法師浄蔵伝』は『拾遺往生伝』の浄蔵項を先行資料としていないとすべきではなかろうか。

すでに対比したように両書は表現上で非常に類似していた。したがって次に考えられることは『大法師浄蔵伝』が先行していて、為康がこれから抄出して『拾遺往生伝』浄蔵項を編したかということになる。この点はいかがであろう。為康が『大法師浄蔵伝』の抄出を主として、別に知見に入った二項を加えたとすればいちおう矛盾はない。為康が主たる依拠資料の不備を他資料で補う例は枚挙にいとまがないくらいである。たとえば上巻第三項は『叡山大師伝』を抄録して文章を潤色したとされるが、これにない貞観八年の法師大和尚位の贈位のことを加えている。また、上巻第六・七・十三、中巻第二、第九項はいずれも『法華験記』を、上巻第五、中巻第十三項は『三代実録』を主たる依拠資料としながら、他資料によって死亡年次等を記述している。[6] こうして両書の前後関係は定まったかに思えるのであるが、これにも難点がないわけではない。

それはさきに両書の異同を見たうちの第(3)項、両書の重複部に微妙な差異がある点である。再び第一節で要約した『拾遺往生伝』の内容を基準にこの点を見てみよう。

4 「才能」 四歳、千字文を読む。

『拾遺往生伝』 僅及二四歳一、読二千字文一、 聞レ一知レ二、

『大法師浄蔵伝』僅四歳時、読二千字文一、穎悟抜萃、聞レ一知レ十、

11 「霊験」 不浄の袈裟を焼く。

『拾遺往生伝』　又　着二新袈裟一　従レ口出レ火、焼ニ失袈裟一、※
『大法師浄蔵伝』時有二檀主一、施二五条袈裟一、法師着用之間、侍者大瞋、従レ口吐レ火、焼レ之、△
※不レ焼二衣服一矣、尋二其子細一、不浄女人裁縫之故也、
△依二不浄人裁縫一也、但不レ焼二他衣服一、見聞者共異レ之、

22　「霊験」　八坂塔の傾斜を加持により直す。
『拾遺往生伝』　又天暦年中、大法師寄ニ宿八坂寺一、于時、
『大法師浄蔵伝』天暦之比法師寄ニ住法観寺一、六年春三月、

24　「霊験」　八坂寺の強盗を呪縛する。
『拾遺往生伝』　天暦年中、　大法師住二八坂寺一、　強盗数十、
『大法師浄蔵伝』天暦四年夏、　住二八坂寺一法号法観寺行基菩薩建立、結夏安居仲夏下旬、強盗十余人、

31　「霊験」　寿命延長。
『拾遺往生伝』　天徳之比　本尊告二命終之日一、
『大法師浄蔵伝』天□二年乙卯夏月、本尊示二終期一、

以上、、点部の微妙な差異は、「4」は二と十という数。「11」は侍者の役割、「22」以下は漠然とした年次と明確な年次という違いである。為康が『大法師浄蔵伝』を依拠資料として叙述する場合こうした違いは逆行のように思われる。とくに年次の点では、すでに見たように『拾遺往生伝』の他の一般的傾向は、死亡年次など明確化を志向し、他資料による書き加えを行なっているのである。（天暦）六年春三月↓天暦年中、天暦四年夏↓天暦年中、天□（徳）二年乙卯

夏月↓天徳之比、これではすべて抄出化にあたってわざと漠然とした年次に書き替えているとしかいえないのである。これでは為康は『大法師浄蔵伝』によらない他資料をもとに叙述したとするほうがよいのではなかろうか。こうして両書の前後関係は類似点を持ちながら決定を見ないということになろう。

三　略本『大法師浄蔵伝』の想定

現在目にしている『大法師浄蔵伝』は、寛喜三年に広略二本を合して編成されたものである。寛喜三年以前は『大法師浄蔵伝』広本と同略本が存在していた。広本ないし略本の内容が確定していて、それらと『拾遺往生伝』の叙述を対比してこそ、その前後関係が定まるべきもので、現存『大法師浄蔵伝』との対比はこの点を留意しなければならない。はたして現存本から寛喜三年以前の二種の「浄蔵伝」を類推することは可能であろうか。

広本・略本の内容を推測させるものとして第一節冒頭にあげた残る二つの資料㈢『扶桑略記』所収、㈣『日本高僧伝要文抄』所収の抄出文があることに注意しよう。両書のうちとくに前書『扶桑略記』所引の伝は、嘉応元年（一一六九）に歿したとされる皇円編であるから、『大法師浄蔵伝』の広略二本が合された寛喜三年（一二三一）以前の浄蔵伝であることは明らかである。

『扶桑略記』に引用される浄蔵伝は九ヵ所にわたり、断片的で必ずしも全貌を伝えているものではないが、その叙述をさきの『拾遺往生伝』のそれと対比してみよう。『扶桑略記』は周知のとおり編年体をとっているので、浄蔵の伝は次の九ヵ所の年次に分散している。

寛平九年春　『拾遺往生伝』要約「5」「6」（第一節参照、以下数字同）に同じ。
延喜九年四月四日　藤原時平薨。時平の病を治療しようとした浄蔵は、時平に崇る菅公の霊に請われ加持を中止す。
　時平の死により勅勘をうけ横川に隠棲する。以上『拾遺往生伝』なし。および「23」の①②。
延喜十七年二月三日　律師玄昭逝去。「14」
同　十八年十月廿六日　三善清行薨。「13」
同　十九年十二月廿八日　同比。「25」
天慶三年正月廿二日　「19」
天暦七年十二月五日　天暦比。「24」「22」
応和元年四月八日　灌仏の導師を浄蔵が勤め、右近少将から禄を賜わる。
康保元年十一月廿一日　定額僧浄蔵入滅。「32 1 2 4 27」「23」の④「11 16」及び長谷寺において狂男を呪縛する。
以上のうち内容を略記した延喜九年、応和元年、康保元年の三項は『拾遺往生伝』にないもので、このなかで応和元年灌仏導師以外の二項は『大法師浄蔵伝』（広略合本）に見えるものである。まず最初に『拾遺往生伝』「5」は七歳の時、父清行の諌をふり切って出家する話であるが、これが寛平九年（八九七）になぜなるのであろうか。これは康保元年（九六四）七十四歳で歿したことから逆算したもので、これに別項を立てず「6」十二歳の修行を続けたと考えれば納得がゆこう。延喜九年の藤原時平の加持については『拾遺往生伝』にはないが広略合本『大法師浄蔵伝』には見える逸話で、そこではとくに年次表記はない。しかし時平の歿年は周知のことで、それにこの話を組み込むことは無理のないことである。この後勅勘をうけ横川に三ヵ年隠棲することまでは『大法師浄蔵伝』と同じであるが、そのあと『伝』は「其間奇事不レ遑ニ委記一」とするのに対し、『扶桑略記』は「23」のうち使者を使役して打鐘・採花のこと及び護法を使って悋嗇者が惜しんだ米を散ずることを配している。この辺は『扶桑略記』の編者皇円の見識によるものか。そして「14」玄昭加持のこと、「13」清行蘇生のことは、各々『拾遺往生伝』に年次はないが、皇円は各々を玄昭・清行歿年次のところに配しており、編年体記文の編者の見識によるものとすべきであろう。見識といえば「25」唐僧の治病(延喜年中)を、延喜十九年十二月の末に置いたのも同様であろう、延喜年中というのを延喜の末年に近いあたりに配したものか。「19」の将門調伏のことはすでに『拾遺往生伝』にも天慶三年正月二十二日と見えており、周知のことを『扶桑略記』の記事も採用したのであろう。つづく「24」「22」は天暦七年十二月の末に置かれている。この二項はともに八坂寺にまつわる霊験譚で『扶桑略記』では順序が逆になっているが天暦ころのこととして『拾遺往生伝』の年次と同じく漠然としたものである。先の延喜十九年の末に延喜年中を配したのと同じ態度である。ただし順序は逆である。応和元年の灌仏導師のことは『拾遺往生伝』にも『大法師浄蔵伝』にもない。この記事は霊異譚でも霊験譚でもない。灌仏の導師を勧め賜禄を受けたという単なる履歴である。皇円が編年体記文を記述するにあたって蒐集した資料、たとえば法会資料類の中に見出したものではあるまいか。康保元年十一月二十一日の入滅は『拾遺往生伝』「32」によっている。そのあとに「1」履歴、「2」霊異、「4」異才と「27」出家後の多才にふれ以下霊験譚を四項補ってまとめとしている。このうち最末の狂男呪縛のことは『拾遺往生伝』に見えず、広略合本『大法師浄蔵伝』にある。

要するに、皇円が採集した一項(応和元年灌仏導師)以外はすべて広略合本『大法師浄蔵伝』のなかにすべて含まれていることになる。そしてその大部分は『拾遺往生伝』の記文とも重なり合うのである。ところが、平田俊春氏により、皇円は『拾遺往生伝』を依拠資料としてはいないとされている。(7) したがって『拾遺往生伝』にしか見えない「10」

「26」を『扶桑略記』が記載していないのは当然のことである。両書が無関係という結論のうえで、さきに『拾遺往生伝』と『大法師浄蔵伝』とが要旨において同じであるが、表現のうえで微妙な変化を見せた箇所に、この『扶桑略記』が重なる部分があるので、この点で三書を比較して見ることにする。(8)

『拾遺往生伝』

「4」　僅及二四歳一、読二千字文一、聞レ一知レ二、

「11」　又着二新袈裟一、従レ口出レ火、焼二失袈裟一、不レ焼二衣服一矣、尋二其子細一、不浄女人裁縫之故也、

「22」　又天暦年中、大法師寄二宿八坂寺一、于レ時卿相朱紫、数十群集、見二八坂塔一云、塔之傾方、其処不吉也、此塔向二王城一而傾云々、大法師云、年来欲レ直二此塔一云々、集会諸人、皆以為レ可レ加二料物一矣、

『扶桑略記』

僅及二四歳一、読二千字文一、穎悟抜萃、聞レ一知レ二、（康保元・十一・廿一条末）

又或人送二新染袈裟一、浄蔵着レ之、忽以自レ口出レ火、焼二斯袈裟一、他所レ着衣、凡全不レ焼、尋二其由緒一、不浄人縫云々、（同前）

(B)同比、八坂寺塔傾斜、殿上侍臣等多来見レ之、浄蔵云、今夜試可二直立一之由、約諾已畢、夜坐二露地一、向レ塔加持、漸及二亥刻一、微風吹来、塔婆震動、宝鐸空篌随レ動和レ鳴、明日見レ之、其塔直立、見者嘉歎、

『大法師浄蔵伝』

僅四歳時、読二千字文一、穎悟抜萃、聞レ一知レ十、

時有二檀主一、施二五条袈裟一、法師着用之間、侍者大瞋、従レ口吐レ火、焼レ之、依二不浄人裁縫一也、但不レ焼二他衣服一、見聞者共異レ之、

(B)天暦之比、法師寄二住法観寺一、六年春三月、卿相重臣実頼中将等朱紫、貴客等数十人、依レ花而群集来レ之、爰見二件寺塔一、指二乾方一傾斜、命云、塔傾方者不レ安云々、然此塔向二王城一而傾曲如何、法師云、年来欲レ直之塔

大法師云、不三必可レ用二料物一、今夜試可レ直云々、其夜大法師以二亥剋許一坐二露地一、向レ塔加ヨ持之一、即帰二本房一畢、而弟子仁瑠法師、子剋許俳ヨ佪庭中一、見レ望二塔婆一、従二乾方一微風吹来、塔婆并宝鐸揺動成レ音、達レ旦見レ之、其塔端直也、軒騎幾人、随喜者多矣、

「24」　又天暦年中、大法師住二八坂寺一、強盗数十、忽以入来、大法師以レ音叱レ之、強盗等徒然而立、

（天暦八末条）

(A)天暦比、沙門浄蔵住二八坂寺一、然間強盗数輩乱ヨ入房中一、燃レ炬抜レ劒、瞋レ目徒立、更無二其所作一、且

也、集会上下、可レ加二其新一之由、相定之処、法師云、必不レ可レ用レ物矣、衆会聞レ之、皆知下以二験力一可レ直之由上、法師又云、今夜直試者、衆庶聞已、各以□還、法師以二亥尅一坐レ於二露地一、加ヨ持宝塔一、還本坊□、弟子仁瑠奇二此事一、寄二眼於レ塔、俳ヨ佪庭中一、及至子□微風起、西北方来吹、塔婆宝鐸箜篌揺撃、和□聞レ之、而大底知二塔之端直一也、然而当二夜陰一、未レ見二其直否之躰一、終宵不レ審、達レ旦得レ明、已見下直ヨ峙空一之形上、因レ玆庫車軟輿、貴公主香衫細馬、豪家郎、上卿下品雲集礼拝矣、

(A)天暦四年夏、住二八坂寺一（法号法観寺 行基菩薩建）立、結二夏安居一、仲夏下旬、強盗十余人、各帯二弓箭一闌入、依レ之楮《（ママ）》人周

木強不レ動、夜更已明、縛除解脱、強盗等作レ礼而去、

「32」　応和四年十一月十八日、大法師云、命終時至、同廿一日酉剋、於二東山雲居寺一、正念不レ乱、向レ西遷化、瑞相太多、春秋七十四、

無二言語一、先後不レ覚、稍経二数刻一、更漏漸闌、殆以垂レ曙、浄蔵啓二白本尊一、早可レ免二遣一者、時賊徒適復二尋常一、致レ礼共去、　（天暦八末条）

（康保元年）十一月廿一日、酉時、定額僧浄蔵入滅、年七十四、臨終早朝云、命終之期、今日既到、乃於二東山雲居寺一、専住二正念一、対レ西念仏、及二黄昏時一、安坐遷化、

章驚愕、法師出二大音声一云、守護者无敷、于レ時盗人等庭中偃臥、挙レ声大叫、如レ被二杖棰一、但不レ失二本心一、呼喚尤切也、隣人応レ響来集、法師云、冦賊元愚癡也、願善神速可レ免二捨之一、是時賊徒皆得二尋常一、慚謝而去、

応和三年癸亥、一本云四年甲子、法師年七十□四、冬十月、忽辞二花洛一、届二東山雲居寺一、即於二途中一命二弟子一云、此山是我終焉之地也、故今忩登矣、左右嗚咽、十一月十七八日、頻陳云、悲哉、以二破戒之身一、久受二信施一、毎レ念二罪報一、心神不レ安、命終期至、可レ无二遁処一□、同廿一日酉時、正念々仏、合掌西面、安坐遷化、

『扶桑略記』の記文は精粗の比較からいえば明らかに『大法師浄蔵伝』より粗である。皇円が依拠した『浄蔵伝』の

全文を削除なしにそのまま『扶桑略記』に取り込む理由はないから、単に叙述の量が少いゆえだけで広略二本のうちの略本と速断することは困難であろう。しかし先に見た『拾遺往生伝』と『大法師浄蔵伝』二書の微妙な違いを示した箇所での『扶桑略記』の記述を注意すると一貫した合致点がある。それは二書が違いを示した点は例外なしに『拾遺往生伝』に一致するということである。

	（『拾遺』『扶桑』）	（『大法師』）
あ	聞一知二	聞一知十
い	（浄蔵自身）	侍者大瞋
う	天暦年中	天暦六年春三月
え	〃	天暦四年夏

右のうち、い〜えは内容にかかわろう。すなわち広略の差である。すでに指摘したように『拾遺往生伝』と『扶桑略記』とは無関係とされている。にもかかわらず両書が共通な表示をしていることは、これらが同源、すなわち略本『大法師浄蔵伝』をそれぞれ別々に依拠した結果とすべきではなかろうか。

『拾遺往生伝』と『扶桑略記』は同一の源である略本『大法師浄蔵伝』の系統本を依拠資料としていると推定したい。ただこの『浄蔵伝』は三善為康が見た時点（一一〇七年ころ）と皇円の見た時点（皇円歿一一六九年）ではほぼ半世紀の差がある。この間で略本『浄蔵伝』に全く変化がなかったとはいえないし、抄出・潤色などの点でも為康・皇円間に当然違いがある。したがって両者が依拠した資料から厳密に略本『浄蔵伝』を復元することは困難である。(9)

以上延々と諸書の内容を検討してきたが、要は浄蔵に関する最初の伝はどれかということである。結論は単純なことなから、現在見得る最初のまとまった浄蔵伝は『拾遺往生伝』の記述ということである。そしてその記述は略本『大法師浄蔵伝』をもとに抄出・潤色したものと推定されるということである。

四　初期の浄蔵伝

為康の見た略本『大法師浄蔵伝』はいつころ成立したものであろうか。この問題は、その記文を復元する以上に困難なことであろう。ただ『拾遺往生伝』の直前に編された大江匡房の『続本朝往生伝』に浄蔵の伝が収められていない点をどのように考えるかが一つの材料である。もともと為康は、匡房の著作に影響を受けて自書を編したが、その際匡房等の書の遺漏を拾う態度をとっている。したがって匡房の書に漏れた浄蔵を拾ったことは当然の処置である。それではなぜ匡房は浄蔵を採用しなかったのであろう。匡房は浄蔵の行業を知らなかったのであろうか。答えは否である。たしかに『続本朝往生伝』には浄蔵は収められていない。しかし、匡房が編したもう一つの類似書『本朝神仙伝』があり、この書のなかには次のように浄蔵が見える。

一、荒れ狂う吉野川を渡りあぐねる浄蔵の前に、藤太主と源太主という二人の神仙が現われ、河のほとりの木を切り、浄蔵を向う岸に渡した（第二十一・二十二、藤太主・源太主）。

二、大嶺の山中で道に迷った浄蔵は、一人の禅僧の昼寝姿を見出す。天魔と思い神呪をかけるが、逆に香水をふりかけられ、着ている蓑を燃される。そして仙薬の柿を与えられて飢えをしのぎ、銅の瓶の道案内にしたがい帰路につく（第二十八、大嶺僧）。

三、これも大嶺の山中、雨雪に遭いまさに凍死せんとする時、山の仙人が現われ、呪誦により薪を焼き難を救ってくれる（第二十九、同山仙）。

この三項に共通することは、修行中の浄蔵であり、危難に遭っていた浄蔵であり、神仙に救われる浄蔵である。『本朝神仙伝』には浄蔵を主人公とする項はないが、右のように匡房の意識の中に浄蔵があったことは疑いない。なお、匡房の談話を聞書したという『江談抄』（三雑事）に、源融の霊に抱かれて仮死状態となった宇多法皇を加持して蘇生させたり、葉二という高名な笛は、浄蔵の吹笛に感じた朱雀門の鬼が浄蔵に与えたことなどを伝えている。匡房は、浄蔵を浄土願生者とは認めておらず、神仙者の準資格者ほどの認識であったとすべきであろう。こうした姿の浄蔵は『拾遺往生伝』の霊異・霊験譚を見渡してもほとんどないことに注意を要しよう。ただ為康が略本『大法師浄蔵伝』によらず、別に採話した二項のうちにやや近いものがある。「10」の横川如法堂に一夏安居し、賀茂明神に失態を誡められる話である。すでに前節で指摘したようにこの話は不名誉なもので、危難を救われるものではないが、浄蔵より上位の神（仙）の登場という点で一致しよう。この話の原話らしきものが『門葉記』（巻四十一、如法経）に収められている『如法堂霊異記』の逸文である。

長元四年（一〇三一）前権少僧都覚超の記とするこの書に浄蔵に関する二話がある。

1　天暦六年、浄蔵は横川に登って一夏の苦行を行なった。如法堂に安置されている円仁の如法経を呪力をもって窺い見ようとしたところ、小僧が出現して比叡山王・赤山明神の守護する妙典への態度ではないと諭される。

2　同じく浄蔵が如法堂に参住していた時、雪が深く往反が不能となったので、礼堂で小便をしたところ、守護の番にあたっていた賀茂明神が出現してその行業を誡めた。

このうちの2が『拾遺往生伝』「10」に大筋で一致していながら、細部において微妙な違いがある。

	『拾遺往生伝』	『如法堂霊異記』
(時)	一夏	雪深
(結末)	既上人所為也、何為々々、忽召二集異人一、掘二捨不浄土一、可二方五尺一云々、	而聖人所作、為ㇾ之如何、言語不ㇾ見云々、

『如法堂霊異記』は失態を演じた理由を深雪の故とし、『拾遺往生伝』は夏の安居の時とする。また結末も前書は浄蔵に自問させる形をとるのに対し、後書はその後のこと、不浄の土を異人を集めて捨てさせているという全く対照的な結末である。この差異は『如法堂霊異記』の記文を為康が単純に抄出・潤色して『拾遺往生伝』に収めたとはいえない固有なものである。覚超は横川の学匠、長元四年記とあることを信用すれば、浄蔵歿してほぼ七十年近く、また為康の時点まで七十余年となろう。この『如法堂霊異記』の話が変化したものを為康が採用したことになろう(10)。

『如法堂霊異記』の浄蔵に関する二話の前段に次のような文が前書きとしてある。

抑故浄蔵法師、世習難ㇾ断、戒行難ㇾ闕、持明之功、近代飛名、聞二其徳行一、猶非二凡人一、被(彼カ)伝云、

「世習断ち難く、戒行欠くといえど」とあって、品行は宜しくないが、「持明」(=真言密呪)の功力により、近年とくに名が上がっている。その行業は凡人とは異なっている。その伝に云、ということになる。ここでは従来不品行とされていた故浄蔵法師が再評価されていることを示している。その伝からの抜粋がさきの二話となる。『如法堂霊異記』が伝え、また匡房が見た「浄蔵法師伝」がこれだったのではないだろうか。浄土願生者ではなく、密教系の山岳修行者で準神仙者の浄蔵、失敗談や修行未熟の行業も語られる長元ころの浄蔵伝である。為康が主たる依拠資料とした略

本『大法師浄蔵伝』のいわば前の伝記をこのように推定したい。

この長元ころの浄蔵像を、再評価としたが、それではさらに遡って長元以前の浄蔵像、再評価以前の浄蔵はどのように評価されていたのであろうか。「世習難レ断」「戒行雖レ闕」とは具体的にどういうことであろう。『大和物語』に載せる二話がこれに対応する。

1　のうさんの君という女性と愛しあい、贈答歌をかわしている。浄蔵の歌は「行末のすくせをしらぬ心には、きみにかきりの身とそいひける」とある（日本古典文学大系本六十二段）。

2　近江介中興がきさきがねにと慈しんでいた女に物怪がついた。祈禱に呼ばれた浄蔵はこの女とねんごろとなり、人の噂に堪えられず鞍馬の山に籠り、なお忘れられずに贈答歌を交わす（同前百五段）。

まさに名僧にあるまじき「世習断レ難、戒行闕」く浄蔵である。『大和物語』の成立は必ずしも明確ではないが、天暦五年（九五一）ころとするのが主流で、その後増補されたとしても『拾遺集』完成の長徳二年（九九六）ころが目安となっているようである。[11] 浄蔵は康保元年（九六四）に歿しているので、その晩年に伝えられた話か、死の直後ころのもので、いずれにしても、長元年間の時点よりさらに遡ることになる。浄蔵の死直後の評価については、為康が略本『大法師浄蔵伝』によらず独自に採話したもう一項の話がこれに関連する。[12]

『拾遺往生伝』「26」は、応和三年（九六三）八月空也の催した大般若経供養中、乞食に変身した文殊を見露し、斎飯を供するというものである。この原拠は源為憲が著わした『空也誄』の文中に見える。摘出すると次のようなものである。

応和三年八月、恭敬供養、（中略）屈二六百口耆徳一、為二其会衆一、少飯中食、労ヨ備百味一、八坂寺浄蔵大徳在二其中一焉、爰乞食比丘来二此会一者、以レ百数レ之、浄蔵見二一比丘一、大驚矣、浄蔵者善相公第九之子、善相人焉、見二比丘状貌一、再重敬レ之、引入坐レ上、座無二所訕一、浄蔵便与二所レ得之一鉢一以食矣、皆不レ言食レ之、其飯可二三四斗一、重又与レ飯、亦食レ之、浄蔵冥爾謝遣、比丘去後、所レ尽飯如レ在焉、浄蔵相曰、文殊感二空也之行一也、

空也は例の口称念仏の祖といわれるあの空也で、この時の供養願文が三善道統により作られ『本朝文粋』(巻十三)に載せられたほど著名である。空也は天禄三年(九七二)に歿しており、源為憲がその追悼文を書いたもので、その性質上、一応一周忌あたりかと推定している。[13] そうすると浄蔵歿してからほぼ九年後のこととなる。ここでは空也の行業を称讃する意味で文殊応現が語られるのであるが、その証言者として「善相人」浄蔵が登場するのである。万人のもたない特殊な洞察力をそなえた人物として源為憲が描写しているわけで、それが浄蔵の死後そう距たった時期でない点に注意したい。こうして断片的ではあるが、略本『大法師浄蔵伝』以前の浄蔵伝(資料)の存在がおぼろげながら推測されるのである。

五　実像の周辺

ここでいよいよ浄蔵の実際の行業を伝える資料を見よう。いわゆる浄蔵伝ではなしに、諸書に散在する霊験談をともなわない行業はどのようなものがあるのだろうか。

1　天暦四年十二月二十三日、仏名の竟夜、導師役を勤めた浄蔵に、殿上錫杖の間で御衣一襲が与えられている(『西宮記』『政事要略』『北山抄』)。

2　天暦九年正月四日、村上天皇は母儀太皇太后穏子の冥福を祈って宸筆法華八講を行なった。これには諸寺の僧綱・名僧等が選ばれたが、その梵音衆十四人の中に音頭として浄蔵の名が見える（『願文集』）。

3　応和元年四月八日、灌仏の法会に弟子を率いた浄蔵が導師となり、禄を賜わっている（『扶桑略記』）。

4　同四年四月二十九日、村上天皇の中宮安子は三十八歳で崩じた。この時近侍の侍女等は御顔をおおった薄紗が風に吹かれるように動いたので御蘇生かと驚き、祈禱僧を呼び加持を行なった。そして法蔵とともに浄蔵が招かれて御蘇生のことを卜している（『大鏡裏書』所引『村上天皇御記』逸文）。

5　年次不明。さきに引用した『空也誄』の著者源為憲の師は源順であるが、この源順は浄蔵と交友があったらしい。「暮春於㆓浄闍梨洞房㆒、同賦㆓花光水上浮㆒」と題する順の詩序があり、浄蔵の房で宴遊が行われたことが知られる。房は「祇陀園之南」にあった（『本朝文粋』巻十詩序三）。

6　年次不明。浄蔵は『勅撰作者部類』に載せられている歌人でもあるが、『拾遺和歌集』（十雑六春）入集歌は御導師浄蔵の作として「霞立つ山のあなたのさくら花　思ひやりてや春をくらさむ」とある。

以上のものは、わずかなものであるが、浄蔵の日常生活の断片を示すもので、浄蔵を顕彰するための潤色の跡は見られない。ここでは世にいう一般的な名僧の姿で現われ、上流公家社会の法会に活躍する様子が窺見される。浄蔵の僧としての官位は明確には判らないが『拾遺往生伝』等は大法師とする。この大法師は僧正に相当する大法師ではなく、凡僧の最高位で三綱の法橋の次位かと思われる。浄蔵は定額僧ともされる（『日本紀略』『大鏡裏書』等）。先の源順の詩に「祇陀園之南」とあり、すなわち祇園社の南にある雲居寺に居住した。延命譚や往生譚をもたない浄蔵の死を伝える『日本紀略』に「康保元年十一月廿一日、癸巳、大法師浄蔵卒㆑于㆓東山雲居寺㆒」とある。雲居寺は八坂東院といわれ、八坂の塔を持つ法観寺に隣接する。『拾遺往生伝』以下に伝える二つの霊験譚は浄蔵が八坂寺（＝法観寺）に居住するとしており、事の当否は別として、八坂寺＝定額寺に居住する定員僧（定額僧）の記述はここからいわれたものであろう。また『二中歴』等は浄蔵貴所という特異な呼称でも呼ぶ。『渓嵐拾葉集』は内裏の内侍所の奉安置所の二間を貴所といい、二間に参候できる加持僧を貴所というとしている。中世以後、僧位以上に人気の先行した浄蔵に、大法師や定額僧では不足として右の呼称をつけたものであろうか。僧位の高下にかかわりなく、宮中主要な法会で活躍する浄蔵、その浄蔵の才能を貶して、かえって恥辱を蒙る話、その当否は別として、話の素地は確実に浄蔵にあてはまるといえよう。

ここで浄蔵の霊験譚のなかで数話伝える蘇生譚と浄蔵の実像を結ぶ注目すべき資料は本節に引用した『村上天皇御記』逸文（『大鏡裏書』）である。ここでの浄蔵の役割は蘇生の加持を試みる祈禱僧ではなく、蘇生するかどうかを法蔵とともにト占しているのである。高名なト占者ではあるが、高名な蘇生加持者ではない。占相については、すでに源為憲が『空也誄』の文中でもふれていることを指摘した。占相に巧みで、宮中の主要法会に導師役（主僧）などで活躍し、文人たちとの交遊も知られ、高名な学者の子でもある浄蔵、こう見てくると『大和物語』が伝え、長元七年覚超が記述した『如法堂霊異記』の「世習難ㇾ断、戒行雖ㇾ闕」といわれた艶聞が妙に真実味を帯びてくるのである。この点を為康の『拾遺往生伝』はどのように叙述していただろうか。

第一節『拾遺往生伝』要約「29」に注意しよう。ここでは艶聞ではなしに具体的に二人の男子を持ったと伝え、その各々の消長を記している。まさに破戒僧となる。ところが為康の記述した時点、すなわちその依拠資料略本『大法師浄蔵伝』にこの記載があったかどうかの点になるとにわかに速断できないのである。『拾遺往生伝』にはこの項を含めて四ヵ所にわたった「別記」としての扱いがあり、これを後の補註とする説がある。(14) とするとこれらは為康採話当時の略本『大法師浄蔵伝』にはなかったことになる。すなわち略本『大法師浄蔵伝』は為康の時点から後にある程度の増補があったことになろうか。あるいは為康の時点にすでに叙述があったが、為康がこれを省略したものか、簡単に判断しがたい。広略合本『大法師浄蔵伝』は二子の話をやや長文にして伝え、しかも一子の名を市嫗、後に興光と名乗り伯父式部権大輔文江朝臣の子となったとする。こうして発展していったらしい浄蔵の二子の話にたいして『大和物語』の二話が全くかかわりを持たないのは不思議なことである。『大和物語』の艶聞二話のうち一話は明らかに『今昔物語集』巻三十、近江守娘通浄蔵大徳語第三に継承される。この恋愛譚と二子出生が交錯しないのはその伝承圏を異にするからとも考えられそうであるが、その質を明らかにできないのは残念である。(15)

「22」「24」は浄蔵が雲居寺の隣り、八坂寺に居住したとする天暦年間の二つの霊験譚である。強盗を呪縛する「24」は必ずしも特異な霊験譚とは思われないが、「22」は東山の山すそにそびえ立っている八坂塔そのものを祈禱して復旧したという、まさに未曾有の霊験譚である。この八坂塔の傾斜を直した時期のことであるが、三善為康は、「天暦之比」として年次を明らかにしていないし、さきに検討したように略本『大法師浄蔵伝』によったとした『扶桑略記』も同じく「天暦之比」である。ところが広略合本『大法師浄蔵伝』には「(天暦)六年春三月」とし、『僧綱補任抄出』は「天暦八年」とする。天暦六年、同八年いずれとも定めがたいが、それよりもこの霊験譚の上限は、為康の記述から推定される略本『大法師浄蔵伝』であって、匡房以前に遡れず、明確な年次指示はなかったと考えたほうが無難である。匡房が八坂塔直立譚を知っていたとしたら、この一項だけでも『本朝神仙伝』の中に浄蔵を独立項として扱ったと思われる。強烈なこの霊験譚ははじめ漠然とした年次で語られ、いつか正確らしい年次が付加されていった。はじめ八坂寺に関する二つの霊験譚は天暦ころのこととして「22」「24」の順で収められていた（『拾遺往生伝』）。ところがこれが「24」「22」の順序となり（『扶桑略記』）、ついに「24」が天暦四年夏、「22」が天暦六年春三月となる（広略合本『大法師浄蔵伝』）。略本から広本へ浄蔵の行業は年齢や具体的な年次が増補されているが、そう多くの新事実が発見されるとは思えないのである。

むすび

五代の帝に仕え、十二ヵ条の意見封事を呈して当代の病根を指摘した高名な学者、三善清行を父とする浄蔵である。すぐれた頭脳に加えて美声でもあったらしい。僧界に進んである程度の立身もし、文人たちとの交友もある。二子出生が事実であれば、艶聞は当然であろう。しかし、浄蔵伝が、浄蔵の顕彰の方向に行くとき、この話は不必要であろう。また、自らの浅学から浄蔵を誇って逆に恥辱を受ける話も、いかにもありそうなことである。出自的にも、心情的にも、俗界寄りのこの僧侶の霊験譚が多彩かつ豊富であることの本質的理由は明らかにしがたい。しかし、そうした浄蔵の位置が、僧・俗両面から注目されたことはいえよう。山岳信仰の展開や承平・天慶の乱を経験した貴族たちが、密教的加持祈禱や霊験譚により興味と関心を集めたことは自然の成り行きでもあったろう。これに浄土信仰も混入してくる。ただ浄蔵の霊験譚のなかで浄土信仰の要素はきわめて少なく、わずかに臨終にそれが見られるだけである。三善為康の『拾遺往生伝』の叙述が、現在知り得る最初のまとまった浄蔵伝であることは依然かわりない。しかし、この数々の輝かしい霊験譚以前に、修行未熟の浄蔵像や不品行の浄蔵譚があったことをわずかながら証し得たと思う。また為康の記述が略本『大法師浄蔵伝』の存在と広本『大法師浄蔵伝』への発展の手懸りを提出することも。浄蔵の霊験譚の考察はこうした基本的作業から始めなければなるまい。これらの分析については他日に期したい。

註

(1)「浄蔵法師について――伝と説話より見たる――」(『国学院雑誌』昭和十八年四月)。『大法師浄蔵伝』を中心とした浄蔵の行業の詳細な記述がある。〔補 その後『説話文学研究』三弥井書店、昭和四十九年三月刊により補訂。〕

(2)『往生伝・法華験記』(日本思想大系、岩波書店、昭和四十九年)三一八頁註一他。

(3)註(2)掲載書、七四二頁。なお下巻は天永二年(一一一一)以後のほど遠くない時期の成立とされる(同書)。

(4)註(2)掲載書、七四五頁及び重松明久氏『日本浄土教成立過程の研究』(平楽寺書店、昭和三十九年)第二編第一の四。

(5)中巻二・三・六〜九・十五・二十一・二十七〜九。

(6)註(2)掲載書の該当各項頭註。〔補 底本は『拾遺』が思想大系本、『扶桑』が新訂増補国史大系本、『浄蔵』が内閣文庫蔵写本。〕

(7)平田俊春氏『日本古典の成立の研究』(日本書院、昭和三十四年)第二篇扶桑略記の成立。

(8)三書対比中。。点、、、点は同一表現、××点は独自表現。ＢＡは叙述順序が逆であることを示す。臨終については参考にかかげた。

(9)年次的には広略合本『大法師浄蔵伝』のあとである『日本高僧伝要文抄』には「読二千字文一、以レ一知二二三一」とあり前三書と異なるほか、不浄の袈裟は浄蔵自ら燃しており、八坂塔直立は「天暦之比」とし『拾遺往生伝』『扶桑略記』の叙述に近い。

(10)広略合本『大法師浄蔵伝』は『如法堂霊異記』の伝える前話、すなわち円仁の如法経を呪術によって窺見しようとして赤山明神にたしなめられる話のみ載せ後話はない。

(11)阿部俊子・今井源衛両氏『大和物語』(日本古典文学大系)解説。

(12)　三善為康は後、保安三年（一一二二）この『空也誄』を使って『六波羅蜜寺縁起』を編している。
(13)　拙稿「空也と平安知識人」。〔補　第二部に収載。〕
(14)　註(2)掲載書、二八三頁〔三〕註。
(15)　この系統の浄蔵譚はさらに発展して、八坂塔直立の時に子供がいることになって『大法師浄蔵伝』系と接合する（別本『今昔物語』浄蔵親生事）。

〔補記〕　拙稿発表後に、馬淵和夫氏の御教示により、すでに稲垣泰一氏「浄蔵法師と〃浄蔵伝〃について」（『説話』創刊号、昭和四十四年六月）が発表されていることを知った。拙稿のいわゆる広略合本『大法師浄蔵伝』を中心として『拾遺往生伝』『扶桑略記』『日本高僧伝要文抄』『元亨釈書』などの記文を対比して各伝の位置関係を推考されたもので、拙稿の方法はこれと類似する。志向する点はやや異なるが、初期浄蔵伝の分析という点では同一であるので特記しておく。

関寺牛仏の出現と説話・縁起・日記

はしがき

説話や縁起は、その目的とする宗教的効果などのため、事実とは異なった誇張や粉飾の部分を多くもっている、と一般的に考えられる。したがって、説話や縁起の述べている事柄が、事実とどれくらいの距離をもっているか、またはどのような変化の跡を示しているのかを確かめることが、説話や縁起の正しい位置付けのために重要な要素となる。そうはいっても、説話や縁起に対応する事実の確認が、おおくの場合、はなはだ困難なのである。こうした中で、万寿二年（一〇二五）、逢坂の関の近く、再興中の関寺に、弥勒仏の化身といわれる牛が出現したとする奇瑞譚が、『今昔物語集』をはじめ諸書に引用されており、この中に源経頼の日記を数えることは、その点でかなり注目すべきことである。経頼の実際の見聞にかかる記述と、いわゆる説話集などに収載されている説話類とは、どのような異同があるのか、その対応によって、説話・縁起の性格の一端をうかがうこととしたい。

一　『今昔』と『左経記』の叙述

『今昔物語集』巻十二第二十四は「関寺駈牛、化ニ迦葉仏ニ語」と題するもので、それは次のように始まる。

今昔、左衛門ノ大夫平ノ朝臣義清ト云フ人有ケリ、其ノ父ハ中方ト云フ、越中ノ守ニテ有ケル時、其ノ国ヨリ黒キ牛一頭ヲ得タリ、中方、年来此レニ乗テ行ク程ニ、清水ニ相ヒ知レル僧ノ有ルニ此ノ牛ヲ与ヘツ、其ノ清水ノ僧、此ノ牛ヲ大津ニ有ル周防ノ掾正則ト云フ者ニ与ヘツ、而ウ間、関寺ニ住ム聖人ノ、関寺ヲ修造スル間ニ、此ノ聖人、雑役ノ空車ヲ持テ牛ノ无キヲ見テ、正則、此ノ牛ヲ聖人ニ与ヘツ、（日本古典文学大系本による）

問題の牛がまずどのようにして関寺に来たかが語られる。すなわち、〔牛の履歴〕黒き牛一頭。越中守平中方（乗用）↓清水の僧↓周防掾正則↓関寺。そして以下〔霊牛夢告〕この牛が霊牛であると知られたのは三井寺明尊僧都の夢であったとする。夢で関寺に詣でたところ黒き牛がおり、これが迦葉仏と名乗ったという。僧都は翌朝弟子を遣し牛の所在を知り、自ら多勢の僧を引きつれて参詣している。牛は僧都の眼前で堂を三めぐりしたという。このことによって世間に知れわたり、〔参詣者〕入道大相国（藤原道長）・閑院太政大臣藤原公季・鷹司殿（道長室）・関白殿北方（藤原頼通室）をはじめ公卿・殿上人などがおおく参詣、なかでも公季の参詣が詳細に描写される。また右大臣小野宮実資だけが不参であったとする。〔牛入滅予告〕やがて聖人の夢に、牛が寺の勤めを畢えたので明後日帰ることを告げた。聖人はこのことを三井寺の僧都に伝えたところ、三井寺でもこの夢を見た者のいることを述べている。〔牛入滅〕予告の当日、山・三井寺の僧たちがおおく参集して供養した。牛は少しも異常を示さないので嘲ける者も出たが、晩方に堂を三めぐりすること三度、牛屋に帰り、枕を北にして死した。そこで牛屋の上方に土葬して卒都婆を建て棚を作った。夏のことなのに少しの臭気もなかった。七日ごとの供養を行い、翌年に至るまで仏事を行なった。〔再興の経緯〕この寺の本尊は弥勒仏であり、荒廃していたものを横川源信僧都が、聖人に勧めて再興させたもので、仏師を好常とする。〔堂舎の結構〕二階建ての堂は完成を見たが、仏像は未完成、この牛仏の出現により、未完の部分は完成、堂・大門・僧房などを整備することができた。〔評価〕そして

凡ソ此ノ寺ノ仏ヲ、国〻ノ行キ違フ人不ニ礼奉一ヌ事无ケレバ、一度モ心ヲ懸テ礼ミ奉ラム人、必ズ弥勒ノ世ニ可レ生キ業ハ造リ固メツ、其レヲ、此ノ功徳ヲ人ニ令レ造ムガ為ニ、迦葉仏ノ、牛ノ身ト化シテ人ヲ勧メ給フ事、希有ニ貴キ事也トナム語リ伝ヘタルトヤ、

と結ぶ。この説話は、右の末文によってみられるように、迦葉仏の化身である霊牛出現を中心とする弥勒信仰の強調とすることができよう。ここでは霊牛出現の実年次、及び関寺再興者の実名が示されていない。しかし、太政大臣公季（一〇二一〜二九）、入道大相国（道長、一〇二七薨）、三井寺の明尊の僧都（一〇二一〜三三）などによってその年代推定はある程度可能である。しかも明尊について「前ノ大僧正ノ僧都ニテ」とあって、いま前大僧正である明尊が僧都であった時の意で、この説話の成立は明尊が前大僧正とよばれ得る康平三年（一〇六〇）以後のことであることを示している。また、関寺再興者については、文中「横川ニ〔　〕ト云テ道心有ル聖人」、「此ノ〔　〕聖人」とみえて、実名があてられていたか、補入の意図があったのかは明らかではないにしても、実名が加えられることは、本来的な形といえよう。

ところで、左中弁源経頼の日記『左経記』万寿二年（一〇二五）五月十六日条に

天晴、関寺有レ牛、年来我(宛カ)造堂斬(断カ)材木令ニ運用一、而近曾大津住人等、夢見ニ迦葉仏化身之由一、此夢披ニ露洛下一、仍奉

レ始二大相国禅閤一、関白左大臣、至レ于二下民一、挙レ首結二縁牛一云々、此堂并仏依二横川源信僧都存日語一、僧延慶進二諸人一所二造立一也、造作欲レ終レ功之間有二此事一、誠化牛欲レ別二此界一之期歟云々、

ここでは〔牛の履歴〕年来関寺再建に従事していた牛が、〔霊牛夢告〕近ごろ大津の住人等の夢に迦葉仏の化身であることが示され、〔参詣者〕大相国禅閤（道長）・関白左大臣（頼通）をはじめ下民にいたるまで参詣した。〔再興の経緯〕この堂と仏像は、横川源信僧都が生前、延慶にすすめ諸人の協力により造立しているもので、完成間近にこのことがあった。役目を果した化牛は入滅しようとしている、というものである。最末の「誠化牛欲レ別二此界一之期歟云々」は経頼の感想のようであるが、これ以外はすべて聞書で、あるいは道長の参詣に随行した者たちから伝えられたものであろうか。経頼の日記は、この万寿二年五月十六日のあと、十七・二十三・二十四・二十八・二十九日の記文が知られているが、この間関寺の化牛についてはなんらふれるところがない。しかし、その評判はたいそうなものであったようで、六月二日ついに経頼自身関寺に参詣し、この牛を実見している。その様子を日記に次のように記している。

晴、早旦参二向関寺一、及二未剋一到レ寺、先見レ牛、聖人云、日者有二悩気一、而去晦日漸興立、廻二御堂一三匝了帰二本所一之間、於二中路一臥、不レ堪二起興一、仍人々合レ力興立、持二来本所一臥之後、已不二興起一、欲二斃去一也者、余聞二此事一、成レ感祈念、即両三度挙レ頭見レ余、頗涕泣、及二酉剋一頭北面西帰レ空、即埋二堂後山一帰洛、

ここで注意されるのは、聖人の口から直接牛の様子が語られていることと、経頼自身が臨終時に居合せたことである。〔関寺聖人の言〕日ごろ病い勝であった牛が、去る五月晦日、ようやく起き上り御堂を三廻りし、居所にもどる途中たおれ伏し、起き上ることができないので、人々が力を借しもとの場所に移した。その後再び起きず、どうやら死のうとしている、というものである。〔経頼の実見〕経頼はこの牛が三度頭をあげて彼を見たことに感激、牛の死から

埋葬に立ち会い帰宅している。そして、その翌日の三日の日記にも次のようにある。

陰、終日降レ雨、或人云々、関寺迦葉仏化牛已入滅、即穿二埋堂後山一云々、三井僧都率二寺僧等一念二仏之一、

再びここは聞書である。化牛の入滅のことは経頼自身前日つぶさに見ているところである。ここで注意したいのは三井寺僧都が寺僧を引きつれて念仏をしていることを記している点である。経頼は前日の条にこのことを書き落したので、人づてに聞いてあらためて書き加えたものか、あるいは経頼の帰宅以後か何かで、経頼がこのことを知らなかったので、ここに記したものかのいずれかであろう。

さて、さきに引用した『今昔』の説話は、この経頼の日記に記された見聞譚に一致していることは明らかである。『今昔』で実名の明らかでない関寺の聖人は、ここでは「延慶」とあり、『左経記』の三井寺僧都は『今昔』に見える明尊のことであろう。ただ個々の点になると両者の記述にかなりな差があることも注意されよう。たとえば、三井寺僧都の役割や夢告などの違いをはじめ、『今昔』に見える牛の履歴、入滅予告、公季の参詣などは『左経記』にはふれるところがない。一般的にいえば、両者の相違については、実際に見聞した経頼の記述のほうが、より正確と見るべきで、『今昔』採録話の方に虚構があるといえよう。この虚構はどのように位置付けられるのであろうか。また、実際の見聞の方が正しいといっても、一個人の見聞に限界があることも見逃せない事実であろう。

二 『縁起』の叙述と上記二書の対比

ところで前引二書とは別に、万寿二年（一〇二五）六月二十日に作られたといわれる長文の『関寺縁起』（醍醐寺本

『諸寺縁起集』所載）というものがある。〔再興の経緯〕ここでは、荒廃した関寺を源信僧都の勧めによって、僧延鏡が復興したことからはじめる。まず旧地から石仏薬師像を掘り出したこと、これに刺戟されて近江講師康尚の協力を得、寛仁二年（一〇一八）に造仏を始め、つづいて治安元年（一〇二一）造堂に着手、同二年八月十九日一応の完成を見た。これには、この国の守となった源経頼や源済政の助力があり、二重の高閣に五丈の弥勒仏を収めたものであった。〔本尊霊夢〕これより先、治安元年松崎寺の僧証照の夢に、一僧が現われ関寺弥勒仏の貴重さを語り、参詣を勧めている。証照は数度の夢告にしたがって参拝している。〔牛の履歴〕また清水寺の僧仁胤が再興の企てを聞き、黒毛の力の強い牛を寄付した。〔霊牛夢告〕この牛が造堂の材木を運んで六年、万寿元年十月七日、周防掾息長正則がその牛を借用した夜、夢に一僧が現われ、牛は迦葉仏であるから使用すべきでないことを告げた。さらに同二年五月朔日、伊賀掾調時佐が借りたところ、時佐の従者が前と同趣旨の夢を見た。〔牛入滅の噂〕この夢が巷間にひろまり、やがて十六日に牛が遷化するとの噂が流れた。しかし、十四日までは常と変らず、十五日に俄に気力がおとろえ、水・草を受けつけない有様となった。〔参詣者〕これを聞き伝えた入道前大相国（道長）・禅定准后（同夫人）・関白相府（藤原頼通）・内相府（藤原教通）以下公卿たちが十六日にこの寺を訪れている。ここで道長が与えた草を牛が食し、道長が感涙にむせんでいることを描写している。このことがあって、この牛の評判はさらに高まり、数多くの人々が参詣した。このうちには天暦先朝第三之皇子（致平親王、法名悟円）・長和聖主第四皇子（師明親王、法名性真）・大司徒（公季）・右僕射（実資）の名があげられている。こうして道長らが参詣してからなお十六日の間、数万の人が結縁した。この間、牛は食の施しを受けたり、受けなかったり、うなずいてみせたりして、五月晦日にいたり、堂を三めぐりした。〔牛入滅〕六月に入りいよいよ死期が迫った気配で、二日画工を招き、牛の姿を模した。その像が完成するや牛は酉剋に、頭を

資料名	『左経記』	『関寺縁起』	『今昔物語集』
場所	関寺	関寺	関寺
再興発意者	源信	源信	源信
再興者	延慶	延鏡	横川某聖人
再興経過		旧地より石像発掘 寛仁2年閏4月25日 造像開始 治安2年8月19日 仮堂完成	
寺規模・本尊		二重高閣・金色五丈弥勒像	二階造・弥勒大仏
協力者		康尚 源経頼 源済政	
本尊仏夢告		治安元年11月8日 松崎寺僧証照夢	
霊牛履歴		清水寺仁胤 ↓ 関寺	越中守平中方 ↓ 清水僧 ↓ 周防掾正則 ↓ 関寺
霊牛夢告	大津住人等夢	万寿元年10月7日 周防掾息長正則夢 同2年5月1日 伊賀掾調時佐従者夢	三井寺明尊僧都夢
参詣者	万寿2年5月16日 大相国禅閤 関白左大臣	万寿2年5月16日 入道前大相国 禅定准后 関白相府 内相府	入道大相国 鷹司殿 関白殿北方
	源経頼	天暦第3皇子 長和第4皇子 大司徒 右僕者	閑院太政大臣 小野宮実資右大臣不参
入滅直前の霊牛	(万寿2年5月16日) 入滅予想	万寿2年5月16日 入滅の風聞	関寺聖人夢告 三井寺明尊側聞
	日ごろ悩気 万寿2年5月晦日 御堂3めぐりして斃る	万寿2年5月15日 気力おとろう (晦日)御堂を3めぐり	異常なし
霊牛入滅	6月2日酉剋 経頼立会 三井寺僧都等参詣	画工図像を作成 (2日酉剋)	晩方御堂を3めぐり 3度　入滅
入滅後			7日毎に経・仏供養

北に、面を西に向けて入滅した。こうして古堂の側に埋めた。〔牛出現による利益〕参詣者の布施により、金色の像と仏堂の完成をようやく果すことができた。この奇しき因縁を讃え、この寺に参詣した人々は罪深い者であっても、弥勒仏出現の竜花三会の場に列することができるとする。〔縁起の成立と作者〕時に万寿二年六月二十日、記者は員外左馮翊、すなわち左京大夫菅原師長である。

形は関寺縁起であるが、ここでも本尊弥勒仏および化牛仏出現にまつわる弥勒信仰の強調が色濃く盛られている。記者師長の祖父庶幾は文時と兄弟、さらに遡れば是善や道真が同族であり、傍流ではあるが師長は大江家とならんだ文筆の名家、菅原氏の出自である。後年、藤原宗忠は、関白藤原忠実からその子菖蒲若（頼長の幼称）の命名につき諮問をうけたが、その候補名師長について「師長ハ菅家博士名也」として、この師長の存在をあげている（『中右記』大治五・正・三）。供養願文や伝記類を文人が数多く執筆している例から考えても、師長が『関寺縁起』を書くにいたった直接的な機縁は明らかではないが、師長執筆はそう不自然なことではない。一般的にいえば、縁起という特殊性のために、その叙述は信憑度がかなり問題となるが、ここで注意したいのは、その成立が化牛入滅の日から算えてわずか十八日しか経過していない点で、この時間的な接近がどのように叙述に影響しているのであろうか。いずれにしても、『縁起』は『左経記』と『今昔』の間にあり、前者に近い時点の資料ということである。

三書の簡単な対比を行なったものが前頁の表である。

三書の異同をみよう。再興者について、延慶（『左経記』）・延鏡（『縁起』）・横川□□聖人（『今昔』）と三書各様である。後述するようにこれは本質的な差異とは考えられない。再興の経過について詳細にふれているのは『縁起』のみ。霊牛の履歴でいちばん詳細なのは『今昔』。霊牛夢告について『縁起』と『今昔』は明らかに異なる。参詣者の具体的人名のいちばん豊富なのは『縁起』。なお入滅前後の様子は『左経記』『縁起』がほぼ一致しているのに対し、『今昔』のみいちじるしく異なっている。全体的にみて、再興の経過、霊牛夢告、参詣者、霊牛入滅のすべてにわたって詳細なのが『縁起』であり、霊牛の履歴、夢告など牛に視点が置かれているのが『今昔』で、霊牛出現の噂から入滅にいたるまでの簡潔な描写が『左経記』ということになる。この対比によって各資料は、いわば縁起的・説話的・日記的構成をそのまま表出しているといえよう。

三　『縁起』と『左経記』の対比

経頼の実際の見聞と、入滅直後に書かれた『縁起』の記述について、いま少し詳しく対比してみよう。『左経記』は霊牛の夢告について「大津住人等」の見た夢としている。一方『縁起』では周防掾息長正則・伊賀掾調時佐（の従者）の二人の名があげられている。息長氏は近江国坂田郡に、調氏は同じく愛知郡に居住することが知られているが、(1)厳密には両人が滋賀郡大津に居住していたかどうかは明らかではない。万寿二年五月十六日、道長の一行が参詣しているが、『左経記』は具体的な実名については道長のほかに長子頼通の名をあげているだけであるが、『縁起』はこのほか道長の室、道長三男教通をあげている。

道長一行の参詣は、『縁起』によれば牛がこの日に入滅するという噂が流れたためである。一方経頼はこの日の条に道長一行の参詣を記したあと、牛の死期についてふれている。結局この日に牛は死なかったわけであるが、やがて『縁起』が「彷徨十六箇日（中略）五月晦日、遶レ堂三匝、非ニ敢喘月之気一、啻因ニ礼仏之誠一也、臨レ于ニ六月一尩羸、相倍不レ待ニ一乗之期一、欲レ入ニ雙樹之影ニ」という死期がやってくる。経頼も「日者有ニ悩気一、而去晦日漸興立、廻ニ御堂一、三匝了帰ニ本所ニ之間、於ニ中路ニ臥、不レ堪ニ起興一、仍人々合レ力興立、持ヨ来本所ニ臥之後、已不ニ興起一、欲ニ斃去ニ也者」としている。

牛は六月二日酉剋、頭を北に面を西に向けて死んだことを両資料は記す。埋葬は『縁起』は古堂の側、『左経記』は「堂後山」としている。

この間『縁起』が画工に牛の画像を描かせたこと、『左経記』に三井寺僧都が寺僧を引きつれ念仏したことを記しているが、これらはともに相対する資料にはなんらふれるところがない。

両資料は大筋で一致しながら叙述に微妙な差異がある。この異同は経頼が牛死亡当日の実見とその他の聞書、『縁起』が牛死亡直後、寺側提供の資料に基づく文人師長の執筆という事情を考慮するとき、きわめて興味ある対照となる。たとえば、五月晦日に牛が堂の周囲を三廻りしたということを、経頼は関寺の聖人から直接聞いたものであり、その前後の様子や牛死亡の記述などが両資料一致していることは当然のことであり、一面『左経記』の記述の存在によって、『縁起』の記文がかなり正確なものであることをも物語っている。

それでは両者の食い違う点はどのように解されるのであろうか。『縁起』にいう夢告の体験者、息長正則・調時佐を経頼が「大津住人」としている点、あるいは事実かもしれないが、そうでないにしても、人づてに聞く近江逢坂の出来事が正確に記述されていなくても、経頼の責任ではない。参詣者の多寡については、経頼が参詣者の一人一人をその日記に書きとめる義務はないし、『縁起』はむしろその逆で著名な人々を列挙することに大きな意味があるといえよう。埋葬場所について『左経記』は堂の後山、『縁起』は古堂の側としており一致しないようであるが、古堂すなわち旧遺跡の堂の位置そのままに新築の堂が建てられたと考えなくてもよいであろうから、新堂の後の山の場所が旧堂遺跡地(2)とすれば矛盾はなくなる。また『縁起』の伝える霊牛入滅当日画工を招いて画像を描かせた点を経頼は記していない。経頼が寺に到着したのは午後（未剋）であり、それ以前にこのことが終っていたので知らなかったか、このことを知っていて日記に書き落したかのどちらかであろう。さらに『左経記』に三井寺僧都等が念仏していることを記すが、『縁起』が逆に記していない点にしても、『縁起』は経頼の参詣を含めて、入滅当日の人名を全然あげていない。霊牛入滅の悲しみを伝えるのに急で、当日の参詣者には力点が置かれなかったのであろうか。ところで、関寺の再興者の名を『左経記』は延慶、『縁起』は延鏡としている。慶・鏡ともに「ケイ」又は「キヤウ」の音をもつもので、字形の違いほど両者は実質的な違いはない。ただ、経頼は聖人と対面しているとはいえ、その名は耳から聞いたもの、『縁起』は寺側の提供した資料に基づき、あるいは寺の意向を確かめるなど寺との接触があったろうから、関寺の聖人の名は、『縁起』の記す延鏡をいちおう正しい表記とすべきではあるまいか。

右の対比で明らかになったのは、実際の見聞記である『左経記』にも、一個人の見聞の限界があり、その限界も『縁起』によって補うことができるということである。ただその『縁起』にしても、霊牛入滅の直後に、この霊牛出現を知っており、あるいは霊牛を拝しているかもしれない菅原師長の執筆にかかるということ、加えて『左経記』の記文が存在するという条件のもとに、はじめて、その評価ができるという質のものである。この点をいま少しみていくことにしよう。万寿二年五月十六日、霊牛入滅の噂が流れたが、実際はその後、六月二日まで生きていたことにふれた。『縁起』自身この噂とそれが実現しなかったことに責任をもつ必要はないのであるが、「従二彼初悩之朝一、至二此永逝之夕一、計二其中間之旬一、暗三合先日之言二」として、十六日に遷化するというのは、五月十六日ではなく、十六日後であるというふうに辻褄を合せている。まさに霊牛に疵をつけない『縁起』的な表現で、しかも霊牛入滅時の雰囲気をよく知る者の言葉である。これより先、『縁起』は関寺再建の協力者として近江国司源経頼・源済政をあげている。このうち源経頼は、これまでその日記を云々してきた『左経記』の記者自身である。『縁起』は「左中丞源経頼、為レ宰二当洲一之間、聞二此僧之有一レ勤、見二其願之難一レ就、且宛二作料一、且勧二所部一、多小任レ意、普令二相伽一」としている。『縁起』が草された万寿二年に経頼は左中丞（弁）であり、この経頼が近江守であった時期は、寛仁二年（一〇一八）正月二十七日から治安二年（一〇二二）四月三日までのことである。この『縁起』の記文にかかわらず、経頼はその日記に関寺援助のことは何一つふれていない。たしかに経頼が守であった時期に関寺再建事業が推進されたわけで、少くとも寛仁二年（一〇一八）閏四月二十五日の造像開始（『左経記』当日条の記文あるも関連記事なし）、同五月二十一日像完成（同前）、治安元年（一〇二一）七月九日建堂開始（当日条なし）、同二年八月十九日仮落成（同前）などの主要時点について、関寺に関する記文があってもよさそうである。また『縁起』は経頼の協力を特記しながら、この協力者が入滅時に参詣している事実を『縁起』自身無視してとりあげていない矛盾をしている。経頼や済政の協力が仮にあったとしても、そうとりたてていうほど大きなものではなかったように思われる。寺再建過程の叙述の体裁のために経頼・済政の援助が大きく扱われたのではあるまいか。関寺の存在は、一にかかって霊牛の出現という奇瑞によって著名になったもので、文人菅原師長もその間の知見に基づく『縁起』執筆であったろうから、それ以前の事柄については寺提供の資料をそのまま敷衍した可能性が強い。したがって、さきに『左経記』との対比によって『縁起』の記述がかなり正確なものであったとしたことは、いちおう霊牛出現から入滅にいたる記述にかぎるべきであろう。それ以前の記述については事実のほかに、いわゆる『縁起』的な粉飾がなされている可能性も考慮しなければならないのではあるまいか。

四　『今昔』と『縁起』との対比

前節において『左経記』と『縁起』との対比を試みたが、つぎに『今昔』と『縁起』についてみよう。『縁起』が霊牛入滅直後に書かれたものであり、『今昔』収載話は、その文中に「三井寺ノ明尊前ノ大僧正ノ僧都ニテ」とあるところから、少くとも明尊が大僧正の位を辞した康平三年（一〇六〇）以後のことで、両者の間には二十五年以上の距たりがあることはすでにふれたところである。

さて『今昔』に実名を記さない関寺聖人は前節の対比によって延鏡とすることができる。ところで、両書に大きな差異がある点をみよう。まず問題の牛の履歴である。『縁起』が、ただ「清水寺内有二善僧一、名曰二仁胤一、特喜二此願一、与二一霊牛一」とするところを、『今昔』は、平中方→清水ニ相知レル僧→周防掾正則→関寺ノ聖人の経路をとるとする。牛の履歴についていちばん詳細であるべき『縁起』以上に、『今昔』は詳しいのである。『縁起』が、ただ清水寺僧仁胤→関寺とするのに、『今昔』は清水僧の以前に平中方、清水僧のあとに周防掾正則を入れている。ところがこの周防掾正則について『縁起』は「万寿之年十月七日、周防掾息長正則、依レ為二垣越一借レ此ヨ牛之一、正則明朝又告レ之、今夜之夢、一僧告云、斯牛者迦葉仏也、汝専不レ可レ服者」としている。すなわち、周防掾正則はこの奇瑞譚の発端ともいうべき霊牛夢告をうけた者なのである。『今昔』はこの正則を霊牛の前所有者としているため、別の夢告体験者を登場させる。「三井寺ノ明尊前ノ大僧正ノ、僧都ニテ、夢ニ「自ラ関寺ニ詣ヅ、一ノ黒キ牛有リ、堂ノ前ニ繋タリ、僧都、『此レハ何ゾノ牛ゾ』ト問フニ、牛答ヘテ云ク、『我レハ此レ、迦葉仏也、而ルニ、此ノ関寺ノ仏法助ケムガ為ニ牛ト成テ来レル也』ト云フ」ト見ル程ニ、夢覚メヌ」、こうして、三井寺の明尊は、その翌朝、弟子僧を派遣して関寺に霊牛のいることを確認し、自らも参詣するのである。牛は僧都たちの面前で、堂のまわりを三巡りまわり、仏前に向って臥してみせた。「其ノ後、此ノ事世ニ広ク聞エテ、京中ノ人首ヲ挙テ不レ詣ズト云フ事无シ」ということになる。『今昔』はさらに三井寺の明尊を活躍させる。関寺の聖人が「此ノ牛告テ云ク、『我レ、此ノ寺ノ事勤メ畢ヌ、今ハ明後日ノ夕方帰ナムトス』ト云フ」夢を見て、このことを明尊に告げたという。明尊も「此ノ寺ニモ而ル夢見テ語ル人有リツ、哀ナル事カナ」と答えている。関寺の聖人が霊牛の入滅をわざわざ明尊に伝えているのは、明尊が牛が迦葉仏の化身であることを知らせにきた人であるからにほかならない。寺材運搬の牛が化仏であることを夢見た者、霊牛の存在を世間にひろめた者、霊牛入滅夢告のいわば保証人、『今昔』のなかにおける三井寺僧都明尊の役割は大きなものがある。

ところで、霊牛の入滅について、『縁起』は延鏡がその夢告をうけ、まして明尊にこれを伝えたことを全然記していない。すでにふれたように『縁起』は十六日遷化の噂と、しかもこれが五月十六日ではなく、霊牛が病んでから十六日後の入滅だったとしている点で明らかに入滅夢告はなかった立場の記述といえよう。しかも『今昔』では、霊牛は当日までなんの異常も示さず、邪見の輩から嘲けられ、晩方初めて堂のまわりを三巡すること三度、牛屋に戻って死んだとしている。延鏡に面接し、入滅に立ち会った経頼も右の夢告の件は聞いていないし、『今昔』のような描写をしていない。三井寺僧都が『縁起』『左経記』のなかでふれられているのは、『左経記』霊牛入滅の翌日の条で、経頼が人づてに聞いたとする「三井寺僧都率二寺僧等一念ヨ仏之二」というわずかに一ヵ所である。とても『今昔』に扱われている明尊の特徴的な役割は、『縁起』『左経記』のなかからは見出されないのである。

著名な参詣者について『今昔』は、道長・公季・道長夫人・頼通夫人をあげ、右大臣実資一人不参詣としている。『縁起』は頼通をあげて同夫人を載せず、実資は参詣したとしている。このうち頼通及び夫人の差異はあるいは書きおとしと考えてゆるされるとしても、実資の参・不参は問題となろう。実資は周知のとおり『小右記』の記者であり、霊牛入滅の記事をその日記の中に書きとめたことは確実であり、(3) かなり関心をもっていたことは推測されるが、残念ながらこの間の記文を欠いており、明確なことは判らない。しかし『日本紀略』万寿二年五月二十三日条に実資関寺参詣の記事があることなどを考え合せれば、『今昔』の記述に誤りがあったとすることができよう。それでは『今昔』はなぜ実資を不参としたのであろう。これは実は『縁起』の描写にその因が潜んでいるように思われるのである。すなわち「右僕射者、（具ヨ瞻百寮ニ之賢相也、）従レ非ニ朝務一无レ所レ営（俊刃无レ遺、誰歌ニ叩角之詞一、陰陽自詞、）未レ見ニ吐呑之躰一、（唯摩ニ斯牛毛一）」とあるなかで「従レ非ニ朝務一无レ所レ営（中略）未レ見ニ吐舌之躰一」とある語を拾い出すと、右僕射＝右大臣（実資）の不参詣の風説がここから立ったのではないかと推測されてくるのである。

先の周防掾正則やこの実資のような事実の取り違えや三井寺明尊僧都のような全く創作的な人物の登場が『今昔』にはあるのである。このことは『今昔』収載関寺化牛説話が事件発生よりはるかに年次を距てて出来あがったものと考えることができる。すでにふれたように、文中の「明尊前ノ大僧正」とある話から明尊が前大僧正とよばれる得る康平三年は霊牛入滅の万寿二年以後二十五年である。この康平三年を上限とし、十世紀末か十一世紀初の『今昔』成立時期を下限として、その間にこの関寺化牛説話は形をととのえたことになるわけである。そこには右に見たような事実とは異なった種々の付加や置き換えが行われているのである。

五　『栄花』『古本説話』その他の資料

これまで『左経記』『縁起』『今昔』について比較対照してきたが、ここでこれら以外のものについてみておこう。『栄花物語』「みねの月」は、万寿二年三月から同八月までの出来事を綴ったものであるが、このなかに「この頃聞けば、逢坂のあなたに、関寺といふ所に、牛仏現れ給て、よろづの人参り見奉る」とあって、霊牛出現のことにふれている。ここでは〔牛の履歴〕についてなんの記載もない。〔霊牛夢告〕は寺のあたりに住む人が見たもので、〔参詣者〕は入道道長をはじめとして参らぬものなく、ただ、帝・東宮・宮々だけが不参詣としている。〔牛入滅の予告〕は「西の京にいと尊く行ふ聖」が夢見たもので、それは「迦葉仏当入涅槃のだむなり、智者当得結縁せよ」というものであった。〔牛の入滅〕を近く感じ、牛の影像を書かせ、六月二日入眠の日に、牛は堂を見巡り歩き、本所にもどって死んだ。〔埋葬後〕は念仏を行い、七日ごとに供養を行なった。画像を後一条天皇や中宮威子も見ている。いまはこの寺で弥勒供養が行われている。この他〔和泉式部の歌〕として、「きゝしより牛に心をかけながら、まだこそ越えね逢坂の関」を引用している。

右の関寺牛仏譚を載せる「みねの月」を含む、いわゆる『栄花』正篇の成立時期は長元（一〇二八〜三七）初年と考えられているから、『縁起』と『今昔』の中間に位置、牛入滅の万寿二年（一〇二五）に近い時点の資料となろう。七日々々の経、仏供養や画像の貴人上覧のことなどは、『左経記』や『縁起』の時点より後の事柄である。その叙述が『左経記』や『縁起』に取材したものでないことは、右の霊牛入滅以後の記載や、和泉式部の詠歌の引用、霊牛入滅夢告について西の京の聖をあげていることで知られよう。『栄花』正篇の作者は赤染衛門説が有力であるが、和泉式部との交友やかつて道長室倫子（鷹司殿）に仕えたという赤染衛門（たとえ赤染衛門でないとしても同種の位置の者であろうから）の、いわば生活圏のなかにこの事件が生々しく伝えられ、これが『栄花』のなかに採話されたのであろう。この叙述のなかで注意されるのは〔霊牛入滅の予告〕についてで、ここでは西の京の某聖の見た夢となっている。これはさきに『今昔』が伝える関寺の聖の夢が『左経記』や『縁起』の記述によって誤りとしたことと、おなじ扱いとなる。これはこの説がもし牛入滅当時に流布されていたものとすれば、『左経記』はともかくとして、牛が迦葉仏の化身とした二つの夢告やその前の松崎寺の証照の夢告を詳細に記している『縁起』がこれを逸すはずはないといえよう。したがって西の京の某僧の夢は、霊牛入滅以後、風説が変形したものと考えることができよう。ついでにいえば、ここでも入滅前々日、堂を三巡りしたことを、入滅直前のこととして述べている誤りがみられる。

西の京の僧の夢と和泉式部の詠をのせた関寺霊牛譚をつたえるものが、この『栄花』のほかにいま一例『古本説話集』（下、第五十話）に知られている。これを『栄花』と比較すると、右二点を共有するほか、〔参詣者〕について、不参者を帝・東宮とし、宮々をあげないこと〔霊牛夢告〕〔入滅〕〔埋葬〕についてはふれるところがないことなどに差異がある。したがって、一見両書はかなり差異がありそうであるが、文章を対比させると、次のようにその描写はかなり類似しているのである。

今は昔、（この頃聞けば）逢坂の彼方に、関寺といふ所に、牛仏現れたまひて、万の人まゐりて、（ナシ）見たてまつりけり、（る）（年頃この寺に）
大きなる（御）堂を建てて、（ナシ）弥勒を作り据ゑたてまつりける、榑、えもいはぬ大木ども、（を）ただこの牛一つして、運ぶ（運び
わざをなんしける、（あぐる事をしけり）（中略）繋がねども、（ナシ）行き去ることもせず、（なく）ささやかに、（「さゝやかにおかしげにぞありける」）（4）みめもおかしげにて、例の牛の心ざま

にも似ざりけり、入道殿を始めまゐらせて（奉りて）、世の中におはしある（け）人、まいらぬはなかりけり（なくまいりこみ）（よろづの物をぞ奉りける、たゞ）、
　御門、東宮（宮〳〵）ぞ、えおはしまさざりける、この牛、（仏）（何となく心地）悩ましげにおはしければ、失せたまひぬべき（疾くうせ給べき）かとて（とて）、いよいよ（かく人）まゐりこむ、（みて）（この）聖は、御影像を描かせんと（書かむとて）、いそぎけり、（かゝる程に）西の京にいと尊く行ふ聖の夢に見えける、（り）「迦葉仏道に（当入）涅槃のそむ（だむ）なり、智者当得結縁せよ、」とぞ見えたりける、（れば）いとど人（〳〵）まゐりけ（こむ程に）り、歌詠む人もありけり、（ナシ）和泉式部、（ナシ）聞きしより牛に心をかけながら、まだこそ越えね逢坂の関（下略）

『古本説話』を本行に、『栄花』を右わきに差異の箇所のみ対校したもので、前者は日本古典全書本、後者は日本古典文学大系本に便宜よることにした。この対比によって『古本説話』の叙述は語法の違いを除けば、内容的には『栄花』のそれを一歩も出ていないことが知られよう。『今昔』以後の成立といわれる『古本説話』が『栄花』に材をとり、適宜省略して、関寺霊牛譚を再構成したと考えれば、両書の位置関係は明瞭となろう。それではなぜ『栄花』の叙述を全文引用せず、省略などを行なっているのであろうか。この問題を考える鍵は『古本説話』にもう一例、関寺霊牛譚がのせられていることである。先のが下巻第五十話であるのにたいし、いま一例はおなじく下巻第七十話、『古本説話』の最末話である。これは『今昔』と関連がありそうである。ここに両書の冒頭を比較してみよう。

　今は昔、左衛門の大夫平の（朝臣）義清（ト云フ人有ケリ、其ノ）が父、（ハ中方ト云フ）越後の（中）守、（ニテ有ケル時）その国より白き（黒）牛（一頭）を得たり、（中方）年来（此レニ）騎りて行くほどに、清水なる（ニ相知レル僧ノ有ルニ此ノ牛ヲ与ヘツ、其ノ清水ノ僧、此ノ牛ヲ大津ニ有ル周防ノ掾正則ト云フ者ニ与ヘツ、而ウ間）僧に取らせて、また関寺の（ニ住ム聖人ノ）聖の、関寺造るに、（ヲ修造スル間ニ、此ノ聖人、雑役ノ）空車を持ちて、牛のなかりければ、（无キヲ見テ、正則）この牛を聖に取（聖人ニ与ヘツ）らせつ、（下略）（下略）

本行に『古本説話』右脇に『今昔』を対比したもので、さきの『栄花』との場合のように、その語法の違いが目立

ち、また周防掾正則が清水の僧から牛を得たことを『古本説話』は省略している。ここでは両書の冒頭を対比しただけであるが、以下第一節であげた『今昔』の叙述をここにみたとほぼ同様な位置関係で追っている。したがって内容的には『今昔』にほぼ一致する。ただ『古本説話』が『今昔』に材をとって再構成したとは考えがたい点が次のようにある。まず、先に両書の冒頭を比較したがこの中で、〔牛の履歴〕について最初の所有者、平義清の父を越後守（『今昔』――越中守）とし、問題の牛を白き牛（『同前』――黒）という。また対比を省略した部分にあるが、関寺の再興の経緯をふれる箇所で『今昔』が「此ノ寺ノ仏ハ弥勒ニ坐ス」とするところを『古本説話』は「この三井寺の仏は弥勒におはす、居丈は三尺なり」としている。わずか三点であるが、この違いはやはり注意すべきであろう。義清の父は『今昔』によれば中方で、『尊卑分脈』には越前守（谷森本――越中守）とあって、越中守、越後守のいずれが正しいかは、簡単に定められない。（補）その点、問題の牛が黒毛か白毛かの点は『縁起』に「其毛是黒」とあって、明らかに『今昔』の記述が正しい。ただ、黒、白の反対語は、仮に平仮名書きにすると「くろ」「しろ」であって、そう大した違いではなくなってくる。ここでは、両書の違いは、単なる転写上の誤りに過ぎないと考えられないこともなく、先の越中、越後も同傾向の違いとすることも可能である。しかし、残る一点『今昔』が「此ノ寺ノ仏ハ弥勒ニ坐ス」とすることを『古本説話』が、「この三井寺の仏は弥勒におはす、居丈は三尺なり」としていることは、単なる写誤の問題では処理できない。『今昔』の描写はどうしても関寺の意であって、『古本説話』は弥勒の居丈が三尺としていることからも、関寺の二階から顔をのぞかせる五丈の大像のことではあり得ない。すなわち、この表記は『古本説話』は『今昔』を直接書写したものではないといえよう。『今昔』が記す周防掾正則が霊牛を所有していたとする点は、『縁起』に徴して誤りであることは、第四節でふれたが、これを『古本説話』が記していないことも、両書の無関係さを示す材料になろうか。したがって、叙述内容や語法の類似から両書はきわめて近い位置にはあるが、直接の書承関係にはないとすることができよう。

さて『古本説話』全七十話のなかで、第五十話が『栄花』の記述を省略したもの、第七十話が『今昔』類似のものということになる。両話の間に二十話の距たりがあるが、前者は「関寺といふ所に、牛仏現れたまひて」とあり、後者は「また関寺の聖の、関寺造るに」とあって、ともに同一事件の事柄であることは容易に知られるところである。『栄花』の記述を『古本説話』第五十話が省略している点は、寺の近辺の人が牛を借りて、霊牛の夢告を得たこと及び霊牛の入滅前後のことである。これらのことは、そっくりそのままではないが、第七十話にふれられている。すなわち『古本説話』は関寺霊牛出現に関する二つの説話を拾いあげたが、重複などを避ける意味もあって一話の方に省略を試みたと考えたい。なお、この『古本説話』第五十話は、そのまま鎌倉期成立といわれる刊本『世継物語』にそっくり書承されている。

このほか『扶桑略記』治安元年（一〇二一）十一月十一日条に「松崎山僧証昭来語二関寺延鏡上人一云」として関寺霊牛話をのせている。しかしこれは、先に引用した菅原師長作の『縁起』からの抜粋である。また『続群書類従』所収（巻八三六）の『関寺縁起』は、師長の『縁起』を取意したことが巻末の識語に記されている。

さらに『古事談』五に「万寿二年五月比、関寺ニ有下引二材木一之牛上、此牛、大津住人等夢、多見二迦葉仏化身由一、此事披露之間、貴賤上下挙レ首参二詣彼寺一、礼二拝此牛一云々」とある。この文章は第一節に引用した『左経記』万寿二年五月十六日条の前半部に類似している。なお『皇年代記』などに関寺牛仏にふれたものがあるが、いずれも記述は簡単なもので、内容にとりたてて、これまで見てきたものに加えるものはない。

むすび

関寺牛仏出現に関する主要資料は、上述のとおり、源経頼の『左経記』、菅原師長の『関寺縁起』、および『栄花物語』『今昔物語集』ということになろう。経頼の実際の見聞によって書かれた『左経記』の記述によって、師長の『縁起』がかなり信憑度の高いものであること、逆に『今昔』にはかなりの変容が示されていることが明らかになった。事件の顚末の伝播は、地域的拡がりや時間的な経過にしたがって変貌してゆくことは、それが興味あるものであればあるほど、必然的な傾向であろう。主要資料を時間的経過にしたがって配列すれば、『左経記』『縁起』→『栄花』→『今昔』ということになろう。いまこれらの資料間で大きな変化の見られる霊牛入滅予告の点をとり上げてみよう。寺外の噂（『縁起』）→西の京の聖の夢（『栄花』）→関寺聖の夢および三井寺某僧の夢（『今昔』）ということになる。『栄花』は直接的には、『縁起』『今昔』と関連しないので、実際にはこのような直線的な図式を描けないとしても、時間的な経過にしたがって、内容が変貌する様相を窺う格好な座標となる。どこからともなく流された入滅の噂が、語り継がれて行く過程で、誰か判らぬあやふやな噂というより、入滅予告を具体的に示す形が望まれ、その一つが西の京の聖という個人の、しかも――さきに霊牛が出現したことを示した――夢告という形がここに援用されて『栄花』の記述となって現われ、寺外者よりも関係寺院自体の体験とした方が、より真実らしいこととなって、本来はそうした事実のなかったはずの（『左経記』『縁起』）関寺聖の夢となって『今昔』に現われたとすることができよう。

ところで『左経記』『縁起』『栄花』がいわばオリジナルであるのに対し『今昔』は前節でみた『古本説話』第七十

話の存在によって、この両資料の共通の原話の存在が予想されるのである。両資料の対比のなかで『今昔』が「此ノ寺ノ仏ハ弥勒ニ坐ス」としている箇所を『古本説話』が「この三井寺の仏は弥勒におはす、居丈は三尺なり」としている点を指摘した。関寺の牛仏出現と弥勒像の話のなかになぜ三井寺の弥勒が語られなければならないのであろう。ここで想起したいのは『今昔』（『古本説話』でも）のなかにおける三井寺、とくに明尊僧都の役割である。関寺に迦葉仏化身の牛がいることを夢見た明尊、翌朝弟子僧の派遣と霊牛の確認、自らの参詣、このことによって世間に知れ渡ったこと、関寺の聖が霊牛入滅の夢告を明尊に伝えたこと、三井寺でも同様の夢を見た者がいること、入滅当日寺からも僧侶が多数参集、阿弥陀読経したことなど、関寺霊牛出現譚のなかで占める明尊に代表される三井寺の大きな位置をいまさらながら知るが、これらがほとんど牛仏出現時点に記述されていないことを考慮にいれて、先にあげた「この三井寺の仏は弥勒」という言葉を組み合わせて考えれば、この話が三井寺で語られたものであるとする以外に求めようがないのである。『今昔』と『古本説話』第七十話の前後関係はにわかに定めがたいが、この両資料の原話は三井寺で伝えられたものなのである。すなわち迦葉仏の化身である霊牛出現を中心とする弥勒信仰が三井寺で語られたが、寺は巧みに自己の存在を盛りこんだということになろう。『今昔』や『古本説話』はこれを採話したのであり、前者では巧みに処理されたが、後者では不用意に「この三井寺の」云々の補註部ともいうべき語が残されてしまったと考える。この霊異譚は本来関寺にまつわるもので、三井寺以外に伝播したことは当然のことで、したがって三井寺の脚色を経ない系統の説話も流布した（『栄花』）。『古本説話』は同一事件に関する二つの系統の説話を奇しくも採話したことになる。『古本説話』の二話の存在は、説話の伝播・変貌を考えるうえできわめて貴重なものである。『左経記』『縁起』から『今昔』『古本説話』（第七十話）への変貌は、いわば伝承圏の機能によって起ったものであるといえよう。

霊牛出現と道長参詣の意義については、なお検討の余地はあるが、別の機会に譲ることとし、本稿では基本資料の位置付けのみにとどめる。

註

（1）『姓氏家系大辞典』の息長・調両項のなかに近江の条があげられている。なお『除目申文抄』には治安二年正月、正六位上調宿禰時輔が近江掾を望んでいることが見えるが、あるいは時佐と同一人か。

（2）『世喜寺中興縁起』によって埋葬所の位置を示しておこう。「在レ于二会坂山東麓近松寺南一、背二山林一、東接二閭里一、総門在レ東、左右柴垣、与二北近松寺総門一相竝立、本堂二重高楼、東向、左右回廊、本尊純金五丈弥勒如来也、本堂西南山脚有二牛塔一、是迦葉仏応化霊廟也」。

（3）『小右記目録』万寿二年六月一日条、「関寺牛三匝入滅事」（この標目だけで記文の内容を窺うのは無理であるが、『左経記』によって明らかなように入滅は二日であるからここでは、五月晦日の三匝してたおれ臥し、死期が近いことを示したものか）。

（4）『栄花』の「　」部分は、『古本説話』でいえば、「繋がねども、行き去る(下略)」の前に位置する。叙述に前後があるが表現はそう異ならない。

（補）『小右記』寛仁三年正月五日条に「越中守中方」と見える（宮崎康充氏の御教示による）。

〔補記〕本稿整備中、笠井昌昭氏「関寺霊牛譚について」（『文化史学』三五号、昭和五十四年十一月）の発表を知った。霊牛出現の状況と背景を扱っており、本稿とふれ合う部分が多いので参照されたい。

第四部　往生伝・説話集の周辺

第四部各篇の要旨

「『本朝神仙伝』大江匡房非撰説について」　菅原信海氏の『本朝神仙伝』が大江匡房の著作ではないとする説を批判し、匡房著作説を主張し、併せてその叙述の特色について考察した。

「往生伝と『江談抄』」　大江匡房が晩年において浄土思想よりも神仙思想に傾倒していたことを『続本朝往生伝』『本朝神仙伝』『江談抄』などの述作や、自筆日記の焼失という行為のなかに考察した。

「『弘賛法華伝』保安元年初伝説存疑」　『今昔物語集』成立の上限を示すとされる『弘賛法華伝』の初伝年次に関する片寄正義氏説に疑義の余地があることを指摘し、併せて片寄説を支持する橘健二氏の説を批判した。

「『今昔物語集』原本の東大寺存在説について」　鈴鹿本『今昔物語集』の奥書によって、同書が東大寺に存し、同寺の覚樹を編者と主張される酒井憲二氏の説を検討、同氏説を支持される馬淵和夫氏の説を批判した。

『本朝神仙伝』大江匡房非撰説について

――菅原信海氏『フィロソフィア』第四十八号御所論批判――

はしがき

『本朝神仙伝』は大江匡房の撰にかかる、我が国神仙者三十七人の伝を集めたものとされてきた。これまで本書は、部分的な引用や傍証に使われることはあっても、その全体について論及されることは全くなかった。これは本書が、対象として取り扱われるべき伝記研究・説話研究の分野で無価値であったためではなく、現在目にふれ得る伝本がいずれも完本ではないこと、とくに通行流布本がわずか八人の伝しか載せない抄出本であることによると思われる。しかし匡房の撰とすれば、常に脚光を浴びている『江談抄』や『続本朝往生伝』とともに検討されるべき重要な資料であることはいうまでもない。こうしたなかで、菅原信海氏によって本書の撰者および成立に関する労作が発表されたことは画期的なことといわなければならない。(1) 氏の論考は、通行の匡房撰者説を否定される方向をとられており、これが承認されれば本書研究の停滞もある程度首肯されてこよう。しかし氏の立論は、本書のきわめて特色ある要素のうえに組み立てられたものでありながら、これが匡房非撰説に発展するまでにはなお多くの論証を必要としなければならないと思われる。筆者はたまたま、別のところで本書に関する紹介の機会を与えられたが、(2)スペースの都合で菅原氏の説にたいする卑見を述べ得なかったので、ここにあらためて、この記念碑的業績にたいする筆者の態度を明らかにしておきたい。意図するところは、平安期の伝記的・説話的資料としての本書の意義を明確化したいためのみであり、誤読・偏見等筆者の無知より生ずる諸々の非礼については、ひとえに御海容と御叱正を得たい。

一

はじめに本書の構成について簡単にふれておこう。集められた神仙者三十七人は次のとおりである。

一　倭武命	二　上宮太子（尾欠）	（三）　武内宿禰	（四）　浦嶋子	五　役行者
（六）　徳一大徳	七　泰澄大徳	（八）　久米仙	九　都藍尼	（一〇）　善仲
（一一）　善算	（一二）　窺詮法師	一三　行叡居士	一四　教待和尚	一五　報恩大師
一六　弘法大師	一七　慈覚大師	一八　陽勝仙人	一九　同弟子仙	二〇　河原院大臣侍
二一　藤太君	二二　源太君	二三　売白箸翁	二四　都良香	二五　河内国樹下僧
二六　美濃国河辺人	二七　出羽石窟仙	二八　大嶺僧	二九　同山仙	三〇　竿打仙
三一　伊予国長生翁	三二　仲算上人童	三三　橘正道	三四　東寺僧	三五　比良山僧
三六　愛宕護僧	三七　沙門日蔵			

これらは現在知られている三種の伝本を相補うことによって叙述を知ることができるのであるが、(3) なお（ ）を付した(三)・(四)・(六)・(八)・(一〇)〜(三)までの人の記文は明らかではない。現存最古の写本は大東急記念文庫本の南北朝期（応安七年四十二歳であったといわれる東寺観智院二代の賢宝書写）であるが、宮内庁書陵部本の本奥書によって正応六年（一二九三）まで遡ることができる。

撰者については応安元年（一三六八）の本奥書をもつ流布本（抄出本）にのみ「江匡房撰」とある。これとは別に本書を大江匡房の撰としているものに、匡房の歿後わずか十二年しか経過していない時期に編された三善為康の『拾遺往生伝』がある。

それでは菅原氏はどのような立論によってこれを否定されているのであろうか。以下同氏の所論についてみてみよう。まず、右の『拾遺往生伝』の記述は、詳しくは巻上冒頭の善仲・善算伝の尾に付された註に「今按、帥江納言、以二此両人一、入二神仙伝一」とあるもので、この註は為康の自註とは決めかねるとされる。この註を為康のものでないとすると、本書を大江匡房撰とするものは鎌倉以前には見出されない。こうした前提から、第一に現在われわれが目にしている『神仙伝』には多くの書き加えがあって、原本のままではないことを、日蔵伝・慈覚大師伝を中心として論証される。しかも原文と思われる部分にしても、第二に役行者伝・弘法大師伝・売白箸翁伝において、匡房よりはるかに前の時代の記載がそのまま引かれていたり、典拠が不正確に用いられている点を指摘される。さらに右をうけて第三に、弘法大師伝における記述はとうてい匡房ならば犯さないであろう重大な誤りがあるとされる。こうして本書は一個人の編集になるものではなく、かなりの年次にわたって蒐められたものではないかと概括されている。以上が菅原氏の論考のあらましである。すでにふれたように本書全体にわたる論及では、全く始めてのもので、しかも叙述内容から匡房非撰説を提示された点に注目しなければならない。以下節を追ってやや詳しく氏の所論をみ、併せて卑見を述べたい。

二

三善為康の『拾遺往生伝』に付されている註が、為康自身のものであるか否かについては後節に譲ることとして、まず、現在我々が目にしている『本朝神仙伝』には多くの書き加えがあるとされる点をみよう。本書の最末日蔵伝が、真言宗の学匠栄海が正中二年（一三二五）に撰した『真言伝』巻五の中に引用されていることに着目され、両者の叙述を対比される。

『本朝神仙伝』

㈠沙門日蔵者、不レ知二何国人一、始止二住東寺一、後住レ於二大和国宇多郡室生山竜門寺一、

㈡学究二真言一、神験無レ極、後掘レ土、得二前身所レ瘞之鈴杵一、便是二生之人也、

㈢到二此山一、足腫不レ能二行歩一、山神為レ不レ令二他所行臻一、而仁海僧正、為レ習二密教一、到二日蔵廬一、日蔵曰、可二早帰一、莫二逗留一、以レ我為二鑒誡一、

『真言伝』

(1)或伝ニ云、此上人始ハ東寺ニ住ス、後ニ大和国宇多郡室生山竜門寺ニシテ、

(2)真言ヲマナヒ極テ神験極リナシ、土ヲ堀テ前身ヲウツム所鈴杵ヲヱタリ、

(3)上人此山ニ至ルニ足ハレテ行スルコト不レ能、山神他行セシメサランカ為ニ此事ヲナス、爾ルヲ仁海僧正密教ヲ習受セント上人崛ニ至ル、上人云、早ク帰ヘレ、逗留ス

(四)昔於㆓金峰山㆒、入㆓深禅定㆒、見㆓金剛蔵王幷菅丞相霊㆒、事見㆑於㆓別記㆒、

(五)長㆑於㆓声明幷管絃㆒、年及㆓期頤㆒、猶有㆓少容㆒、人疑㆓其数百歳之人㆒、

(六)嘗詣㆓松尾社㆒、欲㆑知㆓其本覚㆒、三七日夜、練行念誦、及㆑于㆓竟日㆒、雷電霹靂、暴風澍㆑雨、（四面）杳冥、有㆓一老父㆒、来叱㆓日蔵㆒、兼薙㆑草、而風振㆓御殿戸㆒、数十百歳飄、日蔵、属㆑耳而居、殿中有㆑声曰、毗婆尸仏、日蔵、驚見㆑之、便是前老父也、

(七)一旦帰泉、入棺之後、已無㆓其屍㆒、或曰、尸解而去、

ルコトナカレ、是ヲ以テ人ノ誡メト云、

(5)老年ニ及ト云ヱトモ、尚小容アリ、

(6)松尾社ニシテ、其本覚ヲ知ラント思テ、三七日夜ノ間念誦ス、ヲハル日ニ及テ雷電霹靂シテ、大雨下リ、暴風吹、四面杳冥タリ、一人ノ老父有テ来テ上人ヲ叱フ、御殿ノ戸風ニ吹レテ飄リナル、殿中ニ声有テ云、毘婆尸仏也ト、上人驚テ是ヲミルニ、即是サキノ老父也、

(7)一旦ニ遷化ス、棺ニ入テ後既ニ其屍ナシ、或云、了（尸カ）解シテ去ルト云ヱリ、

この対比によって(四)条および傍線を施した五ヵ所の部分が『神仙伝』にあって『真言伝』にないことを指摘される。[4]これらは『真言伝』の撰者栄海が叙述のさい、『神仙伝』の記述を取捨撰択したのではなく、本来これらの章句が『神仙伝』にはなかったのだとされる。その理由として(五)条の「人疑㆓其数百歳之人㆒」の句に注目される。それは同じ『真言伝』巻四に泰澄を扱った項があり、この註に「江帥神仙伝ニ、此和尚ノ事ヲシルセルニハ、数百年ヲ経テ死セス、其終ヲシラス云々、伝ニハ遷化ト云、両説相違、不審ノ事也」とあるように『真言伝』の著者は長寿に関する叙述には神

経質で、もしそのような叙述が『神仙伝』にあったとすれば佚するはずがないとするのである。したがってこれらの箇所は元来は『神仙伝』にはなかった。とくに㈣条はふつう「道賢上人冥途記」(『扶桑略記』天慶四年条所引)にみえる話で、後人がこれを佚すべからざるものとして『神仙伝』に加筆したと推測される。

ついで一七慈覚大師(円仁)について、その記述は、源英明の『大師別伝』[5]が原資料となっていることを指摘される。そしてこの前提に立って『大師別伝』と『神仙伝』の叙述との矛盾を次のように説明される。『神仙伝』の円仁伝に「事詳二別伝一、今記二大概一」とありながら「及二其入滅之期一、忽然而失、不レ知二所在一、門弟相尋、落二挿鞋如意山之谷一、不レ見二其余一、爰知二大権之人一、豈非二神仙一乎」とある叙述は、原資料の「永以遷化(中略)十六日、葬二於寺北天梯尾中岳一、此地名二華芳一、大師平生所レ点也」の叙述からは絶対に出てこないとされる。これも後人の補入加筆で、その時期は正応六年――書陵部本奥書の時点――を下限といわれる。

このようにして「今の神仙伝が、その原本のままでない」ことを主張される。

しかしながら、これらの論証にもかかわらず、後人補入説についてはにわかに賛成できない。まず、日蔵伝に関して『神仙伝』の記述を『真言伝』が一字一句余さず書承しなければならない理由は全く認められない。氏が論拠とされた「泰澄伝」における長寿についての引用は、必ずしも氏が着目されたような理由にはならない。この点を明らかにするため『真言伝』における『神仙伝』の援用の様子をみておこう。『真言伝』巻四冒頭役優婆塞、つづいて泰澄和尚、末の僧正静観、巻五の、先に問題とされた日蔵の計四人の項に判断の材料がある。

役優婆塞　(本文で長い伝の叙述をした後)「私云、行者渡唐大宝元年辛丑ハ、唐ノ則天皇后大定元年ナリ」云々で始まる註を付し、その中で「江帥神仙伝ニハ、道照高麗国ニシテ説法ノ時行者ニ謁ストイヘリ」と引用し、他の説とならべて道照と役行者の相会することは事実に反すると批判している。
泰澄和尚　（巳上伝説として長文の伝を叙述し、その後に或説云として二つの記を引用）後者の或説が『神仙伝』で吉野山で一言主の呪縛を解こうとしたこと、及び諸社の本覚を祈念したことの部分をほぼ文意通りに書き下し、さらに又註を付して、その中に氏が注目された長寿に関する記事「又江帥神仙伝ニ、此和尚ノ事ヲシルセルニハ、数百年ヲ経テ死セス、其終ヲシラス云々」と載せ、以下「伝ニハ遷化ト云、両説相違、不審ノ事也」とこの項を結ぶ。
僧正静観　（伝を記して末に陽勝上人との交渉にふれ、註を付して陽勝の伝を簡単に記す）註の末に「是仙ノ事日本法華験記竝ニ神仙伝等ノ書ニ出侍ヘリ、静観僧正奉仕ノ僧ト能クイハス、是ヲ尋ヌヘシ」とする。
日蔵　（長文の伝を本文として叙述）末に「或伝ニ云」として菅原氏が対比された文がある。
右の外に項目として『神仙伝』と重複するものに、弘法大師、慈覚大師（以上巻三）、藤太主・源太主（巻五）があるが、『神仙伝』に関係する記述は何にもない。

右にみたように日蔵伝以外について『真言伝』は『神仙伝』の記述を全文引用しているものは全然なく、叙述の主要部分は他の資料によってなされ、とくに異説の場合文末に「或説云」とか、註のなかで扱われるかに過ぎない。氏が主張される泰澄の「数百年ヲ経テ死セス、其終ヲシラス云々」の引用も、それが長寿に関する記述であったからというのではなく、主要叙述の「伝ニハ遷化」とあり、「両記相違」するからなのである。したがって日蔵伝において「疑ニ其数百歳之人」という記述が『真言伝』の中で引用されていなかったことに特別の意味をもたせることは、やはり思い過ごしであろう。長寿に関する記述に拘泥するとしても「老年ニ及ト云ヱトモ、尚小容アリ」とあることで充分であろう。また「金剛蔵王并菅丞相霊」のことは『神仙伝』を引用する前段の本論で詳細に叙述されているのであり、補足に利用する『神仙伝』にさえ「事見㆑於㆓別記㆒」と省略されている事柄を、いちいち克明に記述する必要はないと考えたほうが自然ではなかろうか。以上要するに書き下し形式をとり（『神仙伝』は漢文体）、真言行者の効験を示そうとした『真言伝』の目的からみても、また、いまみてきたように『神仙伝』の叙述を『真言伝』の中に引用する態度からいっても、菅原氏が対比摘出された六条の違いをもって、後人の補入と断ずることはできないのである。

次に慈覚大師伝についてはどうであろうか。氏は「神仙伝の円仁の伝を、仔細に検討すると、その原資料となったものは、源英明の大師別伝であったようである。それは、文末に『事詳㆓別伝㆒、今記㆓大概㆒』とあることからも知られよう」とされている。ここでは「事詳㆓別伝㆒」とあることから知られるとされるだけで、これについては別に両書の関係についての論考の用意があることを示されている。

ところで「別伝」とあることだけで、なぜそれが源英明の『慈覚大師伝』であるといえるのであろうか。その伝が「慈覚大師別伝」の名で呼ばれているといっても、これを結びつけるのは早計である。本書のなかには慈覚大師伝のほかになお三伝にこの「別伝」の文字の使用がみられ(6)、本書とは「別の伝」という一般的な言葉と考えるべきである。このように論評しても、正確には氏の論考をまたねばならない。しかし、いま両書を比較検討してみても、不用意ではあるが疑義を呈さないではいられない。

だいたい同一人に対する伝であるから内容的に共通する面が見出されることは当然であろう。ただそれ以上の関係、とくに氏のいわれるような位置にあることは認めがたい。たとえば『神仙伝』には渡唐して真言止観の道を学んだとして「逢㆓七人聖僧㆒、瀉㆓瓶密教㆒」とある。ところで『慈覚大師伝』から在唐時における慈覚の師事者を拾うと次のようになる。

宗叡　「深解二悉曇一、能通二梵語一、大師従レ之、習字梵書」

全雅　「大師即訪尋、請為二阿闍梨一、蒙二受灌頂一、於レ是始授二金剛頂大教一、便附二嘱所持金剛界大曼荼羅一、又授レ以二師資相伝之法一」「於二楊府一所二得念誦教法経論章疏等一百九十八巻、并胎蔵金剛界両部大曼荼羅、及諸尊壇様、高僧真影、及仏舎利等廿一種一也」

判官蕭慶中　「能通二禅門一、受二師資相伝之法一、即以二此法一、付二属大師一」

志遠和尚　「受二学止観一、并書二写天台教迹三十七巻一」

元政阿闍梨　「請以為レ師、儲二備供具一、入二灌頂道場一、奉二供諸尊一、始学二金剛界大教一、更受二五瓶灌頂一、及図二写金剛界大曼荼羅一」

義真阿闍梨　「入二胎蔵灌頂道場一、始学二毘盧遮那経中真言印契、并真言教中秘密法要一、受二蘇悉地大法一、即図二画胎蔵大曼荼羅一」

法全阿闍梨　「習二胎蔵儀軌一」「住二長安一六年之間、所二得念誦教法経論章疏五百五十九巻、両部及諸尊曼荼羅檀様、高僧真影、如来舎利、并道具等廿一種一」

宝月三蔵　「習二悉曇一」

宗穎　「研二止観之微旨一」

侃阿闍梨　「不レ惜二秘扃一、為レ之指授」

惟謹闍梨　（同右）

これをどのように対応されると、さきの「逢二七人聖僧一、瀉二瓶密教」の叙述となって現われてくるのであろうか。

『神仙伝』の著者は、むしろ『慈覚大師伝』の叙述とは別のところに原資料を求めたとしたほうが自然ではないだろうか。仮にこれに素材を求めたとしても、この叙述だけにしか取材しなかったとすることの証明は困難なようである。しかも氏の立論は、推論自体の中に決定的な矛盾を含んでいるのである。尸解譚が後人の補入だとされる。ところがこの尸解譚を受けて「爰知㆓大権之人㆒、豈非㆓神仙㆒乎」としている。すなわち慈覚大師をして神仙伝に収めしめた理由はその尸解譚が伝えられているからにほかならない。尸解譚のみが後人の付加だとしたら、慈覚大師は神仙としての資格をどのようにして得て本書に加えられていたのであろうか。

氏の提出された『本朝神仙伝』後人補入加筆説は右のように成立しがたいのである。したがって現存する『神仙伝』において氏の主張されている後人付加部をもたない伝本が存在しないことは当然で、後人補入の下限を現存最古写本以前とされることはなんの意味も持たないと思われる。

三

ついで菅原氏が指摘される『神仙伝』の叙述のうちに通行する他資料と不整合な四条を見出されている点をみてみよう。

(一)　役行者が高麗で道照和尚の説法を聴聞した記述があるが、この類話は『霊異記』『三宝絵詞』『道照和尚伝』(『扶桑略記』所引)『今昔物語集』に載せられているが、いずれも場所を高麗ではなく新羅としている点で『神仙伝』のそれは不可解とされる。ところで、新羅と高麗との叙述の違いがそれほど問題となるのであろうか。高麗国とは九三五年新羅のあとをうけて朝鮮半島を統一した国家の名であって同一地域である。十世紀中葉以後、新羅時代のことであっても高麗の名で使用することが致命的な誤りとはいえないのではなかろうか。むしろこの叙述自体、匡房が生存していたころのそれであることを証明するものと考えられてくるのである。

(二)　弘法大師の条で大師の遺文として「性霊集七巻」とあることに注目、七巻として叙述される時期を限定される。『性霊集』は弘法大師の高弟真済が大師の詩文を撰集して十巻としたものであることはその序文に明記されている。ところがいつのころか終りの三巻が散佚してしまい、承暦三年（一〇七九）に仁和寺の南岳坊済暹僧都があらためて空海の遺稿といわれるものを集録『続遍照発揮性霊集補闕鈔』として三巻を補ったものである。菅原氏の主張は、「性霊集七巻」とある以上『補闕鈔』ができて再び十巻となった承暦三年以後はこうよばれるはずはない、したがってそれ以前のある時期の記述であって、匡房の時点、すなわち十世紀後半から十一世紀初のそれではなく、もし承暦三年以後のものとすれば『神仙伝』は古い史料をそのまま未整理無批判に利用している、とされる。『神仙伝』に「性霊集七巻」とあることに注目された点は慧眼であるが、これを氏のいわれるように承暦三年にこだわることはどうであろうか。氏の主張の成立しがたいことは、承暦三年以後の成立である『通憲入道蔵書目録』の中に「性霊集五巻」とみえることだけでも推測できよう。承暦三年以後『性霊集』は必ず「十巻」とのみあるのではないのである。だいたい承暦三年に散佚した三巻の補塡がなされたといっても、これはあくまでも済暹撰の『続性霊集』であり、真済のそれではない。だから承暦三年以後であっても『性霊集』はいぜん七巻でしかなかったともいい得る。事実正嘉二年（一二五八）快賢阿闍梨によって開版された『性霊集』は七巻である。しかも『通憲入道蔵書目録』の記載からも明らかなように「性霊集七巻」というのは、ただ単に三巻散佚によってのみ生ずる呼称ではなく、装訂等による巻立の場合も考慮に入れる余地がある。現存本を調べても三冊本や一冊合綴本が存在し、注釈ではあるが七冊本も伝わっている。(7)このようにみれば、たとえ匡房の時点であったとしても「性霊集七巻」と記したことが未整理無批判と断ぜられるいわれはないようである。

㈢　同じ弘法大師の条に「大師之心行、多見レ於二遺告廿二章一」とある章数についての矛盾も見逃されない。すなわち現在の御遺告は二十五章で『神仙伝』のそれとは三章の差異がある。承和二年（八三五）三月十五日、空海真跡と伝えられる『遺誡廿五箇条』については多くの疑義が出されて不確実としても、安和二年（九六九）の古写本の存在は否定できない。先の二十二章が「写誤でないとするならば、廿二章の遺告は、廿五章の遺告が現われる以前、即ち安和二年の古写本からも知られるように、その頃には廿五章となっていたわけであるから、いわば安和二年までの存在となってしまう。ところが、神仙伝が、上引のように、『不レ可二重論一』というのは、この廿二章の遺告を眼前にしなくては、いわれないことである。このように見てくると、この部分の記載は、少くとも安和二年以前でなくては、書き得ないことになり、神仙伝の成立に関連する大きな問題となってくる」と述べられている。

しかしここでも氏の説ににわかに同じがたい。安和二年にすでに二十五章の御遺告が成立していたからといって、なぜ二十二章本がそれ以前でなければならないのであろうか。二十二章から二十五章に増加した証明もできないうえに、二十五章とは別の異本が安和二年以後に出現しない理由もないのである。前項でもみたように章立・巻立の数による異本等の前後関係はそう簡単なものではない。ところで大江匡房の歿年天永二年は大師入定後二百七十七年目にあたるが、この時点に近くいくつかの弘法大師伝が編まれている。すなわち、大師入定後二百二十六年目の康平三年（一〇六〇）小野曼荼羅寺の成尊僧都の『真言付法纂要抄』、及び同じく二百五十五年目の寛治三年（一〇八九）高野山第二十七代座主経範の輯録した『大師御行状集』がある。注意したいのはこれらの伝の中に『御遺告』が引用されていることである。[8]『御遺告』は大阿闍梨以外には固く披見を禁じられていたものである。したがってこれについての公表も同断であろう。しかし大師が入定して二世紀以上も経過しており、この禁が解かれたとみるべきであろう。このことは匡房が「御遺告」を手にすることができたことを意味している。ただなぜ二十二章なのであろう。いちおう推定を試みておこう。

二十二章が二十五章の転写等による簡単な誤りであれば問題はない。しかしこの項を収めている前田家本・書陵部本ともに二十二章となっているので、この面での解明は現在では不可能である。それよりも成尊や経範という真言宗門の高僧と、学識豊かであっても所詮在俗者であった匡房との位置の違いに注目したい。この『御遺告』の披見の禁が解かれたとしても、他宗の人や在俗者が容易に見られたとは思えない。ここに異本二十二章本の登場の因をみるのは妄想が過ぎようか。すなわち匡房の手にしたのは安和本二十五章の系統とは別のものであったのではなかろうか。真言門中の大師伝の中に『御遺告』が引用され、この書の存在が宗門外の人にも知られはじめた。『御遺告』が門外不出として関係者のみの間で相承されている期間より、この禁がゆるみ出した時点、たとえば宗門外の人々がこの書に関心をもちながら、しかも直接原典を披閲できないような時期こそ、異本が生れ出る要因ともなるのではなかろうか。安和二年以前ではなく、むしろそれ以後匡房の時代に近い時期こそ、異本の発生の因があるといえるのである。このことが容認されないとしても、この記述が安和二年以前に遡るものとすることだけが正しい解明とはいえないのである。

(四) 売白箸翁の伝において「事見二紀家序一、只記二大概一」とあるが、これは『群書類従』巻六十四所収に見られる紀長谷雄の伝がもととなっている、「紀家序」は当然「紀（長谷雄）家（の白箸翁）伝」であって、「序」は「伝」でなければならない、ここには典拠が正確に用いられていない、とされる。しかしここでも氏のいわれるように「序」とは当然「伝」とあるべきとはいえない。それは藤原明衡撰する『本朝文粋』巻九（序乙、詩序二）にこの長谷雄の作品が収められ、ここには「白箸翁　詩序」と目次にもある。すなわち明らかに序なのであり、『神仙伝』の記述は典拠不正確の譏りはうけないのである。

四

菅原氏は以上ふれてきた所説の最後に『諡号雑記』の撰者でもある杲宝の『我慢抄』の説を引いてこれに賛意を表される。杲宝は、弘法大師の条中に「除二大師一之外、不レ可レ賜二諡号一」とある文章は「妄説至極之説」であるとする。それは天仁二年（一一〇九）遍照寺僧正寛朝に諡号宣下を願った奏状の作者が大江匡房であるから、右のような文章を引用するはずがなく、玄円という僧の捏造である、というものである。

たしかに真言宗において弘法大師以外に諡号宣下を奏請しないということは事実に反する。しかしこの説を『神仙伝』の撰者が捏造したのかといえば、それも誤りなのである。先に菅原氏が引用した著書の他に杲宝には『諡号雑記』という書がある。この書では、同じ問題について次のように微妙な変化を見せた論評になっている。

一、諡号を大師の外には誰も与えないという真言宗門の起請が「顕俊」「匡房」両記に見える。

二、右の説は事実をわきまえない説である。

三、この説は弘法大師の偉大さを強調するために流布された説であろう。

『我慢抄』『諡号雑記』両書成立の前後関係は不明であるが、前者では右の記述が結局『神仙伝』の撰者玄円（匡房ではなく）の捏造であるとするのに対し、後者では『匡房記』と併列して『顕俊中納言記』にもあることを認め、これらが誤説であるとしている。[9] 顕俊とは源隆国の息で、万寿二年（一〇二五）に生れている。康平二年（一〇五九）参議、治暦元年（一〇六五）権中納言となり、承保二年（一〇七五）五十一歳で歿している。匡房が生れたのは長久二年（一〇四一）であるからほぼ同時代、顕俊のほうが十六歳年長ということになり、顕俊歿時に匡房は三十五歳であった。したがって顕俊が『神仙伝』の記述を孫引したことが論証されなければ「彼宗之人起請曰、除二大師一之外、不レ可レ賜二諡号一」という内容の説が匡房の時代に流布していたことを意味している。ただこの説が流布していたとしても、明らかに誤説であるものを匡房ほどのものが叙述するかという問題は依然残るようである。これについての動かしがたい裏付は、匡房自身大師以外の人（寛朝）の諡号宣下を奏請している事実であろう。しかしこれについても二様の反論が考えられる。(1)匡房の奏請は天仁二年（一一〇九）で六十九歳の時であるが、『神仙伝』がそれ以前の成立であったとしたら問題は解消しよう。すなわち『顕俊卿記』にみるような説が流布していたのでこれを『神仙伝』の記述に採用した。その後依頼を受けて奏状を草した。『神仙伝』に記述したことに反する依頼がその後にあったからといって、これを拒否する理由にはならない。(2)仮に奏状作成後『神仙伝』が編されたとすると、匡房の歿年は天永二年（一一一一）であるからわずか三年間のこととなる。虚説としてもそうした説が流布していたことは事実であるから、杲宝自身『諡号雑記』でふれているように、大師の偉大さを強調するためにこれを採用したと考えればそう不都合ではなくなってくる。

以上が『神仙伝』の叙述上からみた菅原氏の立論と私見であるが、ここで、先に保留した三善為康の『拾遺往生伝』の註記について一言したい。氏はこの註記が為康自身のものであるかどうか、にわかに決せられないとされている。果してそうであろうか。周知のように『拾遺往生伝』は、匡房の『続本朝往生伝』をうけその遺漏を中心に上中下三巻、計九十四人の伝を集録したものである。この中で善仲・善算（両人一項目）、伝教大師・教懐上人・阿闍梨維範（以上上巻）、持経者長命（下巻）の計五項の各末に「今按」として註記が付されている。善仲・善算伝の末に「今按、帥江納言、以二此両人一入二神仙伝一、其理可レ然（下略）」とあるが、この文だけでは確かにいかなる時点に付記されたかは明らかにならない。しかし伝教大師(三)に付された註記は次のようなもので、その決定に重要な材料を提出している。

今案、慶氏之記、江家之伝、以遺漏、若有レ所レ憚歟、今為二結縁一、省レ万記レ一矣、

慶滋保胤の『日本往生極楽記』、大江匡房の『続本朝往生伝』には、ともに伝教大師の伝が漏れている。何か憚るところがあったのだろうか。いまここに結縁のため多くを省き、簡単に記すというものである。「省レ万記レ一」とは伝教大師の伝をこの書に入れたことを指すものであることは疑いない。なおこの「省レ万記レ一」の用例は、伝の本文中に、「如レ是奇異、省レ万記レ一耳」（一一阿闍梨維範、結語）とも見えるし、また持経者長命（一七）の案文も次のようなものである。

今案、兜率上人不レ載二西土之記一、而已謂二喜見之後身一、豈悲随意滅度乎、故以記レ之、

これも長命を『拾遺往生伝』に収めた理由づけであって、後から付加されたものではない。これらの案文はいずれも本文と密接に結びついたもので、為康自身の文であることを明白に物語っているのである。したがって善仲・善算

の案文についてだけを後世の人が付したとする理由が説明されない限り、菅原氏の疑義は成立しないのではなかろうか。かくして氏自身の言葉「今もしこの註記をもって、為康の自註である、と考えるならば、拾遺往生伝の成立は、保安四年(一一二三)といわれていることからして、この註記は匡房の歿後、十二年を経て記されている」という事実が尊重されなければならないのである。やはり、現在の段階では『本朝神仙伝』は大江匡房の撰としておくべきであろう。

五

本書を大江匡房撰とすると、当然先行類似書との関係が問題となってくる。本書はこれらの書をほとんど引用しない点で特異である。匡房以前に類似書を求めると保胤の『日本往生極楽記』、鎮源の『大日本法華験記』、少し範囲を拡げて『日本霊異記』『三宝絵詞』などがあるが、本書はこれらの叙述に全く追蹤していないのである。[10]『霊異記』『極楽記』『三宝絵』と聖徳太子・慈覚大師の二人、『法華験記』とは前記二人のほか陽勝・日蔵の合計四人の伝を重複するが、これらを書承した形跡はみられない。その叙述態度は、わずかながら本書の中に見出せる。

五　役行者　事見二都良香吉野山記一、今略レ記之、

一六　弘法大師　事見二別伝一、不レ能二甄録一、

一七　慈覚大師　事詳二別伝一、今記二大概一、

一八　陽勝仙人　事見二別伝一、

一九　陽勝仙人弟子　見レ於二陽勝別伝一、
二三　売白箸翁　事見二紀家序一、只記二大概一、
二四　都良香　国史有レ伝、今記二見聞一、
三一　中算上人弟子　事見二中算記一、
三七　日蔵　金剛蔵王幷菅丞相霊事、見レ於二別記一、

これらには「事見二別伝一」として「今略記レ之」とか「今記二大概一」「今記二見聞一」とあり、簡略な自らの文章にしていることを示している。この中で原典を明示しているものは「都良香吉野山記」「紀家序」の二つであるが、前者、すなわち役行者の記述について、本書の態度がよく示されている。『三宝絵』には役優婆塞として「続日本紀、霊異記、居士小野仲広が撰日本国の名僧伝等に見えたり」と記している。『三宝絵』の叙述でも、その指摘でもない『吉野山記』を拾い出してきて原典としている。このことは都良香伝の項でも国史に伝があるが、今見聞を記すという態度にも通ずる。また聖徳太子伝についても同じである。さきの『三宝絵』は上宮太子として「日本紀、平氏撰聖徳太子伝、上宮記、日本霊異記」が書名としてあげられている。この他『日本往生極楽記』は『聖徳太子伝暦』を原拠とし、『法華験記』は『極楽記』を全面的に採用、『三宝絵』で補足している。太子の伝は延喜前後の成立とされる『聖徳太子伝暦』によって集大成、右にみるように以後の太子伝のほとんどがこの書によって叙述されているといわれる。本書の太子伝は末尾を欠くため典拠についてどのような記述があったか明らかではないが、一条を除いて『伝暦』の伝えるところと一致している。ところで『伝暦』とは一致しない一条とは太子先身持経の将来説話である。

太子は南獄大師の後身であり、小野妹子に命じて隋に先身持経を取りに遣わしたが、妹子は誤って他経をもたらし

た。そこで太子は自ら一室に籠って入定、魂を飛ばして半日（『伝暦』他すべて八日）の間に万里を渡り真経を持ち帰った。後日このことについて（彼の国の）山僧は金人が虎に乗って来り、聖衆に囲繞されて経典を持ち去った（『伝暦』では太子が青龍車に駕し五百人を従えて空より来り経典を持ち去った）としている。説話の外形は似ているが、『伝暦』からみればやはり異説であろう。延喜以後変貌した説話を匡房が拾い出して来たとすることが可能である。

『古事記』『日本書紀』などに伝えられる日本武尊伝とも本書は細部において異なる。本書は周知の熊襲征討と伊吹山神の毒気にふれる話を骨子とし、『日本書紀』にやや似るが、熊襲を討った時の命の年齢を『書紀』は十六歳としているのに対し、「齠齓之時」（歯の生え替える時期で七、八歳の意）とあり、日向国にいるはずの熊襲が備中国にいることになっている。ついでにいえば本書は「倭武命」であり、『書紀』は「日本武尊」、『古事記』は「倭建命」となっている。

以上みてきたことは、本書の記述方針が、先行編纂書類の固定化・形式化した叙述の転用を避け、むしろ異説類に多くの興味を示していることである。(11)

先に菅原氏が『慈覚大師伝』において、履物だけを残して大師が尸解した説話について注目されたことにふれた。この説話が『慈覚大師別伝』以外のところから求められてきたことは、むしろ本書としては当然のところであろう。

む す び

初めにふれたように『本期神仙伝』は七人の伝を欠く。この欠が補われ、本書の完全な校定が目下最大の急務であろう。さしあたって大東急記念文庫本が落丁による欠なので、脱落の起る以前にこの書が転写されている可能性もあり、前田本の抄出以前の親本の存在も絶望とはいえないのではなかろうか。これら諸本の発見が待たれる現状である。各伝はそう長い文章ではないが、すでにみたように、本書成立時点における異説を多く採集しており、説話的・伝記的研究資料として貴重な素材を提供するものである。とくに神仙という主題の、説話には好適な材料で、変質・流動の断面をよく窺うことができる。収載三十七伝には、僧俗・貴賤各分野での重要人物が含まれており、多角的な検討が望まれるものである。

菅原氏への数々の非礼の点、幾重にもお詫びするとともに、御教示を得たく、また大方の御批判を仰ぐしだいである。

註

（1）「本朝神仙伝についての一、二の疑問」（『フィロソフィア』四八号、一九六四年）。
（2）「本朝神仙伝の解剖」（『説話文学会会報』一三号、一九六五年三月）。
（3）本書の伝本としては、大東急記念文庫本・宮内庁書陵部本・尊経閣文庫本の三種に大別される。このうち尊経閣文庫本は三十七伝中のわずか八伝のみを抄出したもので、前二者はもと完本であったと思われるが、おのおの欠脱があり、全貌をともに伝えていない。詳しくは註(2)掲載拙稿参照。
（4）この他数ヵ所の差異を見られるが、それらは字句の校合上の問題であり、本論とは直接関係しないので便宜省略した。ただ本書の校定の必要性を示すものとしてその対比はきわめて有益である。
（5）『続群書類従』巻二一一所収の、ふつう寛平入道（真寂）親王撰として知られる『慈覚大師伝』のこと。菅原氏は福井康順氏「慈覚大師別伝の形成」（『慈覚大師研究』）によって撰者を訂している。

（6） 弘法大師・陽勝仙人・同弟子仙の各伝、第五節参照。

（7） 川口久雄氏『平安朝日本漢文学史の研究』上篇第二節「遍照発揮性霊集の成立と諸本」参照。

（8） たとえば『真言付法纂要抄』では「四相承殊勝者、大師遺告云、若存二灌頂流一者、自二我身一始（下略）」（第一条文中）とか「六宝珠殊勝者、大師遺告曰、如意宝珠、方伺二其実体一、自然道理釈迦文身也（下略）」（第二十四条文中）、また『大師御行状集記』にも「遺告条第九十二、遺告、是大師作、廿五条縁起、付二代々大阿闍梨一耶、令レ守二宗家一、然者密宗之肝心、門徒之眼目也、仍従二大阿闍梨一之外、不レ可レ披二見他人一云々」などとみえる。

（9） その論難の様子からみて、前者は『神仙伝』の記者にのみ焦点があるのに対し、後者は『顚倹中納言記』と二本立のそれで、『諡号雑記』のほうが後の成立であろう。

（10） 匡房自身の類似書『続本朝往生伝』との関係も当然問題となる。しかしここでは重複する項目さえない。『続本朝往生伝』序にも「近有二所感一、故詢二蒭蕘一訪二朝野一、或採二前記之遺漏一、或接二其後事一」とあり、『極楽記』に影響をうけながらこれを原拠としない態度を示している。匡房自著のこの両書の前後関係について、いまにわかに断定する用意はないが、その構成の精粗等から考えて本書の方が先と考えている。〔補　この考えは、のち改めた。次篇三六二頁参照。〕

（11） もちろんすべてが原拠がないというのではない。売白箸翁・陽勝仙人伝などの記述、とくに後者は大東急記念文庫蔵『陽勝仙人伝』（鎌倉期写）との関連について注意されよう。

〔補記〕　菅原氏は、のち「本朝神仙伝についての一問題——慈覚大師円仁伝を中心として——」（『フィロソフィア』五三号、一九六八年）を発表されている。氏の再説にもかかわらず、頑迷にも自説を補訂する必要は認められないと考えている。

なお『神仙伝』の現存記文は『古本説話集』（日本古典全書）『往生伝　法華験記』（日本思想大系）におのおの収められ容易に見ることが出来るようになった。

往生伝と『江談抄』

——大江匡房の晩年——

はしがき

天永二年（一一一一）十一月五日夜、後三条・白河・堀河三代の帝師となった大蔵卿正二位大江匡房が七十一歳で歿している。その当日臨終に先立ち、まず出家し、次いで「老後之間日記」を焼き棄てている。死期を知った匡房はなぜ自分の日記を焼却したのであろうか。この時代の日記は、一般的には政務朝儀の実態を記しおき、後日の自らの備忘にそなえ、他人の諮問にも答え、子孫に遺して故実典礼の実例書ともなったものである。いわば日記は自らのためばかりでなく、一族の共有財産でもあるのである。このような性質の日記を匡房はあえて火中に投じるという異例のことを行なったのである。なぜなのであろうか。匡房の日記には世の常と異なった事柄が記されており、他見をはばかったものであろうか。それとも、なにか特別な事情が匡房の周辺をとりまいていたのであろうか。もちろん失われた「老後の日記」を復元することはできないが、この期の編著と思われる『続本朝往生伝』『本朝神仙伝』や匡房の言談を書き留めた『江談抄』を手懸りとして、その晩年を照射してみよう。

一

匡房は、信濃守・大学頭にもなった学儒成衡を父とし、宮内大輔橘孝親女を母とし、長久二年（一〇四一）に生れた。大江氏は菅原氏とならんだ学者の家で、代々文章生・文章得業生・文章博士をおおく出している。こうした血統が匡房においてとくに開花したものか、そのすぐれた才能は早くから現われ、四歳で読書、十一歳のときの作詩は神童の名をほしいままにした。権中納言から大宰権帥を二度、大蔵卿を最終の官職とし、極位は従二位。これを遠祖音人以来大江氏の一族の人々と比較すると最高位であり、匡房から五代前の維時が中納言・贈従二位でわずかに匹敵するだけである。三代の帝師というのは後三条・白河・堀河三帝の東宮時代いずれも侍読となったことで、とくに後三条院・白河院に重用され、官職についての不満はただ蔵人頭を経験しなかった、という贅沢なものにすぎない。匡房に対する世人の評も、右中弁藤原為隆の「高才明敏、文章博覧、無〻比当世〻、殆超〻中古〻」（『永昌記』天永二・十一・五）とか、権中納言藤原宗忠の「才智過〻人、文章勝〻他、誠是天下明鏡也、（中略）朝之簡要、文之燈燭也」（『中右記』天永二・十一・五）という言葉から、世にぬきんでた才智を讃えられた人であることが知られよう。しかし一方では「但心性委曲、頗有〻不〻直事〻」（『中右記』同前）という批難の言葉もある。

匡房の日記は、「江記」とよばれるほか、「匡房卿記」「江都督記」「江中納言記」などの名で伝えられているが、日記本文が単独に見られるものはいずれも別記で、それもわずか三部にしかすぎない。すなわち、寛治四年（一〇九〇）

十一月伊勢奉幣始末記、同八年四月賀茂詣記、天仁元年（一一〇八）十一月二十一日大嘗会記である。このほかはすべて他書の中に匡房の日記として引用されているいわゆる逸文ばかりである。いま煩雑ではあるがこれらを年次順に整理するとつぎのようになる。

寛治元年（一〇八七）　十二月（『本朝世紀』）　匡房四十七歳
〃　三年　正月（『主上御元服上寿作法抄』『御遊抄』）　七・八月（『直物抄』）　四十九歳
〃　四年　六月（『直物抄』）　十一月（別記）　五　十　歳
〃　五年　正月（『柳原家記録』）　二月（『西園寺家記録』）　三・八月（『御神楽次第』）　五十一歳
〃　六年　正月（『除目抄』）　四月（『直物抄』）　五十二歳
〃　七年　四月（『元亨四年具注暦裏書』）　六月（同上、『諸院宮御移徙部類記』）
七・八月（『元亨三年具注暦裏書』）　九月（同上、『元亨四年具注暦裏書』）
十月（『元亨四年具注暦裏書』『西園寺家記録』）　十二月（『元亨四年具注暦裏書』）　五十三歳
〃　八年　四月（別記）　五十四歳
嘉保二年　十月（『修法要抄』）　五十五歳
〃　三年　正月（『三僧記類聚』）　五十六歳
長治二年　正月（『朝覲行幸部類』）　六十五歳
嘉承二年　正月（同前）　八月（『年中行事秘抄』）　六十七歳
天仁元年（一一〇八）　十一月（別記）　六十八歳

現存逸文から知られるのは、匡房はその後半生において日記を書きつづけたらしいこと、それが死の三年前まで確認できることである。そして逸文を引用している諸書のおおくが、儀式書・部類記であることに注意したい。平安朝末期唯一の儀式書として、当代の指針となった『江家次第』を作成した匡房は、そのいわば原資料ともいうべき実例をその日記の中に書き込んでいたということになる。匡房の日記が、この時代一般の日記記述の方式をとっていたことはいちおう窺えよう。

匡房は老後の日記を焼却したという。これを逸文の存在を確認できない天仁二・三年の日記と限るか、原本は焼却されたが、逸文はそれ以前にすでに必要に応じて書写されていたためわずかに残存することができたとするか、判断のわかれるところである。ただ、匡房を取り巻く諸条件のなかで、天仁二・三年が他と特別きわだった変化を示すとは思われず、また、死の直前二年間の日記という事実なら「老後之間日記」とは別の表現となったとも考えられる。ここでしばらく概括的な匡房の老後を追うことからはじめよう。

二

『江記』逸文のなかで、嘉保三年正月（匡房五十六歳）から長治二年正月（同六十五歳）の間におおきな空白があるが、この空白の期間のうちには大宰権帥に任ぜられ、承徳二年（一〇九八）十月（匡房五十八歳）から康和四年（一一〇二）六月（同六十二歳）の四年間、太宰府在任がある。この期間中、京師における行事への参加はなかったし、それらに関する諸人の諮問もなかったということになろう。

匡房が大宰権帥を命ぜられたのは永長二年（一〇九七）三月、五十七歳のときである。川口久雄氏によれば「弁二運命一論」はこのころの作という(1)。この中で、君臣のかかわりにおいて臣下の出所進退に五つの型をもうけているが、それらはいずれにしても「賢愚尊卑、同帰二泉路一、誰学二政道一、誰衒二惸才一乎」と結んでいる。川口氏はこれについて「貴賤貧富も運命であろうか、人生の矛盾は限りがない。しかしどのつまりは例外なしにあの世に行くことになるのではないか。一種の自嘲を含んだような諦観的な人生観、泉路に帰する一筋を見すえる人間哲学、にがい諷刺を秘めた、積極的な人生への姿勢を物語る」とされている。匡房は太宰府行の直前、母の死に遭った。結局この母の一周忌の追善法養を営んだあと太宰府に赴任した。太宰府は中国大陸との交易の要衝であり、また京から遠隔の地であることも加わり、巧妙に立ちまわれば莫大な蓄財が可能であったらしい。匡房についての次の逸話は、その蓄財がかなりなものであったことを背景に語られたものとして理解できる。すなわち、匡房が大宰権帥の任はてた帰途、「道理にてとりたる物」と「非道にてとりたる物」とを区別し、それぞれ別の舟を仕立てたところ、道理の舟は沈没し、非道の舟だけが無事だった。匡房はこれについて「世ははやくすゑになりにたり、人いたく正直なるまじき也」とつぶやいたという（『古今著聞集』巻三）。このときに貯えた富力が匡房の晩年の地位を確固としたとも考えられる。匡房在任中の詩作のなかに五言の長篇「西府作」があり、そのなかで「白首六旬儒（中略）往日出二京兆一、行年老二海隅一」と述べている。さきの太宰府行直前に母を失った匡房は、こんどは帰郷直前の康和四年（一一〇二）閏五月に愛息隆兼の死に接している。急ぎ帰洛した匡房は、隆兼の平生の所願や妻の希望にしたがって造像・写経による往生業を修し、自ら願文を起草し、「累祖相伝之書、収二拾誰人一、愚父愁遺之命、扶二持何輩一、（中略）縦雖レ依レ違二西方九品之迎一、宜之垂二引摂一、乃至阿鼻、悉備二香脣一、敬白」と結んでいる（『本朝続文粋』巻十三）。匡房六十二歳。この翌年隆兼の一周忌法要を営み、その次の年、康和六年が長治と改元、長治二年（一一〇五）匡房六十五歳のとき、尼で二歳年長の姉が死んでいる。諸説あって定まっていない『続本朝往生伝』の成立年次をこのころとしたい(2)。

「本朝往生伝」、すなわちふつう『日本往生極楽記』といわれる慶滋保胤の寛和年中の著作にならい、ほぼ一世紀ののち四十二人の往生者の行業を収録したものである。四十二伝の構成は身分関係で分ければ、天皇二、公卿三、僧侶二十五、俗人男七、女子（含尼）五となっている。在俗者も含めて宗派的にみると天台宗関係が三十一、とくに延暦寺良源系統の関係者がおおいことが指摘されている。引用出典を明示したものはなく、「国史」や「別伝」を参照した形跡は見られるが、聞書によるものが少くなかったと推定されている。

ところで匡房にとって極楽浄土はどのように意識されたのであろうか。序文のなかで

夫極楽世界者、不退之浄土也、（中略）易レ往無レ人、予奔レ車年迫、慚二霜露之惟重一、覆レ瓮性愚、待二日月之曲照一、功徳之池、雖レ遠賢聖思レ斉、生死之山、雖レ高恃レ誓欲レ越、（中略）近有二所感一、（中略）粗記二行業一、備二諸結縁一云レ爾、

と述べている。迫りくる死期を予感し、阿弥陀の誓願をたよりに極楽浄土に至ろうとしているように思われる。伝の記述は、各人についてその経歴はそう問題ではなく、平生、あるいは臨終時にいかなる往生の行業を修したか。その結果としていかなる往生相が示されたかが主題となる。極楽往生の願生者が等しく熱望するものは、平易に説かれる教理ももちろんであるが、それよりも往生業を実修した者たちが現実に往生したという証拠であった。その実例をできるだけおおく収集することであった。匡房はかなり執拗に極楽往生について念を押している。各伝の末尾に「豈不レ往二生浄土一乎」（第一、一条天皇）、「決定往生也」（第三、堀河入道右大臣）、「人称二往生之人一」（第五、大江音人）、「豈非二

往生人一乎」（第十六、寛印）、「往生無レ疑」（第二十、範久、第三十、日円）、「往生不レ疑者也」（第四十一、縁妙）などの語を加えているのである。

平安時代には、この匡房の「往生伝」を除いて往生伝・往生記と名乗るものが五篇伝えられている。(1)慶滋保胤の『日本往生極楽記』（初稿寛和元年〈九八五〉）、(2)三善為康の『拾遺往生伝』（『続本朝往生伝』成立後、大治二年〈一一二七〉以前）、(3)同『後拾遺往生伝』（前著成立後、著者歿年保延五年〈一一三九〉以前）、(4)沙弥蓮禅の『三外往生記』（保延五年以後成立）、(5)藤原宗友の『本朝新修往生伝』（仁平元年〈一一五一〉成立）、である。匡房の著述はすでにふれたように、わが国最初の往生伝である慶滋保胤のそれを手本としたもので、成立年次順に数えれば第二番目となる。この間約百年、これに対して匡房から宗友までの四篇の著作は、ほぼ五十年の間に成立している。保胤の極官位は従五位下、大内記。初稿を編した直後出家しており、平安浄土思想史前期の中心人物の一人である。為康は正五位下、算博士、諸陵頭。熱烈な欣求浄土者で、匡房の著述を手にして自らの編纂意欲を一気に燃やしたと思われる。沙弥蓮禅は俗名を藤原資基といい、従五位下、散位、筑前入道とよばれている。宗友も朝散大夫（従五位下）であった。これらいずれもが、保胤・匡房などの先行著述を意識し、その遺漏と後代の実例を集めるという点で一致している。また身分的にいえば下級貴族、すなわち文人層で、浄土思想の布教者ではなく求道者である。自らの浄土信仰を昂めるために、あるいはその昂まりのために、文人としての往生業を往生伝述作により修したといえよう。その著述は自らの信仰を強めるとともに、これを読む同じ欣求浄土者のためのものであると強調する点でも一致している。往生業をともに修するという思想は、この期の浄土信仰の理論的支柱であった源信の『往生要集』以来強調され、実践されてきたものであった。いちいち詳述しないが、匡房のものを除く他の五篇の序文にはよくこのことが示されている。

ところが匡房の序文では、この往生共業と自らの浄土への傾倒心という点ではきわめて希薄なのである。「予奔㆑車年迫、（中略）生死之山、雖㆑高恃㆑誓欲㆑越、（中略）近有㆓所感㆒、（中略）粗記㆓行業㆒、備㆓諸結縁㆒云㆑爾」とある。匡房における往生伝述作は、欣求浄土の必然的帰結ではなく、生死の山を越える一つの手段であり、「諸結縁」の一つであったのである。篠原昭二氏は、永長二年（一〇九七）より晩年にいたる匡房の宗教生活を検討され、その浄土信仰の希薄な点を指摘されている。[3] 匡房は往生伝のなかで、執拗に決定往生者の実例を追求したことを先にふれた。しかし、これは熱烈に浄土を希求した結果ではなく、浄土が、弥陀が、匡房にとって縋るべき絶対のものであるかどうかの追求にあったと見るべきではあるまいか。そして匡房にとって、弥陀は専一に縋るべきものではなかったのである。それでは匡房は浄土にかわるものに何を求めたのであろうか。

　匡房には『続本朝往生伝』のほかに『本朝神仙伝』の著述があることに注意すべきである。『本朝神仙伝』三十七伝のうち七伝を欠くので全貌は明らかではないが、いちおう身分関係で分けると、貴人三、文人二、下人八、僧十八、尼一、仙五となる。このうち僧侶がきわだっておおく、仏教的要素が神仙の条件の障害とならないことを示している。ただ、宗派的な偏重、地域的な片寄りは見られず、序文もない。三十七伝の配列も倭武命・上宮太子・武内宿禰の三人の貴人を冒頭に配するが、以下時代順でも、身分的な配慮でもない。『続本朝往生伝』（『往生伝』とも）との関連についていえば、両書共通の人物はおらず、ただ、『往生伝』第三十、日円は入宋して天台山国清寺で臨終時に往生業を修した僧侶であるが、一時期金峯山に籠って修行したことがあり、これについて「長断㆓米穀㆒、殆似㆓神仙㆒」とふれている。したがって、匡房は『往生伝』を編しながら神仙者の行業にも関心があったことが窺われる。匡房の集めた神仙者たちとは、修行地からいえば吉野山がややおおく、ほかに金峯山・大峯・葛城・富士山・白山などの山嶽が目につくが、いわゆる修験道の霊山とそう異ならない。修行方法からいえば仙法とあるほかは読経・坐禅など仏教修行であり、穀粒を絶つなど断食行がおおく見える。神仙者が神仙たる理由は、飛行の術を会得し天空を自由に駆け、特殊な霊力を示して銅瓶や鉢を飛ばし、鬼神を使役することであり、そしてなによりも不老不死であった。数百年を経てなお若さを保っている者、矢にあたっても死なない者、いったん死してさらに姿を現わした者など、全三十七伝（欠文七伝）中十四例を数え、さらに消息を絶った者の中でなお三例を加えることができる。神仙とは不老不死なのである。

『本朝神仙伝』はいつ著述されたか、明らかではない。成立時期を示す手懸りもなく、『続本朝往生伝』との前後関係も不明である。序文もなく、単純な比較論でいえば『神仙伝』のほうが『往生伝』より粗雑なように思われる。ただ『往生伝』には手本とする『極楽記』があり、浄土思想の隆盛は、その編纂事業を容易にしたのに対し、『神仙伝』には、中国にこそ晋の葛洪の『神仙伝』があるとしても、わが国には先行類似書はなく、神仙思想も目ざましい展開を示したわけではない。『往生伝』撰述が匡房にとって究極の著述でないとすると、手本のある往生伝をもとに、まず『神仙伝』を試作し、ついで『往生伝』を完成したとは考えがたい。むしろ『極楽記』を手本として『往生伝』を編したが、これに満足せず、新たにわが国はじめての『神仙伝』を著述したとするほうが自然ではなかろうか。『続本朝往生伝』成立後そうへだたらない時期に『本朝神仙伝』は作られたと考えたい。

したがって、匡房は年齢的にも身近な肉親の姉の死に、自らの死期を思い、弥陀の手に縋ろうとしたが、これにあきたらず、かえって自らの生命の延長を求めたということになろうか。

三

長治三年（一一〇六）、再び大宰権帥を命ぜられている。匡房六十六歳。姉の死の翌年である。前節で考察した『往生伝』、あるいはその後の『神仙伝』撰述のころである。匡房はこの再度の太宰府行を、ついにはたすことがなかったのである。この年の八月、日吉社に、翌年二月、石清水八幡、このほか北野社にも祭文を捧げ病気平癒を祈っているように健康にすぐれなかったようである。嘉承二年（一一〇七）中御門宗忠は「或人談云、江帥匡房此両三年、行歩不二相叶一、仍不二出仕一」（『中右記』嘉承二・三・三十）と記している。さらにその翌年、匡房は太宰府不赴任の理由で府官から訴えられ仗議が開かれている（同前、嘉承三・二・九）。宗忠は権帥不在の府の治安の乱れや事務の停滞を述べ、痛烈な批難を行い、列席公卿の賛同を得ている。匡房はこの間懸命に治療に専念していたのであろうか。宗忠はいう。「只毎二人来一逢、記二録世間雑事之間一、或多二僻事一、或多二人上一、偏任二筆端一記二世事一、尤不レ便歟、不レ見不レ知、暗以記レ之、狼藉無レ極云々、大儒所為、世以不二甘心一歟」（同前、嘉承二・三・三十）。さらに「或人来談云、（中略）凡件卿依二所労一、此両三年来、暗記二録世間事一、或有二僻事一或有二虚言一、為二末代一誠不レ足レ言也」（同前、嘉承二・九・二十九）。要するに匡房が病いにかこつけて家に籠り、来客から世間の出来事を真偽も確かめもせず記録していることを難じているのである。浄土信仰をもつ宗忠は、往生伝記載のような事柄の収集なら不満はあるまい。むしろ神仙伝のような事柄こそ、僻事であり、虚事だったのではなかろうか。

匡房は晩年の心境を問われるままに次のように述べている。

於二寿命一者、及二七十一事、近代之難レ有之事也、非二短寿之歎一、願回至徳僅三十歟、仍世間事、全無レ所レ思、(『江談抄』巻五、都督自讃事)

匡房は天仁三年(一一一〇)七十歳になった。不老不死の願望は放棄したのであろうか。匡房はつづける。

只所二遺恨一ハ、不レ歴二蔵人頭一ト、子孫カ和呂クテヤミヌルトナリ、足下ナトノ様ナル子孫アラマシカハ、何事ヲカ思侍ラマシ、家之文書、道之秘事、皆以欲二湮滅一也、就中史書全経秘説、徒ニテ欲レ滅也、无二委授之人一、貴下ニ少々欲レ語申一如何、(同前)

先に嫡男隆兼追善の願文でも「累祖相伝之書、収二拾誰人一」といっており、累祖相伝の家之文書、道之秘事を伝えるにふさわしい嗣子を匡房は晩年にもたなかった。そして、なんの血縁関係もない藤原季綱の息で「件人頗有二才智一、一見一聞之事不二忘却一」(『中右記』天永三・四・三)といわれた蔵人実兼を見込んでこれを伝えようという。希代の碩儒に実兼が近づいたか、匡房が押売りしたか、そのへんは明らかではない。ただ、匡房が実兼に語った背景には右のようなことがあった。これが実兼筆録の『江談抄』である。

『江談抄』は流布本として、約四百四十話、全六巻。第一、公事・摂関家事・仏神事、第二、雑事、第三、雑事、第四、詩事、第五、詩事、第六、長句、のいわゆる類聚形態をとっている。この流布本とは別に、流布本とは大きな差異があり、しかも『江談抄』成立時点に近接する三種の古写本が知られており、これら相互と流布本との関係をめぐって諸説あり定まっていない(4)。これらについての私見は別の機会にふれることとして、三種の古写本はいずれも残欠本であるため決定論を見るに至っていない。ただ、流布本は原『江談抄』から大きな改定がなされたこと、多少の別人の付加の余地を考えるとしても、現存する収載記述のおおくは匡房の談話にもとづくものであることは疑えない。

「僕問云……又江都督被レ笑」「問云……帥答云」などの問答体形式や、「被レ命云」「被レ談云」「談云」など談話形式がとられ、また「故右大弁時範談云」「故帥大納言常談云」「故小野宮右大臣語云」とか「資仲卿曰」「戸部卿曰」「治部卿伊房談曰」「故老云」「古人云」「伝聞」など匡房が伝聞を語るという形式もある。文中、天仁三年（一一一〇）の註記があり、先にあげたように七十歳の感懐をのべたものもあり、匡房最晩年のころの談話である。博識の碩学や故実家に古今東西の故実や事例を尋ね、これを筆録した例はおおかったと考えられるが、こうした編著として残っているものは、『江談抄』のほかに知足院関白といわれた藤原忠実（一〇七八〜一一六二）の談話を中原師元が筆録した『中外抄』と、おなじく高階仲行が『中外抄』のあとをついだ形で筆録した『富家語』が著名であるほかそうおおくはない。

さて、匡房最晩年の談話に「老後之日記」焼失の理由をさぐる鍵がないかということである。老齢と病弱、さらに諸人の願文類作成依頼、故実の諮問、匡房はついに太宰府を再度訪れることがなかった。宗忠ら諸卿の批難もありながら匡房は処罰されることなく、かえって大蔵卿に任ぜられているのである。匡房の優遇は白河院の絶大な庇護によるもので、宗忠ら廷臣の批難はいわば摂関家の意向を代表するものとして、両者間の複雑な政争のなかに匡房をおき、その鬱積が日記に書かれたのではないかとする説がある。(5)ただ、『江談抄』のなかにはこうした匡房の鬱積の気配すらないのである。ところで『江談抄』のなかには、冷泉院が夜中ひそかに開くべきでない御璽の箱をあけようとして小野宮実資に止められたこと、花山院が即位当日馬内侍を犯している間に藤原惟成が自由に叙位を行なったこと、花山院が轅《ながえ》に犬を乗せて町中を駆けさせたこと、堀河院崩御は天運に叶うなど、宗忠らが聞けばまさに僻事・虚事、はばかるべき禁忌の事柄と論難する性質のものの類が見えているのである。匡房はしたがって、かなり自由に実兼に諸事を語っているのであり、もし鬱積があれば、ここにその痕跡が窺えるのではなかろうか。

むすび

天永二年（一一一一）十一月五日、匡房は七十一歳で歿した。『江都督願文集』（巻二）には天永二年十二月十八日の日付をもつ、自作の七七日忌願文を載せている。この日付を正しいものとすると、この願文は逆算して十月三十日に作られたことになる。六尺金色観音像一体を造り、写経したこととして、次のようにいう。

右先考大府卿、邦国之重器也、以レ才誇レ世、以レ文抜レ朝、一生之間、好爵顕官随レ心、

この文章を自ら作っているところに、昇進思いのままだった匡房の得意な心境が表われている。「七旬之後、霧深露重殁レ命、天不レ与レ善、神无レ福レ謙」、延命の願い叶わずと見たのであろうか。「再宰二西府一十稔、政適不レ乱」、あとの五年は赴任せず、治安も乱れたと府官からの訴えもあったのにこの臆面もない態度である。日記に欝積を書き他見をはばかって焼失する姿はどうしても浮かんでこないのである。「今四十九之忌景、聊営二仏経之善根一」、四十九日の忌辰は仏事である。しかし往生業ではなかった。「平生之時、誠无レ所レ恥、物故之後、誰知レ所レ生」、匡房は死後の生所を明示していない。すでに見たように匡房の再生の地は極楽浄土ではなかった。そうすると匡房の場合もう一つの場所、神仙の世界への再生はいかがであろうか。『神仙伝』のなかには、その最後を行方不明と記すものがおおくある。なに一つ身体を残さない屍解という方法もある。功成り名を遂げ、後事を託すべき有能な子孫を見出さないこともあって、彼の足跡ともいうべき日記を焼いた。これが匡房流の神仙界への脱出であったと考えたいのである。

註

（1）『大江匡房』（人物叢書）二〇八～二〇九頁。

（2）川口氏は前註書において、康和二年（一一〇〇）ころ成立の為康『拾遺往生伝』にこの書名が見えるからこれ以前の承徳二年（一〇九八）ころ成立とする。しかし、記文最末源忠遠妻の往生は、康和三年、太宰府でのものであり、序文も「近有二所感一（中略）而竟二康和一」とある。太宰府赴任以後と見るべきで、しかも「康和ニ竟ル」ということは、康和を過ぎたその近時点と考えるのが妥当であろう。通説は康和三年以後とするだけである。なお、為康の著作は康和三年以後とすべきであろう。〔補 『続本朝往生伝』を長治二年ころの成立としたので、『拾遺往生伝』の著作は、康和三年以後という表現より、長治二年以後とすべきであった。〕

（3）「大江匡房の宗教生活」（『往生伝の研究』所収）。

（4）山根対助氏「『江談抄』成立論」（『国語国文研究』第三二号、昭和四十年十二月）。益田勝実氏「『江談抄』の古態」㈠・㈡（『日本文学誌要』第一五・一七号、昭和四十一年六月、四十二年三月）。

（5）註（4）山根氏論文。

『弘賛法華伝』保安元年初伝説存疑

はしがき

『今昔物語集』の成立年次論のなかで、片寄正義氏の所説ほど明快で特徴的なものはあるまい。すなわち、唐僧恵祥の撰した『弘賛法華伝』十巻が高麗国から我が国に初めて伝えられたのが保安元年（一一二〇）であり、これを一原拠とする『今昔物語集』の成立は必然的に保安元年以後でなければならないとするものである。

このすぐれた論考は、川口久雄・平田俊春・益田勝実ら諸氏によって支持され、近次橘健二氏によってこれを傍証する論考が発表され積極的に肯定されている。しかし、片寄氏の所説が昭和十七年一月『文学』に発表されて以来、依然反論がなされないながらも保安元年以前に成立期が求められたり、無視されたりしていることもまた事実である。

もし片寄説が容認されるならば、『弘賛法華伝』所引の説話は（それがたとえ僅かであるとしても）『今昔物語集』巻七震旦部の主要な構成要素であり、保安元年以前成立説はかなりな掣肘を余儀なくされることは疑いない。とはいえ保安元年以後成立論を積極的に立証する内部徴証も前引橘氏所論以外にみるべきものもない。

こうした状況のなかで、ほぼ完璧かと思われる片寄説に、どのような問題点が存在するのか、いま一度検討してみることもあながち無益なことではあるまい。

一

はじめに『弘賛法華伝』についてふれておこう。この書は唐僧恵祥の撰述で、題名のように法華経受持の功徳を宣揚したもので、図像（巻一）・翻訳（巻二）・講解（巻三）・修観（巻四）・遺身（巻五）・誦持（巻六～八）・転読（巻九）・書写（巻十）の八部門全十巻に分けられている。撰者恵祥の伝記およびその撰述年次は不明であるが、内容からみて『冥報記』や『冥報拾遺』など先行文献や彼自身の見聞を基にして、遅くとも唐末には成立したと考えられている。

それでは片寄氏の所論を概観することとしたい。[1] これは大別すれば、『弘賛法華伝』が『今昔物語集』に引用されていること、および『弘賛法華伝』の我が国への伝来が保安元年をもって嚆矢とするという二点となる。片寄氏によれば、両書の関連説話は十条であり、これを整理すれば次のようになる。[2]

整理番号	『弘賛法華伝』		『今昔物語集』	
(一)	巻六 2	外国山居沙門	巻七 15	僧為羅刹女被嬈乱依法花力存命語
(二)	〃 17	秦郡東寺沙弥	〃 20	沙弥読法花経忘二字遂得悟語

(三)	巻六	7	宋高逸釈普明	巻七 16	震旦定林寺普明転読法花経伏霊語
(四)	〃	8	宋瓦官寺釈慧果	〃 21	予洲恵果読誦法花経救厠鬼語
(五)	〃	12	斉栢林寺釈弘明	〃 17	震旦会稽山弘明転読法花経縛鬼語
(六)	巻八	2	唐蒙陽長韋仲珪	〃 27	震旦韋仲珪読誦法花経現瑞相語
(七)	〃	3	唐左監門校尉李山竜	〃 30	震旦右監門校尉李山竜誦法花得活語
(八)	巻九	5	隋魏州刺崔彦武	〃 26	震旦魏洲刺史雀産武知前生持法花語
(九)	〃	6	唐巴州刺史蘇長妾	〃 29	震旦都水使者蘇長妻持法花免難語
(十)	〃	10	唐井州石壁寺鴿鶵	〃 10	震旦井洲石壁寺鴿聞金剛般若経生人語

このうち(一)は羅刹女に誘惑され、まさに食われんとして空中を飛行中、法花経の読誦のため難を免れた話。(3) (二)は秦郡東寺の沙弥某が、前生で白魚に鑁䥷の二字を食われた法花経を読誦したため、今生でどうしてもこの二字を憶えられない話。この二話は従来類話が発見されず岡本保孝の『今昔物語出典攷』、芳賀矢一の『攷証今昔物語集』にも出典不明とされていたが、『弘賛法華伝』の本文が全く合致するとして『今昔物語集』の原典としてこの書が引用された最大の論拠とする。

(三)は上定林寺の釈普明の法力譚で、普明の修行、王遁(王道真)の妻の病因となった怪獣の調伏・臨終などを記す。これは『法苑珠林』(巻十七)・『三宝感応要略録』(巻中)・『法華伝記』(巻四)などに類話があるが、これらのいずれからも『今昔物語集』に見える「亦寺ノ外ニ遊行スル事无シ」「普明遂ニ命終ノ時ニ臨テ、身ニ病有リト云ヘドモ、痛ム所少クシテ坐ヲ端クシテ、仏ニ向ヒ奉テ香ヲ焼キ仏ヲ念ジ奉ムテナ失ルニケトナム」の語句は説明できず、ひとり『弘賛法華伝』にしかない「三衣縄床、未二嘗遠体一、若欲二消息一、坐而仮寝」「後遇レ疾正坐焼香、不レ覚便逝」の語句に一致するとし、ただし『弘賛法華伝』には『今昔物語集』の冒頭に主人公の普明の住寺を上定林寺としている句に相当するものがない。これがあるのは『法苑珠林』だけなので、ここだけは『法苑珠林』を参照したとする。

(四)は前生の悪業のため糞はめる鬼となった者が、柿の木の下に埋めた銭をもって瓦官寺の釈恵果に法花経書写を依頼、その功徳により救われた話。これは『梁高僧伝』・『法苑珠林』（巻九十四穢濁篇感応縁）・『法華伝記』などに類話があるが、『今昔物語集』の「鬼ノ教ヘシ所ニ行テ此レヲ掘ルニ実ニ云シガ如クニ（中略）彼ノ鬼ノ為ニ中会ヲ設テ供養シッ」とある圏点の部分は『弘賛法華伝』にのみあって、他の類書にはないとする。

(五)は会稽山の住僧弘明の法力譚で、諸天童子の給仕をうけ、経の読誦には虎が聴聞し、宿業により廁に落ちた小児を救い、禅定をさまたげる鬼を伏し、栢林寺を建てることなどを記す。これは『法苑珠林』（巻二十八神異篇感応縁＝出高僧伝と説話末に割註あり）及び『法華伝記』（巻四）に類話があるが、これらには『今昔物語集』の「亦元嘉ノ間ニ郡守平生（中略）禅戒ヲ修ス」という一文が前記二話にはなく、『弘賛法華伝』及び『唐高僧伝』にあるとし、前例からして『弘賛法華伝』によったものであろうとする。

(六)は法花読誦の功徳により韋の仲珪の霊験譚で、虎が聴聞に来て蓮花を遺し、鳥が二匹の鯉をくわえてくるなどを記す。『冥報記』（中巻）・『法華伝記』（巻五）に類話があり『今昔物語集』は多少の異同はあるが『冥報記』によったものであろうとし、『弘賛法華伝』にも同様の話があるが、これも『冥報記』によったとする。

(七)は法花経読誦の功徳による右監門校尉李山竜の霊験譚で、死して地獄に行き、法花経読誦の功により許され、地獄をめぐり、棒主・縄主・脣主の三人に銭帛・酒肉を供した話。これは『法苑珠林』（巻二十致敬篇感応縁＝出冥報記と割註あり)及び『法華伝記』(巻六)に類話があり、『今昔物語集』は『法苑珠林』によるものであるらしいとし、『弘賛法華伝』は『冥報記』の本文によりながら、中間数行の本文を省略しており『今昔物語集』にはこの部分があるので『弘賛法華伝』によったのではない。しかし『今昔物語集』の冒頭に「李ノ山竜ト云フ人有ケリ、本馮州ノ人也」とある圏点部は、前記二書にはなく、ひとり『弘賛法華伝』に「馮翊人也」とあるのに相当し、したがってこの書が参考になっているかとする。

(八)は魏州の刺史崔産武(崔彦武)の奇譚で、前生に妻として暮した家を訪れ、旧夫と再会、かつての生活を語り、その証拠を示したことを記す。これは『冥報記』・『法苑珠林』(巻二十六宿命篇感応縁=出冥報記と割註あり)・『法華伝記』(巻七)及び『弘賛法華伝』にあるが、『今昔物語集』の語句から『冥報記』がその原拠であるとする。

(九)は都水の使者蘇長の妻が法花経読誦の功徳により、ただ一人水難を免れた話。これは『法苑珠林』(巻十八敬法篇感応縁=出冥報記と割註あり)・『法華伝記』(巻七)及び『弘賛法華伝』に類話があり、『今昔物語集』の原拠は『冥報記』で、『弘賛法華伝』は一、二字異同があるとする。

(一〇)は石壁寺の軒下の鳩が、法花経・金剛般若経の功徳によって、人間に生れかわる話。これは『法苑珠林』(巻五十報恩篇感応縁=出冥報拾遺と割註あり)・『法華伝記』(巻九)・『弘賛法華伝』に類話があり、『今昔物語集』は『冥報拾遺』『法苑珠林』のいずれかによったか判断できないとし、一方、『弘賛法華伝』は『冥報記』『冥報拾遺』により引用したものであろうとする。

こうして片寄氏は「摠括的に両者の関係を言ふならば、十条の中五条(六〜一〇を指す=筆者註)は間接的であり、(其の中の一条[4](七)は本書=『弘賛法華伝』を参考としたかも知れない。)五条が直接的であるといふ結果になり、割合の上から数量的に云ふならば、決して多い方ではないが、この直接的関係を示す五条によつて、今昔物語集との関係は不可離と言ふべく、更にこの五条が今昔物語集の撰述年代の推定上、注目すべき価値をもたらすに於ては、尚更見逃し得ないものとなる」(5)といわれている。要するに『今昔物語集』の説話のうち、従来出典不明とされていたもの、及び他書が出典とされていたもののいくつかが、語句の比較検討によって『弘賛法華伝』であることを論証されたものである。そしてこの指摘は、現在にいたってもそのまま容認されているのである。(6)

二

こうして『今昔物語集』の出典考のなかで『弘賛法華伝』は新しい位置を占めたのであるが、片寄氏の論考はさらに進んでこの書がはじめて我が国に渡来したのが保安元年(一一二〇)であるとされる。

『弘賛法華伝』の現存最古写本は東大寺図書館に蔵されている二冊本の室町期書写のものである。この古写本の奥書によって右の立論がなされるわけである。(7)すなわちこの書の下巻末奥書は

㈠弘賛法華伝者、始レ自二東晋一終レ乎二李唐一、凡学二法花一得二其霊応一者、備三載於レ此、斯可レ謂レ禆三賛一大事之因縁二、使三其不二レ墜レ于レ地者歟、然今海東唯得二草本一、年祀逾遠、筆誤頗多、鑽仰之徒病二其訛升一、余雖レ不レ敏讎三校是非二、欲二広流通一、因以雕レ板、庶幾披閲之士、開示悟三入仏之知見二者也、
時天慶五年歳在乙未季春月十七日於内帝釈見院明慶殿記

この天慶五年は我が鳥羽天皇の永久三年(一一一五)に当る。この裏に

㈡海東高麗国義竜山弘化寺住持究理智炤浄光処中孔石法印僧統賜紫沙門徳縁勘校　文林郎司宰宰承同　正李　唐翼

書　一校了、

（又一交了、又一交了、）

さらに改丁して

㈢大日本国保安元年七月八日、於二大宰府一勧二俊源法師一書写畢、宋人蘇景、自二高麗国一奉レ渡聖教之中、有二此法花伝一、仍為レ留多（両とあるべきか）本所レ令二書写一也、　羊僧覚樹記文　（此書本奥在二此日記一）

以上の三ヵ条の奥書を通じて、次の事実が明瞭になるとする。

1　弘賛法華伝の流伝は頗る少なかつたこと（㈠の文中「海東唯得二草本一、年祀逾遠」によろう＝筆者註、以下おなじ）

2　弘賛法華伝の伝播の契機となつた天慶五年の刊行から保安元年までは僅かに四年しか経過していないこと（㈠および㈢から）

3　覚樹ほどの学僧が、特に其の伝来者を明記し、且、該本を書写する旨を明記してゐること（㈢による）。

そしてさらに次の二条によって、本書の我が国への流伝は、此の時を以て最初と考えても差し支えないとする。

4　東大寺本弘賛法華伝上巻末にも次の如き奥書が存すること。

弘賛法華伝者、宋人荘永蘇景、依二予之勧一、且自二高麗国一所レ奉レ渡聖教百余巻之内也、依二一本書一、為レ恐二散失一、勧俊源法師先令レ書二写一本一矣、就中蘇景等帰朝之間、於二壱岐嶋一、遇二海賊乱起一、此伝上五巻入二海中一、少湿損、雖レ然海賊等或為二宋人一被二殺害一、或為二嶋引一被二搦取一、敢无二散失物一、云、宋人等云二偏依聖教之威力也一云々、

保安元年七月五日於二大宰府一記レ之、大法師覚樹

此書本奥在二此日記一、

5 東大寺図書館所蔵嘉禎四年の宗性自筆本なる「大宋高僧伝指示抄」の奥書の前半に（引用文省略）とあるによって、東南院は当時南都に於て最も多くの秘書を蔵し、（中略）稀書の秘蔵を以て第一流と許された東南院の院務たる、然も当時稀なる学僧であった覚樹が、弘賛法華伝について記す所は、之を信用しても差支へないものと考へる。

とする。加えて、「この時以前の諸徳の将来目録を始め、諸種の仏教書籍目録類に本書の名の見当らないこと、又特に保安元年より僅か二十六年前興福寺の永超の集めた東域伝燈目録にもその名を見出すことの出来ない事実などによって、一層確信を強うするに至るものの如くである(8)」とされている。

以上が片寄氏の論考の主要点である。ここで順序は逆であるが、『弘賛法華伝』の我が国初伝が保安元年であるとする点から検討することとしたい。

まず片寄氏の結論5のなかで、保安元年以前の将来目録・仏教書籍目録など、とくに保安元年よりわずか二十六年前の『東域伝燈目録』に見えないとしているが、これについて氏自身が小野玄妙氏の『三宝感応要略録』が該書に見えないことでその伝来を下げられたことにたいし「東域伝燈目録が当時日本に存在した凡ての経典を網羅したものであるといふ事実が証明されない以上は、軽々しく首肯し得ない(9)」としているように積極的な論証にはならないのである。したがって『弘賛法華伝』が保安元年初伝であるか否かについての判断は、東大寺図書館に蔵される覚樹の本奥書を有する室町期写本にほとんどの資料があるということになる。具体的にはさきに引用した㈠〜㈢および4奥書の判断によるということである。

さて、㈢（下巻奥書）によって『弘賛法華伝』は、宋人蘇景が高麗国から将来してきたもので、太宰府において覚樹が俊源法師に勧めて写させたもので、少くとも二部の写本が作られたことが知られる。この間の事情がさらに詳しく書かれているのが4（上巻奥書）である。その冒頭に「弘賛法華伝者、宋人荘永蘇景、依ニ予之勧一、且自ニ高麗国一所レ奉レ渡聖教百余巻内也、依ニ一本書一、為レ恐ニ散失一、勧ニ俊源法師一、先令レ書ニ写一本一矣」とある。蘇景が高麗国より将来した経典は覚樹の勧めによったこと、「一本書」であるため散佚を恐れて書写したことが明らかとなる。片寄氏は奥書を示しただけで、とくに説明を加えられていないが、右の箇所が主要論点であることは疑いない。一本書とは如何なるものであろうか。太田晶二郎氏は「一本御書所異解」[10]と題される論考のなかで、これについての見解を示されている。すなわち、一本御書所についての通説が『西宮記』の「書ニ世間書一本一進ニ公家一」の文により「世上流布ノ書籍各々一本ヲ書写シテ蔵スル所」とされていることに対して、当時の一本書の用例をあげられて正解を示されている。[11]『中右記』寛治八年十一月二日、同康和四年九月十一日両条に『政事要略』に関する記述があり、これに「為ニ一本書一不レ在ニ他家一」「我朝一本書」とあるところから、一本書は漢語の孤本の意味と解するとされている。

こうして先の覚樹の記文は『弘賛法華伝』の稀覯性にふれていることが知られるのである。しかしこのことがただちに本書の本邦初伝を意味しているのであろうか。『弘賛法華伝』が我が国で非常に存在し難い本、あるいは我が国に一本しかない本であるといったとしても、（それが異国の著作物である場合）「初伝来」に置き換えられる言葉ではないと考える。したがって片寄氏がいわれる「当時稀なる学僧であつた覚樹が、弘賛法華伝について記す所は、之を信用しても差支えない」という事実とは『弘賛法華伝』が稀書であるという以上はでないといえよう。ただ覚樹が貴重書視し散佚を恐れた保安元年渡来本は、さきの奥書㈠によって遼の天慶五年の刊行であり、保安元年はこれよりわずかに四年しか経過していないのであるから、あるいは我が国に伝来したのはこの時が初めてであるかもしれない。覚樹の言はその意味を含めての発言かもしれないのである。しかしこのことはあくまでも天慶五年刊本だけについてであって『弘賛法華伝』がほかに存在するとしたら問題は別のものとなろう。

ところで片寄氏は「海東即ち朝鮮から草本を得たが、それが非常に古いもので誤字も多いとあるによつて、本書はその頃まで余り流伝することもなく、殆ど人目に触れることも無かつたものと考へられる」としている。このことが認められれば、天慶五年刊本の渡来はかなりな意味を依然もっていることになる。氏がこのように判断したのは下巻奥書㈠の文中によるものである。すなわち「今海東唯得二草本一、年祀逾遠、筆誤頗多」とある。ここから先の「海東即ち朝鮮から草本を得たが、それが非常に古いもので誤字も多い」ことはそのとおりである。しかし「よつて、本書はその頃まで余り流伝することもなく、殆ど人目に触れることも無かつたものと考へられる」の結論はでてこないのである。「筆誤頗多」に続く文は「鑽仰之徒病二其訛舛一」とあり、文字通り文意をとれば「誤字も多いため、この書を鑽仰する人々はその誤りに悩んだ」とすべきで、このことはとりもなおさず「長い間多くの人々によって読まれた」ことを意味しているのである。だからこそ是非をただした天慶五年刊本を作成して広く流通を計ろうとしたのである。誤字の多いものではあるが天慶五年以前に筆写本(草本)の存在が認められ、しかもある程度識者には知られていたとすべきではあるまいか。すなわち中国大陸に天慶五年刊本成立以前に伝本が存在したことを示していることにほかならない。

『弘賛法華伝』は唐僧恵祥の撰で十巻、その内容から遅くとも唐末には成立していたと考えられることはすでにふれた。類書としてこれよりやや遅れて編されたとされる唐僧祥公撰『法華伝記』十巻、このほか唐僧義寂撰『法華験記』三巻、さらに数種の「法華霊験伝」が知られているなど、彼地における法華信仰の隆盛によってこのような霊験伝類が撰述されたのである。このうち義寂の『法華験記』は例の『東域伝燈目録』のなかに収集されており、『法華霊験伝』もおなじくこの目録をはじめ、さかのぼって円仁の『日本国承和五年入唐求法目録』や『入唐新求聖教目録』にも名が見えている。(12)

我が国の法華信仰は、聖徳太子の注釈事業によって知られるように早くからのものであるが、その広汎な滲透は法華至上主義を標榜する天台宗の登場以降であろう。法華経の霊験譚が注目され蒐集されるのは、寛和元年（九八五）ころに成った我が国最初の往生伝『日本往生極楽記』においてである。さらにこの信仰の展開にしたがって、法華霊験譚の単独集成書が長久年間（一〇四〇～四四）叡山横川の僧鎮源の手によって編まれている。『大日本法華験記』である。また成立の前後は明らかではないが、類似書として薬恆の『本朝法華験記』、智源の『法華験記』の存在も知られている。なかでも鎮源のそれは、唐僧義寂の『法華験記』によって撰述が企図されたものである。我が国の法華信仰の隆盛は、中国の消長を着実に追っているようである。たとえ将来目録類にその名が見えないとしても彼の地で「鑽仰之徒病㆓其訛升㆒」といわれたほどの『弘賛法華伝』がわが国の識者に注目されなかったと断言できるであろうか。

たとえば覚樹は『弘賛法華伝』をどのような形で知ったのであろう。たまたま保安元年太宰府を訪れ、遼の天慶五年刊本を手にしてその貴重さを知ったのであろうか。この書の上巻奥書の冒頭に覚樹は「弘賛法華伝者、宋人荘永蘇景、依㆓予之勧㆒、且高麗国所㆑奉㆑渡聖教百余巻内也」と記している。すなわち蘇景が将来した経典類はほかならぬ覚樹自身の指示によるものである。もちろん将来経典の一つ一つについて指示したとは思われないが、その貴重視ぶりから、あるいは『弘賛法華伝』の存在をすでに知っていたとする想定が全く不可能とはいえないのではあるまいか。

覚樹が『弘賛法華伝』の存在を知っていたとした場合、先の記文はどのように解されるのであろうか。従来知られていたものは「筆誤頗多」という系統のものであり、是非を校正したこの刊本こそ貴重書である。これは刊本であるが、成立間もない新書であり、自分の知見では稀覯本である。したがって散佚を恐れて書写させるということになる。以上強弁に類する推測を重ねたのであるが、繰り返して指摘したいのは、覚樹は保安元年に『弘賛法華伝』が初伝したとは記していないということである。

三

第一節で片寄氏が『今昔物語集』の原典となったと論証された『弘賛法華伝』は、遼の天慶五年（一一一五）、高麗国で刊行され、これが保安元年（一一二〇）我が国に渡来、東大寺僧覚樹の眼に触れることとなって書写され、さらにこれを室町期に転写したものである。いわば、遼の天慶五年刊本系である。保安元年に渡来した刊本も、覚樹のもとで少くとも二本書写されたと考えられる保安元年書写本も現在は知られていない。したがって『弘賛法華伝』が保安元年に我が国に初めて渡来し、しかも『今昔物語集』に影響を及ぼしたとする前提に立つならば、遼の天慶五年刊本系の現存最善本をもって『今昔物語集』の記文と対比することは正しい方法であろう。ただ他の類書を排して『弘賛法華伝』が原典の位置を獲得したが、もし遼の天慶五年刊本系以外の異本が存在したとすれば、『弘賛法華伝』の『今昔物語集』の引用はかなり微妙なものとなろう。すでに前節で指摘したように、この遼の天慶五年刊本以前に「年祀遙遠、筆誤頗多」というものである「草本」が存在したこと、これに校訂が加えられたのが遼の天慶五年刊本であった。『弘賛法華伝』の異本（仮にこう呼ぶ）は確実に存在したのである。この異本系統の我が国伝来を想定したうえで『弘賛法華伝』と『今昔物語集』の記文を対比するといかなることになるであろうか。ここで少し煩瑣ではあるが、片寄氏の指摘されている㈢（第一節参照）の場合を例にとって両書を比較してみよう。異本『弘賛法華伝』の現存本が知られていない以上、遼の天慶五年刊本系によらざるを得ないのは当然で、ここで『弘賛法華伝』とは先の室町期書写本によるもので、『今昔物語集』は日本古典文学大系本による。

『弘賛法華伝』巻六の七　宋高逸釈普明
『今昔物語集』巻七　震旦定林寺普明、転読法花経伏霊語第十六

①　釈普明、②姓張、臨渭人、少出家、③稟性清純、
今昔、震旦ノ上定林寺ト云フ寺ニ一人ノ僧住ケリ、名ヲバ普明ト云フ、臨渭ノ人也、幼少ニシテ出家シテ、心清ク誓ヒ弘シ、
④視不過歩、蔬食布衣、以懺誦為業、三衣縄牀未嘗遠体、若欲消息坐而仮寝、誦法華維摩二経、⑦及諷誦之時有別衣別座、
常ニ懺悔ヲ行ズルヲ以テ業トス、⑤亦、寺ノ外ニ遊行スル事无シ、⑥専ニ法花経ヲ読誦シテ他ノ念无シ、亦、維摩経ヲ転読ス、
未嘗穢雑、毎至勧発品、⑨輒見普賢乗象立在其前、誦維摩経、⑩亦
法花経ノ⑧普賢品ヲ読誦スル時ニハ、普賢井、六牙ノ白象ニ乗ジテ光ヲ放テ其ノ所ニ現ジ給フ、維摩経ヲ読誦スル時ニハ、妓
聞空中唱楽、⑪又善神呪所救皆愈、
楽・歌詠、虚空ニ満テ、其ノ音ヲ聞ク、亦、神呪ヲ以テ祈乞事、皆其ノ験新タ也、
⑫有郷人王道真、妻病、
而ル間、王遁ト云フ人有リ、其ノ妻、身ニ重病ヲ受テ苦ビ痛ム事難堪キニ依テ、忽ニ普明ヲ請ジテ此レヲ令祈メムトス、普明、王
請明来呪、明入門、婦便悶絶、俄見一物、如狸、長数
遁ガ請ニ依テ其ノ家ニ至ル間、既ニ門ヲ入ル時ニ、其ノ妻悶絶シテ、其ノ時ニ、普明、一ノ生タル者ヲ見ルニ、狸ニ似タリ、長サ
尺許、従狗竇出、因此而愈
数尺許也、犬ノ穴ヨリ出ヌ、其ノ時ニ、王遁ガ妻ノ病愈ヌ、王遁喜テ普明ヲ礼拝ス、
明嘗　行　水旁祠、巫覡自云、神見之皆奔走、
亦、普明、昔、道ヲ行ケル間、人有テ水ノ辺ニシテ神ヲ祭ル事有ケリ、巫覡其ノ所ニ有テ、普明ヲ見テ云ク、「神、普明ヲ見テ
後遇疾、
皆走リ逃ヌ」トナム云ヒケル。此レハ神ノ普明ヲ見テ恐レテ逃ケルニコソハ、⑬普明遂ニ命終ノ時ニ臨テ、身ニ病有リト云ヘドモ、痛ム

所少クシテ座ヲ端クシテ、仏ニ向ヒ奉テ香ヲ焼キ仏ヲ念ジ奉テナム失ニケルトナム語リ伝ヘタルトヤ、
正坐焼香、不覚便逝、即宋孝建中卒、春秋八十五矣
（9ポ本行『今昔物語集』、8ポ右脇『弘賛法華伝』）

①普明が上定林寺に住していたとすることは『弘賛法華伝』にはない。片寄氏はこの文を『法苑珠林』（巻十七敬仏篇普賢験部）の「斉上定林寺有釈普明」の文によったとする。②普明の俗姓が張氏であったことは『弘賛法華伝』『法苑珠林』ともにおなじであるが、『今昔物語集』はこれを記述しない。③『今昔物語集』の「心清ク誓ヒ弘シ」の文が『弘賛法華伝』（『法苑珠林』同文）の「稟性清純」の直訳から生れたものであろうか。④『弘賛法華伝』の「視不過歩、蔬食布衣」（『法苑珠林』、「視不過歩」の文なし）に対する『今昔物語集』の記文がない。⑤『今昔物語集』の「亦寺ノ外ニ遊行スル事无シ」の文は、片寄氏が『弘賛法華伝』にしかない「三衣縄牀、未嘗遠体、若欲消息坐而仮寝」の文によったとしている箇所である。しかしこれを子細に見ると、この『弘賛法華伝』の文中「未嘗遠体」だけでよく、その前後の「三衣縄牀（中略）若欲消息坐而仮寝」が無視ないし省略されているのはなぜであろうか。⑥『今昔物語集』の「専ニ法花経ヲ読誦シテ他ノ念无シ、亦、維摩経ヲ転読ス」は『弘賛法華伝』（『法苑珠林』同文）の「誦法華維摩二経」の文によったとすることができるであろうか。⑦の部分は『弘賛法華伝』『法苑珠林』同文であるが、これに該当する『今昔物語集』の文はない。⑧『今昔物語集』の「法花経ノ普賢品ヲ読誦スル時ニハ」に対する『弘賛法華伝』（『法苑珠林』同文）は「毎至勧発品」とあるだけである。ただ法華経巻第八の最末第二十八品は、普賢菩薩勧発品というものであり、普賢品＝勧発品となろう。⑨『弘賛法華伝』（『法苑珠林』同文）に「輒見三普賢乗レ象立在二其前一」としかないのに『今昔物語集』には「普賢菩、六牙ノ白象ニ乗ジテ光ヲ放テ其ノ所ニ現ジ給フ」となっている。⑩『弘賛法華伝』（『法苑珠林』同文）の「亦聞二空中唱楽一」は『今昔物語集』では「妓楽・歌詠、虚空ニ満テ、其ノ音ヲ聞ク」となっている。⑪では『弘

賛法華伝』『法苑珠林』ともに「善神呪」とあるのに『今昔物語集』では「神呪」とあって善がなく、文の表現もやや異なっている。⑫『今昔物語集』は「王遁」とするが『弘賛法華伝』『法苑珠林』いずれも「王道真」とする。これは人名であり、その差異は何を意味するのであろう。⑬片寄氏は先の⑤とともに『今昔物語集』のこの箇所は『法苑珠林』には見えず、ただ『弘賛法華伝』のみにその原拠があるとするところである。ただ「後遇レ疾、正坐焼香、不レ覚便逝」のわずか十一文字が『今昔物語集』の「普明遂ニ命終ノ時ニ臨テ、身ニ病有リト云ヘドモ、痛ム所少クシテ、座ヲ端クシテ、仏ニ向ヒ奉テ香ヲ焼キ仏ヲ念ジ奉テナム失ニケル」の原拠と断定できるのであろうか。

以上煩瑣をかえりみず、『今昔物語集』の記文を『弘賛法華伝』及び『法苑珠林』(13)と対比させた結果は、たしかに片寄氏の指摘されるように、『弘賛法華伝』のほうがより原典としての位置に近いようである。ただし①はこれでは説明できず、この箇所だけ『法苑珠林』によったとされている。しかしここだけ『法苑珠林』によったとすることで、ほかはすべて遼の天慶五年刊本系『弘賛法華伝』の記文が原典であったと断定できるであろうか。⑤⑬は『法苑珠林』と『弘賛法華伝』を比較するときたしかに後者のほうがより原典に近い。しかし『弘賛法華伝』に少くとも二系統の伝本があったとすると、遼の天慶五年刊本系ではないように思えるのである。もっともこの判定になると『今昔物語集』編者の翻訳態度まで考慮に入れなければならないことになろう(14)。それでは⑫の遼の天慶五年刊本系、および『法苑珠林』に「王道真」とあるのに『今昔物語集』は「王遁」とするのはなぜであろう。『今昔物語集』の翻訳態度のうち人名について、山田忠雄氏は「編者は、素材的に耳遠い『震旦』の説話を、俚耳に入り易くするために、表現上、どういう手段を講じたであろうか。問題を語彙的事実に限るならば、一般の人には馴染みの薄いシナの固有名詞を或は普通名詞に直したり、或は欠字にしたり、また省略したりすることによって、より多くの人に親しみやすいものにしようという努力を試みた」[15]といわれている。王道真→王遁。王道真と王遁のいずれが耳馴れたものであろうか。ここでは山田氏の指摘とはむしろ逆であろう。また別話であるが次のような例もある。第一節で紹介した片寄氏のいわれる(五)の場合である。すなわち『今昔物語集』巻七の第十七話「震旦会稽山弘明、転読法花経縛鬼語」の文中に「亦、元嘉ノ間ニ、郡守、平生孟顗・重其貞素要、弘明、新安ニ出デ、道樹精舎ニ止ル」とある。この文以下の記述に該当するものは『弘賛法華伝』（巻六の十二、斉栢林寺釈弘明）にしかないとして、この書の原典説を主張する一つの根拠となっている。ところでこの原典といわれるものは「迹、元嘉中、郡守、平昌孟顗・重其貞素悪、明、出新安止道樹精舎」となっている。ここでは『今昔物語集』の編者が文意不明のまま直訳していると考えられるが、ここにも「平昌」→「平生」という相違が見られる。

このように遼の天慶五年刊本系では『今昔物語集』の記文を充分説明できないいくつかの点がある。現在は確認し得ないが、遼の天慶五年刊本系以外の『弘賛法華伝』が、かつてわが国に存在し、『今昔物語集』撰述の一原典となっていたとする想定は、一顧も要しない無価値なものではないのである。

四

以上で片寄氏の論考にたいする乏しい私見は尽きているのであるが、近時、片寄氏説を積極的に支持する立場で、その傍証を発表されている橘健二氏の論考があるので、これについてもふれなければならない。橘氏の主張が成立するならば、上述のささやかな疑義は雲散霧消するであろうからである。

橘健二氏の論考は「今昔物語集成立年時『保安元年以後説』についての一傍証」というもので、副題を「『巻二十七第三十七話』の欠字箇所の考察」といい、昭和三十六年五月『国語国文』[16]に発表されたものである。

巻二十七第三十七話は「狐、変大椙木被射殺語」と題するもので、内容は山中で見馴れない大杉の木を発見、主人公と従者が妖怪かとしてこれを射た。翌朝現場に老狐が杉の小枝を一本咋えて死んでいたというものである。この話は、その末尾近くに「此ノ事ハ、只此ノ二三年ガ内ノ事ナルベシ」と記されていることから、『今昔物語集』の成立年時を確かめるうえに重要な資料として早くから注目されていたものである。[17]橘氏はこの点に着目され、冒頭の「今昔、□ノ比、春日ノ宮司ニテ中臣ノ□ト云フ者有ケリ、其レガ甥ニ中大夫□ト云フ者有ケリ」に見える欠字を春日神社関係資料に基づいて意欲的に復元されたものである。すなわち、

(A)□ノ比　(B)春日ノ宮司ニテ中臣ノ□ト云フ者　(C)其レガ甥ニ中大夫□ト云者

と三ヵ所を摘出、まず(C)の中大夫の実名を追求される。

春日社の社司には大中臣氏と中臣氏があり、前者は奈良の北郷に、後者は南郷に居住した。中大夫とは、この南郷に居住する社家の居住位置関係、上下にたいする中であり、しかも成年に達して叙位されたものを指す、一種の呼び名であるとする。この中大夫の実例を『春日社記録日記』一所収の春日社社家千鳥家日記、大治六年（一一三一）正月一日条から拾い出される。これには「御寺長吏朝拝、神主一重、正預（中略）氏人始、中大夫・中次君・有貞（中略）祐政各麻布二丈」とある。この記事から大治六年ころに中大夫は氏人の筆頭であった。「中大夫」といえば実名を言わなくても春日社においてはよく通じ得るものであった。中臣有貞（春日社正預中臣有道の次男、二十九歳）よりも年齢が上か、序列において上位であったことなどを推定する。さらに『春日社記録』所収の『中臣祐重記』の記文のなかか

ら、寿永二、三年ころの「中大夫」は有貞の嫡子有宗であることを明らかにされる。ただこの有宗は大治六年時点では五十歳くらいで、さきの「中大夫」ではないとして、さらに考察を進められる。そして『中臣祐重記』寿永二年六月一日条のなかに「中新大夫子」の語があること、しかもこれが中臣有保の傍註であることを推論される。こうして「中新大夫」は有保の父有政となる。しかも「中新大夫」とある以上、有政の系譜に「中大夫」と名乗る人物がいたかも知れぬと推定する。そして『中臣系図』（千鳥家所蔵）を示して、「中大夫」と称し得る系譜は有宗の系統と有保の系統の二つとされる。橘氏の示された『中臣系図』から秀行方の主要部のみを次にかかげておこう。

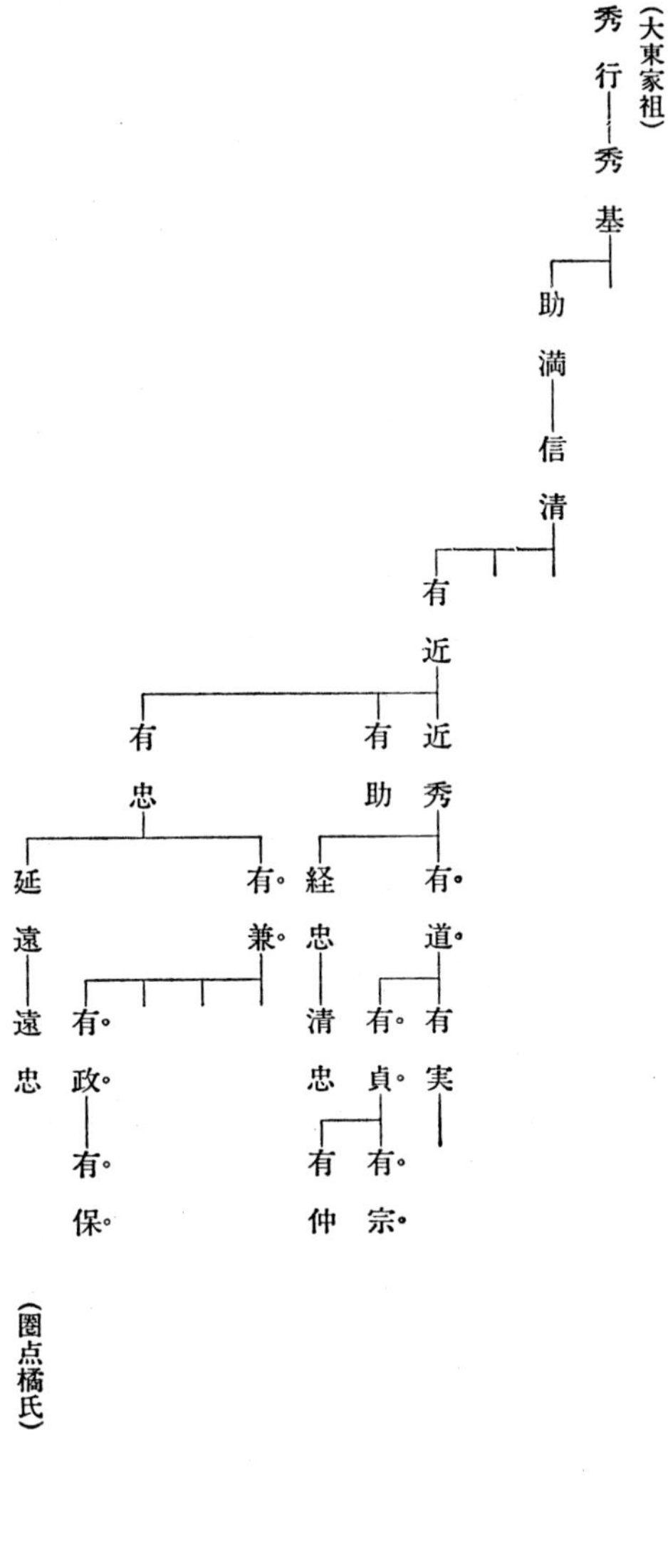

（圏点橘氏）

橘氏は、ここでさきに指摘された大治六年の中大夫の条件を援用して実人名を確定される。すなわち、大治六年現在「氏人」でなお且つ有貞の上席に立つ人物は、有宗の系統では「有貞」の兄である「有実」以外にはないとされる。しかしこの有実は「千鳥家系図」によれば、大治六年にはすでに権預であり、氏人たるよりさらに上位の階級に就いている。したがって有宗の系統には中大夫にふさわしい人物は見出すことができないとされる。一方の有保の系統には、中新大夫と推定される「有政」の父に「有兼」がいる。有兼は橘氏の調査によれば、保安三年五月十九日任次預、大治二年九月解官、保延二年十二月二日還補、とある。そして次預であったが大治二年に解官され、保安二年権預に補任される間に、すなわち大治六年正月において氏人の上席たる地位に就いていたと推定される。

この推定には疑義がもたれており、永島福太郎氏の「次預に任ぜられてその後氏人とされることは、当時の神官制度としては不合理であり、解官されても社司としての前官待遇を受けるのが例であって、一階級さがった氏人とすることはなかった筈[18]」との説がある。これについて橘氏は有兼の解官は狼藉事件で、「長者宣による勘当を蒙るほどにその罪が重く、官位ともに褫奪され一切の身分的待遇は剝奪されたが、やがて何かの際に罪を許され、まず氏人に復し次いで権預にのぼったものではなかろうか[19]」とされ、有兼を中大夫とすることによって、「すでに社司に補せられた経歴からも、また年齢も三十歳であって、氏人とはいいながら有貞より上席に就いていたことは言うまでもない[20]」とされる。こうして大治年間の中大夫を有兼とすれば三十歳前後のことで、これより以前十五歳の成年に達すると社家の通例に依って氏人となり、保安三年次預となったとされる。有兼の初度「氏人」時代は、有兼十五歳の永久四年(一一一六)から次預に任ぜられる保安三年(一一二二)以前ということになる。

橘氏はこの有兼をもって『今昔物語集』巻二十七第三十七話の主人公「中大夫」にあてられる。すなわち「永久四年頃から保安三年五月までの間において、当時若年であった中臣有兼が春日山近傍の山中において遭遇した老狐妖異事件であったと思われる[21]」とされている。こうして『今昔物語集』の三つの欠文の箇所は(C)中大夫に中臣有兼、(B)春日の宮司中臣に有助、(A)「□ノ比」は永久四～保安三年のいずれかの年代ないし年号などがあてはめられ、さらにこの説話が採録されたのは「只此ノ二三年ガ内ノ事ナルベシ」とあるところから、保安元年ころから天治一、二年ころまでであったろうとされる。

以上が橘氏の論考の主要点である。これについていくつかの私見をのべたい。まず、大治元年の中大夫を有兼にあてることは、永島氏の批判のように疑義がある。しかし、仮に有兼としても、その有兼の初度氏人時代がなぜ『今昔物語集』の巻二十七第三十七話の主人公と合致するのであろうか。橘氏はその論考のどこにもその説明をされていない。ただ、この大治六年が『今昔物語集』が成立推定年時?の天治前後に近いということ、及び巻二十七第三十七話の末尾に「只此ノ二三年ガ内」とあることを結びつけたのであろうことは想像にかたくない。

しかし、すでにふれたように『今昔物語集』の成立推定年時を天治前後とする片寄氏の主たる根拠である『弘賛法華伝』の保安元年初伝説に疑義が成立するとすればどうなるのであろう。しかも「只此ノ二三年ガ内ノ事ナルベシ」という記述がなぜ『今昔物語集』編集当時にきわめて近いといえるのであろう。

たとえば長野嘗一氏は

(イ) 今昔物語中の人物や事件には、をりをり、「只今ある人なり」「これいと近きことなり」などの註記の存する話があるが、これらの註記ある人物や事件は、判明せる限りいづれも源隆国存生中のそれであつて、明らかに彼の死後の話と目せられるものには、かへつて何らこのような註記のほどこされてゐないところよりみると（下略）

(ロ)　かかる附註などによつて判明する限り、いちいちの短篇の製作せられた年代を算定してグラフを作つてみると、(但しさう多くは判らないが)線の最も錯綜するのは、西紀一〇五〇年から一〇七〇年にいたる二十年間で(下略)

(ハ)　作中の文句を信ずる限り、巻廿三第二十五話、確実に西紀一〇三一年以前に製作せられてゐなければならず、これと六十年以上も距りのある諸篇の共存するものを(下略)

といわれている。(22)　これは『今昔物語集』が源隆国のいわゆる「宇治大納言物語」に、数人の人々によって増補整斉を加えて成立したことを立証しようとされたものから、筆者が抜粋したものであるが、ここではその意図とは別に、それが次のような事実を示していることに注目したい。すなわち『今昔物語集』収載説話のなかにある一見説話の成立や採録時を示すかに思われる記述にはかなりな年次的な幅があるということである。したがって「只此ノ年二三年ガ内ノ事」という記述のみで、実年代の決定を容易に行うことはできないのである。

「中大夫」が永久四～保安三年(一一一六～一一二二)の間にだけ存在するという証明ができれば問題は別である。しかし、橘氏の論証の過程で明らかなように、大治年間、寿永年間の中大夫は別人であり、このほかに中新大夫の存在も知られている。さらに永久～保安以前に中大夫が存在しなかったという論証はなされていない。しかも永久～保安年間の中大夫の実在とは大治六年からの単なる逆算だけである(中臣有兼が永久～保安年間に中大夫であったことの記録的な裏付けはない)。要するに橘氏が解明の手懸りとされた「十五、六歳の中大夫」と「只此ノ二三年ガ内ノ事」という二つの材料では、巻二十七第三十七話の実年代決定は困難と思われる。

むすび

橘氏が主張される『今昔物語集』保安元年以後成立説が認めがたいものであれば、片寄氏の論考が、『今昔物語集』成立論の最下限を指示する主論拠であることは依然として変りないところであろう。

片寄氏の論考のうち、『弘賛法華伝』が保安元年をもって我が国に初めて伝来したとする点の可否は、否定論として、保安元年以前伝来本が発見されれば絶対の証拠となろうが、現在の時点ではまだ知られていない。したがって、室町期書写本の本奥書の判断ということになる。片寄氏によるべきか、私見による疑義が成立するか大方の御批判をまつところである。ただ片寄氏の主張されるいま一つの『弘賛法華伝』が『今昔物語集』に引用されているといわれている点は、正しくは保安元年伝来本の『弘賛法華伝』が『今昔物語集』に引用されたかという点に置きかえられるべきであろう。この視点から検討が進められれば、さきの『弘賛法華伝』の初伝問題はそう大きな比重を占めないこととなる。保安元年伝来本が『今昔物語集』に影響を及ぼしたとすれば、その成立事情からして片寄説は正しいこととなろう。これに対する否定的な見解がとられれば、保安元年以前伝来本の存在が知られなくとも、片寄氏の論考は認められないこととなる。本稿はわずか一話に視点を置いてこの対比を試みたものであり、その比較論のほんの入口に過ぎず、さらに広汎に論ぜられるべきであろう。しかし、これ以上は筆者の能力ではその任に堪えない。『今昔物語集』の原典探究は、『今昔物語集』の原本が存在しない今日、かなりなハンデをもち、さらに比較する原典と目される類話自身の本文のもつ性格が問題となる。さらに『今昔物語集』編者の翻案態度も考慮しなければならない。こうした高度な判断が要求される原典対比を、この面について全く無知な筆者が敢えて行い、すでに故人であられる片寄氏へ疑義を呈したことは批判されなければなるまい。しかし、片寄氏の論考がもし無批判で受け入れられたり、無視されるとしたならばこれこそ咎められるべきであろう。筆者の浅薄な疑義が否定されて、片寄氏の論考がさらに輝きを増し『今昔物語集』成立論の燈火となれば幸いである。筆者の無知と不注意から片寄・橘両氏の論文の誤読、誤用がありはしないかと恐れ、大方の御叱正を仰ぐ次第である。

註

(1) 『今昔物語集の研究』上（昭和十八年、三省堂刊）第一篇第三章第二節による。
(2) 便宜表組にしたのは筆者。ただし整理番号は片寄氏のものそのまま。
(3) 説話内容の梗概を抄出したのは筆者であり、片寄氏の論考とは無関係。以下おなじ。
(4) 片寄氏は㈣とするが、これは直接関係を示すもので、㈦の誤植であろう。
(5) 註(1)掲載書、一一九頁。
(6) 日本古典文学大系本『今昔物語集』二、頭註。
(7) 註(1)掲載書。
(8) 註(1)掲載書、一三〇頁。
(9) 註(1)掲載書、一〇八頁。
(10) 『古事類苑』月報一一（文学部三）（昭和四十三年二月、吉川弘文館）。
(11) 以下記すところより「一本書即ち孤本いはば稀覯書・貴重文書を扱ふ機関」とされる。
(12) 『東域伝燈目録』巻上弘経録法華部に「法華霊験伝二巻、法華験記六巻義寂」、承和五年目録「法華霊験伝一巻」、新求目録「法華霊験伝二巻」、このほか『法華霊験伝』には高麗了円撰（弘賛法華伝を多く引用）のものが別に知られる。

(13)『攷証今昔物語』(芳賀矢一著)所引による。

(14) 日本古典文学大系本『今昔物語集』二の解説中で山田忠雄氏は翻訳態度にふれられているのでいささか長文であるが引用しておこう。「本冊(巻六～巻十を指す)の根本性格は翻訳文学乃至翻案文学と考えられるが、翻訳の生命は、原典の大意・文脈を正しく、分かりやすく伝えることと、原典の持つ風韻・文体を能うかぎり移すこととに在る。この観点から見る時、巻六は、仏法伝来史を略述した最初の十話も、三宝感応要略録に基づいた十一語以後も、原典が既に事実を述べることを主とした短章であり、本冊はその直訳という性質を持つ以上、文芸性は当初から稀薄といわねばならぬ。四・五・六・十三語において、わずかに若干の説話性の昂揚を見るのみ。その翻訳態度は、おおむね原典に忠実といえようが、なお、次下に記す如き、誤訳かと思われる個所を含む(中略)巻七の十四語まで、要略録に拠った部分は、巻六と大体事情が同じい。十五語以降の弘賛法華伝・冥報記等に拠る諸話に至って説話としての興趣が漸く深まり、殊に三十語以降の蘇生譚においては話の筋が長くなると共に、説話としての構成が頓に整備されて来るが、それらは一に素材たる原典に基くものである」(五・六頁)といわれている。

(15) 註(14)掲載書、八頁。

(16)『国語国文』第三〇巻第五号(通巻三二一号)。

(17) 長野嘗一氏朝日古典全書本『今昔物語』(五)、二六三頁頭註。坂井衡平氏『今昔物語集の新研究』四八頁。

(18)～(20) 註(16)掲載論文、二一頁下段。

(21) 註(16)掲載論文、二二頁下段。

(22) 註(17)掲載『今昔物語』(一)、七一・七二頁。

〔補記〕本テーマについて宮田尚氏「今昔物語集出典研究の点検(三)――弘賛法華伝のばあい――」(『日本文学研究』梅花女学院大学、第一三号、昭和五十二年十一月)が発表された。拙論で注目した『今昔物語集』巻七の第十六話とその原拠といわれた『弘賛法華伝』の巻六の第七話に関するものである。氏によれば、『今昔』『弘賛』両者間に見られる差異は、天慶五年刊本系以外の異本という以上の、他資料を考えなければ理解できないというものである。しかし、『今昔物語集』の原拠として、『弘賛法華伝』を追放してこれにかわる新しい資料を考えるためには、その資料を明確にしなければ完全とはいえない。ともあれ『今昔物語集』にかかわる『弘賛法華伝』についての注目すべき論文である。

『今昔物語集』原本の東大寺存在説について

――鈴鹿本の一見奥書の意味するもの――

はしがき

『今昔物語集』の利用、鑑賞など現代的な関心の高さについてはことさら述べる必要はあるまい。ただその度合の強さにくらべて、この書の基本的な解明は、全く進んでいないのが現状である。編者は誰か、成立時期はいつか、完成書か、未完書かなど、どれ一つをとっても解決を見ていないのである。こうした状況のなかで、最近酒井憲二氏によって、関連する二つの注目すべき論考が発表された。すなわち「伴信友の鈴鹿本今昔物語集研究に導かれて」(『国語国文』第四四巻一〇号、一九七五年)及び「伴信友の今昔物語集研究」(『山梨県立女子短期大学紀要』第九号、一九七六年)である。

氏によって伴信友の天保年間における『今昔物語集』の研究が克明に報告され、その先駆者としてのすぐれた業績が浮彫にされている。そのこと自体『今昔物語集』研究史における大きな意義があるが、ここに取り上げるのはその意味においてではない。氏の所論は信友の研究をさらに発展させたところにある。それは『今昔物語集』の現存最古写本で、かつ現存流布本のほとんどすべての祖本でもある鈴鹿本の書誌的特徴に関するものである。これによって鈴鹿本自身の親本が東大寺にあったこと、その親本が原本であり、したがって東大寺周辺に編者像（酒井氏は覚樹とする）が浮かび上ってくるというものである。このいわば原本東大寺存在説は、いちはやく馬淵和夫氏の支持するところとなる(1)一方、『今昔物語集』の内容的徴証から東大寺系編者論に疑義が出されてもいる(2)。ここに酒井氏の論考の核心部を紹介し、その論点を吟味してみたい。

一　鈴鹿本の一見奥書

はじめに酒井氏のきわめて重要な報告を紹介しよう(3)。

伴信友が『今昔物語集』の鈴鹿本と最初に出会ったのは天保四年のことで、場所は江戸、巻十二の一冊であった。奈良本と称したこの写本が、諸本の祖本であることを論断したのであるが、この指摘は百五十年近く経過した現在においても変っていない。その後十一年して天保十四年、今度は京において鈴鹿筑前守連胤から近ごろ奈良より購い得たという『今昔物語集』六冊を見せられている。うち三冊は天竺部、残る三冊は本朝部の巻十二・二十七・二十九で、このうちの巻十二は先年江戸で見たものであった。この『今昔物語集』調査のなかに、次のような信友の記載があったことに酒井氏は注目されるのである。

（上略）サテソノ第二十七巻ノ第四十語ノ初張ノ左ノ末ノ行ニ「和主ニ副テ守ラムト云フ時ニ此男由シ」トマデ書タル

紙端ノ縫下ニ虫損ノ間ニ字見ユルヲヤヲラ推排キテ意ヲツクシテカツ〳〵読ミ見ルニ如此サマニ小字ニ書タリ、
一見畢、南井坊内総六丸、此比春日太神開門、尤以目出タシ、新造屋八月中一日ノサンロウ、
新造屋トハ東大寺中ノ庁所也、八月十一日春日太神開門ト云フ事ノアリケル時、新造屋ニ参籠シテアリケルホド件ノ文マデ書写セル由ノ筆スサヒト見エタリ、年号ノナキハロヲシヽ(4)（下略）

信友は巻二十七の冊末に近い部分の綴目の奥にある文字を発見したもので、酒井氏はこの信友の発見に導かれて現存鈴鹿本のすべてにわたって精査された結果、巻二十七にはこのほかにさらに一ヵ所、他に巻十・十二・十七に各一ヵ所、都合五ヵ所に次のような書込みを捜出されたのである。以下は酒井氏の業績である。

A「一見畢　総六丸　十九」　巻十第28紙左端〔第十七語末―大系本二、302―6〕
B「一見了　総六　十九」　巻十二第42紙左端〔第卅二語中―大系本三、179―14〕
C「一見畢　総六丸」　巻十七第43紙左端〔第卅六語中―大系本三、557―7〕
D「此一条ハ尤以コワキ事也、可有覚悟〳〵」　巻二十七第22紙右端裏〔第廿一語中―大系本四、506―11〕
E「一見畢　南井坊内総六丸（下略）」　巻二十七第41紙左端〔第四十語中―大系本四、533―17〕

すなわち信友が発見した一見奥書はEであって、それ以外にA～Dの四ヵ所に同種のものがあるというのである。
酒井氏は、

いずれも本文との墨色の差までは現状では分かりかねるが、全体にやや稚拙という感じで、とても本文と同筆とは認めがたい。また、ABCと信友の見たEとは一紙の左端ぎりぎりの綴じこみの中にあるに対し、Dは少しく異なる。これは一紙の右端、しかも裏側にある。（中略）これには総六丸の署名がないから別人――あるいは本文

書写者――という推定も成り立たなくはないが筆跡からは総六丸と見るのが自然であろう。(中略)

これら五ヵ所の書付けはすべて料紙の最左(右)端、Dはしかも裏面、袋綴の一冊の書物として装訂される際には当然人目につかなくなることを予想した上で書かれたものであろうことは想像に難くない。勿論、装本される以前の、一枚の紙としての時の所業であろう。(5)

酒井氏の所論は右に見たのみでつきるものではないのであるが、本稿で問題にする点の事実はほぼこれにつきる。要約すれば、

①鈴鹿本には綴目の奥など五ヵ所に書入れがある。

②その書入れは装訂以前に書かれたものである。

ということになる。

二　酒井氏の推論

鈴鹿本に見える綴目の中の書入れのもつ意味について、信友は、

新造屋トハ東大寺中ノ庁所也、八月十一日春日太神開門ト云フ事ノアリケル時、新造屋ニ参籠シテアリケルホド、件ノ文マデ書写セル由ノ筆スサヒト見エタリ、年号ノナキハロヲシヽ、

といい、書写奥書としているのである。これに対して酒井氏は、

一体、書写の際に「一見畢」と書くものかどうか。卑見では、書写されたものを原本と校合する仕事を総六丸が

言いつかったものと推せられる。鈴鹿本に、ごく稀ではあるけれども傍書補入や見せ消ちの存することは大系本校異の示す通りである。「一見畢」は「今日はここまで照合した」「八月十一日、新造屋の参籠の日の今日は巻二十七の第四十一紙まで点検した」といった風のメモなのではないか。だからこそこの類は一紙の最左端にあるのであろう。果して然りとしてもしかし、まだ一冊の書物として綴じられていない一枚一枚の状態での時のことであるから、この鈴鹿本が東大寺（の庁所新造屋——あるいはそのゆかりの場所といった風に多少拡げた方が良いのかも知れぬが、持ち運びのことを考慮すればさして遠くとは考えられぬ——）において書写されたということに相違ないわけである。(6)

酒井氏は、信友のように総六丸の書写奥書とは見ないが、書写終了直後の対校の註記と見るのである。

①総六丸は鈴鹿本の書写者ではなく、書写後の照合者である。

②総六丸は鈴鹿本を未装訂の状態で照合している。

④照合の作業は東大寺新造屋の周辺で行われている。

こうした認定のもとに、

④『今昔物語集』の原本は東大寺にあった。

⑤東大寺の覚樹が編者ではないか。

とされるのである。すなわち、

鈴鹿本が現存今昔物語集の祖本と認められるとすれば、これが東大寺で書写されたものであったということは、少くとも、現存今昔の成立論や撰者論にある種の制約を加えずにはおかないであろう。まして、今のところ現存本によってしか手がかりは無く、現存本の中では鈴鹿本こそもっとも原撰本に近いと断ぜざるを得ない今日、鈴鹿本の東大寺書写という事実に立っての議論も当然あって然るべきと思われる。（中略）片寄正義氏の労作『今昔物語集の研究』を読み返してみると、東大寺本『弘賛法華伝』には東大寺東南院の覚樹の手に成る奥書があって、天慶五年（一一一五）の該書刊行後わずか四年を経たに過ぎぬ保安元年に、宋人蘇景が高麗国より将来した聖教中から太宰府において書写されたものという。しかも今昔物語集と関係の認められる説話十条のうち五条は直接この弘賛法華伝に拠ったと証されているのである。（中略）弘賛法華伝は東大寺を出ることは無かった。奥書の筆者覚樹その人こそ、その唯一最大の利用者であった、と考えることは許されないであろうか。すなわち、今昔物語集は碩学覚樹の撰するところでは無かったかと仮説してみるのである。（中略）片寄氏は今昔物語集の成立が保安元年以後であるべきことの証に弘賛法華伝の引用を指摘されたのであるが(7)、鈴鹿本今昔が東大寺における書写であり、これが原撰本にもっとも近い、あるいはその清書本かも知れないとみる立場が許されるならば、いきおい、弘賛法華伝の管理者、学僧覚樹を撰者と擬する立場も浮び上らざるを得ない道理である(8)。

以上かなり長文の引用になったが、酒井氏の所論の私意による摘出である。

三　春日大神開門のこと

信友が発見し、酒井氏が新しく付加した奥書に関する資料は、この二人の間に鈴鹿本を実見した多くの人々が居たにもかかわらず、誰一人これに言及した人がいなかったことを考えれば、いかにすぐれた発見であるか自明の理である。したがって「現存今昔の成立論や撰者論にある種の制約を加えずにはおかない」と自負されるのも当然のことである。問題はどの程度の制約かということである。酒井氏の輝かしい業績を踏まえて、どの程度の推論が可能かということである。私見によれば酒井氏の推論はいささか早急に過ぎた感じであり、さきに紹介した氏の所論のうち、第一節の部分を中心にその問題を考えてみたい。

まずA〜C・Eに「一見畢(了)」とある。たしかにこの書き方は、信友が書写奥書としたよりも、酒井氏のいわれる対校奥書とする方が妥当であろう。しかし、普通対校奥書とすれば「一校了」のほうが自然である。「一見了」は文字通りとれば一読終了の意味であろう。読了とすれば、書写直後の対校の意味を含むとしても、必ずしも書写直後だけと限る必要はない。むしろ一般的には完成している図書をのちに読むほうが普通ではあるまいか。しかし、ここでは一般論ではない。酒井氏も指摘されているように、綴目の中にそれは書かれているのである。だからこそ「一見了」を書写直後の未装訂の時期とするのである。

この文字が書き込まれた時の年次があれば問題はない。しかし、信友が残念がっていたように、年次の明記はないのである。ただ、奥書の書手は総六丸という人物であり、年齢は十九歳(A・Bにより)であることが知られる。さらに年次を明らかにするわずか許りの手懸りは信友が最初に発見した巻二十七の奥の書込みである(E)。再び記せば次のとおりである。

一見畢、南井坊内総六丸、此比春日太神開門、尤以目出タシ、新造屋 八月中一日 ノサンロウ、

これについて信友は「新造屋トハ東大寺中ノ庁所也、八月十一日春日太神開門ト云フ事ノアリケル時、新造屋ニ参

籠シテアリケルホド」と解している。ここに見える「春日太神開門」とはいかなることであろうか。「開門メデタシ」とあるように、漠然と考えれば、春日明神の祭日にでもあたり、神体の開帳のような行事と思われようが、次のような例から窺えるように、全く別の行為なのである。

寛正四年十二月十二日両寺閉門、兵庫関務共盗テ通ルニ依テ、管領細川殿訴訟、春日若宮神事延引、春日閉門御動座アリ、当時八幡宮他寺重テ牓辺（マヽ）アラテ閉門也、寛正五年四月十三日戌刻、春日大明神御帰座、両寺開門落居、(9)

両寺とは興福寺と東大寺のことで、興福寺の管轄する兵庫関が不法に破られたので管領細川氏に抗議しているものである。春日社では恒例の若宮の神事を延引し、門戸を閉ざし、神木を移殿に移し（御動座という）、示威行動に出ている。他の南都の社寺もこれに呼応して門戸を閉ざした。寛正四年（一四六三）十二月のことで、この抗議が受け入れられたものか、翌五年四月十三日春日の神木は社殿に戻り、両寺は開門して事件は終った。

この例で明らかなように、興福寺が示威のために守護神である春日の神木を移動させ（甚だしい時は神木を奉じて上洛する）社殿を閉じ、示威が終れば神木を戻して、社殿を開くのである。いわゆる南都の強訴にともなうものである。南都の強訴は、記録の示すところによれば安和元年（九六八）をはじめとして、文亀元年（一五〇一）に及ぶ七十余度といわれている。ただ、このうち社寺の閉開のことが見える最初は安貞二年（一二二八）であって、当初からではないようである。『古今最要抄』巻六中に「社頭幷興福寺閇門事」とあって安貞二年から寛正四年（一四六三）まで十七例が記されている。このなかに次のような例が見られる。

文安三年丙寅七月廿五日、寺内幷七大寺同時閇門之、兵庫関訴訟之、同八月十一日開門、(10)

偶然のことと思われるが、文安三年（一四四六）八月十一日は興福寺以下七大寺の開門の日である。春日社のことは記されていないが、興福寺との関係から当然閉・開門が行われたと見るべきで「春日太神開門（中略）八月中一日」の記事と合致するのである。ただ、文安は室町初期の年号であって、ふつう鈴鹿本は鎌倉中期書写とされているので、年代的には全く合致しない。念のために春日神木帰座（開門）のうち七月以降、八月十一日以前の諸例を『社頭幷興福寺閇門事』（『閇門事』と略称、以下同）・『神木御入洛幷御遷座事』（『御遷座事』）（ともに『古今最要抄』巻六所収）・『神木動座之記』（『御動座之記』）・『神木御動座度々大乱類聚』（『大乱類聚』）・『当社御遷宮御進発御入洛代々日記――大宮文書』（『代々日記』）などによってあげると次のようになる。

安貞二年（一二二八）八月三日（『閇門事』）　ただし八月十三日（『御遷座事』）、八月二十九日（『大乱類聚』）と異説あり。

正嘉元年（一二五七）七月五日（『御遷座事』）

弘安元年（一二七八）七月二十七日（『御遷座事』『大乱類聚』）

嘉元四年（一三〇六）七月二十六日（『代々日記』）

徳治三年（一三〇八）七月十二日（『閇門事』『御遷座事』『御動座之記』『大乱類聚』）　ただし七月十三日（『代々日記』）

建武二年（一三三五）七月十一日（『御遷座事』『大乱類聚』『代々日記』）

建武三年（一三三六）七月二十一日（『代々日記』）

康永四年（一三四五）七月十九日（『御遷座事』『大乱類聚』『代々日記』）

貞和四年（一三四八）八月二日（『御遷座事』『代々日記』）

以上のように八月初が二例で（うち一例は八月十一日過ぎか）諸記録類の中には八月十一日の時点で「此比春日太神開門（中略）メデタシ」といえる年次に相当するものは、先の文安三年以外には見出し得ないのである。だからといって文安三年をここに比定するわけにはいかないのは当然であろう。右以外に帰座のことがなかったとは断言できないからである。

四　新造屋について

春日太神開門の文に続いて「新造屋ノサンロウ」とあるので、春日太神開門の年次決定についてとは別に、新造屋について調べてみよう。

延宝九年（一六八一）林宗甫が編した『和州旧跡幽考』（『大和名所記』とも）のなか東大寺の法華堂、俗に三月堂とよばれる項の末に、

此南のほとりに新造の屋といふあり、善導大師つくり給ひし五劫思惟の霊像、ならびに市守長者の大黒天、安阿弥のつくりし弥陀などあり、[11]

とあって、新造屋は三月堂の南にあったことが知られる。[12] なかに三体の像が祀られていることがわかるが、このうち安阿弥（快慶）作の阿弥陀像が本尊であった。このことは元禄ころの作成かといわれる『東大寺諸伽藍略録』に次のように見える。

一新造屋 東西拾六間五尺 南北拾四間　寛永年中焼失、今ハ仮屋

傍朱 本堂東西六間　南北五間半　元禄年中大勧進公慶修造

本尊阿弥陀如来　立像　御長三尺　安阿弥作

従二往古一学侶両人至レ夜勤番、朝夕御祈禱勤レ之、諸寺役多於二此屋一修二行之一、(13)

すなわち、寛永年中の火災のため今は仮屋であるが、本尊阿弥陀如来の前で、往古から学侶二人が夜番を行い、朝夕の祈禱を勤めるのが習わしであり、諸々の寺役もここに修行を行なったという。まさに「新造屋ノサンロウ」であろう。ただ、これも元禄ころの時点での記述である。

ところで、新造屋の本尊は次のような経緯で新造屋に安置されたのであった。わずらわしいが全文を掲げる。

新造屋阿弥陀安置由来

三尺阿弥陀金泥仏　建仁二年造始

建仁三年、仏舎利心経、菩薩種子真言等奉レ籠レ于二仏身一云々、

俊乗上人為レ縁投二所有珍財一、法眼安阿弥陀仏令レ造レ之、施主法橋上人位寛顕、供養導師解脱上人、建保四年二月天、寛顕臨終之時、彼阿弥陀仏五色糸取レ手、念仏数十遍唱レ之、正念開（閉カ）眼自二建仁二年一至二建保四年一合十四年也、

此本尊先師律師可レ安二置高野山道場一由、雖レ令二遺言一、彼道場焼失之間、暫奉レ渡二中門堂一畢、

仁治四年正月二十八日但同年二月十六日改元寛元、

当寺修理目代兼観世音寺別当大法師瞻寛

瞻寛者寛顕之孫云々

自二建保四年一至二仁治四年一合二十八年、

寛顕往生間、善根注文、竝臨終之体、弟子勝寛注置一巻在レ之、奉レ籠二御仏中一仏舎利等目録一巻有レ之、

享禄二丑初秋之比、為二学侶中一対二中門堂衆一種種申談、被レ乞レ請、八月十二日安二置新造屋一訖、自二仁治四一

至二享禄二年一合二百八十七年、

右之由来学侶年預之唐櫃、委細有レ之、

英憲法師之自筆也(14)、

新造屋本尊は治承四年(一一八〇)、平氏の奈良攻めによって戦火にかかった東大寺の復興を果した俊乗坊重源の手による。重源の財物施入に基づき、法眼安阿弥(快慶)が造立にあたり、建仁三年(一二〇三)完成した。法橋寛顕を施主、解脱上人(貞慶)を導師として開眼供養を行い、寛顕の縁の堂舎に安置されたようである。十三年後の建保四年(一二一六)臨終のさい、寛顕はこの像によって迎講を催している。寛顕歿後、この像は弟子勝寛が管理したものか。さらに勝寛が遺言して(15)この像を高野山の道場に置くこととしたが、高野山道場が焼失してしまったので、中門堂に置かれることとなった。仁治四年(一二四三)のことで、東大寺修理目代で、観世音寺別当でもあった寛顕の孫瞻寛がとりはからっている。

阿弥陀仏が置かれることとなった中門堂とは、平安末期鳥羽院の本尊であった十一面観音像を奉安、大仏殿の西に新しい堂舎を建立したものである。東大寺の僧兵として中世活躍する一派はこの堂に拠ったため中門堂衆といわれる。ちなみに、東大寺の堂衆はこの中門堂衆と、法華堂に拠る法華堂衆によって代表される。堂衆とは、ふつう寺院において別当・学侶・堂衆の三階層に把握されるものの一つの呼称である。別当とは、東大寺別当および三綱らいわば寺院の執行部で、伽藍の維持と法会儀式の統括、及び僧侶の育成にあたる。これに対し学侶は、寺院内部における教学の振興を目的とする僧侶で、法会等の実質的運営はこの層となる。さらに堂衆は、教学的面以外で法会の実践、荘厳を分担、大仏殿堂司の監督下におかれる。僧侶としては最下級の階層となる。諸事の訴訟や東大寺八幡宮の神輿動座などはこの層が中核となる。

さて、中門堂に置かれた安阿弥作の阿弥陀如来は安住の地を得たかに思われたが、それより二百八十七年後の享禄二年(一五二九)再び移されることとなった。学侶中と中門堂衆との種々の話し合いのなかでこの像の奉安所のことが扱われ、中門堂から新造屋に移されたのである。学侶方の希望であったのであろう。時に享禄二年八月十二日のことであった。この経緯については「右之由来学侶年預之唐櫃、委細有レ之」とあって、別の記載があったらしいが、わからない。そのことはともかく、安阿弥の阿弥陀如来が新造屋の本尊となったのである。阿弥陀如来が移された以上、新造屋の建立は享禄二年以前であることは自明となる。しかし、江戸時代から遡っても、依然室町時代であって、鈴鹿本の書写年次にほど遠いのである。

ところで、堀池春峰氏の御教示によって、東大寺図書館に新造屋造立に関する二つの資料が存在することを知った。すなわち、

八幡宮新造屋造作方納下結解状嘉吉三　一通
新造屋造作方日記文安元　一冊

の二部で、ともに盛賢の署名があり両者関連のものである。

前者は嘉吉三年(一四四三)十一月二十五日造作奉行盛賢が、新造屋造作に関する費用の収支を計算したものである。調達した金子は九十四貫三百文、支出予定は百四貫七百五十九文で、不足額は十貫四百五十九文であった。不足分は寺門評定によって助成方が一時立て替え、のちに寄付を得てこれを補うことに決定したというものである。

この目論見で翌文安元年に造作が行われたものらしく、その支出明細が後者と思われる。これによれば総支出百三

十六貫二百十四文、前年の算出より三十一貫四百五十五文超過している。二月末日より五月二十六日まで、費目別に支出細目が記され、五月二十八日奉行盛賢の署名があるので、この時点で新造屋が実際に作事されたことは間違いあるまい。したがって、文安元年中には完成したのであろう。八幡宮の付属の屋舎として活動したと思われるが、どのような役割を果していたかは明らかではない。享禄二年安阿弥の阿弥陀如来が持ち込まれる八十五年前のことである。

ところで、これより先治承四年（一一八〇）十二月二十八日、平重衡は大軍を率いて南都にいたり、平氏に反抗する東大寺・興福寺を焼いた。大仏の首は地に墜ち巨像の背後に在ったという惨状であった。東大寺全体についてこれを見ると、焼失堂舎は、

大仏殿、四面廻廊、講堂、三面僧坊、食堂、八幡宮、東塔、戒壇院、大湯屋、上院、閼伽井屋、白銀堂、東南院、尊勝院、その外、僧房、民屋

で、残ったのは、

法華堂、二月堂、同食堂、三昧堂、僧正堂、鐘堂、唐禅院堂、上司倉、下司倉、正院、国分門、中御門、碾磑門、南院門等

であったという(16)。

八幡宮は焼失、近接の法華堂は焼失を免れたという。この時焼失した八幡宮は、建久五年（一一九四）大菩薩の託宣により、俊乗坊重源の尽力で造営が始まり、建久八年遷宮の式が行われ完成した。ただ、神体の造立には及ばなかった。のち、建仁元年（一二〇一）十二月、これも重源の働きによって安阿弥快慶が地蔵菩薩の姿をした神像を造立、開眼供養が行われた。いわゆる僧形八幡像がこれである(17)。

さて、治承の戦火で八幡宮は焼け、法華堂は残った。新造屋がもしこの時点で存在しているとすると両者の中間の位置にあり、微妙なところである。八幡宮の付属舎とすれば、焼失した場合、八幡宮に含められて記載が省略されることも有り得よう。逆に焼失は免れた場合は当然明記されよう。したがって新造屋は八幡宮とともに焼失したか、この時点では存在していなかったということになろう。焼失したのであれば、八幡宮の再建の一環として建久以後に造立されることになろう。しかし、乏しい調査では、建久以後はもちろん、治承以前も含めて文安以前には新造屋の資料を見出すことはできなかった。先に引用した新造屋の作事資料にももちろん再建とは記されていない(18)。

五　推論異見

もし新造屋が文安元年に初めて建立されたとすると、先にあげた文安三年八月十一日の春日社開門という年次は、ある程度意味をもってくることになろう。ただ、単純にこの年次と比定できるわけではない。そのことは別としても、鈴鹿本の奥書は鈴鹿本が書写された直後とする酒井氏の命題とどういう風に関連することになるのであろうか。

文安元年に新造屋は建立された。したがって、鈴鹿本の書写年次は文安元年をいちじるしく遡らないということになろうか。しかし、これには鈴鹿本の書写期を鎌倉中期とする通説(19)と矛盾することになる。本文は鎌倉中期、一見奥書は文安元年を遡らないとすれば、一見奥書は本文書写の直後ではなく、大幅に時代が下がった室町期に書かれたのでなければならないことになる。ここで酒井氏の報告を想起しよう。

いずれも本文との墨色の差までは現状では分かりかねるが、全体にやや稚拙という感じで、とても本文とは認めがたい。

印象論としてではあるが、鎌倉期の書跡とくらべて、室町期のそれが稚拙と感じられる傾向にあるといえまいか。そうすると問題は鎌倉中期書写本の綴目の中や裏面に、どうして室町期の一見奥書が加えられ得るかということになる。これは一見奥書が書かれるまで、長い間鈴鹿本が未装訂のまま放置されていたと考えれば、矛盾はなくなる。それだけではない。現在鈴鹿本はすべて紙捻で仮に綴じられている。この仮綴の状態は恐らく鈴鹿本が書かれ、装訂された時も同様であり、それが何度か綴じ直されて現在にいたったものであろう。書写されたと推定される鎌倉中期はいつであるか具体的には明らかではないが、目安として亀山天皇ころとして、仮にその文永元年（一二六四）をとって、新造屋の建立された文安元年（一四四四）の距離を計れば百八十年となる。この年数には当然はばがあるが、それにしても鈴鹿本の紙捻が破損する可能性をもつ間隔ではないだろうか。なお、酒井氏の調査はいったいどのような方法で行われたのであろうか。紙捻をほどいてとは考えられないから、信友がしたように綴目をおし開いて調べられたのであろう。そうであれば総六丸が綴目をおし開いて書き込むことは不可能なことであろうか。現在の綴位置が昔のままとも考えられない。さらにDの書込みは、紙背とはいえ右端であるという。仮綴である以上これらの書込みは可能なのではないだろうか。要するに、綴目の中に文字があったとしても、それは必ずしも書写直後と限定することはないのではあるまいか。

酒井氏は「書写されたものを原本と校合する仕事を総六丸が言いつかったもの」と推定されている。この点について考えてみよう。『今昔物語集』は現在三十一巻の構成をとっており、そのうち巻八・十八・二十一の三巻が欠巻であり、残り二十八巻の内容が諸本によって知られるという状況にある。諸本のうち現存鈴鹿本は巻二・五・七・九・十・

十二・十七・二十七・二十九の九巻であり、このうち巻十から二十七の四巻に一見奥書が書き込まれているのである。この関係を表示すると次のようになる。

巻一　天竺	巻二　天竺　鈴鹿本	巻三　天竺
巻四　天竺	巻五　天竺　鈴鹿本	巻六　震旦
巻七　震旦　鈴鹿本	巻八　欠	巻九　震旦　鈴鹿本
巻一〇　震旦　鈴鹿本　一見奥書	巻一一　本朝	巻一二　本朝　鈴鹿本　一見奥書
巻一三　本朝	巻一四　本朝	巻一五　本朝
巻一六　本朝	巻一七　本朝　鈴鹿本　一見奥書	巻一八　欠
巻一九　本朝	巻二〇　本朝	巻二一　欠
巻二二　本朝	巻二三　本朝	巻二四　本朝
巻二五　本朝	巻二六　本朝	巻二七　本朝　鈴鹿本　一見奥書
巻二八　本朝	巻二九　本朝　鈴鹿本	巻三〇　本朝
巻三一　本朝		

総六丸が手にした際の鈴鹿本の巻数は現存のような微々たる数ではなかったろうから、この偶然的な残り方に見られる特徴はかなり注意して、弁別すべきものであろう。巻九以前には総六丸の書込みがなく、巻十以後巻二十七までにはほとんど書込みがあるという特徴である。なぜ巻九以前に書込みがないのか。巻九以前については（巻二十九も）、総六丸は手にしたけれども書込みはしなかった。あるいは総六丸はこれを見なかったということになろう。単なる書

込みといっても、少くとも原本との校合をすべていいつかったものとすると、このような不均衡はおこらないのではあるまいか。総六丸の分担を一部とすれば、巻十から巻二十七（または巻二十八）までは全体の量のかなりの部分を占め、残りの分が少すぎることになる。

総六丸が手にした時点で鈴鹿本は綴じてあるものとないものがあり、総六丸が綴じてないものの点検にあたった。そのさいのメモが一見奥書だったと考えることもできよう。また、未見の『今昔物語集』を見つけた総六丸が、比較的なじみの薄い天竺・震旦部を避け（信友も手にしながら天竺部三冊については興味を示していない）[20]、震旦部の最末から読み進んで巻二十七辺まで及んだ。それは未装訂であったか、綴目が破損していたかしていたので、綴目の中になる部分にメモを残した。仮綴なので総六丸が自分で綴じたかもしれない。もし綴じてあれば綴目をおし開いてメモを書き記したとも考えられる。現存部分の書込みだけで推測することは不用意ではあるが、やはり書込みの片寄りはなんらかの意味があるように思われる。なおこれらの書込みがすべて冊の途中にあり、冊末にないことも気になるところである。

最後に総六丸についてであるが、この人物に関する材料は全くない。Eによって「南井坊内総六丸」とあるから、新造屋参籠のことも考え併せて東大寺の塔中南井坊に住む者であろう。南井坊の所在は不明であるが、同寺には深井坊なる坊名があることから同列のものであろう[21]。ところが、南井坊に居住する者として「総六丸」という人名は必ずしもふさわしくない。なぜか。総六丸とある以上僧名ではない。正規の僧侶がたわむれに俗名を記したのでなければ、僧侶について師僧の身の廻りの世話をする、東大寺でいえば童子のような身分を考えることになる。そうすると十九歳という年齢は、十代半ばまでが一般的な童子などの身分としてはかなり特例となろう。総六丸の周辺はなお考究する余地が残されているが、管見には及ばない。

六　馬淵氏の賛成論について

最後に酒井氏の論考に賛意を示されている馬淵和夫氏の論についてふれなければならない。馬淵氏は、

この論（前述酒井氏の論）は、長年わたくしの抱いていた疑問の一つを払拭してくれているので、非常に確実なものとわたくしには思われる。というのは、鈴鹿本が現存諸本の祖本であることは長年わたくしの力説してきたことであり、（中略）しかも鈴鹿本の現姿には、どうしても原本より直接写したとしか思われない諸点があるからである。それは、いくつもの白紙の部分が本文中にはさまっているのは、原本がそうであったからであろうし、それは後から追加補筆する姿勢を示していると思われる。このことから考えられるのは、原本というものが草稿のままうずたかく積まれてあったのではないか、ということで、従って、その草稿はほかならぬ鈴鹿本の書写された場所と、大体同じ場所（あるいは同じ寺院）にあったと考えざるをえないということである。従って原本は、東大寺にあった。しかも草稿のままであったのであるから、その撰述もまた東大寺でなされたにちがいないということになり、酒井氏の御推定はまず正鵠を射たものであろうと思われる。[22]

として、酒井氏の論を全面的に肯定されているのである。すなわち、

(1)　鈴鹿本にはいくつもの白紙の部分が本文中にはさまっている。

(2)　それは原本が追加補筆するため、白紙を挿入しておいたものをそのままの形で残したものである。

(3)　したがって鈴鹿本は原本より直接写したものである。
(4)　原本は草稿であろう。
(5)　原本は草稿のまま原所在地を移動しなかった。
(6)　鈴鹿本の書写された場所こそ原本の撰述された場所であろう。

ということになろう。しかし、いったい、氏の原本移動不可説は何によるものであろうか。氏の主張の主たる根拠は前記要約の(1)〜(3)で、すべては鈴鹿本に白紙が挿入されているということによると判断される。ここで疑問を呈したいのは、鈴鹿本に白紙が挿入されているということが、なぜ原本から直接書写した証拠となるか、ということである。一般論でいえば、原本に白紙が挿入されていた場合、字数・行数が正しく転写されるとすれば再転写本・再々転写本、いずれにも白紙は原本同様の挿入状態が再現されるはずである。したがって現在の転写本が正しい原本の姿を伝えているらしいからといって、原本から直接転写したものとは断定できないのである。

試みに鈴鹿本における白紙挿入および余白の状態を巻二と巻七について摘出検討してみよう。(23)

巻二（袋仮綴、八一枚、片面一〇〜一一行書き）余白部一覧

(1)　第一丁〜第三丁　白紙三枚〔白紙に続く（以下「後部」と仮称）第四丁オモテより本文第一話始まる。〕

(2)　第七丁オモテ四行目より第八丁オモテ四行目まで　余白、七丁オモテに八行」七丁ウラ〇・五枚」八丁オモテ四行」〔第七丁オモテの余白以前（「前部」と仮称）三行目までは第二話記文。「後部」五行目より第(三)話記文〕。

（補註、〇・五枚＝片面全部、」＝改頁の意）

(3) 第一一丁ウラ一行目〜同七行目　余白七行〔「後部」八行目より第(五)話記文〕

(4) 第一九丁オモテ六行目より、第二一丁オモテ八行目まで　余白六行」以下順に○・五枚」一枚」八行」〔「前部」五行目まで第(一一)話記文。「後部」九行目より第(一二)話記文〕

(5) 第二三丁ウラ三行目より、第二五丁オモテまで　余白八行」一・五枚」〔「前部」二行目まで第(一二)話記文。「後部」ウラ冒頭より第(一三)話記文〕

(6) 第三五丁オモテ一〇行目より、第三六丁ウラ二行目まで　余白一行」○・五枚」○・五枚」二行〔「前部」九行目まで第(一八)話記文。「後部」三行目より第(一九)話記文〕

(7) 第七六丁オモテ五行目〜同七行目　余白三行〔「前部」四行目まで第(三七)話記文。「後部」八行目より第(三八)話記文〕

(8) 第八一丁オモテ三行目より〔最末部〕

巻七(袋仮綴、五八枚、片面一〇〜一一行書き)余白部一覧

(9) 第二丁オモテ一行目より、第二丁ウラ二行目まで　余白一行」二行〔「前部」第三二話目次。「後部」第四一話目次〕

(10) 第二丁ウラ一一行目　余白一行〔「前部」目次部終り。「後部」第三丁オモテより本文始まる。〕

(11) 第四一丁オモテ五行目より、第四六丁ウラ余白六行」○・五枚」五枚」〔「前部」四行目まで第三二話記文。「後部」第四七丁オモテより第四一話記文〕

(12)　第五〇丁ウラ八行目より、丁末まで　余白二、三行〔「前部」七行目まで第四三話記文、ただし未完。「後部」第五一丁オモテより第四四話記文〕

(13)　第五八丁ウラ三行目より〔最末部〕

巻二について見ると、最末部に余白があるのは当然なので、この部分は除外すると、七ヵ所に白紙、ないし余白部があることになる。冒頭の(1)三枚の白紙は目次部相当で、本巻の本文に欠部があり、第三話以降の順序も確定しないため、あとで目次を書こうとした、馬淵氏のいわれる原本未定稿の証拠とも考えられる部分である。本文中に見られる最初の空白部(2)は第二話の次に位置する。この空白は前後の各話の話量を勘案すると、いちおう一話分と推定されるが、空白をおいて次にくる話を第四話とはせず、第□としたままである。――ふつうこれらの空白部分を除外して、冒頭から話順にしたがって仮に番号を数えているので、この部分は第三話とよばれている。ここでは推定の意味を強めて第(三)話として扱う。（　）はすべてその意味である。――注意すべきなのは、第二話の次に余白をおき、第

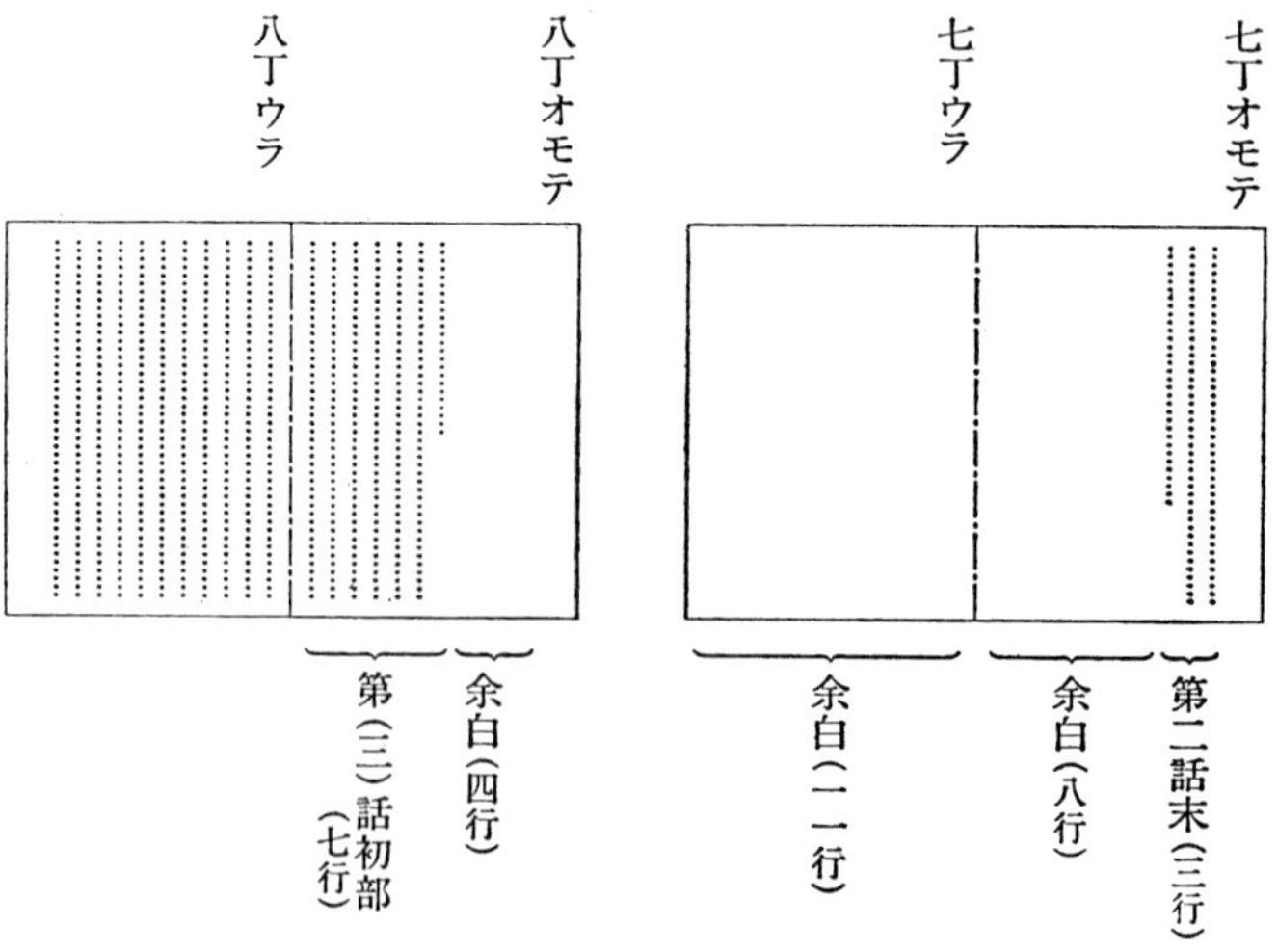

巻二第七・八丁展開図

(三)話を続けているが、この第(三)話の書出しが、丁替りの冒頭ではなく、途中からであることである（前図参照)。原本をもし仮に鈴鹿本と同じような袋綴装に仕上げようとする場合、なぜか第五行目から始めているのである。第(三)話は、第八丁オモテに約四行の余白をおき、このことを考えてみよう。第二話を記したあと、第三話を追補しようとする場合、その追補分に相当する量を勘案し、多少の余裕を見て白紙を用意、これを挿入し、次に確定している第(三)話を書く。その際追補する白紙とは改丁して別の用紙の冒頭から書き出すのが普通であろう。鈴鹿本では第(三)話は第八丁オモテにわざわざ約四行の余白をおいて、五行目から書きはじめている。しかも、これよりあとの余白をうけて書きはじめるもの(3)〜(6)は、すべて一紙の途中からという状況である。鈴鹿本巻二を見る限り、白紙を挿入しながら次話はすべて改丁して追補改訂という作業の実情が伝わってこないのである。

ただ、もし後補するものの正確な行数が把握されている場合、こうした途中からの書きはじめが可能となる。しかし、『今昔』の編者がそこまで計算していたとは考えがたい。なぜなら、余白の行数が定まっている以上、空白はあっても巻二の総話数は確定しているわけで、第(三)話以降の話順は書き入れられるはずである。第(三)話以降はすべて話数の書入れはない。また(7)の余白は第(三七)話と第(三八)話の間で、わずか三行、何を補入しようとしたのであろうか。

その点で巻七の第三二話のあとに五枚の白紙が挿入され、次に第四一話が改丁して書かれている(11)のは、まさに未完成の追補の実態をそのまま写していると見られないことはない。この五枚（厳密には第三十二話は片面オモテの五行まで書かれ、次いで六行分の余白をもち、さらに片面のウラが白紙となり、そのあと五枚の白紙が挿入されているので全余白は五・五枚と六行）に第三三話から第四〇話までの八話に相当する部分が追補されようとしたことになる。ここで注意したいのは、この巻七の冒頭部には、巻二と異なって目次が添えられていることである。さきの五紙分およびその前後に対応する目次にも余白があって(9)、目次部でも追補する態度が示されている。しかし、問題はその余白のとり方である。その目次の部分を示せば次のようである。

第三二話目次

(一行余白)」(以上第二丁オモテ)

(二行余白)　(以下第二丁ウラ)

第四一話目次

すなわち第三三話から第四〇話まで八篇の追補予定の余白はわずか三行しかないのである。目次はこの巻は一話一行であるから八話八行分の余白をもたなければ、余白は埋まらないのである。したがって、この現実の余白は全く形式的といわざるをえないのである。

ここで余白ではないが、巻七で次の二点についてさらに指摘しておきたい。

(1)　この巻冒頭の目次には第一話の次が第三話の標目で、第二話の標目が記されておらず余白もない。もちろん本文には第二話が記載されているから単なる誤写による欠落であろう。

(2)　本文中第二二話を記したあと、第二三話として標目をたてたあと、第二三話を書かず再び前話の本文を書いている。すなわち次のようになっている。

第二二話標目

本文

第二三話標目
　　（本文第二二話）
第二三話標目
　　本文

この二点、とくに(2)の場合は鈴鹿本がもし原本から直接書写したものと仮定すると、原本にこのような重複があるはずはないから、(24)鈴鹿本の書写者が誤写したことになろう。こうした誤写がおこるのは、原本にたいして、鈴鹿本が字数・行数・改丁などを正しく行なっていなかったからとしか考えられない。このことは(1)の誤写にも通じよう。酒井氏の論をここに演繹すると、総六丸は鈴鹿本を原本と対校しているのであるから、当然右二ヵ所の大きな誤りになんらかのチェックが施されなければならない。なぜこの誤写に気付かなかったのであろう。鈴鹿本のもとになった親本にそのまま誤りがあったたか、その親本と鈴鹿本の書写状態が異なっているため発見を見出しがたくしたかのどちらかであろうか。

要するに、鈴鹿本の現姿からは馬淵氏のいわれるように簡単に原本の姿が想定できないのである。すでにふれたが、仮に原本に白紙挿入があったとしても、これを転写した本がその状態をなんらかの方法で残すであろうし、その転写本を鈴鹿本が書写すれば、ある程度原本と異なった白紙挿入状態が鈴鹿本に見られるのは自然のこととなるのではないだろうか。鈴鹿本の中に白紙が挿入されているといっても、鈴鹿本の親本が原本である証拠はどこにもないといわざるをえないのである。

『今昔物語集』の原本が草稿であったか否かについて論ずる用意は筆者にはないが、馬淵氏のいわれるように草稿であったとしても、鈴鹿本の書写者がそれを手にした証拠は鈴鹿本からは見出せないということである。馬淵氏自身日本古典文学全集本『今昔物語集』一の解説中で鈴鹿本を説明しながら、

原本を写したとも考えられないから、鈴鹿本の前、原本との間にAという一本を想定した。（原本—A—鈴鹿本）

といわれている。(25) この説は鈴鹿本の綴込みの中に書込みがあったことによって、少しの訂正も要さないことなのである。

むすび

酒井氏の指摘の通り、『今昔物語集』の現存最古写本である鈴鹿本が、ある時期確実に東大寺に存在したことは明白となった。ただ、問題はその事実がどれだけ鈴鹿本の親本をさぐる鍵となるかということにある。鈴鹿本が東大寺に存在したことを証する語が新造屋であり、その新造屋の建立が室町初期の文安元年（一四四四）であるとすると、年次確定がないにしても十二世紀初ころ成立したらしい『今昔物語集』の原本との距離ははるかなものとなる。そのことよりも、鎌倉中期に書写されたといわれる鈴鹿本自身との距離もかなりなものがある。鈴鹿本が書写されてから総六丸によって一見奥書が加えられるまでの間、鈴鹿本がその所在を変えずにいたことの確証はない。事実伴信友は、この鈴鹿本を初めは江戸で、その十一年後にこんどは京都で見ているのである。本稿でいささかの疑義を呈したが、もし、仮に酒井氏の推論のごとく、鈴鹿本の書写された鎌倉中期に東大寺にこの書が存在したとしても、その書写の基となった親本が東大寺になければならず、なぜ他所から借りて来たものであってはならないのか。まして、その親

本が原本である保証は全くない。少くとも鈴鹿本以外にほとんど古写本が存在しない現状によって、『今昔物語集』の原本が居所を変えず、他の目にふれなかったと推定することだけで解決される問題ではないと思われる。やはり鈴鹿本の親本がどのような流伝によって鈴鹿本の書写者にめぐりあったかは測り知れないといわねばならない。鈴鹿本が東大寺に一時期存在したことが確認されたことによって『今昔物語集』伝本研究は着実に一歩前進したことはいえるが、現段階において、そのことが『今昔物語集』の原本の所在や、さらには編者像の考究に全能の力を発揮するとはいいがたいのではあるまいか。

酒井氏の広汎な論及のなかから微視的な観点で問題をとりあげた非礼をお詫びするとともに、馬淵氏の論についても、論旨を曲解した点がありはしないかと恐れ、切に御寛恕を願う次第である。

註

（1）「今昔物語集の成立」（日本古典文学全集〈小学館〉『今昔物語集』四、月報五一）。

（2）高橋貢氏「今昔物語集撰者考――東大寺僧覚樹説をめぐって――」（『日本文学研究』第一二）。酒井氏論文の最初の反響について、本論文は詳しくふれている。

（3）酒井氏の二論文は、本稿で扱う問題については同趣旨なので、要約されている「伴信友の鈴鹿本今昔物語集研究に導かれて」によることとする。

（4）註(3)掲載論文、二四頁。

（5）註(3)掲載論文、二六・二七頁。

（6）註(3)掲載論文、二七頁。

（7）『弘賛法華伝』の我が国への流伝によって『今昔物語集』の成立を保安元年以後とされる片寄説には検討の余地があること

を別に指摘したことがある。拙稿「弘賛法華伝保安元年初伝説存疑」〔補　第四部に収載〕参照。
(8)　註(3)掲載論文、二七・二八頁。
(9)　『東大寺雑集録』巻二（大日本仏教全書本『東大寺叢書』第一、一六五頁）。
(10)　『大乗院日記目録』二（『大乗院寺社雑事記』巻十二、三三九頁）にも「七月廿五日七大寺閇門兵庫関所事也、八月十一日七大寺開門、寺訴無為」とある。
(11)　『続々群書類従』第八、三五六頁。
(12)　現在の手向山八幡社社前西南の位置に観音院という東大寺の塔中がある。この観音院の前身が新造屋であった。明治維新の例の神仏分離令の施行は東大寺にも及び、手向山八幡宮は東大寺より分離、県社となった。その際僧形八幡の処遇が問題となり、無住であった社前の新造屋に一時置かれたという。のち寺院の廃合の方針により新造屋に観音院が屋敷替となったものである（『明治維新神仏分離史料』巻中）。
(13)　『東大寺叢書』第一、九八頁。
(14)　『東大寺叢書』第二、二一一～二一二頁。
(15)　先師律師とある人物を誰とするかであるが、寛顕は法橋で終ったようなので、仮に弟子勝寛とする。
(16)　『東大寺続要録』造仏篇（『続々群書類従』巻十一、一九六頁）。
(17)　『東大寺史』第十七章「其後の造仏造営」一五八～一五九頁。
(18)　本節脱稿後中野猛氏の御尽力によって山本栄吾氏「東大寺の創立とその伽藍に関する史学的研究」（学位請求論文）の論文（コピー）を得た。第八章六新造屋の項で、『新造屋造作方日記』をあげ、文安元年五月二十八日決算創立としている。
(19)　日本古典文学大系本（岩波書店）、日本古典文学全集本（小学館）解題等。
(20)　「此外ニ天竺震旦ノ部若干巻蔵リト聞タレド、モトヨリ其本書ヲダニ省キテ写シ持タザレバ、借リテモ見ズ」「内三冊は天竺部にてくちをしく候」〈伴信友の黒川春村宛書状〉（註(3)掲載論文、二四・二五頁）。
(21)　『東大寺雑集録』巻十一（蓮乗院演清記）二二五頁。
(22)　註(1)掲載論文。

(23) 国立国会図書館蔵マイクロフィルムによる。

(24) 最初の第二二話は二六丁オモテ第一行に標目を書き、第二行目から同丁ウラ四行目まで一四行に書かれ、次の五行目に第二三話の標目、六行目から第二七丁オモテ最終行まで一四行に第二二話が書かれている。両者ともに同行数で同じように見えるが、各行の字数は全く一致というわけではなく、またとくに前者の四行目「身ニ重キ病ヲ」、八行目「汝チ何ナル」を後者では「身ニ病ヲ」「汝チ可ナル」と誤っているなどの違いがある。このような違いでは二話重複の理由を一方の改訂話とはいえず、転写のさいおこった単なる誤写といわざるをえない。鈴鹿本の書写能力の限界を示すものか。

(25) 九、現存諸本解題、四二・四三頁。

〔補記〕拙稿に続いて田口和夫氏「今昔物語集〝鈴鹿本〟興福寺内書写のこと――付巻五第六話の出典について――」（『説話』第六号、昭和五十三年五月）が発表された。氏によれば、問題の新造屋は興福寺所属の庁舎であるとする。たしかに新造屋とは一般名称の庁舎で、極論すればいずれの寺社にも存在する可能性はあろう。しかし現実論として、東大寺のそれと興福寺のものといずれがより『今昔物語集』の所有者としてふさわしいかといえば、興福寺のものといえよう。それは『経覚私要鈔』第二、宝徳元年（一四四九）七月四日条に「今昔物語七帖返ヨ遣貞兼僧正ニ畢」とある記事と関連するからである。この『今昔物語集』が『宇治拾遺物語』を指すかどうかの問題はあるにしても、私見による鈴鹿本の書入れの時期が、文安三年（一四四六）であるとすることが容認されるならば、右の記文はこれよりわずか三年後ということになるからである。この時期に、興福寺別当経験者である経覚が同寺松林院貞兼に『今昔物語』七帖を返しているという事実は注目すべきこととなるからである。鈴鹿本の存在はこの面からなお検討すべきものであろう。氏の功績は大きい。ただ、拙稿でもふれたが、なぜ鈴鹿本の存在した場所が原本の存在した場所で、その関係者を『今昔物語集』の編者と限定されるのかは理解に苦しむ。また、総六丸記入時点の室町期にまで、何の配慮もなしに鈴鹿本の書写年次を下げることは不用意であろう。

あとがき

平安時代の聖に関する十九篇の論文を収めたが、古いものは昭和三十三年十月、新しいものは昭和五十三年一月に発表しており、その間二十年である。長い年月にわたり、発表場所もそれぞれに違い、もともと一書を構成する意図もなかったから、論文間に叙述の重複や考えの変った点がないでもない。本書に収めるにあたって、誤植や若干の表記を統一したほかは、発表当時のままとし、失考や再説すべきものなどは、その箇所に〔補 ……〕とするか、（補1）（補2）……として註の末で扱い、全体に及ぶものについては各論の最末に〔補記〕として特記した。もちろんこれらは管見に及んだごく僅かなもので、これ以外に多々あると思う。今後の資としたいので、是非とも御叱正賜りたい。

関連のものはほぼ収載したが、短文のもので「本朝神仙伝の解剖」（『説話文学会会報』一三号、昭和四十年三月）および書評二篇――堀一郎氏著『空也』（『日本仏教』一九号、昭和三十九年五月）・川口久雄氏著『大江匡房』（『史学雑誌』七七編一一号、昭和四十三年十一月）――は加えなかった。このほか本テーマの側面をなすものに慶滋保胤に関するものが数篇あるが、これは主として造本上の問題で、本書に収めることを見送った。保胤については別の機会を俟ちたい。

私は昭和三十年三月東京教育大学文学部日本史学科を卒業、同年四月宮内庁書陵部に勤務し現在に至っている。前上司橋本不美男氏ほか何人かの知友から、これまで論文集をまとめては、という有難いお勧めがあったが、元上司伊地知鐵男氏の、論文集を出す暇があるのなら、その分一つでも多く役に立つ論文を書くべきである、という主張を隠れ蓑にして頑に拒否し続けてきた。しかし、私の場合これは口実で、実際のところは誤謬多い拙論を一箇所に集めて眺めることの恐ろしさが先に立ち、公刊を躊躇っていただけである。その態度を変えたのは大学時代の恩師芳賀幸四郎先生の助言であった。自信がないというが、これから先これまで発表してきた論文以上のものが書ける自信があるのか、論文集の刊行は同学の士に業績を活用してもらうことは勿論であるが、自分の仕事を総点検するという意味もある、等というものであった。たしかに、処々に発表した論文について、自分自身充分管理できない状況下に立ち至っており、この辺で全体を把握しなおしてみようと決意した次第である。とはいえ、現今の困難な出版事情のもとで、この程度の未熟な論文集の刊行が容易に出来るものではない。幸い黒板伸夫氏の懇篤な御配慮をいただき、また吉川弘文館の厚意を得て実現の運びとなった。深く感謝する次第である。

最後に、一々お名前は挙げないが、私の研究を指導し、個々の論文の発表から本書を成すことが出来た今日まで、数々の学恩を蒙った先学・同行の諸氏に心から御礼申し上げたい。そしてこのささやかな作業が、必ずしも活況を呈しているとはいえない民間布教者の実態の解明に、少しでも役に立てば幸いである。

昭和五十六年六月二十六日

平林盛得

収載論文一覧

第一部

良源と叡山の中興　『歴史教育』一二巻六号（昭和三十九年六月）

新出「慈恵大師伝資料」蛇足　『日本仏教史学』一一号（昭和五十一年十二月）

『多武峯少将物語』にみる高光出家の周辺　『言語と文芸』五巻五号（昭和三十八年九月）

増賀の多武峯隠棲前後　『日本仏教』一八号（昭和三十八年十一月）

花山法皇と性空上人
——平安期における一持経者の周辺——　『書陵部紀要』一四号（昭和三十七年十月）

第二部

民間浄土思想の系譜に関する試論
——空也布教の背景——　『書陵部紀要』一二号（昭和三十五年十月）

六波羅蜜寺創建考　『日本歴史』一三三号（昭和三十四年七月）

空也と平安知識人
——『空也誄』と『日本往生極楽記』弘也伝——　『書陵部紀要』一〇号（昭和三十三年十月）

平安期における一ひじりの考察
——皮聖行円について——　『史潮』七八・七九合併号（昭和三十七年四月）

民間浄土思想の展開
——空也から永暹まで——　『歴史教育』八巻六号（昭和三十五年六月）

第三部

沙弥教信説話の変貌　『歴史教育』一四巻九号（昭和四十一年九月）

餌取法師往生説話の形成　『金沢文庫研究』一四巻三〜五号（昭和四十三年三〜五月）

増賀奇行説話の検討　『国語と国文学』四〇巻一〇号（昭和三十八年十月）
——『法華験記』『今昔』『続往生伝』の対比——

浄蔵大法師霊験考序説　和歌森太郎先生還暦記念『古代・中世の社会と民俗文化』（昭和五十一年一月）

関寺牛仏の出現と説話・縁起・日記　高橋隆三先生喜寿記念論集『古記録の研究』（昭和四十五年六月）

第四部

『本朝神仙伝』大江匡房非撰説について　『国語と国文学』四三巻一二号（昭和四十一年十二月）
——菅原信海氏『フィロソフィア』第四十八号御所論批判——

往生伝と『江談抄』　『解釈と鑑賞』（昭和四十七年四月）
——大江匡房の晩年——

『弘賛法華伝』保安元年初伝説存疑　『書陵部紀要』二〇号（昭和四十三年十一月）

『今昔物語集』原本の東大寺存在説について　『日本歴史』三五六号（昭和五十三年一月）
——鈴鹿本の一見奥書の意味するもの——

聖と説話の史的研究（オンデマンド版）

2018年10月1日　発行

著　者　平林《ひらばやし》盛得《もりとく》
発行者　吉川道郎
発行所　株式会社 吉川弘文館
〒113-0033 東京都文京区本郷7丁目2番8号
TEL 03(3813)9151(代表)
URL http://www.yoshikawa-k.co.jp/

印刷・製本　株式会社 デジタルパブリッシングサービス
URL http://www.d-pub.co.jp/

平林盛得（1933～2015）
ISBN978-4-642-72102-8

© Chie Hirabayashi 2018
Printed in Japan

JCOPY 〈㈳出版者著作権管理機構　委託出版物〉
本書の無断複写は著作権法上での例外を除き禁じられています．複写される場合は，そのつど事前に，㈳出版者著作権管理機構（電話 03-3513-6969, FAX 03-3513-6979, e-mail: info@jcopy.or.jp）の許諾を得てください．

著者略歴

昭和八年生まれ
昭和三十年東京教育大学文学部日本史学科卒業
現在　宮内庁三の丸尚蔵館専門員

〔編著書〕

良源（人物叢書新装版、昭和六十二年、吉川弘文館）
五十音引僧綱補任僧歴綜覧（共編、昭和五十一年、笠間書院）
古筆手鑑大成（共編、平成七年、角川書店）

聖と説話の史的研究

昭和五十六年七月十日　第一刷発行
平成　八　年十月一日　第二刷発行

著者　平《ひら》林《ばやし》盛《もり》得《とく》

発行者　吉川圭三

発行所　株式会社　吉川弘文館
郵便番号一一三
東京都文京区本郷七丁目二番八号
電話〇三―三八一三―九一五一〈代〉
振替口座〇〇一〇〇―五―二四四

印刷＝理想社　製本＝誠製本

© Moritoku Hirabayashi 1981. Printed in Japan

索　　引

（事項・人名・書名・地名）

事項索引

あ　行

か　行

た　行

な　行

は　行

ま　行

や　行

ら　行

人名索引

この項，頭字を通行音で配列し，同音の場合は画数順とした．

あ　行

か　行

さ　行

た　行

な　行

は　行

ま　行

や　行

ら　行

わ　行

書名索引

あ　行

か　行

さ　行

た　行

な　行

は 行

ま 行

や 行

ら 行

わ 行

地名索引 寺社をも含む.

あ 行

か　行

さ　行

た　行

な　行

は　行

ま　行

や　行

ら　行

わ　行